新儿童研究文库

高振宇 著

儿童哲学导论

INTRODUCTION TO
THE PHILOSOPHY
FOR
CHILDREN

广西师范大学出版社
·桂林·

图书在版编目(CIP)数据

儿童哲学导论/高振宇著.—桂林:广西师范大学出版社,
2020.8
(新儿童研究文库)
ISBN 978-7-5598-3035-7

Ⅰ.①儿… Ⅱ.①高… Ⅲ.①儿童教育-教育哲学-研究
Ⅳ.①G61-02

中国版本图书馆 CIP 数据核字(2020)第 127627 号

儿童哲学导论
ERTONG ZHEXUE DAOLUN

出品人:刘广汉
责任编辑:刘美文 周 伟
封面设计:李婷婷

广西师范大学出版社出版发行

(广西桂林市五里店路 9 号　　　邮政编码:541004)
(网址:http://www.bbtpress.com)

出版人:黄轩庄
全国新华书店经销
销售热线:021-65200318　021-31260822-898
山东临沂新华印刷物流集团有限责任公司印刷
(临沂高新技术产业开发区新华路 1 号　邮政编码:276017)
开本:720mm×1 000mm　1/16
印张:19　　　　　　　　字数:320 千字
2020 年 8 月第 1 版　　2020 年 8 月第 1 次印刷
定价:49.80 元

如发现印装质量问题,影响阅读,请与出版社发行部门联系调换。

自　序

2006年在澳门大学就读研究生期间，我就初步接触了儿童哲学，其契机来自时任教育学院院长的单文经教授。秋天的一个清晨，他在跑步的过程中与我相遇，突然向我提起"儿童哲学"这四个字，希望我能够发挥哲学背景的优势，在这个领域中做一些尝试。我从来没听说过这个词，但是感觉蛮有趣的。于是我投入了大量的时间进行文献检索与阅读，甚至还跑了一趟台北的毛毛虫儿童哲学基金会，购买了基金会的大批书籍，并在台北教育大学教师的帮助下，去图书馆复印了数本儿童哲学的硕博论文。通过大量的阅读，我逐渐认识到儿童哲学的确是一个非常有意义的领域，是一个能够让我继续保留哲学基础，但又能以实践（而非"静坐书斋"）的方式进行研究的重要话题。于是从那时候开始，我就下定决心要在硕士阶段"攻克"儿童哲学这个难关。因此我通过参加教育学院谢建成博士与澳门特区教育暨青年局的"小班教学助理"项目，走进当地的妇联小学，在开展本职工作的同时，于小学高段招募了一批学生，开展了长达半年的儿童哲学行动研究。这一个学期的活动开展得相当充实，几乎每个星期我都是全身心地投入到儿童哲学之中。那时候还没有"讯飞语记"这样的高科技工具，我需要对一个半小时（分成两段）的儿童哲学对话活动进行一字不漏的誊写，这个"工程"就要耗费两天的时间；同时还要反复思考撰写教案，并准备相关的材料；活动结束后还要撰写丰富的教学反思札记等。教学活动记录、教案以及反思札记后来都成为我硕士论文的重要组成部分，但也正因为内容过于饱满，使得硕士论文在第一稿的时候达到了25万字，严重"超纲"，最终毕业的时候所提交的论文调整到15万字，几乎所有教学案例都被删除了。然而，也正是基于两年的硕士研究生经历以及这篇硕士学位论文，最终在攻读博士学位期间我才写成了第一本书，即《儿童哲学论》。

《儿童哲学论》从儿童哲学的内涵与价值、儿童哲学的国内外研究现状、儿童哲学的教学目标、探究共同体（亦称"哲学教室"）、儿童哲学的评价、儿童哲学的教学资源、师资培养等多个方面，详细阐述了儿童哲学作为一个研究领域的"前世今生"以及实际操作的可能性。该书虽然相对全面，但它并非是中国的第一本儿童哲学专著，此前还有台湾师范大学詹栋梁教授所写的《儿童哲学》一书广为流传，台湾地区还陆续出版了与儿童哲学相关的著作，如由刘仲容、林韩信、柯倩华合著出版的《儿童哲学》(2003)、辅仁大学哲学系教授潘小慧撰写并于2008年出版的《儿童哲学的理论与实务》等，因没有在大陆发布简体版①，所以多数大陆同仁都不太了解。因此《儿童哲学论》的出版对于研究者和实践者初步了解儿童哲学为什么、是什么以及怎么做，是发挥了一定作用的。及至现在，它依然是许多从事儿童哲学的同仁推荐阅读的必读书目之一。我也曾经将此书带到毛毛虫儿童哲学基金会，请基金会的创始人杨茂秀先生进行点评，他对此书也持积极肯定的态度。

但是《儿童哲学论》依托的素材主体是2008年所撰写的硕士论文以及此后三年搜集到的理论文献，所观察到的实践与研究现状也仅限于2011年之前的国内外相关地域，因此它是有时代的局限性的。2011年之后，特别是2017年以来，儿童哲学的理论与实践发生了重大变化，参与研究的群体越来越多，参与实践的小学、各地的幼儿园逐渐加入，甚至有大量的民间教育机构也致力于推广儿童哲学。儿童哲学的启蒙绘本陆续从国外引进，儿童哲学的相关学术作品翻译也在持续进行之中，但是唯独中国本土的儿童哲学原创作品（包括儿童启蒙读物以及学术作品）仍然不足，这种情况对儿童哲学的本土化发展是不利的。很多初次接触儿童哲学的学校，都想通过参阅儿童哲学的书籍，来进一步了解儿童哲学，但是国外出版的儿童哲学著作较难直接转化；而国内已经出版的儿童哲学著作，多数已经很难在市面上买到，《儿童哲学论》虽然是比较后期出版的书籍，也已经很难买到纸质的版本了。思考拉儿童哲学研究小组及杭州师范大学教育学院儿童哲学研究中心的成立，为进一步推动儿童哲学本土化提供了新的可能。我们不仅组织开展思考拉儿童哲学启蒙绘本的创作及出版，也联合不同的学术期刊发布儿童哲学的学术专栏，在儿童哲学学术研究方面做了相当多的探索和积累，并取得了初步的成果。本书所收录的即是作者本人近几年的儿童哲学学术研究成果，中心其他研究者的作品则完全可以形成另一本体量巨大的儿童哲学专著。本书围绕五个儿童哲学领域的主题进行了重点分析和阐述，其中有些探索还比较浅显，有部分的思考仍有待后续的补充与深化，但这些都集中反映了本人自硕博阶段以来对儿童哲学持续思考与研究的历程，希望对开展儿童哲学理论研究与实践探索的同仁产生有意义的启示。

本书第一章围绕儿童哲学的内涵、理论基础与意义进行思考与分析，简要回顾了儿童哲学为什么、是什么、怎么来的以及如何做等关键性问题，着重比较了李普曼与马修斯在观点与实践上的异同，通过对儿童哲学不同模式（如

---

① 潘小慧教授所著《儿童哲学的理论与实务》的简体版（书名变更为《儿童哲学的理论与实践》）由广西师范大学出版社于2019年12月正式出版。

"为了儿童的哲学""与儿童的哲学""儿童的哲学"等）进行整合，从而明确了儿童哲学在广义、中义和狭义三个层面上的内涵；追溯了儿童哲学所诞生的哲学基础，探讨了哲学的起源与本质，哲学与文学、逻辑思维的关系，以及苏格拉底对话的特点和在儿童哲学中的体现等问题；阐释了我们所欲建构的儿童哲学理论与课程体系，初步指出了儿童哲学的实践路径与策略；最后结合李普曼、马修斯、沃特·可汗等人的前期思考以及东西方哲学的智慧传统和当代转向，为建构"童年哲学"（Philosophy of Childhood）指明其必要性与可能性。

第二章集中介绍了全球不同国家和地区开展儿童哲学研究与实践的基本情况，使国内同仁能够对国外经验有初步的认知与了解，从而为推动儿童哲学本土化的深入奠定基础。目前国内同仁对儿童哲学在国际范围内所开展的情况仍然缺乏基本的认知，主要是相关的文献太少，国际性的交流活动参与得也不多，导致多数人的认知仍然局限于美国的李普曼和马修斯。实际上，联合国教科文组织对全球不同国家在基础教育领域开展哲学教育的情况做过全面的调查，儿童哲学无论是在哲学领域、心理学领域，还是在教育学领域，在国际上也已获得了广泛的认可。2018 年世界哲学大会期间就专设了儿童哲学分会场，全球数十位儿童哲学的学者到会进行专题汇报。儿童哲学在国际上的研究成果非常丰富，尤以英、美、澳为主，需要投入较多的精力进行全面梳理，才能获得儿童哲学学术研究的国际图景。而本章所介绍的主体内容只是就各代表性国家的实践情形做一些初步的总结概括，涉及的国家包括澳大利亚、英国、挪威、俄罗斯、乌克兰和拉丁美洲地区等。

第三章将视野由国际转向国内。儿童哲学在中国已经走过了三十多年的历程，其间在理论与实践上积累了宝贵的经验，需要以一定的方式进行全面整理与分析总结，才能为进一步的发展指明方向。本章首先以云南南站小学、浙江瓦市小学、杭州长江实验小学、天津和平区幼儿园、成都第五幼儿园等为关键个案，对儿童哲学在中国的实践现状进行了概括与讨论；其次是从理论与实践两个层面对儿童哲学在中国的争议与困境进行了重点思考，涉及儿童哲学的内涵、儿童的形象、儿童哲学的价值与意义、儿童哲学的课程设置与形态、课程资源开发、课程实施模式与方法、师资培养等；最后是对中国儿童哲学三十多年的研究进行了全面回顾与总结，指出了四个发展阶段的总体特点及关键成就，并对未来做了进一步展望。

第四章聚焦于李普曼意义上的儿童哲学课程实践，概括了本土化过程中的一些关键经验及策略，可以对儿童哲学的普及提供更具体的参考性建议。本章首先是从核心素养的角度论述了儿童哲学的目标及实践模式，阐明了儿童哲学与以核心素养为导向的教育改革是一脉相承的，完全可以为基础教育改革的深化"推波助澜";其次是从孔子思想及其对话实践的角度出发,探讨了儿童哲学探究团体重构与创新的可能性,此部分尝试从中国东方哲学智慧中开辟出一条儿童哲学中国化的新道路,这条道路不仅对中国有意义,且可以为国际儿童哲学的发展做出重要贡献,这也是目前儿童哲学国际学术圈中非常缺乏的一个方面;其后本章还对儿童哲学的经典教材及思考故事进行了翔实的文本分析,指出了两者在结构和内容上的特点,表明儿童哲学实践过程中既可继续沿用经典教材,也可使用那些为儿童所喜闻乐见的绘本故事作为刺激物,并就基于绘本的儿童哲学幼儿园实践,提出了本土化的策略与建议;最后则围绕儿童哲学的量化与质性评价,讨论了评价的工具及评价的主要特点,这部分的研究还比较初步,有赖于通过具体的评价实践来进一步丰富和发展,特别是要开展基于幼儿园和中小学的全方位、长时段的质量评价,才能为全国所有实施儿童哲学的教育机构提供支撑和信心。

第五章就儿童哲学与教师教育、教师专业发展进行了讨论,这方面的议题也属于整个中国儿童哲学研究领域中比较薄弱的一环,却是不可忽视的一环。儿童哲学如果不研究教师,就无法了解及真正解决教师在实践过程中的问题,也就无法为儿童哲学的推广提供稳定的、高质量的师资队伍。本章首先参考舒尔曼等人关于教师知识的架构,探讨了儿童哲学教师所应具备的五类知识,即哲学学科的内容知识、教学法知识、关于儿童的知识、课程知识以及教育情境知识,进而探讨了儿童哲学师资培养的优化策略。其次是围绕教师哲学,进行了理据、内涵与路径的初步探索,儿童哲学与教师哲学需要同步推进,因为两者相辅相成,但是关于教师哲学的专业研究,在国内国际总体还处于比较稀缺的状态。所以本章最后也收录了一篇沃克斯教授新近发表的文章,在此文中,沃克斯介绍了国际上开展教师哲学研究的背景情况与初步成果,为我们今后开展教师哲学的本土化系统研究奠定了坚实的基础。

本书最后还附上了本人指导部分研究生所做的儿童哲学实践案例,以及本人在澳门期间所做的教学实例,可以为读者提供参考。在这几年本人所带的本科生与研究生中,多数结合自己所感兴趣的学科或学习领域及学龄阶段,深入到幼儿园与小学课堂之中,开展了丰富多彩的儿童哲学实践活动。本人也是在通过与学生的交流以及观察他们的课堂中,对儿童哲学融入现有教育体系有了更多的认识。

也许本书的出版只是一个新的开始,未来我们还会继续围绕儿童哲学领域的传统问题以及新涌现的问题进行深入研究,在儿童哲学中国化的道路上总结出我们自己的心得与经验,以便与国际同行开展平等及更富有意义的对话,并为国际儿童哲学的发展做出贡献。

目　录

第一章
儿童哲学的内涵与意义

我是否曾经说过，成为一个优秀哲学家的唯一条件是要有好奇心？如果我未曾说过，那么我现在（就）要说：**成为一个优秀哲学家的唯一条件是要有好奇心**。婴儿有好奇心，这并不令人意外。在娘胎里短短几个月后，他们便掉进一个崭新的世界。不过当他们慢慢成长时，这种好奇心似乎也逐渐减少……尽管我们都想过哲学性的问题，却并不一定每个人都会成为哲学家。由于种种理由，大多数人都忙于日常生活的琐事，因此他们对于这世界的好奇心都受到压抑。对于孩子们而言，世上的种种都是新鲜而令人惊奇的。对于大人们则不然。大多数成人都把这世界当成是一种理所当然的存在。这正是哲学家之所以与众不同的地方。哲学家从来不会过分习惯这个世界。对于他或她而言，这个世界一直都有一些不合理，甚至有些复杂难解、神秘莫测。这是哲学家与小孩子共同具有的一种重要能力。你可以说，**哲学家终其一生都像孩子一般敏感**。

——乔斯坦·贾德《苏菲的世界》

　　教育和事物意义的关系密不可分。凡产生意义的地方就会有教育出现……但是，学校和教育之间并非存在着必然的联系。学校可能提供教育，也有可能不提供教育。学校如以教育为其使命和目的，就应该全力帮助儿童去发现、获得与自己生活经历相关的各种事物之意义。事物的意义不可能进行分配，不可能由谁交给儿童。事物的意义只能靠自身的努力去获得。我们必须学会创造条件和机会去帮助儿童，使其能够借助于自己天生的好奇心和求知欲去抓住适当的线索，努力弄懂周围的事物……我们必须设法帮助儿童自己去获取事物的意义。要达此目的，只靠学习成年人的现成知识是难以办到的。应该要教会儿童思考，特别是独立思考。思考是帮助我们获得事物意义的最重要工具。

——马修·李普曼《教室里的哲学》

第一节　儿童是天生的哲学家 *

一、为什么谈儿童哲学

瑞士心理学家皮亚杰（Jean Piaget）认为儿童的抽象思维能力要等到 11 岁之后才能进入发展的关键期，但是从当代心理学和脑科学的研究来看，儿童抽象思维能力的发展远比我们想象的要早。比如婴儿在出生 6 个月之后，就能在大人的启发下理解两个事物之间的因果关系；1 周岁开始，婴儿就有了顺序的概念；2 周岁就能进行归纳和分类推理，并能从个性中悟出共性；3 周岁能说出不同事物的共同特征，等等。自孩子们掌握语言这个重要工具之后，他们的抽象思维就进入更加迅猛发展的时期。

于是，只要成人稍加注意，就能在生活中轻易地发现孩子们会提出各式各样的问题，其中有很大一部分具有哲学的性质，诸如"我是从哪里来的""我以后会死吗""我怎么知道现在不是在做梦""为什么世界上有好人和坏人，为什么坏人总是欺负好人""我们为什么要保护小动物""天会不会塌下来"，等等。孩子们不仅因受浓郁的好奇心驱动，而提出令成人难以回答的哲学问题，并保持追问到底的精神，甚至也会自觉地进行逻辑推演，发展出自己的"理论体系"。请看下面两个真实的例子。

在实习的时候，有小朋友偶尔调皮叫我本名，我纠正他："你要叫我老师。"于是他问："为什么我一定要叫你老师？"我回答道："因为我是你的老师啊，你看小朋友们都叫我老师。"他又问道："老师到底是什么意思？""要是小朋友们还有我不叫你老师，比如叫你苹果，那是不是谢老师（他们的带班老师）那时候我也该叫她谢苹果啊？"过了一会儿，他若有所悟，"可是，那样子的话，苹果又要叫什么呀？"（来自一名杭师大学前教育师范生的记录）

提姆（6 岁）忙于舔罐头时，问道："爸爸，我们怎么能知道这一切不是一场梦呢？"提姆的父亲有点不好意思地说他不知道。他反过来问提姆对这个无法回答的问题是怎么看的。提姆又舔了几下罐头，回答说："哦，我并不认为这一

---

* 本节内容原载于《上海教育·环球教育资讯》2019 年第 1 期，此处做了部分修改和更新。

切是一场梦，因为人在梦里，是不会问这是不是梦的。"

所以建立儿童哲学的最大基础，就在于"儿童天生就是哲学家"的事实。儿童提出并探索哲学问题是他们与生俱来的一种本能，并不是成人为了"不输在起跑线上"的需要，提前透支儿童能力的一种非自然干预；它也不是儿童偶尔为之的特殊行为，更不是只有少数出身优越家庭的孩子才有的行为，而是大多数孩子在一个相对健全的家庭和学校教育氛围之中自然就有的表现。从另一个方面来说，当我们注意到孩子们表现出类似冲动的行为时，应当感到庆幸，因为这不仅说明他们开始涌现出不断增强的自我意识，且表明周围的环境还没有达到压制他们天赋的程度。所以无论是父母还是教师，都须抛弃过去那种错误的儿童观与教育观，即认为孩子们在进入青春期之前，都缺乏理智的判断和推理能力，因此构建不出任何合理的想法，最"科学"的做法是听从大人的安排与意见；而须意识到孩子们天生就具有逻辑推理、创造思考以及构建独立想法的能力，并在与成人及同伴的交往中不断发展，所以真正有智慧的做法乃是顺应孩子们的经验及能力，并创设合理的阶梯与空间，帮助他们实现进一步的生长。

二、什么是儿童哲学

通常我们会用 P4C 来标记儿童哲学，这里的 P4C 原先主要是指美国马修·李普曼（Matthew Lipman）教授等人所开发的面向学前儿童至高中三年级的哲学课程，即 Philosophy for Children，这套哲学课程主要关注儿童逻辑推理技能（reasoning）的训练，后来在世界范围内推广的过程中，逐渐发展出其他三类侧重点不同的实践模式，即强调在不同情境下与儿童进行哲学对话的儿童哲学（Philosophy with Children）、探索儿童自身哲学思想的儿童哲学（Philosophy of Children）以及借助儿童主体力量创设哲学探究空间的儿童哲学（Philosophy by Children）。以上四类模式代表着儿童哲学的不同面向，但基于中文表述的困难，我们主张仍以"儿童哲学"一词来指代所有模式，并继续沿用 P4C 的概念，只不过这里的 4C 是对这四种模式的整合。

当然，在实践过程中，也有不少幼儿园和学校将 4C 界定为批判性思维（critical thinking）、创造性思维（creative thinking）、关怀性思维（caring thinking）和协作性思维（cooperative thinking）这四项核心素养，但是我们认为这 4 个 C 并不能全面反映儿童哲学的课程目标。从本质上来说，儿童哲学并不仅仅是为了训练学生的思维能力或其他能力而已，而是要通达儿童精神世界的深处，使他们学会关心和照料自己的"灵魂"，并在探寻真理的过程中不断享受理性之光的照耀，最终实现"灵魂"的健康生长与卓越。就具体的目标来说，主要可分为三大方面：一是促进儿童多项能力的发展，其关键是批判思考力、创造思考力、关怀思考力、团队协作力、交往沟通力，这其实就是目前受全球瞩目的核心素养，但是无论从哲学的本质与发展史，还是从实证研究来看，儿童哲学在促进核心素养的发展方面具有得天独厚的优势；二是增进儿童对众多概念与问题的进阶式理解，这里的理解并不是寻求一个固定的答案，而是要形成并发展自己的多元化思想；三是培育特定的情感、心理与态度，包括好奇心、探究欲、同理心、尊重与宽容，等等。

儿童哲学的探究活动需要一定的刺激物来启动，这里的刺激物类型多样，最早的刺激物是由美国儿童哲学协会（IAPC）所研发的一系列教材，覆盖学前到高中三年级，每套教材包括一本哲学小说性质的学生用书和伴有详细指导方案的教师手册，该系列教材在儿童哲学全球化普及的过程中发挥了至关重要的作用。如今，儿童哲学的刺激物已不局限于这套结构化的教材，而日益走多元化的发展路线。比如在幼儿园和小学中低段，图文并茂的绘本就具有相当广泛的应用，我们通常把这类具有哲学探究价值的绘本统称为"思考故事"。目前从国外引进的儿童哲学启蒙系列的绘本读物已经有不少，包括奥斯卡·柏尼菲（Oscar Brenifier）的系列绘本《儿童哲学智慧书》（9册）、《哲学鸟飞罗系列》（10册）等，以及《写给儿童的哲学启蒙书》（8册）、《贾德哲学启蒙》（7册）、《妮妮与皮皮》聪明思考系列（8册）、《给孩子的哲学绘本》（6册）等。国内也开始有原创的儿童哲学启蒙绘本，即《酷思熊系列绘本》（54册）。除此之外的其他文本，如童话、民间传说、寓言、神话、诗歌、童谣乃至音乐作品、美术作品和手工艺品等，都陆续运用到儿童哲学的课堂之中。游戏（在线和线下）、戏剧表演、竞赛及其他现场活动（如参观、实验、手工制作等），也逐渐成为启动哲学探究的重要刺激物。比如加拿大儿童哲学协会前任主席乔治·贾诺塔基斯（George Ghanotakis）所研发的一款针对幼儿园和小学生的哲学游戏"玩智"，在美国、加拿大和欧洲都具有一定的影响力。杰森·霍华德（Jason Howard）甚至开发了一款以幻想角色扮演为形式的在线哲学游戏。盛行于澳大利亚、新西兰、新加坡和英国的"哲学松"项目则面向全国小学和中学开展哲学竞赛活动，主要在激发不同学校的团队围绕伦理学、知识论、社会和政治哲学、美学等领域的哲学专题进行讨论。

儿童哲学教学方法的核心是"团体探究"，这种探究在程序上一般包括"启动—刺激物呈现—提问—讨论—总结"五个基本环节。启动的关键是激发学生的好奇心以及对主题的关注和思考，既可以播放视频、呈现文本，也可以开展相应的活动或游戏。刺激物的呈现通常以阅读的形式进行，但也可以通过各种活动来导入。提问这个环节至关重要，团体经营的早期教师需要训练儿童的提问能力，并以自己的提问来作为示范，而在这种能力发展到一定程度之后，教师应将提问的主导权尽早交还给儿童，使他们关注的问题成为整个对话的中心。讨论环节是对已有学科教师构成最大挑战的地方，因为儿童哲学的讨论并不预设特定的答案，教师一方面要帮助孩子们诞生出自己的精彩观念并构建更加合理的思想体系，另一方面也要借助各式思维工具箱来发展他们的思维能力。在启发学生进行理智探索的同时，还要兼顾他们的审美体验和情感升华。最后的总结环节则一般分为三个方面，即总括、指问和展望。总括是指总结本节课所讨论的问题以及所取得的共识；指问则是指出仍然存在的分歧或不同意见；展望是表明未来可以继续探索的方向，并提示可以开展的延伸活动。

三、儿童哲学的历史发展概况

儿童哲学诞生于 20 世纪 60 年代的美国，创始人马修·李普曼教授有感于当时哥伦比亚大学学生思想僵化、缺乏思考能力的情形，认为这是他们在教育上从小没有受过严格的逻辑训练的结果。于是他便陆续撰写适合小孩子们看、内含逻辑训练和思想探索元素的哲学故事，最终形成了第一部哲学小说《聪聪的发现》。此后，在国家人文学科基金委的资助下，李普曼开始在新泽西州的蒙特克莱尔公立学校进行首次公开试验，取得了巨大成功，并陆续吸引了其他有识之士［如安妮·夏普（Ann M. Sharp）、弗雷德里克·奥斯坎扬（Frederick S. Oscanyan）等］和社会组织的加盟，促成了 1974 年"儿童哲学促进协会"（IAPC）的诞生，这在儿童哲学发展史上具有重要的里程碑意义。在此后十年时间里，IAPC 招聘了大批哲学博士壮大自身力量，连续举办儿童哲学师资培训班、开展儿童哲学的实验、开发一条龙式的哲学小说以及配套手册，并在世界范围内输出和推广儿童哲学，促成各国及区域性儿童哲学活动的开展及组织的建立。及至 1985 年，世界性的儿童哲学机构即"儿童哲学国际委员会"（ICPIC）宣告成立，从此，儿童哲学便进入全球化发展的加速期。

目前，儿童哲学在主要国家和地区都建立了具有一定影响力的组织，如覆盖澳大利亚、新西兰和新加坡等国的"澳大利亚哲学在学校协会联盟"（FAPSA）、"欧洲儿童哲学促进基金会"（SOPHIA）、"英国哲学探究与教育反思促进协会"（SAPERE）、"拉丁美洲儿童哲学中心"（CELAFIN）、财团法人"毛毛虫儿童哲学基金会"（中国台湾地区）等。主要开展的活动包括：1. 儿童哲学的理论与实践研究，出版相关的学术著作与论文，组织和参与区域性乃至全球性的儿童哲学会议；2. 儿童哲学的课程开发，如引进 IAPC 出品的教材、开发基于本土文化的资源并出版教材、为当地中小学及幼儿园开发适宜的哲学课程等；3. 儿童哲学的师资培训，开发不同层级的师资培训课程，开展面向不同层次教师的在线、线下培训等；4. 儿童哲学的实践推广，如设立会员制，吸引更多关心儿童哲学的教师、家长、社区工作者和专家进入组织，设立儿童哲学实验幼儿园及学校，开展校（园）际联盟活动等。这些全球以及区域性的组织在促进儿童哲学的理论研究与实践普及方面发挥了举足轻重的作用，是儿童哲学成为一个被人认可的学术领域及教育项目的关键要素。

儿童哲学进入我国教育界的起始时间可以追溯至 20 世纪 80 年代末，而至 90 年代末才有河南焦作以及云南昆明地区的小学开始实践儿童哲学。然而在 90 年代末至 2016 年的近二十年间，儿童哲学在我国的发展进度总体是比较缓慢的，不仅区域普及的程度不高，且相关问题的探索也不够深入。直至最近几年，经由本土儿童哲学研究机构、21 世纪教育研究院及其他相关高校、公益组织（如天和德勤教育发展基金会、真爱梦想基金会等）的推动，儿童哲学才重新在教育界引起关注，并迅速在全国各地普及开来。截至目前，儿童哲学的足迹已经遍及上海、浙江、江苏、天津、吉林、北京、四川、陕西、云南、福建、青海等十多个省、直辖市、自治区，并陆续形成了区域性的校（园）联盟。儿童哲学的师资培训项目也得以启动，主要由杭州师范大学儿童哲学研究中心（思考拉）、P4C 中国（上海）及各联盟学校内部的旗舰学校（如温州瓦市小学）等具体实施。儿童哲学的理论探索也开始有组织地进行，目前已经在《教育发展研究》《苏州大学学报（教育科学版）》《上海教育科研》《教育研究与评论》《陕西学前师范学院学报》《家庭教育》《哲学与文化》（台湾）《上海教育》等十几种期刊上设置了儿童哲学专栏，持续性地发表介绍儿童哲学实践经验和研究理论问题的文章。

四、儿童哲学的意义与价值

对教育实践而言，儿童哲学具有多重意义。从最直接的方面来说，儿童哲学的实施对学生认知、情感与社会交往等各方面的发展具有直接的促进作用，不仅可以弥补已有学科教育的不足，也能反过来提升学生在阅读、数学、口语表达、写作、科学等领域的学业成就。比如英国杜伦大学的一项最新研究显示，四五年级的小学生在经过为期一年的哲学学习之后，其数学和读写能力有了大幅提高，相比于对照组的小孩多学了两个月，甚至在停止学习哲学课程的一年多时间之后，这种差异依然显著。

而从深层次的意义来说，儿童哲学则有助于教育者重新认识儿童，刷新关于儿童的形象，进而整理、反思和重构自己的儿童观。通过儿童哲学的实践，教育者可认识到儿童不仅仅是身体性的存在，也是精神性的存在，因此在关注儿童身体健康发育的同时，也积极关注他们的精神世界及其发展。特别是意识到儿童具有朴素的哲学探究的冲动及兴趣，因而教育者会像苏格拉底和孔子那样，努力创造智力与情感安全的氛围及参与性的条件，鼓励儿童诞生出自己的精彩观念，并发展他们自己的思想力量。

与此同时，儿童哲学的实施也有助于学校教育者深化和推动基础教育课程改革，因为伴随着他们对儿童认识的深入和儿童研究的开展，并以此为基础改进课堂教学以及自身的行为方式，就能显著改善儿童在学校内的生存处境，提升学校教育对儿童发展的整体意义，使儿童在享受身体发展乐趣的同时，也能在精神上获得充足的愉悦和满足感。

第二节　儿童哲学的再概念化
——对李普曼与马修斯"对话"的再思考 *

在国人心目中，儿童哲学的代表人物当属李普曼与马修斯（Gareth Matthews）二人，因此对他们二者思想的研究一直是儿童哲学自 20 世纪 80 年代以来的研究热点，但多年来对二者儿童哲学思想的研究往往集中在它们的区别上，对其内在联系则研究不足。因此，有必要重新审视和反思二者的儿童哲学思想。在此基础上，根据我国的教育实践，对儿童哲学内涵进行再建构，将有助于开拓儿童哲学的新天地。

一、李普曼与马修斯的"再对话"：双方的共同性

国内学者对李普曼和马修斯之儿童哲学观的区别早有认识，在他们看来，

---

* 本节内容原载于《学前教育研究》2010 年第 6 期，此处做了部分修改和调整。

李普曼之儿童哲学是"给儿童的哲学"，即让哲学走进儿童生活，关注对儿童的教化与规训；而马修斯之儿童哲学乃是"儿童的哲学"，注重对儿童之哲学观念的欣赏，重视与儿童的精彩对话，因此二人之差别实则为取向（approach）及根本理念之差别。如钱雨（2009）就指出李普曼之儿童哲学是哲学走进儿童的心灵世界，马修斯之儿童哲学则是哲学从儿童心中款款而来，这是二人的最大分野。[①] 也有其他研究者持同等意见的。然而笔者以为，二人之差别诚然存在，却属同一流派内之细节分野，并非为根本取向上的区别。

首先，马修斯和李普曼都积极关注儿童天生即有的好奇心，将其视为儿童即哲学家的重要论据，并意图通过自己的行动细加呵护与培育。马修斯在《哲学与小孩》第一章"迷惑"中列举了诸多案例，皆在表明对哲学问题的迷惑及自主探究是儿童的天性，认为做哲学在儿童心目中纯全是一种"有趣的概念游戏"[②]，并对皮亚杰之"童年无哲学"论提出了尖锐的批评[③]。与此同时，在《教室里的哲学》一书中，李普曼也明确表示儿童有寻求一种既非实在也非象征之意义的需要，故而提出种种带有哲理性的问题，涉及了形而上学、逻辑学、道德哲学、社会政治哲学等众多哲学分支领域[④]，设计儿童哲学的目的正在于持续保持儿童的好奇心，以协助儿童建立更健全的意义世界。

其次，造成学者严格区分二人之观念的根本原因在于对李普曼之儿童哲学计划的误解。国内学者大多把该计划狭隘地界定为思维训练的新项目，与此同时，国外学者也曾指责李普曼过分关注儿童的逻辑推理及论证技能的训练[⑤]。然而正如李普曼本人所言，为了使学校行政官员心甘情愿地吸纳儿童哲学，除非能够证明哲学探究对儿童的整体表现特别是思维素养方面有积极影

---

① 钱雨. 儿童哲学的意义——马修斯与李普曼的儿童哲学观辨析［J］. 学前教育研究，2009（9）.

② （美）马修斯. 哲学与小孩［M］. 杨茂秀，译. 台北：毛毛虫儿童哲学基金会，1998：1—19.

③ （美）马修斯. 童年哲学［M］. 王灵康，译. 台北：毛毛虫儿童哲学基金会，1998：45—59.

④ （美）李普曼. 教室里的哲学［M］. 张爱琳，张爱维，编译. 太原：山西教育出版社，1997：41—46.

⑤ Iyvind Olsholt. Philosophy for Children—A Norwegian Approach［J］. Presented at the International Conference "Philosophy in Society"，University of Oslo，Norway，July 26th，2001.

响 ①，因此以哲学促思考成为儿童哲学之最大卖点，仅为实务之举。但是，细细分析李普曼领衔设计的儿童哲学系列教材，可以发现除一以贯之的逻辑推理训练外，来源于不同哲学分支领域的问题，诸如真实、信念、心灵、公平等，皆在从学前至高三的故事文本中得到不同程度的探讨，且呈螺旋形上升之趋势，并结合儿童的心理特点，在不同年龄阶段有不同的侧重点，如幼儿阶段集中探讨如何探索自我及与己有关之经验的问题；小学高年级及初中生侧重探索人与人之间的伦理问题；而到了高中，则更注重社会政治领域的大问题。显然，在李普曼心目中，儿童哲学并不等于思维训练，哲学本是一幅不可分割、需各方皆顾的整体图景。众人对马修斯的定位几无异议，因他个人并不关心对儿童进行思维培育，而对建构童年哲学之学术体系兴趣浓厚，且勤恳地与儿童进行哲学对话。他所设计的哲学课程，从《与小孩对谈》这本书来看，广泛涉及形而上学、知识论、心灵哲学、伦理学等领域的议题，因而呈现的也是一幅较全面的哲学图景。②

此外，李普曼和马修斯二人在教学方法上也基本相同，均可归结为以苏格拉底对话（Socratic Dialogue）为核心的共同体探究（community of inquiry），都主张运用形象化的文本开启儿童的哲学智慧，前者利用 IAPC 系列教材，后者则是思考故事（thinking story）。若言李普曼更关心将逻辑规则等所谓哲学知识灌输到儿童心灵中，则是对他的最大曲解，因为在其教材中，通篇可见儿童之间或儿童与成人之间的对话，所有的哲学议题皆是在自然的讨论中不断涌现的，并无明显的教化氛围。

二、李普曼与马修斯的再"对话"：二人的分歧或差异

（一）创立儿童哲学的初衷不同

二人萌生创立儿童哲学的初衷，虽然都是不满于大学的哲学教育，但侧重点有所不同。李普曼作为逻辑学教授，其发现的问题乃是学生思想的僵化及缺乏周全辩证的思考能力，由此提出挽救的根本办法只能是从小即对儿童进行优质思维培育，使其从开始时就摒弃逻辑谬误，排除不恰当的思考方法与习性，

---

① （美）李普曼.教室里的哲学［M］.张爱琳，张爱维，编译.太原：山西教育出版社，1997：51.

② （美）马修斯.与小孩对谈［M］.陈鸿鸣，译.台北：毛毛虫儿童哲学基金会，1998：11—113.

成为良好的思考者。而在马修斯的哲学教育情境中，他痛心的是学生对哲学的无知甚至误解，及与哲学的深厚隔阂。马修斯认为根本原因出在哲学自身，因为哲学带给人的印象实属"空中楼阁"，其晦涩艰深的语言令大多数人望而却步，所以解决之道即在使哲学主动走入"寻常百姓人家"，以一种和蔼可亲的形象出现在世人面前。随后，马修斯一方面从搜集的案例中发现做哲学其实是一种极自然的活动，宛如奏乐、玩游戏一般，它既是儿童的天性，也是任何有健全理智的成人所能胜任并可切实执行的；另一方面力主通过浅显形象的儿童文学作品与儿童一起进行哲学探究，并取得重大成功。

（二）教材设计上的差别

李普曼本人设计的教材，往往更强调在探究过程中训练学生批判思考、创造思考和关怀思考（即3C）的能力与习性，不支持将故事本身过分文学化，因而缺乏情节性，也没有必要的插图，只能拿到课堂上宣读，经由教师引导才能发挥作用。马修斯则不然，他或者只单纯立一个开头，让学生通过集体探究自己续写故事，或者设计一些更有文学情趣的故事（即思考故事），这类故事由于更贴近一般儿童的心理，因而在国外童书市场上尤受欢迎，不仅可应用于课堂教学，且适合于亲子之间的互动阅读。

（三）理论建树、实践规模及社会影响力方面的差别

为了顺利向美国及世界各地推销儿童哲学这一课程，李普曼联合了众多志同道合之士，于1974年成立了首个儿童哲学国际组织IAPC，并以此为依托，从课程开发、教材设计、师资培养到理论及实践的研究，无不投入大量资源及心力，因而积累了相当丰硕的成果，并成功地使儿童哲学成为一个具有世界级影响力的教育项目。与之不同，马修斯作为哲学教授，其研究的重点在古希腊及中世纪哲学，而非儿童哲学，迄今为止，由他本人撰写的儿童哲学著作仅有三本薄薄的册子，即《哲学与小孩》（1980）、《与小孩对谈》（1984）、《童年哲学》（1994），内中大都是些与儿童进行哲学对话的具体案例，同时也探讨了一些理论问题，但大都比较朴素。至于马修斯本人设计的思考故事，也只有零星的几本，无法与李普曼相提并论。因此，李普曼通常被世界各国称为"儿童哲学之父"，马修斯则相对默默无闻。

三、儿童哲学的再概念化

由李普曼和马修斯之间的"对话"，可以联想到学者对儿童哲学之内涵的不同界定。目前国内已有研究者开始摆脱思维训练的圭臬，将培养哲学综合素养而非单纯的逻辑推理技能视为儿童哲学之目标。如王文静认为完整的儿童哲学应在关注儿童思维的同时，启迪儿童的智慧，培养儿童的哲学素养，同时还指出儿童哲学课可以区分为两种形态：一是思维训练哲学课，二是智慧探求哲学课。① 陶华燕亦将儿童哲学定位为一门智慧课，用以引导儿童关注身边的哲学，领悟生活中的哲学。② 高振宇也提出所谓儿童哲学即是建立在逻辑思考能力训练的基础上，让儿童体验探究哲学过程中的乐趣，排除日常生活中的哲学困惑，帮助他们找寻生活的意义，并建立起自身意义世界的教育计划。③ 更有学者跳出哲学的框架，将儿童哲学提升为一种更为根本或综合性的课程，即将哲学与儿童的精神世界等同起来。如刘晓东就指出儿童哲学可以被界定为儿童关于世界的观念，包括儿童的好奇、困惑、探究，也包括他们对世界的理解与阐释。④ 尽管以上学者的声音还只占少数，但毕竟代表了儿童哲学未来发展的方向，因此尤其值得注意。依笔者之见，儿童哲学的内涵可以有狭义、中义及广义之分，详述如下：

（一）狭义：作为思维教育的儿童哲学

无论从国际还是从国内范围来看，将儿童哲学等同于思维教育这个观点明显占主流地位。这与大多数研究者侧重关注李普曼所开创的儿童哲学模式有密切关系，而李普曼模式的儿童哲学主要是站在逻辑思维训练的立场上建构起来的，因此儿童哲学就被心理学家和教育学家公认为是一套特殊的思维训练项目。如最早将儿童哲学引入中国的学者之一张诗亚就指出，"儿童哲学是以发展思维为契机把认识世界、获取知识有机结合为一个和谐的整体，通过认识世界的整体性和一致性来发展思维的全面性和一致性的高度统一"⑤；周庆行也认为儿童哲学计划是一种智力发展战略计划，"它以发展思维能力为契机，促使儿童把认识世界、获取知识有机地集合为一个和谐整体，最终达到思维发展的全面性和一致性的高度统一，并通过儿童整体素质的提高来增强本国民族和国家的综合力"⑥；胡也指出，"儿童哲学主要是提高儿童思维素质"，是素质教育的组成部

① 王文静.儿童哲学课研究［J］.天津师范大学学报（基础教育版），2002（3）：45—46.
② 陶华燕.引领孩子走向智慧人生——浅谈在品德课程中渗透儿童哲学教育的策略［J］.小学德育，2005（21）：12.
③ 高振宇.儿童哲学诞生的哲学基础［J］.学前教育研究，2008（7）：34.
④ 刘晓东.儿童哲学：外延和内涵［J］.浙江师范大学学报（社会科学版），2008（3）：84—85.
⑤ 张诗亚.李普曼的儿童哲学观概说［J］.教育评论，1989（5）：65—66.
⑥ 周庆行.李普曼的儿童哲学计划述介［J］.哲学动态，1992（9）：8—10.

分，"是一种在活动中学习的哲学"，"是一门开拓儿童智慧天性、发展儿童的思考技能、激发儿童思维活动的一门课程"①；蔡桂如、刘春林认为，"儿童哲学是一种根据儿童的年龄特点，以师生之间的平等'对话'贯穿教学过程，培养儿童自主思考、自主辨析、自我发现，实现创新思维能力的培养课程"②；林静也认为儿童哲学是"对儿童进行哲学思维的训练，是从哲学层面对儿童认识世界的思考方法和认识途径进行科学深入的引导和训练，帮助儿童形成高质量的思维质量"③；徐圣超认为李普曼儿童哲学的理念，是体认和尊重儿童天生就有的思维方式及其特质，并透过哲学小说和探究团体的合作思考过程，以提升思考技巧、培养良好的思考态度和生活智慧。④其他学者如邓鹏、谭斌、陈红、邵燕楠、杨文华、徐湘荷、方展画和吴岩等皆是从李普曼的经典定义出发来诠释儿童哲学的。此外，台湾地区的杨茂秀先生也曾在多个场合中指出儿童哲学的本质或目的，就是强调思考的重要性，而"思考就是把事件的关系弄明白，不断去追寻，人家说什么，我们努力把真正意思挖掘出来"⑤。在与林文宝合撰的《叙述在思考实验中的功能》论文中，杨茂秀也直截了当地提到，"所谓儿童哲学的教育，其实就是思考教育，它的教育本质就是思考"⑥。

由此可见，就最主要的方面来讲，儿童哲学乃是把哲学的思维方式带给儿童，而不是把哲学理论或知识灌输给儿童，正是在这一点上，儿童哲学构建了哲学教育的新形态（即哲学践行），使得哲学与儿童合理地站在同一平台上，因此将儿童哲学视为一种思维教育形态，无疑抓住了儿童哲学的主旨。但对于儿童哲学究竟要培养儿童的什么思维品质或能力，学界却存在不同的关注点。国内大多数学者和实践界人士对儿童哲学所欲发展的思维品质和能力并没有做精

---

① 胡也．儿童哲学教育在素质教育中的作用和意义［J］．学术研究，2002（12）：106—108.

② 蔡桂如，刘春林．试论儿童哲学教育中的启发式教学［J］．科教文汇，2006（9）：35—36.

③ 林静．儿童哲学教育理念及实践方法综述［J］．山东理工大学学报（社会科学版），2010，26（2）：94—97.

④ 徐圣超．小学推动生命教育的新思维——儿童哲学的观点［J］．国民教育，2015，55（1）：25.

⑤ 柯倩华．李普曼（Matthew Lipman）的儿童哲学计划研究［D］．台湾辅仁大学哲学研究所硕士论文，1988.

⑥ 林师宇．教室中的故事与叙事智慧［D］．台东大学儿童文学研究所硕士论文，2004：7.

确细分，但是他们大都会提到批判思维、创造思维和关怀思维能力，以及发展独立思考、相互倾听、团队协作、沟通与交往、自主探究等思维品质，只是缺少对这些重要概念的更明确界定，甚至设立具体的、科学的指标。如徐淑委就指出，儿童哲学就是引导儿童发挥思考的能量，借由生活中的事物进行思考与探究，其目的在于培养儿童成为一个能独立、有思想的社会公民 ①；朱长超认为，儿童哲学的功用在于提高学生思维的广阔性、深刻性、批判性和创造性 ②；于忠海指出，儿童哲学的教学目标在于培养儿童的独立思考能力，激发儿童的创新情感和意志 ③；黄彬、魏桂军将儿童哲学界定为一门以哲学为手段，通过哲理故事来发展儿童的逻辑推理能力、批判性思维及创造性思维，创设群体探究的教育情境，以对话的方法展开教学活动，从而培养儿童创新精神和创造能力的课程体系 ④；王凌等提到儿童哲学致力于发展儿童的三种思维能力，即批判性思维、创造性思维和关爱性思维，认为三种思维类型特别是关爱性思维的提出，正是李普曼等人对杜威（John Dewey）教学理论的新发展 ⑤；少数学者如江卫社对关爱性思维做了诠释，即在讨论中注意对方的感受，本着求真知的态度，而不是为了战胜对手，并将其与中国传统人生智慧中讲求人际和谐、以仁为本的人生价值取向联系起来，但这种诠释仍比较简略，未能充分显示关爱性思维的复杂特点。⑥

总的来说，在儿童哲学所欲发展的思维品质或能力中，逻辑推理以及更为广义的批判思考（现在也有人称其为"审辩思考"）是李普曼本人和国内外学者都最为关注的方面。李普曼自己在一次访谈中就承认，自己设计第一本儿童哲学小说（即《聪聪的发现》）时，正在大学教逻辑学，因此顺势就依据教逻辑时的一种顺序，"依次编排出来，将它变成一个有情节的故事，并穿插了不同的

① 徐淑委. 儿童哲学进教室——以《灵灵》进行思考讨论教学之研究 [D]. 台东大学儿童文学研究所硕士论文，2008：16.

② 朱长超. 儿童哲学思维训练研究综合报告 [J]. 思维科学通讯，2005（1）：8—30.

③ 于忠海. 知性缺失与儿童哲学教育反思 [J]. 幼儿教育（教育科学版），2008（4）：7—10.

④ 黄彬，魏桂军. 儿童哲学教育中国化进程的思考 [J]. 科教文汇，2006（9）：35—36.

⑤ 王凌，曹能秀. 从"儿童中心"到"探究群体"——李普曼儿童哲学对杜威教学理论的新发展 [J]. 比较教育研究，2003（6）：40—44.

⑥ 江卫社. 在儿童哲学启蒙教育中弘扬中华民族文化精神 [J]. 四川教育学院学报，2004（8）：72—73.

角色……"① 在他的多本著作（如《教育中的思维》《教室里的哲学》《哲学进学校》）中，逻辑推理能力也总是被排在最优先讨论的位置。后续的学者大多强调此点，并由此来证明儿童哲学在教育上的重要价值。如中国台湾学者田晓萍就指出，儿童哲学，一言以蔽之，就是一场旨在发展儿童推理和论辩能力的教育运动②；王振德也认为，儿童哲学课程的主要目的在于帮助儿童学习如何为自己而思考，具体言之，该课程主要训练儿童与推理能力相关的思考技巧③；丹尼尔（Marie-France Daniel）和欧里亚克（Emmanuelle Auriac）则指出李普曼创立的儿童哲学主要是通过儿童之间以观点碰撞与协作为基础的哲学对话，来发展儿童的批判思考力④；奥斯曼（Moomala Othman）和哈辛（Rosnani Hashim）则通过实证研究的方式比较了"阅读者反应"模式和儿童哲学在发展马来西亚儿童批判思考力方面的效果，在他们的视野中，儿童哲学主要是一项可有效提升儿童批判思维力的项目。⑤

其次，儿童哲学也致力于发展学生的创造性思维，而创造性思维在学者的论述中又往往以批判性思维为基础并且与后者是紧密相连的，如蔡桂如、刘春林（2006）就将儿童哲学定位为一种根据儿童的年龄特点，以师生之间的平等对话贯穿教学过程，培养儿童自主思考、自主辨析、自我发现，实现创新思维能力之培养的课程；卡特（Fern-Chantele Carter）将创意艺术融入儿童哲学之中，着意发展中学生的创造思考力⑥；卡尔威特（Kristina Calvert）提出了"创意儿童哲学"的概念，提倡运用寓言来形成具有强烈哲学内涵的隐喻，以此发展儿童的创造性思维，认为创造思考在哲学话语中和批判思考一样拥有独立之

① 本刊编辑部.访儿童哲学的祖师爷——李普曼 [J].哲学与文化，1990，17（7）：664.

② Shiauping Tian. Philosophy for Children with Learners of English as a Foreign Language [J]. Journal of Philosophy in Schools，2016，3（1）：41.

③ 王振德.儿童哲学课程的理念与做法——兼论资优儿童的思考教学 [J].小学特殊教育，1991（11）：19.

④ Marie-France Daniel & Emmanuelle Auriac. Philosophy，Critical Thinking and Philosophy for Children [J]. Educational Philosophy and Theory，2011，43（5）：415.

⑤ Moomala Othman & Rosnani Hashim. Critical Thinking & Reading Skills：A Comparative Study of the Reader Response & Philosophy for Children Approaches [J]. Lakartidningen，2006，91（46）：4253—4258.

⑥ Fern-Chantele Carter. Developing Commiunies of Inquiry in the Secondary School Creative Arts Classroom [J]. Thinking：The Journal of Philosophy for Children，2006，18（1）：40—46.

地位，它能使儿童以多元的方式表达哲学观点，并以多种不同的意义呈现同一个"表象性陈述"①；其他学者如思科（Rosie Scholl）②、琼斯（Hanneke Jones）、戴维（Sarah Davey）③等也都认为，儿童哲学对发展学生的创造思维能力有着积极意义。其他方面的思维特质（包括关怀性思维）也同样受到国内外学者的共同关注，但由于这些特质很难被标准化测量，无法借此证明儿童哲学的优越性及价值，因此通常只是作为批判和创造性思维之外的附加影响而被讨论。其他方面的思维如关怀性思维、协作性思维的讨论总体还不够多，须等待更多儿童哲学学者的详尽论述和研究，方能对此做出总结式评论。

（二）中义：作为哲学启蒙教育的儿童哲学

国内有部分学者已经意识到只单纯强调思维训练是远远不够的，因为它忽略了儿童思想中的精神元素及其他更丰富的内容，因而主张将儿童哲学扩展为囊括哲学思维训练和启迪儿童的哲学智慧，或发展儿童的哲学素养等在内的综合体系。如刘晓东认为哲学启蒙应当包含三类：一是作为思维训练的哲学启蒙，李普曼之儿童哲学即为此类，它侧重形式的层面；二是作为智慧探求的哲学启蒙，其关注的焦点为儿童的好奇（即内容），可以通过两种方法达成（儿童文学或马修斯所提倡的儿童哲学交互方式）；三是作为文化陶冶的哲学启蒙，目的是要使儿童承接文化传统，从而指出中国传统哲学的启蒙作用。④ 在另一篇文章中，刘晓东进一步阐发了以上思想，认为儿童哲学可以包括三方面内容，即儿童的哲学（Children's Philosophies）、儿童哲学探究计划（Philosophy for Children）、童年哲学（Philosophy of Childhood）。儿童的哲学即是指儿童的哲学思想；儿童哲学探究计划即李普曼之儿童哲学模式；而童年哲学即为马修斯儿童哲学模式。⑤ 又如王文静也认为，完整的儿童哲学应在关注儿童思维的同

① Kristina Calvert. Creative Philosophizing with Children［J］. Theory and Research in Education，2007，5（3）：313—314.

② Rosie Scholl. Student Questions：Developing Critical and Creative Thinkers［J］. Thinking：The Journal of Philosophy for Children，2005，17（4）：34—46.

③ Sarah Davey. Creative，Critical and Caring Engagement — Philosophy Through Inquiry［A］. In Daniel Shepherd（ed.）. Creative Engagements：Thinking with Children［C］. Inter-disciplinary Press，2005：35—42.

④ 刘晓东.论儿童哲学启蒙［J］.上海教育科研，1998（9）：8—11.

⑤ 刘晓东.儿童哲学：外延和内涵［J］.浙江师范大学学报（社会科学版），2008（3）：48—51.

时，启迪儿童的智慧，培养儿童的哲学素养，因而提出所谓儿童哲学，即是为了培养儿童的哲学思维、鼓励儿童的智慧探求、形成儿童的哲学素养的一种课程形态，所以儿童哲学课可以区分为两种形态：一是思维训练哲学课，即李普曼之儿童哲学；二是智慧探求哲学课，就是通过向儿童呈现一些载体（如儿童哲学故事、哲学问题情境等）、与儿童对话等来引导儿童识别出故事中、周围世界中的问题与困惑，使儿童产生疑问，进而引导儿童解决疑问的过程，她认为苏格拉底对话是这第二种课程形态的典范。[1] 总之，中义层面上的儿童哲学，已经在使儿童哲学摆脱李普曼模式的束缚，而迈向更广阔的哲学领地，将培养综合性的哲学素养而不是单纯的逻辑推理及其他思考能力视为儿童哲学所欲追求的目标，从而为儿童哲学的发展开辟了崭新的天地。

（三）广义：作为精神教育的儿童哲学

广义的儿童哲学则跳出了哲学的框架，将自身上升为一种更为综合的儿童研究，即将哲学与儿童的精神世界等同起来，并提倡尊重和顺从儿童的天性、倾听儿童的声音、发展儿童的好奇心等朴素的教育理念。如戴月华（2008）便认为儿童哲学与其说是一种哲学形态，还不如说是通过儿童故事显现思想发生的根本特性，即回归思想的原生态及其方式。[2] 刘晓东也指出，儿童哲学可以被界定为儿童关于世界的观念，包括儿童的好奇、困惑、探究，也包括他们对世界的理解与阐释。他提出广义的儿童的哲学可以覆盖以下几个领域，即儿童的科学、儿童的伦理学、儿童的艺术、儿童的宗教、儿童的文学等，也即涵盖儿童的整个精神世界。[3] 屈凯提出了更大胆的创见，他认为任何真正的创造性的工作都必然同时是哲学工作，批判地、创造性地学习任何东西也同样首先是哲学学习，因此儿童哲学是其他一切课程的母体或核心，其他课程应自觉地把自己作为儿童哲学课的延伸[4]，但这种观点迄今尚未在教育界普及开来。不过，由于儿童哲学在理念上主张尊重儿童探究的天性、倾听并发展儿童的声音等，因而与教育界目前正不断强调的儿童本位课程、教学即儿童研究［爱莉诺·达克沃斯（Eleanor Duckworth）、帕特丽夏·卡利尼（Patricia F. Carini）等］的思路是一致的，所以有不少学校及幼儿园乃将儿童哲学扩展为"率性教育"（东北师范

① 王文静.儿童哲学课研究［J］.天津师范大学学报（基础教育版），2002（3）：45—48.

② 戴月华.儿童哲学的思想魅力及其发生方式［J］.兰州学刊，2008（4）：1—4.

③ 刘晓东.儿童哲学：外延和内涵［J］.浙江师范大学学报（社会科学版），2008（3）：48—51.

④ 屈凯.论儿童哲学与逻辑心理教育——兼论科学哲学的人类生态学化［J］.江西教育学院学报，1994（1）：55—57.

大学附属小学）、"田园教育"（上海锦绣博文幼儿园）等。在实践中，他们所做的不是开设独立的哲学课程，而是将儿童哲学的教育理念与现有的学习领域或学科课程统整起来，更加注重的是研究童年的本质、尊重儿童的思想与活动、遵循儿童的天性、回归儿童自身的世界，并创造条件激励和发展儿童的各项本能①，从而使整个课程学习过程变成有意义的生命历程，让"一个被称作学校的地方"成为儿童真正的幸福乐园。这些实际的教育改革行动都没有将儿童哲学局限在哲学范围之内，而是将其与更广泛的儿童研究或儿童本位运动紧密联系起来了。

广义上的儿童哲学把哲学等同于整个精神世界，因此"儿童哲学"即是儿童精神（或精神哲学）的代名词。这符合传统哲学的一般性定义，历史上众多哲学家都倾向于认为哲学为综合之学，是各种精神现象的大集合。儿童的精神世界历来为成人所忽略，学校教育之内容所呈现的基本是成人的观念，所以在现行的教育情境中，儿童实质是未登场的。对儿童精神世界的强调，就是要在教育中恢复儿童应有的地位，这就要求继承卢梭、康德等学者的观念，从儿童的角度检视儿童，让儿童成为儿童本身，使儿童得享理智探究之自由。儿童的精神世界自是纷繁复杂，包含难以尽数的元素，在当今中国，从文化、文学、影视、戏剧、音乐、心理等角度审视儿童精神已广为普及，从哲学、历史、神学等视角考察儿童思想的作品则还相当缺乏，因此未来的研究可以在横向上进一步拓展。这个意义上的儿童哲学已与儿童研究或儿童学有相当程度的重合，故可运用源于自然科学和社会科学的概念架构与方法论着手研究，具有鲜明的跨学科性。

总而言之，儿童哲学是一个三位一体的综合体，狭义、中义和广义从不同侧面反映了儿童哲学的真实面貌，且呈不断上升之势，即每后一层级是对前一层级的扬弃、扩充和超越，但三者之间又有相辅相成而非矛盾的联系，在复杂的教育情境中往往难以绝对割离，这便为中国各学校结合自身情境而酌情选择或建构提供了可能。由于中国教育历来缺乏思维培育的传统，使得儿童之批判、创意等思维能力极为薄弱，中国学校之引入儿童哲学正在于寻求解决以上问题之道，且众多幼儿园及小学（如浙江杭州协和幼儿园、东北师范大学附属小学、浙江温州瓦市小学等）的实践无不证明儿童哲学之积极功效——不止于增进儿童思考能力，亦有助于改善师生关系、促进教师专业发展等。但为使儿童哲学在更多学校普及，相关教育机构须引进或编制检测学生思维能力的标准测验，

---

① 姚玉琴，李应刚.基于儿童哲学的小学品德课堂教学 [J].教学与管理，2016（2）：47.

以高信度之证据证明哲学课程之功效。中义的儿童哲学则首先在于释放儿童那长期受到压制的哲学之音，其次在于发挥哲学的整体价值，促进儿童之哲学素养的综合发展，但它对教师之专业质素有一定要求，故必须联合国内哲学界、教育界同仁共同设立中国儿童哲学中心，以长期对他们进行培训为宜。至于广义的儿童哲学，则将视野扩大到儿童的整个精神世界，关注儿童的一切精彩观念，与中国的素质教育一脉相承，有助于深化教育新启蒙及现代儿童观的发展。

儿童哲学在中国已走过三十多年旅程，但学界对儿童哲学的研究仍始终以李普曼和马修斯等为核心，这既不能有效指导实践儿童哲学课程的学校，因这些学校早已创制了富有本校特色的儿童哲学，也不符合儿童哲学中国化的要求，故当前诸学者及实务工作者应同心协力，在结合中国传统文化特别是诸子百家哲学的基础上，从课程、教材、教学三个维度探索儿童哲学本土化的路径，并在有关幼儿园及小学逐步展开质量结合的行动研究，以便不断总结经验教训，切实推动儿童哲学在中国的发展与完善。

第三节　儿童哲学诞生的哲学基础 *

儿童哲学作为一种新形式的教育，其本质及核心皆是哲学，因此要探明儿童哲学诞生的历史渊源，必须把儿童哲学放置在哲学的坐标系中，考察西方哲学的传统对儿童哲学的启发或影响，才能对儿童哲学有一个清晰的把握，以保证儿童哲学沿着哲学的道路循序推进。

一、哲学的起源与本质

（一）哲学起源于惊讶

古希腊许多哲学家，如柏拉图、亚里士多德都秉持哲学起源于惊讶的观点。柏拉图在《泰阿泰德篇》中说："惊讶，这尤其是哲学家的一种情绪，除此之外，哲学没有别的开端。""这地地道道是哲学家的情绪，即惊讶，因为除此之外，哲学没有别的决定性的起点。"亚里士多德也认为，"古往今来人们开始哲理探索，都应起于对自然万物的惊异"。[①] 从历史上看，确实是惊讶造就了哲学

---

* 本节内容原载于《学前教育研究》2008 年第 7 期，此处做了补充、修改和调整。

① 胡军.哲学是什么［M］.台北：杨智出版社，2002：14.

的诞生。公元前 6 世纪，一些人不满足于种种神话创世说，力图恢复对世界的好奇，开始追问世界是如何构成的，并提出各种哲学的解释，米利都的泰勒斯、阿那克西曼德、阿那克西美尼和爱非斯的赫拉克利特等都对世界的本原提出了自己的观点。此后，人们把惊讶的焦点从自然世界扩展到人类世界，对构成人类世界之根本概念如知识、正义、美德、虔诚等进行追问，主要代表人物是苏格拉底、柏拉图以及智者学派。

然而惊讶绝不是少数成人的专利，儿童天然地具有这种可贵的情结，他们对自己和世界都怀有无限的惊讶与好奇，因此他们不断发出"为什么"的信号，提出"我是怎么出生的""我为什么在这里""世界从何而来"等根本问题。这些问题正是哲学诞生之初，古希腊哲人们争论不休的哲学问题。李普曼、马修斯等人之所以创立儿童哲学，正在于他们看到了这一自然现象，而且观察到惊讶的情绪并没有随年龄的增加而提升，相反却逐渐萎缩，直至消失，因此呼吁人们应充分重视儿童的发问，创造支持环境，呵护此种惊讶，使儿童的理智能够获得更全面的发展。

（二）哲学的本质是爱智

哲学的英文为 philosophy，乃从希腊文 "Φιλοσοφία"（philo-sophia）转变而来，其由两部分组成：philo 是动词"爱"的意思；sophia 即阿西娜，为希腊智慧女神，可视为"智慧"的代名词。单词全意即为"爱智"。哲学家与那些自称知识渊博、拥有智慧的人（如古希腊的智者学派）是不同的，因为哲学家意识到人类是"无知"的，以人类有限的思维根本不能捕获具有无限特性的智慧，所以最好怀着谦虚的态度和开放的胸怀，将一切知识都当作探索及质疑的对象，而非固定不变者。在"爱智"这个意义上，哲学变成一种朝向智慧之门而行进的无休无止的活动，其真意是"上路"，因此问题本身比答案更重要，一切被称为答案的东西都可以成为探究智慧的新起点。①

在对智慧的理解方面，唐桂丽认为存在两种基本路向。一是将智能与知识结合起来，有智能就是有知识的代名词，以亚里士多德为代表。亚里士多德指出求知是人的本性，是人与生俱来的一种本能，他把智慧定位于对普遍有效知识的获得，所谓智慧，只不过是有关某些原理或原因的知识。但是这里的知识绝非是指日常琐碎的经验，而主要指有关事物之本质或根源性的规律，正是这种知识，构成了整个古希腊哲学探究的主题。第二种路向是把智慧等同于能力，

---

① 胡军.哲学是什么［M］.台北：杨智出版社，2002：14.

实际上就是把智慧从外在事物拉回到人自身。因为知识是由外闯入我们内心的，其有明确的对象，若脱离了外在的对象，知识也就无所作为了；而能力则是一种内在的精神状态，已经转化为"我"自身的一部分，无论何时何地也不会从"我"之中消失。[1]

　　的确，哲学从最初意义上讲，有追求知识以求摆脱愚昧之意，但从其历史的发展来看，它主要是一种思维的方式或能力，且一种哲学理论一旦被称为知识，就会蜕变为禁锢人思想的枷锁，反而背弃了哲学的初衷，因此我们最好将智慧视为一种思考的能力而非知识性的内容。李普曼等人抓住了哲学爱智的本义，他们所建构的哲学绝非是一个自我封闭的理论体系，而是始终向每个个体和外界开放的复杂系统（complex system）。在儿童哲学的视野中，很少涉及某某哲学家的已经知识化的理论体系，重在训练思考哲学问题的技能，主旨在做，在探究。我们常可见学校将培根的"知识就是力量"视为至理名言，以至于学校的教学活动完全成了知识的传授或灌输，但是儿童哲学提倡"智慧就是力量"，力图恢复人的活性，将学校教育的中心设置在能力的训导上。

二、哲学与文学

　　在公元前 6 世纪哲学刚刚诞生之时，哲学家在描述自己的哲学思想时，基本依赖文学这一工具，常用的形态包括格言警句、散文、诗歌及对话录等。在被西方公认为最早的三位哲学家中，泰勒斯留下了一些格言式的教导。阿那克西曼德则是最早用散文体来表述哲学思想之人，卡佩莱认为从早期用韵文表达的神话，到用散文来表达抽象的哲学思想，是一种深刻的变革。而阿那克西美尼据说是"用简单而纯朴的伊奥尼亚方言写作的"，也就是用朴素的常用的散文语言代替神话诗，来表达抽象的哲学思想。[2] 其后，爱利亚学派的塞诺芬尼本是一位游吟诗人，他的关于自然哲学的思想以及对其他哲学家的批评基本体现在诗歌当中，现存的著作即是 118 行诗。爱利亚学派的奠基人——巴门尼德所留下的著作则是一部用六韵步（Hexameter）的诗句撰写而成的诗篇，他的哲学思想基本融入这篇诗歌当中，但一点都没有影响它本身在理论上的抽象性。恩

---

① 唐桂丽."爱智"说刍议［J］.江汉大学学报（人文社会科学版），2002，21（2）：66—69.

② 汪子嵩，范明生，陈村富，姚介厚.希腊哲学史（第一卷）［M］.北京：人民出版社，1988.

培多克勒留存下来的著作即《论自然》和《净化篇》的一些残篇（前者反映其自然哲学思想，后者反映其宗教观），共 153 则，均是用诗歌的韵文形式写成，共约 450 行。百科全书式哲学家德谟克利特之著作虽然不是韵文，但西塞罗认为他的文章仍富有诗意，笔墨生动，修辞俏丽，行文潇洒；现存的德谟克利特著作主要是 260 条道德格言，这说明德谟克利特仍然没有放弃用文学的方式表达自己的哲学思想。① 到了苏格拉底、柏拉图时，对话逐渐成为书写哲学著作或进行哲学探究的重要方式。苏格拉底本人并未留下任何著作，但其一生都致力于通过对话引导雅典市民开展哲学思考，而其思想基本是由其弟子柏拉图之著作来表达。柏拉图的著作即是由对话的文体写成的。他的全部著作，据公元 1 世纪时亚历山大利亚的塞拉绪布罗（Thrasybulus）记载，共有 36 种，其中就有 35 篇是对话（其余一篇则是 13 封书信）。②

　　虽然亚里士多德没有继承其师表现哲学的方式，而改用比较抽象的文字来叙述自己的哲学思想，此后主流哲学开始摆脱文学的形式而逐渐走向抽象化、学术化，变得晦涩难懂，并日益脱离大众视野，成为哲学家书写哲学著作时的主要风格，但是哲学文学化的潮流并未因此断绝。在亚里士多德之后，伊壁鸠鲁（公元前 341—前 270 年）仍然借用了格言的方式，这在其著作残篇中占据了相当重要的分量；而卢克莱修（约公元前 98—前 53 年）继续采用诗歌的形态表达自己的宇宙论、本体论等思想。③ 近代也有不少哲学家复兴了这个文学传统。如尼采的大部分著作都以文学形式表现，如《人性，太人性的》采取格言的方式；《快乐的科学》不仅用格言的风格写成，而且包含了大量的诗词，甚至书名起自法国普罗旺斯的方言，意思是诗词的艺术；《查拉图斯特拉如是说》则使用一种哲学小说的风格，以自然现象作为修辞和讲述故事的手段。存在主义哲学家萨特也以小说的形式阐述自己的哲学思想，如他的小说《恶心》、短篇小说《墙》等。④ 加缪的情况也类似，他借助《西西弗神话》这篇经典散文，

---

① 汪子嵩，范明生，陈村富，姚介厚.希腊哲学史（第一卷）[M].北京：人民出版社，1988.

② 同上。

③ 北京大学哲学系外国哲学史教研室编译.古希腊罗马哲学 [M].北京：商务印书馆，1982：343，379.

④ 李红岩.文学化的哲学和哲学化的文学——论萨特的存在主义文学 [J].语文学刊，1999（2）.

生动展现了"一种荒诞感的体验和把握"①；其寓言体小说《鼠疫》则体现了其"上帝死了，人要活"的哲学思想。② 此外，还有齐克果（又译"克尔恺郭尔"，Kierkegaard）也透过小说《现代的时代》（*The Present Age*）表明自己对西方文化中将一切价值层级"削平"（leveling）深感不满。③

儿童哲学继承此种传统，也主张将哲学和文学结合起来。因为在李普曼看来，经亚里士多德的影响一直到现在的哲学界，论述过于专业，难以运用到现实生活中来，也难以吸引更广泛的民众参与，所以他主张采用故事或小说的形式，这样既可以创造出一个独立的艺术品，亦可作为承载哲学价值的渡船，达到哲学反思的工具性效果。④ 其他儿童哲学研究者也认为，只有透过文学的形式，才能将人类关系的复杂多样性细致、弹性地表达出来。⑤ 因此，他们研发的儿童哲学教材在体裁上都一律采用小说的形式。具体来说，和传统哲学教科书相比，儿童哲学的教材具有以下四个鲜明的特点：一是不出现任何难以理解的哲学术语与专有名词，而把哲学概念以日常语言的方式表达出来，并从生活中自然地引出哲学意义上的困惑，以儿童自身的经验叙述整个探究过程，因此儿童能够顺利地担当起哲学思考的角色；二是每套教材中所呈现的人物都是和特定年龄阶段之儿童相似的学生，故事的场景也集中在学校和家里，贴近儿童的生活实际；三是故事情节带有冒险的性质，问题被发现之后，儿童通过与教师、家长以及互相之间的对话，展开精彩的探究历程；四是故事中的各个角色因有不同的经验，而反映出对同一事件的不同感受，在思考风格上呈现出丰富多样的局面，从而使对哲学的理性探究与情感的迸发、流露巧妙地结合在一起。

尽管有以上优势，儿童哲学的教材仍面临不少批评，主要是教材只有文字，没有图片，不能吸引学生的兴趣；故事情节性弱而说理性强，思考的成分远高于情感表达的成分等。对此，李普曼回应道：如果成年人必须为儿童写作，也

---

⑤ 王洪琛. 荒诞体验中的现代人——解读《西西弗神话》[J]. 吉首大学学报（社会科学版），2006，27（5）.

② 赵秀红. 加缪《鼠疫》中的悲剧意识 [J]. 上海师范大学学报（哲学社会科学版），2006，35（3）.

③ 劳思光. 存在主义哲学新编 [M]. 香港：香港中文大学出版社，2001：5.

④ （美）李普曼. 教室中的哲学 [M]. 艾尔飞，杨茂秀，译. 台北：毛毛虫儿童哲学基金会，2007：序言.

⑤ 郑圣敏. 儿童哲学方案对小学资优学生批判思考能力及创造思考能力之影响 [J]. 台湾师范大学特殊教育研究所，1998.

不应全面代劳，只需要做到启发儿童自己的文学描绘能力即可，加插图就等于代替儿童去做他们自己应该做的事情 ①；当儿童独自阅读时，哲学小说确有可能产生不了足够的兴趣，但当它们被拿到课堂上大声朗读的时候，就会引发一系列的问题，从而引起儿童的注意，激起儿童之间的哲学对话 ②；哲学小说具有一定的娱乐性，但这种娱乐性不同于电视卡通片所具有的娱乐性，它来自日常生活的点点滴滴 ③，从表面上看生活是平淡无奇的，但透过细心的审查，生活就会散发出迷人的光芒，而哲学的魅力正在于此。

三、哲学与逻辑思维

哲学与思维历来关系密切，思考过程的完美最充分地体现在哲学之中，哲学首先就是人们为达到思考过程的完美而设计出的最佳工具 ④，这主要体现在逻辑方面。逻辑（logic），源自古希腊语 λόγος（logos），其最初的意思是"词语"或"言语"，可引申出"思维"或"推理"的含义。逻辑在哲学中扮演基础性角色，它专门研究人的思维形式、方法及规律，是人们认识事物、理解思想的重要工具。德国哲学家康德第一次明确提出逻辑是研究思维形式的科学。⑤ 德国心理学家、哲学家冯特（Wilhelm Wundt）在其所著《哲学导论》(*Einleitung in Die Philosophie*，1920）一书中也提出，"逻辑是讨论正确思维之法则"⑥。逻辑又与推理（reasoning）密切相关，所以欧文·M.柯匹（Irving M.Copi）、卡尔·科恩（Carl Cohen）、刘福增等指出，在其基本点上，逻辑就是致力于研究一套方法和原则，以区分好的（正确的）推理与差的（不正确的）推理。⑦ 李普曼在儿童哲学中讲逻辑主要是基于它能发展儿童的推理能力（reasoning skills）。

① （美）李普曼.教室里的哲学［M］.张爱琳，张爱维，编译.太原：山西教育出版社，1997：41.

② 吴岩.李普曼的以对话为核心的儿童哲学课程观及启示［J］.教育评论，2005（5）.

③ （美）李普曼.教室中的哲学［M］.艾尔飞，杨茂秀，译.台北：毛毛虫儿童哲学基金会，2007：序言.

④ （美）李普曼.教室里的哲学［M］.张爱琳，张爱维，编译.太原：山西教育出版社，1997：前言.

⑤ 康德.纯粹理性批判［M］.邓晓芒，译.北京：人民出版社，2004.

⑥ 詹栋梁.儿童哲学［M］.广州：广东教育出版社，2005：17.

⑦ 参见 Irving M. Copi，Carl Cohen.Introduction to Logic（Ninth Edition）［M］. Macmillan Publishing Company，1994；刘福增.基本逻辑［M］.台北：心理出版社，2003.

西方逻辑来源于古希腊传统，希腊早期的哲学家已能使用反证法概念来探究哲学，而至亚里士多德时，系统的逻辑理论得以正式建立，这套理论被称为"亚里士多德逻辑"，亦称传统逻辑、形式逻辑或普通逻辑。从亚里士多德到中世纪，这套逻辑的发展基本限于演绎层面，至 17 世纪之后，培根首次系统研究了归纳逻辑，接着穆勒又发展了培根的归纳学说，第一次明确地把归纳逻辑纳入传统逻辑的体系内。① 所以我们现在所言的传统逻辑基本包括演绎逻辑和归纳逻辑。后来经过长久的发展，逻辑在内容上已经远远超出了"亚里士多德逻辑"的范畴，虽然学术界对逻辑的具体种类还存有争议，但大体上除了传统逻辑以外，还有数理逻辑（又称符号逻辑、现代形式逻辑）、现代归纳逻辑、辩证逻辑、自然语言逻辑、科学逻辑、直觉逻辑、多值逻辑、亚结构逻辑、非单调逻辑、模态逻辑、辩证逻辑、非形式逻辑，等等。李普曼虽然是逻辑研究的专家，然而他并没有打算把种类繁多的复杂逻辑悉数纳入教育计划中，而唯对传统形式逻辑及非形式逻辑情有独钟。

所谓传统形式逻辑，就是"抽去一切悟性知识之内容及一切对象中所有之差别，而只论究思维之纯然方式"②，也就是从实际思维中抽出思维形式作为自己的研究对象，从真假值的角度来研究思维的形式及其规律。③ 从一些介绍形式逻辑的著作中可见，其内容一般包括概念、判断、命题及其推理、归纳推理、模拟推理及假说、基本规律（如同一律、矛盾律、排中律及充足理由律）等。儿童哲学的研究者们特别注重传统的形式逻辑，但他们拓展了逻辑训练的应用范围，把以往局限于成人的教育延伸至儿童青少年阶段；他们也不关心它在哲学上的研究价值，不做深入的理论分析，而仅在意其在教育上的应用以及能否有效提升儿童的思维能力。形式逻辑的主要功用，在李普曼看来，"并不在于促进规则在日常生活中的运用，而在于帮助儿童获得这样的认识，即自己有能力条理清晰地思考自己的思想活动"；"形式逻辑有助于发展思维的条理性，因为其规则即是支配语句的规则"；形式逻辑的优点在于，其规则明白准确，能够清晰反映头脑中的思维，因此，运用这些规则有助于培养学生的批判思考力。④ 奥

① 陈孟麟、郑功伦主编.逻辑新教程［M］.西安：陕西人民出版社，1990：3.

② 康德.纯粹理性批判［M］.邓晓芒，译.北京：人民出版社，2004.

③ 金岳霖主编.形式逻辑［M］.北京：人民出版社，1979.

④ （美）李普曼.教室里的哲学［M］.张爱琳，张爱维，编译.太原：山西教育出版社，1997：150—152.

斯坎扬也指出形式逻辑"可以用来帮助小孩发展出一种对自己使用的语言的敏感性，帮助小孩对自己的思想加以整理、组织出结构来"①。

李普曼等人并没有提到自己所言的形式逻辑究竟是传统形式逻辑还是现代形式逻辑。在 IAPC 教材（特别是《聪聪的发现》这本教材）中，其形式逻辑的内容包括演绎推理、归纳推理、假设、条件推理、因果关系、模拟推理、基本规律、判断等，因此可以推断此处的形式逻辑仅仅指的是传统意义上的形式逻辑，而尚未触及更为抽象与符号化的现代形式逻辑。在这其中，三段论是演绎推理的最常见部分，它是由三个简单性质命题即直言命题所组成，前两个命题是推理的前提，后一个命题是推理的结论，且它只能由三个项（三个概念）所组成。② 李普曼认为三段论的规则有助于理解已经形成习惯的思考过程，尤其是归纳模式或方法；而且三段论的规则既简单数量又较少，易于解说和记忆，不需要事先具备深厚的逻辑基础③，所以他尤为推崇三段论，将其作为教材中师生对话的主要内容之一。

不过在学界中，形式逻辑已经饱受批评，比较一致的看法是它存在两个大的局限性：一是形式逻辑主要依赖人工语言，它在丰富性、灵活性及实用性等方面无法逼近自然语言；二是形式逻辑关注的核心问题乃是推理和论证之有效性，即研究在前提为真的情况下如何确保结论为真，但在日常生活中，有效逻辑推理发生的条件及适用性却十分有限，更多的情况是，人们并不关心论证和推理是否在形式上严格有效，而只关心命题在直观上是否合理，即前提是否能对结论提供足够的支持。④ 所以既然形式逻辑无法全面涵盖人们在日常生活中所大量运用的推理及论证模式，那么它是否能够有效改善人们的逻辑推理能力就很令人怀疑。可是形式逻辑的此种局限性并没有引起儿童哲学研究者的足够重视，现有的文献也鲜有触及此话题，这是令人遗憾之处。

为了弥补形式逻辑的缺陷，非形式逻辑于 20 世纪 60 年代应运而生，它的主要研究对象就是人类日常生活中所使用的论证（argument）。非形式逻辑致力

---

① 周俊良.儿童哲学与教育关系之研究［D］.高雄师范大学教育学系硕士论文，1995：55.

② 华东师范大学哲学系逻辑学教研室.形式逻辑［M］.上海：华东师范大学出版社，1997：79.

③ （美）李普曼.教室里的哲学［M］.张爱琳，张爱维，编译.太原：山西教育出版社，1997：154.

④ 朱京.非形式逻辑的兴起与发展［J］.哲学动态，2003（10）.

于发现、分析和改善这些论证的标准、程序和模式，指出人们在论证过程中所出现的各种逻辑谬误，如偷换概念、转移话题、循环论证、不适当地诉诸情感和求助权威等，分析其令人产生迷惑的本质，并对各式各样的谬误做出合理的分类与概括。① 非形式逻辑借用的是人类的自然语言，相比形式逻辑，它更贴近人类的常态生活，也更具实用价值，理应成为逻辑训练的主要部分。可是，在儿童哲学中，非形式逻辑的影响远不及形式逻辑大，有关非形式逻辑部分的内容仅出现在《聪聪的发现》及《思思》中。不过，尽管李普曼模式的儿童哲学并不特别关注非形式逻辑，许多儿童哲学的实务工作者却更倾向于训练学生在这方面的能力。

儿童天生就是哲学家，但儿童的思考往往是一种直觉反应，而非理性的审查，常会犯逻辑上的错误，因此在李普曼看来，若不加以逻辑上的正规训练，儿童的这些逻辑谬误以及思考上的混乱与不足就会始终得不到纠正与引导，就会对日后的言语及行为带来消极的影响。② 这也是李普曼创立儿童哲学最为重要的原因之一。

四、苏格拉底对话

以对话的方式进行哲学探究也是古希腊的传统，此点要归功于苏格拉底，他终其一生都通过对话的方式与雅典青年讨论哲学。这种方式为李普曼所认同，他甚至认为哲学的生命恰恰在于对话。③ 苏格拉底对话有诸多突出的特点：首先，苏格拉底启发我们如何生活，而不是如何论辩。李普曼深有同感，并明确了对话与辩论的区别，他认为辩论的目的在于击败对方，而不是使人趋向于真理；对话的目的则在于明理，其重点在于合作和互相鼓励，以促使儿童反思思考的历程，发现意义之所在。④ 因此儿童哲学倡导的是对话而非辩论。

其次，在古希腊，辩证法最为通常的意思即为对话，苏格拉底是第一个将辩证法引入哲学的人，这种辩证法往往从日常生活的细小事件出发，但最终指

---

①　朱京.非形式逻辑的兴起与发展［J］.哲学动态，2003（10）.

②　刘仲容，林韩信，柯倩华，等.儿童哲学［M］.芦洲：空中大学，2003：47—50.

③　（美）李普曼.教室里的哲学［M］.张爱琳，张爱维，编译.太原：山西教育出版社，1997：69.

④　谭斌.论李普曼的儿童哲学教育［J］.兰州大学学报（社会科学版），2000（4）.

向"人应该如何生活"的大事。① 因此，在儿童哲学中，教师与儿童一同探究哲学的过程必然伴随生活事件的叙述，源自儿童自身的经验，其目的不是要建立某个完备的哲学体系，而是要服务于儿童的生活世界，使儿童寻觅到意义之所在。

再者，在苏格拉底对话过程中，各方关系都是平等的，苏格拉底从未以一个权威的身份去告诉人一个真理，相反，他一再强调自己是真的无知，并鼓励每个人参与对话与探究，共同体验思考的乐趣。儿童哲学也具有这样的特点，教师需要一再弱化自己的权威形象，与儿童处于平等的位置，绝不能把自己对哲学问题的理解强加到儿童头上。②

第四，苏格拉底对话讲求逻辑上的严密性，苏格拉底要求每一个日常的重要概念都必须接受逻辑与经验的检验，反对盲目的轻信、草率的结论以及自以为是的聪明，因此在对话过程中，苏格拉底是一个严格的审查官和积极的引导者。儿童哲学探究团体中的对话也同样需要教师的妥善引导，需要建立在逻辑考验的基础上，它不是要鼓励孩子们互相聊家常，而是要对关系生活的重大哲学问题进行反思，提倡同学之间互相展开批判（而非攻击），要求儿童在陈述问题以及发表评论时必须提出理由，而这些理由本身也必须受到检验等。

最后，苏格拉底对话强调哲学教育具有间接性，突出思想交流中主体觉悟的自主性，因为哲学教育归根结底是一种自想自验、自觉自悟的过程。③ 借鉴苏格拉底的对话，儿童哲学也提倡把思想探索与体验融合在一起，儿童通过探究团体寻求对某哲学问题的理解，但志不在获得结论性的答案，而是思想探索的过程，使儿童能充分享受思维的乐趣。

当论及儿童哲学诞生的哲学基础时，以上几点无疑是最为重要的，但它们还不足以构成全部，维特根斯坦（Wittgenstein）的认识论以及概念游戏的观念对儿童哲学亦有影响，探究团体的概念则直接来自美国的实用主义哲学，引导儿童清晰表达、论证严密以及培养开放心灵等则受到了分析哲学的影响。可见，儿童哲学归根结底是一种哲学教育，其本质与特征都离不开哲学本身发展的影响。

---

① 戴月华.苏格拉底对话的哲学教育价值［J］.江南大学学报（人文社会科学版），2005，4（4）.
② 杨茂秀.谁说没人用筷子喝汤［M］.台北：远流出版社，2006：132—138.
③ 戴月华.苏格拉底对话的哲学教育价值［J］.江南大学学报（人文社会科学版），2005，4（4）.

第四节　我们追寻怎样的儿童哲学之梦 *

2018 年 4 月 16—27 日，"培养有思考力的儿童：儿童哲学在小学阶段的应用与实施高级研修班"省培项目在浙江省杭州市上城区教育学院顺利开班，吸引了来自杭州、宁波、温州等浙江省内学校和四川成都、福建泉州、陕西西安、上海等省外学校、幼儿园和社会人士共 80 余人前来参与，为推动儿童哲学在浙江省和全国范围内的普及、深化和提升已有的儿童哲学课程质量发挥了至关重要的作用。以下将从几个方面全面总结此次培训在儿童哲学理论和实践领域所进行的关键探索及取得的成果，以便为后续完善儿童哲学的师培体系及推动儿童哲学领域的整体发展奠定更加坚实的基础。

一、儿童哲学的理论建构

（一）为儿童哲学正名：儿童有其自己的哲学

在华东师范大学刘晓东教授看来，汉语中的"儿童哲学"实则包含三层意思：一是儿童的哲学（Philosophy of Children），二是儿童哲学培育（Philosophy for Children），三是童年哲学（Philosophy of Childhood）。其中第一个方面是儿童哲学的立论基础。刘晓东通过对马修斯、雅斯贝尔斯、李普曼等人的研究，认为儿童有其自己的哲学，这是他们的天性使然，是儿童对周遭世界和知识体系的理性重构，且这种早期的哲学冲动会影响人的一生。他尤其肯定了马修斯所做的工作，认为马修斯以严肃的态度对待儿童的言论和思想，承认儿童的某些言论具有真正的哲学意味，呼吁教育者重视对"儿童的哲学"的研究，呼吁成人社会关心儿童的哲学生活，并为揭示儿童哲学发展的特点和规律做了必要的准备。暨南大学的冷璐博士在梳理夏威夷儿童哲学模式（P4CHI）时，谈到 P4CHI 眼中的儿童哲学是一种"小 P"，即关注学生自己感兴趣的信念、想法、问题和经历，提倡"做哲学"而非"学哲学"，而相对应地，传统的哲学或成人哲学则是一种"大 P"，它关注哲学家及不同流派的思想，其本质是一门学问。然而，从实践方面来判断，儿童哲学或可说是一种"小 P"意义上的哲学，但是儿童哲学的领域建构却不能只有"小 P"，也应同时从理论层面来进行"大 P"的研究，如寻找并回溯中国传统哲学中关于儿童与童年的观念（如老子的"婴儿说"、李贽的"童心理论"等），构建儿童哲学的中国文化基础；教师也应将

---

* 本节内容原载于《教育研究与评论》2018 年第 4 期，此处有修改和调整。

儿童的精神世界视为一口"深井",持续关注并研究儿童的哲学观念,并通过研读相关的哲学著作(如马修斯的"三部曲"著作)不断提升自己对儿童哲学的敏感性,才能真正在实践中"基于儿童的哲学"来发展"为了儿童的哲学"。

(二)儿童哲学的本质是灵魂教育

浙江师范大学金生鈜教授在"为什么要哲学地教育儿童"讲座中对儿童哲学的定位进行了崭新的建构。他指出古希腊哲人在思考"人是什么"的时候惯用"灵魂"这个概念,他们重视人的灵魂,这里的灵魂具有以下多重特征:灵魂是向着善而建构自身,具有对美好事物的敏感性;灵魂追求自身的优秀(arete),即德性;灵魂追求和谐与完整;灵魂追求美好是通过"爱"(eros)来实现的;灵魂追求幸福(eudaimonia)等。金生鈜还指出,古希腊哲学家将哲学视为照料灵魂的根本方式,因为灵魂是脆弱、容易被扭曲和"生病"及陷入"无序状态"的,而哲学则能使人的理性得以生长,它所考察的乃是对灵魂真正有益的事情,哲学是一种把灵魂从混乱、不理性、愚昧、狭隘、自我封闭中解放出来的精神锻炼。哲学在本质上具有教育性,它是一种"心灵教育",致力于人的灵魂健康与完善,使灵魂实现卓越和优秀,它启发人通过理性把灵魂从意见洞穴中拉上来。所以儿童哲学的定位应与灵魂衔接起来,它是教师与儿童一起玩见证和探究真理的游戏,运用以诘问为核心的辩理对话,将灵魂中最好的部分即理性智慧牵引出来,从而点燃儿童灵魂的光亮,使其从蒙蔽、偏见和意见中摆脱出来,具有理性的气质和美德。但是在以科学为导向的教育现代化进程中,灵魂却无丝毫的位置,教育者转而关注的是那些能带给人物质或精神欲望满足的东西,它是面向外在的,而不是导向灵魂自身的,儿童在当下学习场域中和未来社会场域中的绩效表现才是真正重要的事务,而非灵魂的正义、和谐与完善,所以这样的教育显然是失去灵魂的教育。从这个角度来看,只有将儿童哲学回归至灵魂教育的本质,才能发挥其在教育变革中最真实和最有价值的意义,即引领教育者们关心儿童的灵魂,自觉维护儿童的灵魂健康,通过对话努力提升儿童灵魂的理性品质,使其实现自我解放。

二、儿童哲学的课程体系建构

本次培训之最核心的目的便是指引学员了解何谓课程意义上的儿童哲学,形成明确清晰的儿童哲学课程开发意识,并初步养成课程开发的基本能力。为此,我们从课程目标、课程内容、课程实施、课程评价四大要素出发对儿童哲学进行了系统建构。

（一）儿童哲学的课程目标：以学生核心素养的发展为旨归

关于"儿童哲学是否有目标""其目标是什么"等问题一直是整个培训过程中的焦点议题。有些教育者认为儿童哲学既然鼓励儿童说出自己的想法，强调开放式的对话，那么它就可能不会预设任何明确的目标。然而对中国各学科的教师来说，如果儿童哲学在内容上不做任何预设或导引，他们就会担心儿童思想观念"走偏"，会觉得整个对话过程缺乏"真正的"教育意义，从而拒绝将儿童哲学引入自己的课堂中，这必将阻碍儿童哲学的普及和推广。笔者在"儿童哲学的目标及其设计"的讲座中对这些问题做了正面回应。笔者以美国儿童哲学研究机构（IAPC）所开发的《聪聪的发现》教师手册为例，指出儿童哲学的目标通常可以从三个方面来界定：一是从概念的理解来说，儿童哲学期望在儿童已有经验的基础上，通过探究团体的努力，合理地推进他们对某些哲学概念的理解，而绝不仅仅是简单的观念分享；二是从思维技能的发展来说，儿童哲学着力发展儿童在审辩思考、创造思考、关怀思考、团队合作、交往沟通等五个方面的核心素养；三是从情意态度的提升来说，儿童哲学旨在呵护和发展儿童的好奇、探究、尊重、宽容、同情／同理、开放等关键的思维态度与意识。其中，发展学生核心素养这部分是李普曼设计和推广儿童哲学时主要强调的方面，也是学校在接纳儿童哲学时主要考虑的因素。从历史、本质以及最终评价来看，儿童哲学对学生核心素养的发展均有显著的优势，从而对提高学生学习成绩和IQ等发挥了积极作用。但是第一和第二方面目标的达成，对传统学科的教师而言，均构成重大挑战，为此需要他们通过反复操练来提升儿童哲学的教学能力，并通过阅读经典的哲学作品来增强对哲学问题的敏感性。不过上述三大目标的实现，必须由更为根本的育人理念来支撑，也即上文所说的"灵魂教育"，这样才能使儿童哲学的教学不囿于工具性训练和模式化的技巧之中。

（二）儿童哲学的课程内容：基于学生经验分段设置哲学主题

儿童哲学须依托于特定的主题及问题来进行课堂对话，这些主题及问题议程，究竟是由学生自主提出、课堂生成，还是由教师事先安排确定，却存在一定的争议。如果就儿童哲学探究团体模式的本义而言，学生自主权的发挥的确扮演着重要角色，这必然也体现在主题与问题上，在2018年4月3日举行的"钱塘之春"论坛上，台湾嘉义大学王清思教授所呈现的夏威夷版儿童哲学模式即具有典型的特征。而在此次培训所呈现的五堂儿童哲学公开课中，"变与不变""一样与不一样""勇敢与害怕""幸与不幸"、概念界定等主题皆由教师事先确定，而系列问题则或者由现场随机生成，或者由课外调查总结而成，或者由教师提出等，形式不一，似乎都能呈现出儿童哲学课堂的精彩之处。所以我们倾向于认为在教师刚接触儿童哲学之时，不建议走过分"激进"的学生中心路线，而可事先约定有对话价值的主题，并构建有意义的问题序列，但这里的主题必须是明确镶嵌于刺激材料之中且为儿童感兴趣的，课堂上学生提出问题这个环节仍然不能废弃，教师之问题必须尽可能靠近学生的好奇点，并做有限度的加工。也就是说，即便是在起初的时候，学生的提问不处于主导地位，但这种提问也应是被鼓励的，这样学生的提问能力才能不断提升，从而确保中后期学生能提出更高质量的问题，并逐步重获自主权。不过，从学校开发儿童哲学课程来说，确认不同年龄阶段的小孩适宜讨论哪些主题，仍然是极为重要的环节。在这方面，浙江温州鞋都第一小学校长黄又绿在《我们的儿童哲学课程——儿童哲学校本课程开发的实例及其分析》中已经为学员呈现了1—6年级的主题序列，且这些主题伴随着课程开发的深化而不断演进与更新。杭州长江实验学校在介绍省规划课题《儿童哲学：长江小学者思辨能力培育载体设计与实施》时，也呈现了部分年段的系列主题，均可供参考。但各校在开发主题时，应主要从本校学生的实际经验出发（须进行深入调查），而不是照搬其他学校或者从已有的系列读本（如《哲学鸟飞罗系列》《献给儿童的哲学启蒙书》《儿童哲学智慧书》等）出发；在内容上应参考哲学基本门类中所划定的范围（如存在论、本体论、知识论、道德哲学、社会哲学、心灵哲学等）来拟定，而不是简单地按照人与自我、人与自然、人与社会来区分，且技能或方法性的主题（如区分主要矛盾与次要矛盾、原因与结果、下定义等）最好以"隐线"的方式内嵌于对话之中，因为它不会只存在于一堂儿童哲学课之中，而具有弥漫性及长期训练的必要。

（三）儿童哲学的课程实施：从依托文本走向借助多元活动

传统的儿童哲学教学依赖于一定的文本，包括IAPC研发的一条龙服务式的文本，以及本次培训所重点强调的绘本等。但是我国教育者对IAPC文本的了解程度普遍不足，这一方面是由于国内翻译出版的IAPC系列丛书早已绝版，且翻译质量普遍不高；另一方面则是由于这套丛书所呈现的小说在主题嵌入和对话展开等方面，可能超过了教师们所能理解及运用的程度，所以即便有教师手册的协助也未必能够胜任。反而如绘本这样的文本，由于其更为常见及有趣，在学校和家庭教育中也有普遍应用，所以才成为教师们争相使用的启动材料。也正是在文本阅读的基础上，儿童哲学才自然地与语文和品德等科目有紧密对接的可能。但从国际范围来看，儿童哲学的课型早已摆脱阅读这种传统的模式，而日渐走向戏剧表演、游戏、参观、科学实验等多种类型的活动。而国内在这方面的探索尚处于起步阶段，绘本仍是最主要的刺激材料，但也逐步延伸至其他类型的活动。如杭州师范大学的孙丽丽博士在"基于游戏的儿童哲学教育探索"讲座中，初步呈现了利用游戏来开展儿童哲学活动的几种可能思路，如将游戏作为热身活动、将游戏应用于探究过程之中、将游戏作为延伸环节等，并倡导将游戏的精神渗透于儿童哲学的整个教学之中。童行星球教学总监刘琼在"哲学体验工作坊"中则探索了利用戏剧表演来实施儿童哲学教育的可能性，尤其对儿童在哲学探究过程中的情绪情感予以了特别关注。黄又绿校长则介绍了其之前所在瓦市小学所开展的辩论式主题活动、家庭微辩论、角色扮演等多元活动。杭州长江实验学校则构建了"长江哲学日"和"小哲人项目"等活动。此外，儿童哲学研究中心也在积极引进和改造由前加拿大儿童哲学协会主席乔治·贾诺塔基斯所研发的"玩智"系列游戏，可以为我国丰富和拓展儿童哲学的课程实施形态做出重要贡献。

（四）儿童哲学的课程评价：质量结合发现学生成长真实证据

评价是国内儿童哲学课程开发的薄弱环节，一方面我们主要依赖于质性的评价手段，但是对这些手段缺乏系统科学的设计，所得出的结论往往具有主观随意性；另一方面量化的评价工具尚未引入或开发，导致对儿童哲学教学效果的评价缺乏足够的定量证据。在当代盛行绩效文化的社会中，儿童哲学的这层薄弱性已令不少学校、家长产生抗拒和质疑，因为他们"看不到"儿童哲学的真实价值。华东师范大学古秀蓉博士在"儿童哲学探究活动的评价"的讲座中对儿童哲学的量化评价和质性评价进行了全面总结和分析。她指出，在质性评价方面，儿童哲学推崇三种类型的描述性评价，即描述教师在经营探究团体时所遭遇的困难、描述研究者及儿童在经历哲学探究之后所发生的变化、描述师生和校长对儿童哲学课程的态度和意见，她尤其介绍了夏威夷大学汤姆斯·杰克逊（Thomas Jackson）教授所开发的"年幼儿童群体自评""年长儿童反思笔记"、WRAITEC优秀思想家工具箱，乔治·贾诺塔基斯的PHLOS思维工具箱，以及英国儿童哲学家罗伯特·费舍尔（Robert Fisher）在行动研究中评价儿童哲学的问题序列。在量化评价方面，古秀蓉重点介绍了整合儿童哲学教育目标的整体测评"探究群体评价"，其评价的项目类别包括探究的认知功效、探究过程中的社会品德、探究的结果、与探究相关的教和学等四类，共有14组问题，适用于探究团体和个人开展自评工作，此外还介绍了新泽西推理能力测验、托兰斯创造思考力测验等单项测验工具。暨南大学冷璐博士则对汤姆斯·杰克逊所开创的儿童哲学夏威夷模式（P4CHI）进行了重点介绍，并补充了关于评价部分的内容。她指出，P4CHI 在评价时是从团体、探究、进程三大方面进行的，其最终结果显示儿童在形成好的判断力及想法、成为负责任及有道德的共同体成员、具备哲学反思精神和能力、养成同情心或同理心、快乐学习以及学习迁移等方面，P4CHI 都具有关键效果。但是，上述质性和量化评价的工具在我国儿童哲学的教学过程中尚未真正使用，因此还有待于后续实践的检验，目前学校更多地依赖于自己对儿童哲学的理解来自主设计本校的评价工具，如长江实验学校开发了"小哲人护照"，包括个人资料和哲学国度两部分，后者按 1—6 年级设计，主要记录儿童在哲学课堂上因精彩发言而获得的章、哲学日因思维独特而获奖的照片以及其他思考记录的照片等，皆属过程性评价的范畴。六一小学、南站小学和瓦市小学等也都有针对儿童哲学的教学及学生表现设计过简单的量化评价表格。这些都可以成为未来进一步建构儿童哲学课程评价体系的基础，这个体系不仅需要就学生核心素养的提升进行单项检测、对探究团体及其进程进行整体评估、对学生思想进行及时记录，也需要就儿童哲学在促进学生的语文学习（阅读和写作）、数学学习、科学学习等方面进行评价。

三、儿童哲学的实践路径与策略

儿童哲学的实践路径是多元的，并且在世界范围内已经形成多种模式。就目前我国的教育情境而言，绘本是最喜闻乐见且为人所接受的刺激材料，因此基于绘本的儿童哲学对话活动，成为许多幼儿园和小学的主要实践方式。同时，将儿童哲学与多个学科、学习领域相整合来实施，也是教师和行政领导者们的普遍诉求，以便能够最大限度地减少对已有课程体系的干扰。另外，伴随儿童哲学的不断普及和推广，本土化也已成为迫在眉睫的诉求，因此需要整合内外力量，以行动研究的方式寻找更具有中国特色的儿童哲学实践之路。

（一）基于绘本的儿童哲学教学

绘本是本次儿童哲学师资培训的关键词之一，也是目前省内外在实践儿童哲学时最常用的刺激材料，这一点和国际形势也是相吻合的。在儿童哲学发展史上，李普曼本人并不鼓励用绘本，在他领衔开发的 IAPC 文本中，是没有任何插图的。但是在当今时代，基于绘本的对话教学早已成为美国、澳大利亚、欧洲等国家和地区推行儿童哲学时的主要形式，凯瑞·毛瑞斯（Karin Murris）、汤姆斯·沃特伯格（Thomas Wartenberg）、罗伯特·费舍尔等人都是该形式的主要推广者。在本次培训中，李庆明校长详细论证了绘本与儿童哲学启蒙之间的内在关联，他以《我是大象》《失落的一角》等为例说明"优秀绘本是离哲学最近的"，并为学员推荐了《幼儿哲学启蒙绘本》《皮皮罗哲学启蒙绘本》《写给孩子的哲学启蒙书》《儿童哲学智慧书》《大师经典哲学绘本》等优质的哲学绘本。此外，李校长还为如何开展基于绘本的儿童哲学教学提出了四点策略性建议：创设自由闲适的环境、鼓励孩子打破砂锅问到底、切忌灌输、启迪诗意之思。在春芽实验学校和长江实验小学的五节公开课中，有四节属于绘本课，学员对于如何利用绘本开展儿童哲学教学有了更直观的认识，课后的研讨则使大家注意到此类教学形式应遵循"启动或导入—阅读—提问—对话—总结—延伸—评价"等七个循序渐进的步骤进行，并采取以下十条关键策略：

1. 任何绘本均包含一个或几个特定的哲学主题，事先最好以主题为标准来选择绘本，而不是反过来，主题的呈现可采用"对立概念"的形式，如幸福与不幸福、正常与不正常、勇敢与害怕等。

2. 教师对绘本中的主题应有一定的了解，最好是通过相关哲学书籍了解该主题的基本内涵、历史演变过程、主要哲学家的不同看法，同时也要对绘本中如何展现该主题的几个基本方面做深入挖掘，这是儿童哲学教师备课的关键。

3. 启动或导入阶段可围绕主题设置游戏、活动，或播放相关视频、音频信息等，激发儿童对主题有初步的认识，并产生认知冲突。

4. 阅读阶段可采用教师朗读、计算机朗读、学生轮流读以及课前完成阅读等多种形式进行，根据绘本长短，教师可决定是整本阅读还是部分阅读。

5. 提问阶段的问题尽量来源于学生自己，可在课堂上自由提出，也可在课前收集整理并呈现，但是在起初阶段，教师也可设置部分高质量的问题作为保底，若由学生自由提问则须在现场分类整理并投票选出 1—2 个票数最多的问题，以作为课堂对话的议程。

6. 在对话阶段，教师应创造自由、安全、充满温情的团体探究氛围，鼓励学生之间互相交流，但应平衡不同学生的发言情形，使少发言或不发言的学生有更多参与的机会。

7. 主题探究应遵循由浅入深、由文本内到文本外、由简单到复杂的原则，逐渐使孩子由关注故事情节到反思日常生活，由关注具体或特殊到思考抽象或一般，教师事先可在备课时设置几个"里程碑"来标记每个进步的层级，并在现场根据学生经验的呈现程度，适当引导和推进（但不宜推进过多而超出"最近发展区"的范围，否则就会演变成灌输）。

8. 在主题探究的同时，教师可利用各种思维工具箱或思维小手势来发展学生的思维能力，对于小学生来说，可主要关注"准确表达观点""提出合理理由""举出正面例子"等方面的思维能力。

9. 教师的总结不可偏废，可从三个方面进行：一是总括，梳理已经达成的共识；二是指惑，表明仍然存在的分歧；三是展望，揭示未来探索的方向。

10. 教师可设置延伸和评价环节。延伸环节可以现场活动、绘本推荐、问题导引、社会实践等方式进行；评价则以量表的形式发给学生，邀请他们进行自评。但是这两个环节通常放在课堂之外，因为课堂内需要大量的时间进行对话，才较有可能实现富有教育意义的进步。

（二）基于中国传统智慧的儿童哲学教学

本次培训中所展示的绘本（如《青蛙与蟾蜍好伙伴》《小猪变形记》等）基本为国外引进的，无论其人物还是话语都带有一定的西方色彩，但是在西方人所著的绘本中，也不乏一些传达中国传统智慧的绘本，可作为我国儿童哲学教学的重点资源，如《禅的故事》（1和2）、《石头汤》等。国内部分教育团体和儿童文学作家也在积极开发基于中国传统智慧的绘本（如《安的种子》）以及原创性的哲学启蒙读本（如"酷思熊系列"绘本）。只不过这两类绘本在目前的童书市场上还不多见，因而在儿童哲学实践领域中的应用也比较少。当然，代表中国传统智慧的不只有绘本这一类，哲学经典片段、历史故事、民间传说、寓言、童话等文本也都可以应用到课堂教学之中。在本轮培训中，长江实验小学的龚境慧老师以春秋战国时期公孙龙"白马非马"的故事为启动因子，牵引出下定义的讨论，是一次难得的尝试。王清思教授在台湾所开展的基于《论语》的哲学对话也属于重要的探索。此外，儿童哲学的教学在理论上应积极汲取中国传统智慧的精华，而不应完全受限于西方的话语体系，特别是苏格拉底理论及其对话，学员们普遍意识到以孔子为代表的儒家文化、以老子为代表的道家文化以及诸子百家中的其他哲学流派，都可以为儿童哲学的本土化发展奠定新的基础。渤海大学郑敏希教授在"哲学观的变革与儿童哲学实践"的讲座中，即以中国传统文化中的"学以成人"来重新界定儿童哲学教育的内涵，认为"成人"的教育是对生命的尊重，体现在"每一个人都是有差异的""每一个人都在新陈代谢""生命之间是相互依赖的"三大方面，进而指出了如何在"成人"的维度下优化儿童哲学教学的三条策略。虽然源自西方的专业材料、教学模式等开始大量引入国内，但具有本土原创性的开发应占据真正的主流地位。我们期待来自中国哲学界的研究者未来能主动关心儿童哲学的发展，并参与儿童哲学的师培之中，为教师进行基于中国传统智慧的儿童哲学教学打开更多的方便之门。

（三）儿童哲学与多学科、多领域融合

儿童哲学不一定非要采取独立课程的形式，在浙江省的教育情境下，这种形式通常为校本课程或拓展性课程。儿童哲学也可与现有学科进行整合实施，如语文、品德、心理、科学、数学、音乐、美术，等等，也可融入幼儿园的五大领域及一日活动之中。此前，杭州市西湖区成立的儿童哲学联盟即是以"语文＋儿童哲学"的形式作为主要探索方向。但此间的争议是：在学校（或幼儿园）初期试验儿童哲学的时候，宜采取独立课程形态还是融合课程形态？我们认为答案应为前者。尽管参与培训的教师来自不同学科，对本学科的教学更为熟悉，但是他们对儿童哲学的认知可能是初步的、表层的、片面的，在这种认知还未上升到足够理性和全面的情况下，期待他们将儿童哲学的优良种子高质量地播入到学科教学的土壤之中是不现实的，最后也将不可避免地陷入形式主义、"断章取义"或者"泛儿童哲学"的怪圈之中。教师必须去实实在在地上一堂或几堂独立的儿童哲学课，才能近距离了解儿童哲学，透视儿童哲学的"灵魂"并发展儿童哲学的教学能力，然后逐渐将其渗透到自己的学科教学之中。如果把儿童哲学中的话题、提问、探究、对话等单独拎出来，教育者可能很难认为它们是儿童哲学所"特有"的东西，于是"取消"儿童哲学便有了"正当的"理由。当然，在现实中，上述问题也有一个巧妙的解决办法，即将本学科教学中的几次课改造成为儿童哲学课的形态，这样就消除了独立与融合之间的区隔，也保证了儿童哲学课的课时。在学科融合的层面，本次培训所做的探索无疑是初步的，我们只是指出了这种融合的必要与可能，更重要的工作则是要分析各学科教材中的内容及教学过程，从中寻找出相互融合的多种路径，并通过典型案例的呈现来确立学科融合的信心。

（四）依托课题开展儿童哲学行动研究

国内已有越来越多的学校和幼儿园加入儿童哲学的队伍中来，但是大多数教师和校长、园长对儿童哲学的判断是模糊的，甚至有误解。我们当然希望教育者能够事先对儿童哲学有全面合理的认识，但是最有效的方式是进行亲自实践与研究，在课堂教学中真切感受儿童哲学的挑战及其魅力。因此，我们主张凡是有意开展儿童哲学课程开发与实践的学校及教师，皆可通过小课题的形式，以行动研究为抓手，来加深自己对儿童哲学的理解，并积累儿童哲学的实践智慧。虽然从 1997 年以来，儿童哲学的课题研究就已经在学校层面展开，并已形成丰富的策略体系和经验，儿童哲学的校本教材至少也有三套了，但是关于儿童哲学课程开发的关键问题，仍有大量探索的空间，儿童哲学与各学科融合的

具体路径、儿童哲学戏剧教学、儿童哲学游戏教学、儿童哲学评价、中国本土哲学文本的开发等都是可以重点研究的话题。更何况许多省、直辖市、自治区的儿童哲学探索还处于拓荒或起步阶段，可研究的空间更为广阔。当然，行动研究需要学校和教师有"宽格局、窄落地"的视野，一方面应对其他学校开展儿童哲学的情况进行充分调查和了解（在有条件的情况下，可走访那些有经验的学校），并通过对儿童哲学相关会议、培训及现场活动的参与，建立起对儿童哲学的整体认识；另一方面则应根据本校本班的实际情况，从某个小点、某个班级、某个年段或某门学科出发开展儿童哲学的实践研究，在获得一定成功的基础上再稳步延伸和推广。另外，在整个探索的过程中，校内外研究者的团结合作是必要的组织保障，也是行动研究的题中之义，儿童哲学研究中心的同仁及其他专家可以为教师提供持续的专业指导，包括（但不限于）引进和撰写儿童哲学专业书籍、甄选和推荐绘本及其他可用材料、开发教师指导手册、引进或编制评价工具等，而教师则可集中精力通过"计划—实施—观察—反思"的循环举措来提升儿童哲学的教学能力，寻找儿童哲学的有效实践路径。只有双方发挥出各自的优势与力量，才能充分保障儿童哲学课程的品质，避免出现"挂羊头，卖狗肉"的现象，并更好地推动儿童哲学在学校和幼儿园的落地、生根与成长。

四、结语

本次儿童哲学师资培训活动主要就以上议题进行了深入讨论与交流，有助于一线教师和行政领导者形成设计儿童哲学课例、开发儿童哲学课程、研究儿童哲学项目的意识与能力，从而启动或深化本校、本园的儿童哲学实践。但是，短短 12 天的培训并不能充分解决儿童哲学的所有关键问题，如哲学探究过程中如何有效处理学生的情绪情感问题、如何开展不同类型的哲学游戏活动、如何将儿童哲学与心理健康课及德育课等区别开来、怎样将已有学科与儿童哲学进行整合实施等问题仍有待进一步探讨。作为初级培训也不可能有效地提升学员的哲学素养，因为它主要关注的是教师的哲学教学法知识和课程知识，对于哲学内容知识则涉猎较少。所以未来仍需要参与此次培训的教师和行政领导者们通过自己的亲身实践与研究，主动探寻解决上述问题的有效策略，并在提升教学技能的同时，不忘通过对日常生活的反思和阅读来提高自己的哲学修养。

第五节　建构童年哲学的必要性与可能性 *

作为当代哲学研究的一个重要领域，童年哲学既新又旧。从历史上来看，其源头可追溯至神学、宗教学、艺术和文化实践等领域。而在 20 世纪六七十年代，伴随维果茨基研究的复兴以及法国历史学家菲力浦·阿利埃斯（Philippe Aries）的巨著《儿童的世纪》的诞生，童年的生物学和自然形象遭到削弱，而从历史文化等人文学科的角度研究儿童的浪潮则开始席卷全球。在这种背景下，童年哲学应运而生，其首要目的即在批判与改造整个儿童学领域中所固有的 "成人中心主义文化"，力图从儿童的视角出发来描述和解释成人与儿童之间的不平等现象。现如今，对童年议题的探索早已在哲学、教育学、社会学等多个领域掀起了一场重大革命。在这场革命中，儿童与成人、理性与感性、文化与自然等之间的关系以及儿童的整个精神世界都得到了重新诠释，从而使哲学自身散发出追逐儿童与人类解放的曙光。鉴于国内学术界相关研究方兴未艾的局面，以下从内涵与研究框架、理论基础与条件、价值与意义三个层面对童年哲学的必要性和可能性进行详细讨论，力图呈现童年为哲学和教育所带来的新生命与新活力。

一、童年哲学是什么：内涵与研究框架

童年哲学（Philosophy of Childhood）是由哥伦比亚大学教授马修·李普曼在 20 世纪 70 年代美国哲学年会上首先提出来的。他建议做哲学研究的人，应当将童年哲学视为与科学哲学、历史哲学等一样独立的学术领域，以童年及相关问题作为核心研究对象。[①] 后来他在《哲学步入学校》这本书中进一步阐述了童年哲学的内涵。李普曼指出，童年是人类行为及其经验的重要维度，但它常常处于被遗忘或轻视的地位，因为学者总以为哲学（或成人）的经验与童年是不兼容的，而童年哲学的建立则旨在消除哲学（或成人）与儿童之间的敌对、压迫与罪疚，邀请双方共享人类多元的经验。为此，李普曼主张童年哲学应至少回答以下四类问题：一是儿童是否有逻辑推理的权利？二是儿童是否能参与

---

* 本节内容主要来源于已经发表的两篇论文：一篇是发表于《北京教育学院学报》的《童年哲学的建构：内涵、条件与意义》，另一篇是发表于《中国儿童文化》的《建设童年哲学的必要性及初步构想》，此处进行了整合与修改。

① （美）马修斯. 童年哲学 [M]. 王灵康，译. 台北：毛毛虫儿童哲学基金会，2001：前言，10—19.

到伦理探究之中，以对成人的道德教化做出有意义的改造？三是儿童在共同体中所扮演的角色会对社会哲学做出何种贡献？四是是否应将儿童视为"个体"（person），理解童年对理解成年有何意义？①

李普曼所提出的四类问题为童年哲学的研究指出了最初的方向，并在此基础上构建出一套可供儿童学习的学校（幼儿园）课程，也即我们所熟知的"儿童哲学"（Philosophy for Children），从而对哲学进行了实用主义式改造。这套课程都是建立在对杜威思想的继承和发展基础上，有以下四个方面的特点：一是将儿童的批判、创造、关怀和合作（4C）思维发展作为学校教育的核心目标；二是将哲学视为儿童思维训练的中介，并关注儿童的哲学思考过程及其精彩观念；三是强调哲学探究是儿童不断分享和改造自身经验的过程，它必须在共同体的氛围下，经由对话和讨论的形式才能开花结果；四是以小说的形式，将哲学学科内在的逻辑性及其引发的好奇、质疑等态度以吸引儿童兴趣的方式呈现。②

值得注意的是，研究者很容易将童年哲学与儿童哲学联系起来并质疑提出前者的必要性，但在笔者看来，李普曼所发展的儿童哲学体系并没有与"儿童学"本身发生更紧密的联系，也没有全面揭示出从哲学的角度理解童年的丰富内涵及其特色，因此他的儿童哲学只能算是广义童年哲学的一部分（尽管是最重要的一部分）。而马萨诸塞大学教授加雷斯·马修斯则在李普曼基础上对童年哲学做出了更深刻的解释，并构建出一个更加全面的内容体系。在马修斯看来，童年哲学的本质可从两个方面加以理解：一方面，它是研究者对儿童与童年、儿童发展论、成人的儿童观以及儿童在社会中的地位等关键议题进行哲学性反思；另一方面，童年哲学旨在研讨、反思不同的（甚至是相互冲突的）童年理论，协助我们思考应当对儿童抱以怎样的态度、为儿童设立怎样的生长目标、使他（她）们在家庭和整个社会中占据怎样的地位，并意识到儿童所应具备的权利和义务等。因此，作为童年哲学的工作者，应专注于思考以下五类议题：什么是儿童或童年、童年的意义与价值、应当在童年阶段发展儿童的哪些认知兴趣和目标、如何评估儿童的道德能力以及儿童的权利与义务。在《童年

①　Matthew Lipman. Philosophy Goes to School ［M］. Temple University Press，1988：191—192.

②　Philip Cam. Dewey，Lipman，and the Tradition of Reflective Education ［C］// Michael Taylor，Helmut Schreier，Paulo Ghiraldelli（eds.）. Pragmatism，Education，and Children：International Philosophical Perspectives. Rodopi，2008：163—184.

哲学》一书中，马修斯对其内容体系做了进一步拓展。

在马修斯的内容体系中，李普曼的儿童哲学显然是不可分割的一部分。马修斯指出，"一个令人满意的童年哲学应当使教师、家长弄清楚，与儿童进行丰富的哲学讨论是如何可能的，以及为什么这样做是值得的"。在《童年哲学》一书中，他介绍了大量与儿童进行哲学对话的例子，以此批驳皮亚杰关于儿童思维发展的经典理论。但除此之外，马修斯还把儿童文学、儿童艺术以及儿童政治学中的有关议题也纳入内容体系之中，这就大大拓展了童年哲学的边界。虽然这不可避免地会模糊哲学研究的特色，但是如果就文学和艺术领域越来越生产出一类哲学启蒙性质的文本（如"酷思熊系列"童话），以及权利取向成为整个儿童研究领域的基本立场而言，马修斯所建构的内容体系仍具有相当程度的合理性。更重要的是，马修斯还和苏珊·特勒（Susan Turner）、劳伦斯·贝克（Lawrence Becker）等人合作，探索了古代、近代和当代哲学家（包括苏格拉底、亚里士多德、霍布斯、洛克、康德、维特根斯坦等）眼中的童年 ①，从而为童年哲学研究的展开迈出了实质性的一步。随后朱塞佩·范拉罗（Giuseppe Ferarro）、安东尼·克虏伯（Anthony Krupp）、安德鲁·卡玛辛斯基（Andrew Komasinski）、约书亚·霍尔（Joshua Hall）、布洛克·巴勒（Brock Bahler）等学者纷纷沿着马修斯所指出的道路，探讨了赫拉克利特、亚里士多德、笛卡尔、洛克、莱布尼茨、克里斯提安·沃尔夫、亚历山大·鲍姆嘉通（Alexander Baumgarten）、约翰·穆勒（John Mill）、梅洛-庞蒂（Merleau-Ponty）等人的童年哲学观。此外，沃特·可汗（Walter O. Kohan）则根据哲学的特性，将童年哲学的内容整合为两大维度：一是批判维度，即认识、理解和质疑儿童观社会化生产（及再生产）背后的价值观、知识与理念，主要探索儿童观产生的社会条件、历史地位及演化过程、支撑儿童观的理论假设、儿童观对我们社会生活的影响等议题；二是创造维度，包括重思童年概念、设想和实践其他形式的成人/儿童关系、形塑新的儿童观等。②

综上所述，本节拟将童年哲学的研究框架以图1.1的形式做简略概括，以指明其主要的研究范围。其中，"童年的理论与模型"是童年哲学研究框架中最

---

① Turner Susan M，Matthews Gareth B. The Philosopher's Child：Critical Essays in the Western Tradition［M］. University of Rochester Press，1998.

② Walter Kohan. What Can Philosophy and Children Offer Each Other？［J］. Thinking，1999，14（4）：2—8.

核心的内容之一，旨在反思和讨论哲学家和心理学家所建构的童年理论。"儿童哲学"则是此框架中唯一侧重于教育实践的部分，为童年哲学传统的研究领域。此外，还包括"儿童的权利与义务""儿童及其身份符号""儿童研究的伦理"等部分。而对儿童文学与艺术的研究则仅限于框架内的两部分内容，其中对文学和艺术品中的童年观之研究，国内外学术界均已起步，但对各类应用于哲学探究的文学或艺术作品还缺乏更充分的研究，鉴于儿童哲学在我国幼儿园和中小学的日渐普及，学者理应对这些作品进行深入挖掘和分析，才有利于引导更多儿童进入哲学探究的领地。

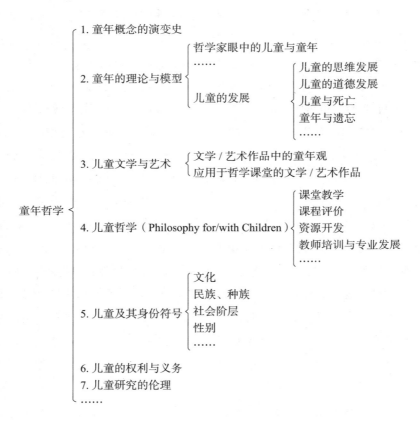

图 1.1　童年哲学的研究框架

二、童年哲学何以可能

　　要想在哲学这个大门类中增加"童年哲学"这个新的分支，首先要解决的问题便是童年与哲学之间究竟有何内在关联，究竟是在什么样的背景与条件之下才使得建立童年哲学成为一件可能之事。对此，我们不妨从两个方面来加以理解。一方面，童年般的气质是哲学家所必须具备的，否则他（她）便担负不起批判和理论重建的重任（哲学家即儿童），格雷戈瑞（Maughn Gregory）和格兰杰（David Granger）就指出哲学若要协助和指引人类寻觅新的意义与价值，建立新的知识体系，就必须转向童年，以童年作为改变的来源，才能真正挑战以及转变顽固的"成人化"的旧体系。① 另一方面则涉及童年形象的重构，即儿童是天生的哲学家，从这个意义上来说，哲学就是儿童的一种生活方式，童年哲学便构成哲学践行（philosophical practice）的一种载体或方式。

（一）哲学家即儿童

在哲学家即儿童这个方面，我们可以从三个维度来进行详细阐述，它们分别代表着童年的三类特质。

一是身体或感官。儿童主要以身体或感官来探索外部世界（尤其是在早期的婴幼儿阶段），并形塑自己的精神，用嘴咬、用手触摸、用眼睛观察、用鼻嗅等是他们获取知识的最基本途径，脱离身体接触来理解抽象概念既不符合儿童思维发展的特点，也不是他们感兴趣的方式，因此对儿童来说，身体即心灵，心灵即身体。就此而言，童年哲学便是一种身体哲学。但在西方哲学中，身体与心灵的二元对立，以及将思想"去身体化"却是自笛卡尔以来的主流范式。在这种范式中，身体代表着不确定、偶然和非理性，经由身体是不能获得任何知识的，只有心灵才是真理的唯一源泉。因此借助身体进行探究的儿童便只能是不理性、不成熟的化身，他们的思想也就无法得到重视。直至尼采、福柯、梅洛-庞蒂等学者的出现，身体的意义才开始受到重视，并掀起了一股"哲学身体化"的运动。这股运动是以心智的寓身性（embodied mind）为其核心观点，即认为心智（概念、范畴、价值观等）是以人的身体经验为基础而形成的，甚至心智本身就是身体活动。与西方哲学所不同的是，中国哲学中所一贯强调的心，既是生理学意义上的 heart，同时也是价值论意义上的 mind，两者本质上是合二为一的。② 儒家学说自始至终都非常重视修身的基础性地位，认为只有先修身然后才能齐家治国平天下。孔子学说中所提出的仁、道、学、思等，皆以最切近的身体为出发点③，而王船山则更明确地提出了"身即道，故爱身以爱道"

---

① Maughn Gregory，David Granger. Introduction: John Dewey on Philosophy and Childhood［J］. Education & Culture，2012，28（2）：1—25.

② 黄俊杰. 先秦儒家身体观中的两个功能性概念［J］. 文史哲，2009（4）：40—48.

③ 张再林. 作为"身体哲学"的中国哲学的历史［J］. 西北大学学报（哲学社会科学版），2007，37（3）：52—63.

的哲学观①，将身体的意义提升至本体论的位置。

此外，儿童在探索概念的时候，还保持着一种愉悦的心境，因为他们天生就喜欢思考并享受于这个过程，用维特根斯坦的话来说，他们实际上是在玩"语言游戏"，因此在儿童看来，理智探究活动同时也具有感性的特质。但是传统的思辨哲学在贬低身体的同时，也主张隔断与生活经验的联系，而醉心于抽象的逻辑推理及形而上的思考，不惜采用或制造艰深晦涩的概念及文句，这不仅无益于改善思考者本身的生活处境，也会使听者或阅读者倍感痛苦，并因此对哲学望而却步。与其他哲学践行活动一样，童年哲学则主张哲学应是一种有助于改善主体生活及现实世界的思维活动，应能给思考者自身带来美的体验和积极的感受。对此，实用主义的早期代表人物都曾进行过详尽阐述，从而为童年哲学奠定了丰厚的理论基础。如皮尔斯和杜威都指出，"思想是那贯穿于我们感觉系列之中的一套乐曲"②，"作为思维产物的知识和命题，也跟雕像和交响乐一样，乃是艺术作品"③。詹姆斯也认为，哲学家必须注意人们的情感，这种情感归根结底是最后评判我们所有称之为哲学的东西，"观察事物最后获致成功的方法，一定是普通人的思想认为是最动人的方法"④。"在现实的世界里，正如某些食物不仅适合我们的口味，而且适合我们的牙齿、肠胃和身体的组织一样，某些观念不仅在想到时令人感觉愉快，或在支持我们所喜欢的其他观念方面令人感觉愉快，而且还有益于生活上的实际斗争。"⑤ 因此，哲学探究的目的，便是要去找寻那些有助于我们过上更美好生活的观念。

二是本能或冲动。杜威在《学校与社会》一书中早就批判了旧教育的重心在教师，在教科书及其他方面，唯独不在儿童直接的本能与活动上，他认为"一切教育活动的首要根基在于儿童本能的、冲动的态度和活动……儿童无数的自发活动、游戏、竞赛、模仿的努力，甚至婴儿的显然没有意义的动作——从前被看作微不足道的、无益的而被忽视了的表现——都可能具有教育上的用途，

---

① 张再林.走向"身体哲学"——中国传统哲学研究范式的变革 [J].江苏社会科学，2008（3）：23—27.

② （美）皮尔斯.皮尔斯文选 [M].涂纪亮，周兆平，译.北京：社会科学文献出版社，2006：91.

③ John Dewey. Experience and Nature [M]. London: George Allen & Unwin, Ltd., 1929: 378.

④ （美）詹姆斯.实用主义 [M].陈羽纶，孙瑞禾，译. 北京：商务印书馆，1997：23.

⑤ 同上，第42页。

更确切地说，都是教育方法的基石"①。虽然在西方哲学的历史进程中人的欲望或本能总体处于被贬低和驯服的地位，但在杜威看来，理性并不是冲动和习惯的对立力量，它与各种欲望和谐共处；作为一个名词的理性实际上是儿童生来就有的各类倾向（如同情、好奇、探索、实验、坦率等）的综合体。②童年哲学的代表人物肯尼迪（David Kennedy）也指出，表现、创造和游戏的本能是人类理智的重要组成部分，他认为哲学（尤其是在一个话语共同体中彼此对话、相互分享惊奇的践行活动）能召唤儿童的这些本能，并进而对儿童及其成人的理智发展产生重要的推动作用。③

中国哲学中的理学派历来也主张"存天理、灭人欲"，将人的本能视为理性的敌人，但是在心学这一派，这些本能或本性却是为道求学、成为圣人的根底。孟子就认为，仁、义、礼、智四端（亦即恻隐、羞恶、恭敬、是非之心）是人生来就有的本能，共同构成了每个人的"赤子之心"，"（所谓）大人者，不失其赤子之心者也"（《孟子·离娄章句下》）。圣人之所以为圣人，就在于更好地发挥了儿童的这些本能，由这些本能出发，便能自然成就完美的德性。"赤子出胎，最初啼叫一声。想其叫时，只是爱恋母亲怀抱，却指着这个爱根而名为仁，推充这个爱根以来做人。合而言之，曰仁者人也，亲亲为大。若做人的常自亲亲，则爱深而其气自和，气和而其容自婉……所以时时中庸，其气象出之自然，其功化成之浑然也。"④若这些本能受到污染和遮蔽，则将使自己的修道成圣之路受到极大阻碍，最终只能成为一个"小人"。"童心既障，于是发而为言语，则言语不由衷；见而为政事，则政事无根柢；著而为文辞，则文辞不能达。非内含于章美也，非驾实生光辉也，欲求一句有德之言，卒不可得。所以者何？以童心既障，而以从外入者闻见道理为之心也。"⑤

三是纯真或质朴。儿童不仅善于捕捉新奇的事物，而且对事物的判断总带有纯朴、天真、不受偏见和太多经验所束缚的可爱特质，因而能够提出许多新

---

① （美）约翰·杜威.学校与社会·明日之学校［M］.赵祥麟，任钟印，吴志宏，译，北京：人民教育出版社，2004.

② John Dewey. Human Nature and Conduct: An Introduction to Social Psychology［M］. New Republic，1922：99.

③ David Kennedy. Lipman，Dewey，and the Community of Philosophical Inquiry［J］. Education & Culture，2012，28（2）：36—53.

④ 黄宗羲.明儒学案（卷三十四）［M］.沈芝盈，点校.北京：中华书局，1985：764.

⑤ 李贽.李贽文集（第一册）：焚书·续焚书［M］.北京：北京燕山出版社，1998：126.

见解。这种纯真的态度也恰恰是哲学家们在探索自我和世界的过程中所必须具备的。杜威早就指出，新的经验总是以语言或其他文化系统为中介从过去的经验中汲取意义，但是过去的经验也可能会成为束缚我们发展的偏见，因此我们必须对旧经验以及由此形成的惯习保持一定的距离，以便对它们进行重新评估乃至重构，这便是哲学的功能所在。然而，若要使这种功能发挥作用，思考者最好是以一种全新的视角来审视可能的偏见。他认为，虽然我们无法完全摆脱由文化顺应过程中所产生的理智惯习，也无法恢复婴儿时期最原始的纯真，但是，我们却可以通过"严肃思考"，即对生活经验进行哲学探究，来培养我们眼睛、耳朵以及思维上的纯真感。① 马修斯也认为哲学家之所以是哲学家，就在于他们将"那个会质疑、充满好奇的儿童"置于心灵的前台，并且返回到那些儿童经常会提的幼稚却深刻的问题之中。② 此外，格兰杰还提出了另一种培养纯真的方法，即审美体验。他认为，艺术可以使我们对事物或情境的独特性产生更真实的感受，使我们意识到那些处于潜意识层面的意义结构是有局限性的，并打破已经处于凝固状态的惯习之"静态过滤装置"，从而获得人与世界相遇的新意义。③

中国哲学对儿童的纯真品质则更加重视。老子在《道德经》中曾有多次论述，"含德之厚，比于赤子"，"专气致柔，能婴儿乎？"没有人能比婴孩更加自然、富有德性，因而不受任何尘世之物的袭扰；"圣人在天下，歙歙焉为天下浑其心，百姓皆注其耳目，圣人皆孩之"，圣人在其位便是要使天下人都能像孩子一样回归至浑朴的状态；"为天下溪，常德不离，复归于婴儿……为天下谷，常德乃足，复归于朴"，只有回复至婴孩般的纯真，社会才能真正实现大同。明代儒者李贽是另一位代表性人物，他提出了著名的"童心说"。何谓"童心"？李贽认为童心便是真心，"夫童心者，绝假纯真，最初一念之本心也。若失却童心，便失却真心；失却真心，便失却真人。人而非真，全不复有初矣"。童心是最纯洁无瑕的，因为它没有受到外界的任何"污染"，但后人因受"闻见道理"的影响而遮蔽了童心，因而产生虚假的言行，"夫既以闻见道理为心矣，则所言

① John Dewey. Experience in Education ［M］. New York：Collier Books，1967：42.

② Gareth Matthews. The Philosophy of Childhood ［M］. Cambridge：Harvard University Press，1994：37.

③ Granger D. John Dewey，Robert Pirsig，and the Art of Living：Revisioning Aesthetic Education ［M］. New York：Palgrave MacMillan，2006：105.

者皆闻见道理之言，非童心自出之言也。言虽工，于我何与？岂非以假人言假言，而事假事文假文乎？盖其人既假，则无所不假矣"。所以李贽主张做学问必须出于自然，凭着研究者自己的真情实感才能写出美文，并进而打动人心。"古之贤圣，不愤则不作矣。不愤而作，譬如不寒而颤，不病而呻吟也，虽作，何观乎？""声色之来，发乎情性，由乎自然，是可以牵合矫强而致乎？故自然发于情性，则自然止乎礼义，非情性之外复有礼义可止也。"①

（二）儿童即哲学家

有关儿童是否可冠以"哲学家"之名的争论，涉及对儿童形象的判定，即将儿童看作是能提出哲学问题并进行抽象理性思维的个体，还是一个充满幻想和想象、感觉和情感至上、无法进行逻辑推理的"天真"个体。这场争论从童年哲学创立之初起就已存在，现如今哲学、心理、教育和文艺界的同仁依旧对此持不同意见。基于篇幅的限制，很难将整个争论的方方面面全部呈现出来，在此笔者仅就其中两个比较典型的焦点来陈述儿童作为哲学家的依据。

其一，童年哲学家一般会通过对儿童的观察以及与儿童的对话，记录下儿童做哲学的精彩瞬间，以此来表明儿童完全具备做哲学家的天分。例如南京大学哲学系林德宏教授就曾对自己的儿子苗苗进行了深入观察，发现他有强烈的好奇心，喜欢打破砂锅问到底；喜欢追寻事物的本源，并能用朴素的"变化论"及"原子论"等来进行回答；具有类似古代哲学家所提出的浑天说、盖天说的想法；有朴素的唯物论和辩证法的萌芽；其哲学思维具有直观性和思辨性。②周国平教授也以日记的方式记录了孩子成长过程中精彩的哲学表现，并将其写成多本著作，如在《宝贝，宝贝》这本书中，他记录了女儿啾啾对死亡、长大、时间、宇宙与上帝、知识等问题所进行的持久思考，认为人的理性能力是天赋的，在幼儿期这个能力就已觉醒并且保持活跃的状态。③心理学界则主要是通过批判皮亚杰的思维发展阶段论，以实验的手段论证儿童在童年早期就能理解思想并进行简单的推理活动（如传递推理、条件推理、类比推理等）。④但

① 李贽.李贽文集（第一册）：焚书·续焚书［M］.北京：北京燕山出版社，1998：126，127，138，165.

② 林德宏.儿童的哲学世界［J］.南京大学学报（哲学·人文·社会科学），1999（4）：149—155.

③ 周国平.宝贝，宝贝［M］.杭州：浙江文艺出版社，2014：7.

④ 杨春燕，张庆林.幼儿思维发展潜力的新估价［J］.学前教育研究，1996（1）：22—24；杨玉英.关于学前儿童能否进行逻辑推理问题［J］.外国心理学，1982（4）：13—17.

是也有学者认为童年哲学家所记录的案例只能说明儿童在某些特殊的时刻，能够进行单个的、一次性的哲学思考，或者说出一些不太严肃的哲学俏皮话，而这种思考完全是偶然和随意的；另外，这些案例中的儿童所进行的只是基于特定情境的"具体哲学"，而不是哲学家真正所从事的"抽象哲学"。① 针对这些质疑，童年哲学家承认单个儿童所进行的哲学思考可能具有深度不足、持续性不够、依赖具体事物的局限性，但只要在探究群体（community of inquiry）和教师鹰架的支持下，儿童的这种潜能就可得到合理的放大。而世界各地的教育实验皆表明，应用探究群体的形式做哲学能够显著提高儿童的逻辑推理能力，加深儿童对哲学问题的理解，并且这种提高是不分种族、社会地位及智力水平的。

其二，约翰·怀特（John White）曾指出问题本身不能自我决定是否具有哲学的性质，只有问题背后的情境才起到决定作用，也就是说，真正的哲学问题势必是要引发个体对日常普通概念进行质疑的。与此同时，提问者的意图对问题本身的哲学性也有重要影响，真正的哲学家关注的是从更高的层次重构概念，追求其理论化的探究过程，而儿童只是为了学会认识和使用不同概念而已，两者的意图显然不同。② 对此，童年哲学家予以坚决回击，他们认为儿童在提出哲学问题的同时并不只是为了某种语言练习，也同时表达了自己的真实困惑，诸如"我是谁""世界从何而来""上帝是否存在"等问题并不是儿童随意发出的疑问，而是他们根据有限的知识和经验所做出的"正当"思考。另一方面，虽然儿童在提问时依赖于具体的概念（如宠物、河流、机器人等），但在教师的引导和探究群体的推进下，他们同样可以激发出精彩的哲学探究过程，如通过河流，可以探索变与不变、人与自然的议题；通过宠物，可以探索动物的权利、人与动物的关系等议题。所以教育者要意识到儿童所从事的哲学探究活动既具有哲学思考的一般特性，也具有童年自身的特点，而真正重要的则是应如何创造智力安全的环境并借助有效的引导策略，使儿童的探究活动在哲学的轨道上顺利滑行，于是教师个人的哲学和教学素养便发挥着至关重要的作用。

---

① Richard Kitchener. Do Children Think Philosophically?［J］. Metaphilosophy，1990，21（4）：427—428.

② John White. The Roots of Philosophy［C］// Griffiths A P（ed.）. The Impulses to Philosophise. Cambridge University Press，1992：73—88.

三、童年哲学有何意义

（一）童年哲学对哲学发展的意义

在现有的哲学体系中，童年哲学一直处于缺位的状态，这是由于在两千余年的哲学史上，一直延续着一种成人（而且只是男人）属于形式或灵魂，而儿童属于物质或肉体，强调理性的、精神的、成熟的、具有高度抽象思维能力的、自立自主的"成人形象"和非理性的、贪玩的（爱玩游戏的）、缺乏抽象思维能力的、依赖性的、爱捣蛋搞破坏的"儿童形象"，并就此认为成人永远优于儿童，因而可以理所当然地支配儿童的深厚传统。正是这种传统建构出了体现主从关系和二元对立的年龄世界，并让儿童相信自己有天生的哲学劣势，所以只能处于群体性沉默和失语的地位。而童年哲学的引入，则有助于揭示这种传统背后所潜伏的"年龄本质论"，即将成人和儿童之间的种种差异说成是生物性的本能之差，是决定性的、不可改变的，进而指出在这种本质论基础上建立起来的传统哲学必然是"成人本位的"，它并不能像它所宣扬的那样提供普遍性的视角，而只能是"特权"群体的某种特殊的体验和信仰。事实上，这种体验和信仰已经深入到了目前几乎所有哲学体系之中，不论是认识论、美学还是伦理学和形而上学。

童年哲学期望在哲学方法论中增加一个新的维度，即"年龄分析"，开辟一条新的路线，即"儿童路线"，以便消除各种哲学理论范畴中的"儿童歧视"和"成人—儿童"的二元对立格局，弥补传统哲学在"普遍性"和"人类性"的外表下儿童缺席的弊端。童年哲学也认为，"哲学"不应成为理性的代名词，尤其不应被年龄化了的"理性"一统天下，任何以理性或理性之外的其他方式从事"人类精神的反思"，都应从属于哲学领域。童年哲学所强调的哲学是基于身体、冲动、天真和情感体验的哲学，这和传统的崇尚理性的成人哲学虽有不同，但也同样是一种做哲学的方式，并且和成人哲学没有优劣之别。为此，哲学家应在儿童视角下重新建构哲学的各个分支领域，探索并形成儿童特有的认识论、伦理学、社会政治哲学等理论成果及其方法。

（二）童年哲学对儿童学研究的意义

儿童学是 19 世纪末 20 世纪初科学化运动的产物，所以从一开始它就是以实证研究方法为基础的，包括问卷调查法、观察法、访谈法、实验法、传记法等，其目的在于建立"科学可靠"的知识体系，以为与儿童相关的各项服务事业提供"正确"指南。时至今日，儿童研究在范围上有大幅扩展，但其主流的研究范式仍是科学中心或实证主义式的。然而哲学本身的价值不可替代。早期的研究者就曾反复提醒那些"迷信"科学的研究者要注意哲学乃是"一切科学理论底出发点"以及"科学研究之总的方法论"①，他们不希望将心理学等学科下降为简单的应用科学，也不希望抹杀它们对传统哲学的继承性，因此要求研究者必须具备深厚的哲学背景。在当代，哲学的基础地位和促进性功能也日益得到各学科的肯定，因此才会涌现出法哲学、科学哲学、教育哲学等新的研究领域。因此，童年哲学的建立有助于发挥哲学自身的优势，为儿童学的发展奠定更加坚实的基础，这种优势主要体现在以下三个方面：

1. **秉持彻底怀疑和批判的态度，审视儿童学领域的关键概念、命题以及理论**。任何科学研究活动都有前提或假设，而后据此设计研究方案，并在实施过程中进行检验，无论最终所得结论在多大程度上否定了之前的假设，都不足以完全摆脱这些前提的潜在影响。但是哲学思维的特性是不做任何预设，反而会对问题的源头进行直接批判，它要求人们"破除偏见与独断，脱离孤陋与因袭"②，因此能够将各种现象或理论看得更为真切与透彻。在哲学领域，特别是分析哲学一派，对这种概念或理论的讨论尤为重视，而儿童学内部存在大量有争议的概念与问题，恰恰是实证研究者们所忽略或反省不足的，这便需要哲学家以彻底怀疑和批判的态度重新加以检视与考察，才能为儿童学研究本身树立逻辑上更合理可靠的基础。

2. **对儿童学本身做总括性的后设分析，使各项研究置于相互联系的情境之中，通过对相关现象、观念及学科之间关系的分析，还原问题本身的复杂性和深刻性**。哲学历来被视为一门"综合之学"，它不是从某个学科、某个领域的视角出发去审视儿童，而是从儿童学的全体、从关系之中去说明儿童问题。如果科学研究的是知识的对象（即儿童），那么童年哲学所研究的则是知识本身（儿童观以及与儿童有关的一切理论）。在儿童学领域，研究者往往从自身所在的学科背景出发来研究某类儿童问题，尽管所得结论均有不同程度的启发性，但都具有不可避免的片面性，难以让我们看清问题的全貌。只有以哲学的态度和视角，全面审视问题所在的整个网络，尤其是其中相互冲突或矛盾的方面，才有可能更好地理解问题本身，并找到未来研究的突破口。

3. **从应然的角度考察对儿童的实然研究，揭示研究背后的伦理困境与意义**。

---

① 林砺儒.教育哲学［M］.上海：开明书店，1946：5—7.

② 范锜.哲学概论［M］.台北：台湾商务印书馆，1981：26.

任何研究都不可避免地会触及伦理问题，儿童学既然与居于弱势的、需要被保护的儿童有关，就更需要妥善处理这类问题。当前国外的儿童研究已十分注意此点，它们在研究项目的审批过程中都会经历伦理部门的严格审查。就哲学而言，其最重要的议题便是价值性的、意义性的问题，它在批判事物"为何如此"的同时，必会牢牢抓住、反复思考它"应当如何"的问题。① 对儿童所进行的任何实证研究，都必须将这样的问题考虑在内。但各学科领域的专家在进行研究的过程中，很难顾及所有伦理议题，对它们的思考与衡量也只是出于个别研究的需要。童年哲学的介入，则有助于全面、彻底地审视儿童研究各种应然的难题，从正面关照它们，以使各领域专家充分意识到伦理的复杂性，更谨慎地设计研究方案，搜集和分析研究数据，并发布最终研究报告。

（三）童年哲学对教育研究与实践的意义

童年哲学以及整个儿童学研究领域都坚信，对儿童的认识与研究是包括教育学在内等一切儿童相关学科的基础。在旧教育学体系中，学科与社会的逻辑（即成人的逻辑）是整个课程开发的唯一基础，对教师而言也无须掌握关于儿童的任何知识，儿童甚至都不出现在教育学的论述中；而在新教育学体系中，儿童已经成为与学科、社会等并列的课程开发要素，也成为教师职前职后教育及教师知识体系中不可分割的一部分，教育学的著作中也不可避免地谈及学生问题。但是在现有的教育学话语中，一方面对儿童的关注与研究并没有占据最核心的位置，儿童只是众多研究对象中的其中一个而已，甚至有部分学者将儿童学看作是教育学的下位概念或领域；另一方面在对儿童的已有关注中，有关儿童生理和心理发展规律（包括近来热门的脑神经发展规律）的认识是教育学者们研究的焦点，而对儿童进行哲学式的关注及研究仍普遍不足。这两个方面导致教育学本身与儿童学最新发展趋势的脱离，不仅在研究范围上未能充分拓展，从而忽视了儿童精神世界中的许多重要领域，降低了对童年相关问题及现象的敏感性，而且在研究深度上也浮于表面或过于追求普适性、标准化的童年形象和童年理论，从而造成事实上的阶层对立以及童年压迫。所以，只有树立童年哲学在教育学话语中的重要地位，引导教育者从哲学的高度去审视教育场域各个角落中儿童的复杂生活及其多样化的观念与文化，透视现有制度、管理和其他成人行为背后所折射的儿童观等，才能深刻理解儿童与童年在整个学校教育

---

① Richard Bailey（ed.）. The Philosophy of Education：An Introduction ［C］. Continuum，2010：7.

中的真实及全面的状态，并最终建立起多元的、能真正解放不同儿童群体的童年理论与话语体系。

对教育实践而言，童年哲学也具有重要意义。一方面，童年哲学有助于教育者重新认识儿童，刷新关于儿童的形象，进而整理、反思和重构自己的儿童观。通过童年哲学的研习及训练，教育者可认识到儿童不仅仅是身体性的存在，也是精神性的存在，因而在关注儿童身体健康生长的同时，也积极关注儿童的精神世界及其发展，特别是意识到儿童也具有"哲学家"的身份，他们也能进行并在进行着个人的哲学思考。所以教育者应像苏格拉底一样，努力创造智力及情感安全的环境和参与性的条件，在课堂内外催生儿童自己的精彩观念，帮助他们发展自己的力量，并形塑独特的童年文化。另一方面，童年哲学也有助于基础教育课程改革的深化，因为伴随着教育者对儿童研究与认识的深入，并以此为基础改进课堂教学以及自身的行为方式，就能显著改善儿童的生存状况，提升学校教育对儿童发展的整体意义。特别是就当前学校教育中普遍忽略的审辩式思维（critical thinking）、创造性思维和关怀性思维而言，童年哲学在实践中已积累丰富的经验，教师可在汲取这些经验的基础上，通过哲学探索团体的持续演练，循序渐进地提升儿童的核心素养。

第二章
儿童哲学的国际经验及启示

约翰·埃德加（9岁）经常看见飞机起飞、升空，在远方消失。有一天他首次坐上了飞机，等飞机停止上升，安全带信号灯熄灭时，约翰转过身向着他父亲，用一种松了口气但仍带着困惑的语气说："这儿的东西并没有真的变小呀！"

——加雷斯·马修斯《哲学与幼童》

有一天妈妈和自己的孩子（4岁）谈到了好朋友的问题。妈妈问小孩："你的好朋友是谁呀？"小朋友说："是小咪呀！"妈妈反问道："为什么呢？"小朋友回答："她总是分享好吃的给我呀！"妈妈接着问："那你知道妈妈的好朋友是谁呀？"孩子毫不犹豫地说："你老公呀！"妈妈疑惑为什么，孩子回答说："因为他会请你吃好吃的呀！"

——中国的一位园长妈妈

从三岁半开始，啾啾谈论死亡的时候，就已经有了一种悲伤的意味。她逐渐明白了一个无情的事实：所有现在活着的人都会死，包括爸爸妈妈，包括她自己。她想知道奶奶的生肖，我告诉她属蛇，她像陷入了沉思，然后问我："奶奶怎么会变这么老的？"我说："奶奶老早就生出来了，她已经活了八十多年了。"她问："她活这么久怎么还没有死？"我说："有的人会活很长时间。"她问："我也会吧？"我说："你当然会的。"她表示同意，解释道："牛的人会活很长时间。"我没听明白，问："牛的人？你不属牛。"她说："不是属牛，是牛的人，我打针不哭。"我说："对，你这么牛，一定能活很长时间。"

——周国平《宝贝，宝贝》

第一节 儿童哲学在澳大利亚的演进历程与现状 *

一、儿童哲学的历史演进过程

（一）初步形成阶段（1982—1989）

儿童哲学在澳大利亚的兴起可追溯至20世纪80年代，最早的代表人物是劳伦斯·斯宾列特（Laurence Splitter）和杰妮芙·格拉斯（Jennifer Glaser）。1982年，斯宾列特在"儿童哲学促进协会"（IAPC）初次见到马修·李普曼等人，并为儿童哲学项目本身所吸引。在返回国内之后斯宾列特做了大量准备工作，终于在1985年时促成李普曼和安妮·夏普到澳开展工作坊和实践示范等各类活动，拉开了儿童哲学在澳大利亚教育界的序幕。与此同时，在斯宾列特的主导下，澳大利亚第一个儿童哲学组织即"澳大利亚儿童哲学研究所"（AIPC）宣告成立，并在此后通过发布通信手册、工作坊、论坛等方式，不断推动儿童哲学向全澳各州和中心城市传播。由于澳大利亚是一个联邦制和去中心化的国家，教育改革的推行依赖于相对独立的社群和学校自身，因此至80年代末，每个州在发展儿童哲学的进度上呈现很不平衡的局面。比如在南澳大利亚，苏珊·奈特（Susan Knight）和比尔·艾金思（Bill Ekins）领导25所学校的50名教师成功地将儿童哲学整合到课堂教学之中；西澳大利亚则是在罗伯特·威尔森（Robert Wilson）和菲利斯特·海尼斯（Felicity Haynes）的推动下，有10所学校参与了儿童哲学的项目；新南威尔士则只有1所学校明确将儿童哲学融入课程之中；澳大利亚首都地区也只有5所学校加盟；而此时的昆士兰州还没有出现一所真正的合作学校。但是，成立不久的"澳大利亚儿童哲学研究所"不久就因财务危机而被迫并入澳大利亚教育研究委员会（ACER），成为其中的一个部门并更名为"澳大利亚儿童青少年哲学中心"。

（二）大规模发展阶段（1989—2002）

1989年，安妮·夏普、让·里德（Ron Reed）的到访以及在维多利亚龙恩小镇举办的6天工作坊，成为激发儿童哲学在全澳进行大规模推广的新契机，许多参加过此次工作坊的人员在返回原地之后，都成为推动本地儿童哲学事业

---

* 本节内容原载于《上海教育·环球教育时讯》2019年第20期，此处做了部分修改和调整。

的主要负责人。如北领地教育局高级教育官员艾伦·戴（Alan Day）在本地开发了"哲学家驻地"项目，有100多位教师和2400名儿童参与了此项目，其后续接任者克里夫·林道普（Clive Lindop）更成为《批判与创造性思维》期刊的创刊者和首位主编，这个期刊后来被列为澳大利亚全国性儿童哲学组织的会刊。查尔斯特大学教育学院的罗杰·克瑞斯威尔（Roger Cresswen）则在新南威尔士州成功发起了一个有300多名儿童和14位教师参与的儿童哲学试验项目。

参加这次工作坊的昆士兰技术大学的林·英格利（Lyn English）教授则成为昆士兰州推动儿童哲学的主要人物，1990年她率先邀请斯宾列特和林道普开展师资培训，其参加者中包括后来成为昆士兰儿童哲学协会主席的吉尔伯特·布格（Gilbert Burgh）。在这个阶段，新南威尔士州、维多利亚州、首都地区、南澳和西澳州等都相继成立了儿童哲学的地区组织，并最终促成了联合各地力量协同推进儿童哲学事业的全国性组织，即"澳大利亚儿童哲学协会联盟"（FAPCA），其成立大会于1991年7月12—16日召开，云集了来自中小学和高校的160多名研究与实践者，以及4位来自新西兰、美国夏威夷和英国的哲学家与教育者，李普曼也在成立大会的晚宴上做了一场热情洋溢的报告，盛赞澳大利亚在推动儿童哲学的专业化和创新方面所扮演的领军者角色。此后的1995年，新西兰也成为FAPCA的重要成员国。这个阶段虽然没有放弃李普曼的儿童哲学模式，但开始对这种模式提出质疑和挑战，从而出版了大量本土化的儿童哲学理论著作以及实践指导用书，使得澳大利亚儿童哲学呈现出一股多样化发展的态势。

（三）特色化深度发展阶段（2002年迄今）

伴随澳大利亚模式的日渐成型，2002年FAPCA决定不再使用李普曼模式意义上的儿童哲学概念（即P4C），而改用"哲学在学校"这个词来代替，以反映澳大利亚使用更多样化教学材料及其策略的现实，从而创立了"澳大利亚哲学在学校协会联盟"（FAPSA）。林道普所创立的期刊也被更名为《批创思维：澳大利亚哲学在学校期刊》（2003）和《批创思维：澳大利亚教育中的哲学期刊》（2004），其编委会由原来的10位扩大为14位，吸收了更多来自认知心理学、哲学和儿童哲学界的国内外学者作为成员，而订购者也开始遍布全球，除了澳大利亚和新西兰以外，还包括新加坡、马来西亚、韩国、英国、斯洛文尼亚、德国、荷兰、加拿大、美国和中国香港等国家和地区，因而产生了国际性的影响力。

随着儿童哲学在澳大利亚的迅猛发展，将儿童哲学课程上升至地区和国家教育政策的高度进行推广则成为这个阶段的重要任务。为此，自 2009 年以来，儿童哲学界的核心研究者们成立专门的工作小组，力推儿童哲学融入澳大利亚国家课程体系的方案，并提交给澳大利亚课程、评价与报告机构（ACARA）。这份方案指出哲学与实现澳大利亚教育的整体目标息息相关，其作用甚至是不可替代的，尤其是在发展儿童的核心素养如批判思维、自我管理、社会交往、伦理行为等方面，从而使每个儿童成为能够做出理性决策的自信个体以及有德性的积极公民；同时，它也指出了哲学融入拥挤的课程体系之中以及在评价学习成就等方面所面临的挑战和解决策略。

在澳大利亚所开展的一系列儿童哲学活动中，最有特色的是一种名叫Philosothon（哲学松）的竞赛活动。该活动的主旨是通过围绕某些哲学议题的对话来发展学生的探究本位学习、道德推理、高阶层反省思维和寻找意义等能力。"哲学松"这个概念是由西澳大利亚赫尔学校"哲学与伦理部"的主任马修·威尔士（Matthew Wills）和"资优儿童部"主任丽妮·洛克斯（Leanne Rucks）首次提出的。2007 年，他们邀请西澳大利亚 9 所学校共 45 名代表前来赫尔学校参加第一次哲学竞赛活动。随后这项活动不仅被列为儿童哲学的年度盛事，而且也被推广到整个澳大利亚各州 16 个中心城市以及新西兰、英国等国。至 2012 年，第六届西澳哲学竞赛活动如期举行，而参赛单位已经扩展至 26所学校。同年，第四届悉尼哲学竞赛活动和墨尔本哲学竞赛活动分别在阿舍姆学校及巴拉瑞特文法学校墨尔本校区举行，参赛学校分别有 22 所和 18 所。也就在这一年，哲学松活动延伸至小学阶段，首届地区性的小学哲学竞赛在维多利亚国家艺术馆举行，共有 8 所学校参加，此后则成为维多利亚州、西澳大利亚州和英国的年度哲学活动。伴随哲学松的普及，2011 年，FAPSA 决定在科瑞布鲁克学校召开第一届全澳哲学竞赛活动，每个州各派 3 个团队参加。本次活动由澳大利亚哲学协会提供奖金，ABC 全澳广播电台进行了全程报道。2012—2018 年，全澳哲学竞赛活动接连在邦德大学和帕特森大学、维多利亚国家艺术馆和巴拉瑞特文法学校、赫尔学校、北悉尼女子中学、圣公会教堂文法学校等地举行，这期间，新西兰和新加坡也派学校代表参加并曾夺得冠军，如新加坡来福士女子中学。

从程序上来说，哲学松会将每次活动划分为数个讨论小组，每个小组的规模一般是 7—8 人，竞赛时则抽取 3—4 个哲学主题进行讨论，主要是在伦理学（如"假装善良是否是道德的"）、形而上学（如"男人和女人是否有本质区别""我们是否拥有自由意志"）、知识论（如"我们应该始终倾听他人吗"）、社会和政治哲学（如"言论的自由应到怎样的程度"）、美学（如"美的本质是什么"）等分支范畴内，而每个主题的讨论持续 15—20 分钟。由学校哲学教师和大学哲学专家所组成的评议委员会则根据学生个体和学校团体的表现进行打分，从而评选出优秀（10 分）、大部分优秀（9 分）、有时优秀（8 分）、大部分良好（7 分）、有时良好（6 分）、大部分令人满意（5 分）、有时令人满意（4 分）、大部分受限（3 分）、有时受限（2 分）、绝大多数时候受限（1 分）、没有观察到任何东西（0 分）等 11 个等级。其评分的标准围绕批判性思维、创造性思维和协作性思维三大能力展开，每个思考维度的分值都是 10 分，如下表所示。

批判性思维	创造性思维	协作性思维
· 领会哲学问题 · 组织论证 · 评价他人的论证 · 在自己和他人的论证中区分信念与理由 · 挑战他人论证中的理由与例子 · 识别他人论证中的假设	· 提出原创性观点 · 做出观点之间的有意义连接 · 提供例子、类比或思想实验 · 以新的方式借用他人已有的观点	· 对哲学讨论做出合理的贡献 · 激励同伴 · 显示出理智上的谦卑 · 支持或发展他人的理由、观点 · 表现出理智上的勇气 · 提出有启发意义的问题

二、儿童哲学资源的开发

澳大利亚起初都是用李普曼及"儿童哲学促进协会"（IAPC）所研发的教材作为课程资源。到了 20 世纪 90 年代初，才开始出现本土化的教学材料。如在 1992 年斯宾列特便针对李普曼的《聪聪的发现》设计了本土化的课堂资源手册；提姆·斯波特（Tim Sprod）则是澳大利亚最早提倡用绘本和为本国儿童所熟悉的其他故事书来取代 IAPC 哲学小说的。1995 年，克里斯·汉·森·麦科尔（Chris de Haan San MacColl）和露丝·麦肯琴（Lucy McCutcheon）等出版了《幼童哲学》一书，该书也明确肯定了斯波特的做法，认为引入绘本对那些学前以及小学低段儿童的意义尤其重大，因此更具体地展示了如何利用现有绘本进行哲学探究的建议，包含了主导概念、讨论计划、练习和活动等部分。与此同时，菲利普·卡姆（Philip Cam）也出版了《思考故事 1&2》系列，主张以短小的儿童故事来取代李普曼式的长篇哲学小说。

但是李普曼模式的材料并没有因此消失，其优越性在后来仍被不少研究者所重视，因此澳大利亚实际上已呈现出多类型材料并存的局面。如卡姆的《一起思维：课堂中的哲学探究》（1995）这本实践指导书便整合了李普曼式材料和一般性儿童读物；《苏菲的问题》（2011）这本书则遵循了李普曼哲学小说的写作手法;《哲学公园：伟大的哲学家及其思想简介》（2013）则以哲学史和哲学家的思想为基本呈现方式。

如今，FAPSA 出版了更多面向教师的实践指导用书，这些书都从不同角度提供了哲学教学的建议，不仅可以帮助教师从纷繁复杂的儿童读物中选取合适的哲学材料，而且也能帮助他们更合理地开发已有材料，包括克林顿·戈登（Eliza Clinton Golding）的《概念连接》和《运用丰富概念进行思维》、安德里·孟提思（Andrea Monteath）的《证明什么：哲学、探究共同体和创造性思维》、苏珊·威克斯（Susan Wilks）和汤尼·赫利（Tony Healy）的《艺术是你的创制品》、萨拉·查斯特（Sarrah D. Chester）等编的《面向中学生的哲学与伦理探究》、FAPSA 前任主席提姆·斯波特（Tim Sprod）的《科学讨论》和《深入观念的书籍：一个探究共同体》（以 15 本图画书为例介绍教师如何经营探究共同体）、威克斯（Wilks）和科灵·阿伯特（Colleen Abbott）编写的《我思考》（以电视为载体探索哲学）、凡·凯奇普利（Val Catchpoole）的《什么是公平》（包括教学工具、视频和 CD 等）、弗里克莱（Mark Freakley）等编写的《学校中的价值教育：面向学生探究的资源包》，等等。以下我们将展示这些实践指导用书中所包含的一个详细的教学案例：

主题：行为的对与错

1. 主题范畴：伦理学

2. 时间：45 分钟

3. 准备材料：黑板、粉笔、每组两张白纸

4. 目标：

   - 技能目标：学生能运用逻辑推理对他人提出的具体问题进行准确回应。

   - 哲学目标：学生能区分三种伦理理论，即义务论、德性伦理学和结果论。

5. 教学计划说明：

本堂哲学课的目的是鼓励学生参与到有关伦理议题的讨论之中，具体而言就是判断一个行为在何种意义上是对抑或是错的。首先，我们会安排小团体的讨论，意在鼓励学生寻找出一个行为是对或错的标准。一旦学生开始了解什么是对、什么是错，我们就会让学生参与到道德两难困境的讨论之中。本堂课的主要活动是设置一系列的思想实验，鼓励学生在保护一个无辜人的生命或五个

生命之间做出选择。在讨论的最后，学生将会进一步讨论义务论、德性伦理学和结果论三大理论背后的伦理原则。

6. 导入环节

- 将全班学生划分成由7—10人组成的小组，让他们自由讨论一件事情之所以是对或错的原因。【学生可能会认为社会决定了事情的对与错、神决定了事情的对与错、事情的对与错要看某人有否从行动中获得某种好处、法律决定了事情的对与错等】
- 进一步讨论：（1）在学校里是怎么判定一件事的对与错的？（2）在家里是怎么判定一件事的对与错的？（3）在班级、家中和社会上，是他们自己决定一件事的对与错的吗？

7. 主要活动

（1）火车问题困境

▶ 在黑板上画一幅有火车以及两条轨道的图：

- 在其中一条轨道上画五个人，解释下这五个人是无辜的路人。
- 在第二条轨道上画一个人，同样是无辜的路人。
- 在两条轨道旁边再画一个控制轨道切换的人。
- 现在火车行驶在第一条轨道上，即将撞上五个路人。
- 学生们只有两种选择——允许火车继续行驶，直接撞击五个人，或者切换一下轨道，改变火车的行驶路线，让它行驶到另外一条轨道上去撞击那个无辜的路人。

▶ 答案（例）：是的，我会切换轨道；不，我不会切换轨道。

- 学生也许会说什么都不做不会使他们成为一个坏人，因为不是他们把人放在轨道上的。
- 学生也许会说在他们切换轨道之后，他们可以做更多的事情来拯救那个会被撞的人。需要说明的是，此困境的前提是没有人能在切换轨道之后救出那个被撞击的路人。

（2）巨人——火车问题困境

▶ 在一张纸上画上巨人。这个人站立在一座桥上，俯视整个火车轨道，其中五个路人正站在轨道上。

- 说明轨道上的五个人是无辜的路人，拯救他们的唯一办法是把那个同样无辜的巨人从桥上推下去。
- 他们可以做出如下选择：推巨人或者让火车杀死那五个人。没有别的选项。

- 要求每一个小组思考接下来他们该怎么做。
  - ·讨论一下每种选择背后的关键原则。
- 要求每个小组思考他们的选择与第一个两难困境有何关联。
  - ·推一下巨人的身体和切换轨道的情形是一样的吗？
  - ·如果是的，为什么？
  - ·如果不是的话，通过切换轨道杀死一个人，和直接把人推下桥来杀死一个人之间的区别在哪里？

▶ 时间要求：

- 什么叫伦理？ 7 分钟
- 火车问题困境 1：大约 15 分钟
- 巨人—火车问题困境 2：大约 15 分钟
- 收尾环节：大约 7 分钟

8. 收尾环节

- 让全班同学解释下伦理（道德）是怎么来的（比如义务论、德性伦理学、结果论等）。
- 让学生们在自己的索引卡的背面写上每个场景中是什么影响了小组的决定：社会期盼、个人信念、宗教信仰等。

除此之外，从 20 世纪 90 年代开始，FAPSA 陆续出版了大量理论书籍，其中大多数是本土研发的，它们对推动儿童哲学在澳大利亚、新西兰和新加坡的快速普及发挥了举足轻重的作用。这些书包括萨拉·查斯特（Sorrah D. Chesters）的《苏格拉底教室：基于合作探究的反省思维》、杰妮芙·布里兹（Jerrnifer Bleazhy）的《社会建构式学习》、弗里克莱和吉尔伯特·布格的《参与伦理：面向教师的伦理探究》(为大学师范生而编写）、布格和弗里克莱等合著的《伦理学与探究共同体》、菲利普·卡姆的《学校中的伦理教学》、费列西蒂·海尼斯的《伦理学校》、苏珊·威克斯的《设计思维课程》和《批判和创造思维：课堂探究的策略》、斯波特的《德育中的哲学讨论：伦理探究共同体》、劳伦斯·斯宾列特和安妮·夏普的《为更好的思维而教：课堂探究共同体》，等等。

三、儿童哲学会议

澳大利亚常年举办两种形式的儿童哲学会议：一是"FAPSA 战略规划和发

展会议"，讨论与学校哲学联盟委员会的行动目标相关的重要事宜；二是"澳大利亚哲学在学校会议"，邀请国内外儿童哲学的研究者进行理论研讨并开设实践性的工作坊。其中，第二类会议是在 2010 年才开始举办的，首届是在新南威尔士大学召开，其研讨的主题涉及理论与实践的多个方面，包括哲学式阅读、儿童探究与塑造环境的权益、澳大利亚课程中的伦理行为——哲学的契机、民主与哲学教育、素质教学与学校中的哲学、哲学与教育中的集体理解、以哲学探究为载体提升读写素养、探究共同体中的尊重、哲学对话的例子——教师与学生的视角、哲学技能与倾向的发展性评价等。2012 年 6 月在墨尔本教育研究院召开了第二届"澳大利亚学校中的哲学会议"，本届会议由于受墨尔本"大问题哲学导师项目"的启发，其聚焦点是小学中的哲学以及对消除不利教育处境的意义，特邀汤姆·沃特伯格、罗仑·理查特（Ron Ritchhart）、林·辛顿（Lynne Hinton）和菲利普·卡姆（Philip Cam）等嘉宾，分别发表了主题为"哲学作为改善教育不利处境的工具""掀开思维的神秘面纱：帮助学生学会如何学习""充满思维的学校""不利教育处境与探究共同体"等的报告。

紧接着的 2013 年，FAPSA 又召开了第三届哲学会议，其汇报的内容更加多元，包括"哲学参与和大众传媒：教观众学会批判""深度倾听——哲学教学的另一面""如何将哲学融入拥挤的课程体系中""教育中的哲学、玩耍与伦理""探究共同体中的情感对话：建立同情教育学""儿童哲学与价值教育""以哲学探究推动教学转型""评价综合素养"等。2016 年的哲学会议则转移至新西兰召开，并云集了来自更多国家的研究者与实践者，如巴西、以色列、英国等，整场会议以"跨越各学龄阶段的哲学教育"为主题，形式包括专题演讲、交互式工作坊、五六岁儿童的哲学教育、中学生的哲学教育、儿童哲学的实践、最近的研究、理论研究等七个部分。

总的来说，儿童哲学在澳大利亚已经历了三十多年的发展，目前已成为推动和深化澳大利亚基础教育课程改革、师范教育改革的重要组成部分，而且由于大批学校和教师的实践、大量课程资源的出版与应用以及地区和国内组织的持续引领，使得澳大利亚本身成为世界范围内发展儿童哲学最具有代表性的国家之一。而在未来，为了使儿童哲学获得更有深度的发展以及在政策上被官方所认可，澳大利亚仍须至少做好三方面的工作：

一是拓展 FAPSA 的角色或对之进行重组，使其能够在教育决策界发挥更积极的作用，促使更多地区的高层决策者认识到哲学的价值，从而将其纳入政府项目和课程体系之中。

二是加强哲学界和教育界的合作，目前在教育院系中仍缺乏具有哲学背景的教师教育者，也缺乏哲学导论和哲学实践类课程，而在哲学院系中也缺乏具有教育学背景的研究者，这就导致儿童哲学无法为更多教师所了解，阻碍了它在教育场域中的推广进度。

三是要增加对儿童哲学效果进行评价的实证研究。当前只有少数研究者开展了这方面的探索，如阿布拉米（Abrami）、伯纳德（Bernard）、韦德（Wade）等人的报告《教学干预影响批判思维与态度：第一阶段的元分析》、布格（Burgh）和尼克尔斯（Nichols）的研究《平行在哲学探究和科学探究之间》以及其他研究，都已证明儿童哲学对学生科学、阅读、数学等领域内教育目标的实现都具有积极意义，且对整个课堂教学的转型也具有重要贡献。而那些在全校范围内推广儿童哲学的学校（如昆士兰的布里斯班州立学校、东布里斯班州立学校和赫布鲁克圣公会学校、新南威尔士的斯坦莫州立学校和纽因顿学院、西澳的乔格拉菲小学和利明州立中学等），其学生在各州学业成就测试中屡屡取得优异成绩，也昭示了儿童哲学的积极意义。但相比于欧美主要国家，澳大利亚对儿童哲学的评价研究还处于起步阶段，仍需要有更多的项目对利用 IAPC 教材和已有儿童读物发展哲学探究的差异性成效进行评估。

第二节　儿童哲学在英国的实践现状

在英国，儿童哲学的实践主要由教育中的哲学探究与反思促进协会（Society for the Advancement of Philosophical Enquiry and Reflection in Education，简称SAPERE）来推动，它是一个教育性的慈善团体，设在英国牛津布鲁克斯大学的威斯敏斯特教育学会。SAPERE 成立于 1992 年，其诞生的直接动因在于 BBC播放的电视纪录片《苏格拉底与六岁孩童》。该部纪录片讲述了美国新泽西州的李普曼教授和他的同事历时 25 年，设计了一个适合于从 5 岁到 16 岁孩童的哲学课程。SAPERE 试图借鉴李普曼的研究，通过运用他们设计的教学模式和其他方法来发展推理技能、反省思考各种价值以及在各个不同教育水平和广泛领域内兴建探究团体。SAPERE 主要从事以下工作：推动哲学探究在中小学和大学作为一门重要课程的发展；通过哲学探究提升教育水平和成就；设计各种材料促进儿童哲学在更广范围内的发展；为各项致力于发展哲学探究团体的项目筹集资金；经由会议和训练课程提升儿童哲学的受关注程度；在教育理论和实际的基础上，组织和推行训练课程；与季度性出版物密切接触；兴建网络和地方团体，以吸引对儿童哲学感兴趣的普通大众和专业人士；鼓励对新教学方法的研究走向实践。SAPERE 也是国际性儿童哲学组织 ICPIC 的分支机构之一。

SAPERE 致力于开展一系列的儿童哲学活动。

一是寻找相关机构的合作，支持和开展多种类型的儿童哲学研究与实践项目，以推动儿童哲学在全英范围内的普及，这些项目主要包括：

1. **儿童哲学学校项目**，如（1）阳光信任（the Shine Trust）项目，此项目在位于旺兹沃思（Wandsworth）的范尔肯布鲁克（Falconbrook）小学实施，成员为两个年级组的儿童，这些儿童都是有特殊学习困难的学生，其中有 50% 为非英语母语国家出生之儿童，故其目的是要加强他们的推理及高阶思考技能以提升其口语和阅读水平。项目由 SAPERE 派出一位促进者，协同教师与儿童开展哲学探究，共涉及 30 次活动。该项目主要由李普泰（Sara Liptai）及赫尔（Alison Hall）负责。（2）"开放未来"（Open Futures）项目，这是一个由海伦·海姆林信托基金资助和实施的小学项目，其目的在于通过儿童哲学的课程开发（一般由"提问、生长、烹煮、拍摄"四个部分组成），发展儿童的提问、推理、假设、沟通、批判、创造和实践等能力，提升学校教育的意义，并为未来的成人生活做好更充分的准备。

2. **社区哲学项目**，该项目最早源于布朗斯通项目，由位于莱切斯特（Leicester）西部的布朗斯通（Braunstone）社区协会的人民及健康署提供资助，旨在为那些有利于布朗斯通居民的社区活动提供支持。在这个项目中，儿童哲学在两所小学的正规课堂中实施，其目的是要提升儿童的口语能力层级，特别是言语及倾听技能。如今该项目已经发展成为横跨整个英国西北地区、涉及超过 100 个社区的大型活动，并受到艾思密·费尔贝恩基金会（Esmee Fairbairn Foundation）、青年与社区部门、住房协会、英国老年人慈善组织等的大力支持。该项目借助校内外的儿童哲学实践活动，旨在发展不同年龄阶层人群的批判、创造、关怀和反思性思维能力，促使他们参与到社区和文化生活之中，并采取行动来改善个人和社区的处境。

3. **"儿童哲学与年龄问题——巴洛（Barrow）混合年龄"哲学项目**，它于 1996 年启动，起初的目的是要降低犯罪率，后来吸收了来自不同年龄阶层的人群，为他们提供建设性机会，共同分享他们的时间及体验，构建相互信任及尊重的氛围，所以又被称为"建造桥梁"活动。自从该项目启动以来，已受到来自学校及老年人群的热烈欢迎，拥有 70 位老年志愿者（年龄介乎 55—90 岁），参与 15 所基础学校及学院的哲学志愿活动。该项目包括不同种类的整合计划，包括三个课程：一是长者支持青年人课程，内容涉及本土历史、二战回忆、烹饪、手工艺术、阅读、规划预算及生活技能等；二是青年人支持长者课程，如发展信息技术技能、探索因特网等；三是合作创造性课程，涉及视觉艺术、音乐、视频及写作等。SAPERE 邀请"建造桥梁"活动的志愿者参与到合作院校的哲学探究活动之中，并提供众多论坛供众人讨论诸如健康关怀、养老金等问题，同时，长者还会被邀请参加年龄关注组的"特色"（taster）探究，此活动受到地方教育行动区及巴洛社区学习伙伴（BCLP）的大力支持。跨年龄哲学讨论活动也同时在一些新的学校得以开展，在过去的数年中，此项目涉及的青年人包括小学二、五、六年级生，中学生及大学 A 水平生。年龄关注组还制作了一段录像来介绍儿童哲学的基本原则，也展示了不同年龄人群哲学探究的过程。

4. **全球公民素养之哲学（P4GC）计划**，该项目是 2002 年 11 月由坎布里亚（Cumbria）发展教育中心（CDEC）举办，受乐施会（Oxfam）教育资助和发起的"儿童哲学与全球公民素养"会议演变而来，至 2004—2005 年，该项目已由乐施会资助，在坎布里亚及南约克发展教育中心协助下，由 SAPERE 执行。在这个项目中，实务工作者关注儿童哲学之民主和共同体层面，认为它对全球公民教育具有重要价值，即它能促进社会正义和平等，减少人类对地球的负面效应。此项目包含四个方面的内容：一是 15 小时的培训课程，由罗杰·萨特克里夫（Roger Sutcliffe）与玛丽·扬（Mary Young）负责，学员为来自实务教师、师资培育者、地方教育当局顾问、发展教育工作者、课程政策制定者或设计者等群体的代表；二是以小组的形式展开合作，在学校中推进 P4GC 的实践；三是由 CDEC 介绍其他发展教育中心及相关团体之 P4GC 实践的信息和新闻；四是于每年 4 月或 5 月举办公开论坛，将实践工作者集合起来，庆祝其进步，并制订未来发展蓝图。

5. **儿童哲学评价项目**，包括：（1）由英国教育捐赠基金会资助的实验项目（已结束），它开启于 2013 年 1 月，由一批 SAPERE 专家和教师合作，向全英48 所学校的 3159 名四五年级学生开展持续两年的儿童哲学教学活动。最终，实验组和控制组的对比数据显示，儿童哲学对提升儿童（尤其是那些处境不利学生）的阅读、书写和数学能力有显著帮助，同时也能发展他们在自我表达上的自信、倾听技能、耐心和整体的自尊感等。（2）由纳菲尔德基金会资助，杜伦大学教育学院发起的实验项目，用以评价儿童哲学对学生非认知领域发展的影响，该实验涉及 28 所学校的 2500 名学生和 200 名教师，除设置实验组和控制组以外，还对师生进行前后实验的问卷调查和深度访谈，其考察的变量包括学生与学校、教师和同伴之间的关系，学生的自信、健康和自尊，学生的声音以及如何对待不同观点，教师对学生学习的态度等。

二是开展面向中小学教师的儿童哲学系统培训，其师培课程包括三个水平、五个类别：第一个水平为基础课程，其目标是鼓励哲学质询和对话，了解如何开展儿童哲学的探究活动，鉴别和开发有助于推动哲学讨论的教学资源等，主要包括两天的培训活动，即介绍儿童哲学的理论与实践、提供能促进学生提问和思考技能的工具、整合儿童哲学与已有课程、示范哲学探究的实践形态、呈现儿童哲学的资源和其他教学材料，外加每位教师在自己课堂上成功开展至少六节儿童哲学课，最终获得"儿童哲学初级实践者"证书。第二和第三个水平均为高级课程，其中第二层级的课程由三个类别所组成：第一个类别为"促进集体思考的儿童哲学工具"，适用于那些已经在本校开展儿童哲学活动长达三个月并已获得第一层级证书的教师，其目的是使教师成为一名更有信心及有多种能力的儿童哲学促进者，能克服阻碍哲学探究的种种困难，更有效地引导学生发展高阶思维能力，其课程内容聚焦于推理与意义建构、概念开发练习、促进技巧、探究评估和进展规划等。第二和第三个类别为"2A/2B 水平的高级课程"，适用于那些已在课堂上开展儿童哲学活动长达六个月或更久、学生已经能提出高阶层次的问题并能相互促进、希望帮助没有多少信心来开展儿童哲学活动的同事，乃至领导整个学校开展儿童哲学活动的教师，其课程内容包括检视儿童哲学的本质、目的与方法，以案例展示如何通过选择和创造材料来提升哲学思考和对话的深度，巩固关于批判、创造、关怀和交往思维之理论与实践的认识，建立开发和评估儿童哲学教学过程的标准等，最终获得"儿童哲学促进者"证书。第三个水平则由三天的课程所组成，聚焦于儿童哲学在更广泛的学科与社会领域中的议题，如语言学习、儿童哲学的知识与信念、儿童哲学的伦理与政治、儿童哲学与童年、儿童哲学中的经验及美学的回应等，适用于那些已经在学校中开展儿童哲学实践长达两年、担负着引领儿童哲学活动的角色、希望更深刻地理解儿童哲学背后的理论根据并且想要成为 SAPERE 培训者的教师，最后获得"儿童哲学高级促进者"证书。

三是开展不同形式的国际国内交流与合作活动。目前 SAPERE 已经建立了国际探究共同体，与来自英国不同区域、印度尼西亚、美国的佛罗里达州、泰国曼谷、文莱、中国上海（海富幼儿园、上海协和双语学校）的幼儿园和小学开展合作。SAPERE 也致力于同高校合作，期望将学校（幼儿园）和高校学术部门整合成一个内在联系的网络，目前 SAPERE 已经与近 20 个哲学系所建立起了合作关系。此外，为了促进学校开展全校范围内的儿童哲学活动，SAPERE 还与地方教育部门合作，设立了儿童哲学学校奖，包括铜奖（学校已经计划将儿童哲学作为全校性的项目并做了初步探索）、银奖（学校已经将儿童哲学融入教与学的过程之中，儿童对哲学概念与问题非常熟悉，并且教师开始将儿童哲学与各个学科整合起来）和金奖（儿童哲学已经与学校融为一体，反映在培养目标、学校战略和各学科的课堂教学之中）。截至目前，已经有 5 所学校荣获金奖。

第三节　儿童哲学在欧洲大陆的实践历程与现状

一、挪威

在挪威，儿童哲学运动是自 20 世纪 90 年代后半期才开始发展的。在那时，无论是民间还是政府，都越来越关注这一世界性的教育潮流。奥斯陆大学学院（Oslo University College，简称 OUC）教授贝亚特·博瑞森（Beate Børresen）率先引进第一本有关儿童哲学的著作，即由奥瑞恩·切杰德瑞普（Ariane Schjelderup）和欧文德·奥肖特（Øyvind Olsholt）撰写的《学校中的哲学》，该书出版于 1999 年。该书将哲学视为一个在苏格拉底精神指引下的探究性共同体实践，揭示了如何实施儿童哲学以及如何将儿童哲学与各学科教学整合起来实施的具体策略。到 2003 年，博瑞森和马姆海斯特（Malmhester）合写了一本关于儿童哲学的著作《让儿童哲学化——学校里的哲学对话》，这是挪威第二本重要的儿童哲学著作。该书的主要目的是帮助教师和其他实践者更好地经营哲学探究共同体。该书出版前后，博瑞森和马姆海斯特一直在挪威的多家中小学实施儿童哲学计划，其中最为著名的当属玛瑞恩李斯特·思科（Marienlyst Skole）小学，在这所学校里，学者们针对三四年级的学生开设每周一次的哲学课，历时一年。

儿童哲学的产生也与奥斯陆大学哲学研究所的研究生们有关。早在 20 世纪 90 年代，硕士研究生们就不满意在象牙塔一般的教育系统内闭门修炼，他们希望能够将所获得的哲学技能应用到实际生活中去。于是，大家都在各种不同的方向上求索理论与实际的结合，这其中，就有一支是朝向儿童哲学的领域，代表人物便是奥斯陆大学学院的奥肖特和切杰德瑞普。2000 年，他们二人合作成立了"儿童和青年哲学家：挪威儿童与青年哲学中心"这个组织，并在此后十多年时间里开展了一系列儿童哲学的活动与项目，包括：

1. **儿童哲学幼儿园项目**。早在 1997—1998 年就在奥斯陆的一所幼儿园里开展过为时八周、每周一小时的儿童哲学实践活动，当时是面向 5—6 岁的孩子，所用的材料是毕翠克丝·波特（Beatrix Potter）所写的《彼得兔》。自中心成立以后，不断向幼儿园提供讲座、工作坊、研讨会和儿童哲学课程。而在 2006 年新的全国性幼儿园课程大纲出台之后，使儿童具有"哲学反思力"与合作力成为普遍的课程目标，儿童哲学便进入迅速发展的时期，得到了更大范围的推广。在这种趋势下，中心组织并编写了《幼儿园里的哲学对话——认真对待儿童的思维》（2008）一书，为学前领域的教师开展儿童哲学实践提供了具体的案例与活动指南。

2. **儿童哲学学校项目**。中心于 2005—2006 年加入了一个专业艺术与文化的全国性项目，该项目旨在帮助 6—16 岁的儿童熟悉所有类型的专业艺术和文化表达方式，而哲学家的任务则是在奥斯福特（Østfold）整个乡村地区的 5—7 年级（涉及 10000 名儿童）各班级中推广儿童哲学；与此同时，中心还和一家名叫 SFO 的日托机构合作，与这些机构里的 6—10 岁儿童进行哲学对话，并提供师资培训的讲座与论坛。中心还专门设立了一个网站，网址是：www.skoletorget.no，用于帮助挪威中小学开展儿童哲学的教学工作。

3. **博物馆、艺术馆和教会项目**。中心曾与挪威当代艺术馆、挪威电信博物馆、艾斯洛浦·菲尼雷（Astrup Fearnley）现代艺术博物馆、卑尔根儿童之家、国际儿童艺术博物馆等合作，在这些机构开设面向公众的儿童哲学课程。其中与挪威电信博物馆的合作活动持续了五天，第一天和最后一天面向 15 岁儿童，而中间的三天则面向 12 岁儿童，每天的活动均由两个班四个小组大约 30 名学生所构成，采用分班教学的策略，即其中一班进行哲学对话，而另一班则参观电信博物馆并自由活动，而对话的主题则是通信（沟通）与技术。此外，中心也曾在挪威教堂开展了一项名为"漫游生命"的大规模儿童哲学项目，与青年唱诗班协会（包含 280 个唱诗班、7000 多名青年）、朝圣者神父、礼拜中心（作为教会资源中心，制作和收藏了大量祈祷书、赞美诗和教会音乐）等宗教机构建立合作伙伴关系，一方面是为训练并赋权十五六岁左右的青少年与幼童进行哲学对话，另一方面是在朝圣的情境下与青少年进行哲学交流，最终寻找到宗教信仰和哲学探究之间的平衡点。

4. **儿童哲学俱乐部和夏令营活动**。从 2004 年开始中心为 7—9 岁和 10—

13 岁两个年龄组别的儿童设立了哲学俱乐部组织，开展每周或每月一次、每次 90 分钟的哲学活动，并且将活动的整个过程誊写出来，以供家长在家里进行后续的讨论，后来还邀请家长参与到活动之中并提供个人咨询服务；同时，中心还为 8—12 岁儿童组织哲学夏令营活动，一般持续四天，招生人数限定在 15 人以内，其主旨是要将哲学探究与艺术表达整合起来，使儿童通过讲故事、绘画、戏剧表演、音乐等方式来呈现和讨论自己的思想。

此外，奥斯陆大学的哲学研究所也设有成人教育课程，名为"作为方法的哲学"（Philosophy as Method），主要是让学员阅读选择性的哲学著述以及与儿童开展实际的哲学探究活动，由挪威儿童和青年哲学中心的专家担当课程导师。其他大学如特伦姆瑟（Tromsø）大学也有一批儿童哲学的促进者，如哲学教授保罗·欧普达（Paul Opdal）和哲学博士生斯特纳·布耶姆（Steinar Bøyum），他们在 IAPC 的核心期刊 *Thinking* 上发表过不少论文。

总体来看，挪威在儿童哲学的实践方面采取了海纳百川、兼容并包的态度，它愿意吸收一切有利于推动儿童哲学的教学手段、资源与方法，包括李普曼模式以及欧洲其他国家的模式，同时也积极创建基于本土文化的特有实践方式。例如，由于 IAPC 的教材是最全面、最系统，也是最具结构化和梯度性的儿童哲学材料，因而构成挪威教育者最主要的参考对象。现今，挪威已经翻译了许多 IAPC 出版的哲学小说及教师手册，并在课堂上广为应用，许多教育研究专家也对这些材料怀有浓厚的兴趣。但与此同时，挪威的教师们也认为 IAPC 研发的这些教材带有不少美国文化的痕迹，因此主张利用适合本地学生的文学读物来作为哲学讨论的重要材料。此外，法国哲学家奥斯卡·柏尼菲曾发展出一种特殊的哲学"审问"技术，即在儿童哲学中融入大量幽默诙谐与表演的成分，也赢得了挪威许多教师的赞同和应用。也有教师钟情于丹麦哲学家桑尼·尼尔森（Sanne Nielsen）与杰普森（Per Jespersen）等所设计的方法，并广泛引用他们的教学材料。

奥肖特等人对李普曼模式持一定程度的批评态度，他们认为李普曼模式过度聚焦于儿童的逻辑推理和论辩技巧，忽视儿童宗教和艺术方面的观念及能力；将作为成人的教师仅仅视为组织者和促进者的角色，而忽略他们的自我纳取、自我理解和对真理的态度；最根本的是李普曼模式将哲学降格为一种提高儿童写作、阅读、数学等非哲学类学科学业成就的工具或教学手段，而这种实用主义的处理方式会使哲学脱离其苏格拉底式的、爱智意义上的本质。奥肖特指出，挪威的儿童哲学模式更注重苏格拉底传统，将对话的整个过程开发为"哲学咖啡馆"的方式，首先让参与者自己提出供讨论的问题与主题，并拣选出其中 6—7 个作为关键问题，而后经由民主投票决定最想讨论的问题以及基本议程，在这个过程中，他们会选用艺术品或儿童读物作为启动讨论的刺激物，并始终遵循三项基本原则：一是自愿参与，即儿童在彼此对谈的过程中必须是自己感觉到有表达的必要和参与的意愿，教师不能为了提升对话的效率而强迫儿童发言，整个对谈的目的应是使儿童自觉自愿地产生自己的精彩观念；二是平等贡献，即尊重每个儿童在对谈过程中所发表的观点或看法；三是追求普遍的真理，而不局限于特定的身体或心理领域，或某个个体的观念，同时也是去探索和挖掘我们观点和态度背后的假设，这些假设通常也具有普遍的属性。①

在成效方面，儿童哲学已经引起挪威不同背景群体的广泛关注，许多学校和幼儿园开展了富有意义的教学实验，儿童和青年哲学中心也经常为儿童安排哲学俱乐部和哲学夏令营活动，这些都受到媒体不同程度的关注。儿童通过这些活动，大都表示做哲学是很有趣也很有意义的，如哲学使他们有机会表达自己的观点，也使他们在接受来自不同个体之信息时能做出更好的判断（如要求提供充足理由），而不是盲目地接受或反对。

二、俄罗斯和乌克兰

20 世纪 90 年代初，儿童哲学就已经出现在俄罗斯和乌克兰。在 1991 年，李普曼就于叶卡特林堡的一家小学首次开启儿童哲学计划。1992 年，尤林娜（N.Yulina）女士和马格里斯（A.Margolis）先生共同到美国的蒙特克莱尔大学进行学习，并多次参与研讨会和教师培训课程。参考美国的儿童哲学计划，俄罗斯的小学哲学计划也随之诞生，名曰"甘菊"。

1992 年，莫斯科国立大学哲学教授拉瑞萨·瑞娅斯基夫（Larisa Retyunskikh）在莫斯科创立了一个家庭俱乐部"苏格拉底学校"，引导儿童与成人通过哲学游戏的方式探索灵魂、幸福、真理等重要议题。这所学校主要面向 8—13 岁的儿童及其家长（包括父母和祖父母）而设，因此人们会发现一起玩哲学游戏和进行哲学讨论的人，其年龄差距会比较大。每个家庭参与哲学活动的时间平均可达 5—6 年。在过去的二十多年时间里，该俱乐部已经更换了多次团

---

① Øyvind Olsholt. Philosophy for Children—A Norwegian Approach. Presented at the International Conference "Philosophy in Society", July 26th 2001, University of Oslo, Norway.

队成员，但是每一次项目的主题都会有所不同。这个计划已经在俄罗斯和乌克兰的二十多个不同学校和文化中心得到成功开展。关于该俱乐部的详细介绍和具体经营情况，已经被集成专著，于2003年在莫斯科出版。

简略来说，该项目的主要目标是为儿童及其家长提供开放心灵与思想的舞台，因为家长一直都认为孩子不能很好地理解事物，因此时常拒绝与孩子对话。"苏格拉底学校"就是要提供对话的平台，以加深双方对彼此的认识和理解，同时也展现一些人类普遍的道德理念和宗教观念，但不是直接指出其好坏，而是创造各种可能性，让成员通过自己的努力去建立自己的价值体系。苏格拉底学校以对话和游戏为活动的主要方式，每一次活动都有相对固定的主题，如爱情、真理、善、文化、理解，等等。每次游戏都包括三轮，每一轮都有任务，且具有竞赛的性质，参与者有责任完成任务。譬如，引用一位俄罗斯哲学家索洛维耶夫（V. Solovyev）的观点："善、真和美是统一的外在观点，其内在的统一都是爱"；然后安排任务——评论该观点，形成自己关于爱的意见，并加以应用；规定准备时间——10分钟。通常每次对话会有50—60个成员，但往往只有8个人或4组家庭才能在第一轮和第二轮中参与此种竞赛。这4组家庭需要将他们自己的观点摆出来，供集体评论。评审委员会则根据集体的意见进行打分，这个分其实是一种游戏币（名叫flysiki）。每一个拥有游戏币的都可以在游戏商店内购买任何商品，如玩具、书籍、糖果等。

与此同时，瑞娅斯基夫还与小学合作，开发并实施"寻找智慧"的儿童哲学课程，主要面向8—10岁的小孩。这应该是俄罗斯小学教育领域的第一个儿童哲学课程。到了2009年，瑞娅斯基夫则创建了"家庭哲学营"项目，该项目通常由三大活动内容组成，即科学（哲学、心理学、外语和科学）、艺术（剧场表演、诗歌、音乐等）和运动（游泳、攀登、健行、射箭和其他户外活动），其工作人员还包括熟悉儿童哲学的科学家、中小学教师以及特殊专业领域的专家等。2015年那期（11月6—8日）哲学营活动的主题是"思维的领地"，主要采取戏剧表演的形式。在上述三个项目中，其开展哲学探究的方式与李普曼模式都略有不同，但其主要理念均是相同的，如发展儿童思维技能、追求共识的达成、强调对话等，在具体运作过程中可能更重视亲子游戏、户外活动等家庭休闲的方式，而不是单纯依据文本的讨论。此外，鲍里索夫（S.Borisov）在车里雅宾斯克建立了一个新的儿童哲学项目，名叫"哲学座谈"（Philosophic Talks）；基雅申尼科（N.Kiyashenko）也在莫斯科开设了一门叫"生命美学"的儿童哲学课程；莫斯科国立大学的阿纳斯塔西娅（Avdiyev Anastasia）和达丽亚

（Akimova Daria）则分别开设了"批判思维"和"游戏中的伦理"工作坊；甚至法国哲学家奥斯卡·柏尼菲也在俄罗斯开展了一系列的哲学践行研讨活动（如其中一个主题是"提问的艺术"）。至 2016 年底，俄罗斯已经实际开设了数十门与儿童哲学相关的课程或工作坊。

2004 年，跨区域儿童哲学基金会（Interregional Fund — "Philosophy for Children"）宣告成立，其核心目标是要整合教师、心理学家、哲学家和其他感兴趣人士的力量，在俄罗斯和独联体其他国家内推广儿童哲学。目前该组织已经在 8 个地区（莫斯科、顿河畔罗斯托夫、利佩茨克、车里雅宾斯克、叶卡特琳堡、库尔斯克、鄂木斯克和乌克兰的哈尔科夫）设立了儿童哲学的分支机构，还与另外一些组织保持紧密合作关系（如莫斯科教育大学、家庭俱乐部"苏格拉底学校"等），其注册会员已达到 1000 多人。该组织还积极策划召开儿童哲学国际会议，已有资料显示在 2005 年 1 月 27—29 日，第一届儿童哲学国际会议就已在莫斯科成功召开，当时有 8 个不同国家和 25 个俄罗斯地区的代表团参加，主张以绘本为载体进行儿童哲学对话的美国学者汤姆斯·沃特伯格也出席了大会并成为焦点人物。而第七届会议则于 2016 年 11 月 2—5 日在莫斯科国立大学哲学院和圣彼得堡研究生师范教育学院举行，其主题为"哲学—儿童：感性与理性"，参与的国家包括以色列、比利时、英国、意大利等，并由英国威尔士大学的苏珊·赖灵（Susan Lyle）与比利时蒙斯大学的尼克尔（Nicole Dekostr）和西格尔（A. P. Segal）开设儿童哲学大师班。会议形式包括传统的文本阅读与研讨，以及介绍儿童哲学游戏式教学法的工作坊。

总的来说，俄罗斯和乌克兰儿童哲学实践的主要特点是：成人与儿童一起合作探究，采取家庭式的聚会形式，而非在学校以正规课程出现，强调在父母与子女之间架起沟通的桥梁，将哲学探究融入日常生活中；采用竞赛和游戏等多种形式，与李普曼模式有些许不同，相对来说更加新颖且有趣，但对竞赛的强调则有将对话和辩论相混淆的风险，须在现实中特别谨慎使用。

第四节　儿童哲学在拉丁美洲地区的实践历程与现状

拉丁美洲地区已经有多个国家建立起了旨在促进儿童哲学研究与实践的组织，包括墨西哥、阿根廷、巴西、哥伦比亚、哥斯达黎加、危地马拉、尼加拉瓜、巴拉圭和多米尼加等。拉丁美洲的儿童哲学实践最早可以追溯至 1978 年的智利，那时玛利诺会修女已将李普曼的儿童哲学项目引入到本国许多社区之中。现如今智利许多高校（智利大学、塞雷娜大学、康塞普西翁大学等）均已组织开展儿童哲学的师资培育项目，包括小型工作坊、研讨会乃至研究生课程。在乌拉圭，儿童哲学的实践始于 20 世纪 90 年代，1994 年时乌拉圭儿童哲学中心便已成立，在该中心的推动下，许多公立和私立幼儿园、学校（涉及 3—15 岁的儿童）开始了儿童哲学的试验活动，乌拉圭教师教育研究所还将儿童哲学纳入哲学教育的课程项目中。

在阿根廷，布宜诺斯艾利斯的一所私立学校最早于 1989 年开始儿童哲学试验，1993 年"阿根廷儿童哲学中心"在布宜诺斯艾利斯大学宣告成立，并开展如下四个方面的具体工作：1. 儿童哲学系列工作坊，每个系列工作坊由 20—30 名学校领导、教师、地区协调员等所组成，持续 8 小时；2. 儿童哲学研修活动，一般持续 30 小时，面向已经决定要实施儿童哲学的学校以及其他感兴趣的个人；3. 教师培训活动，并支持一些地方（如卡塔马卡省）的教育行政部门在公立学校推广儿童哲学；4. 翻译 IAPC 的儿童哲学素材，并进行本土开发，其中五本教材是阿根廷在开展儿童哲学活动时最常用的，分别是《李斯》（适用于 4—6 岁）、《丽贝卡》（适用于 6—8 岁）、《思考故事 I》（适用于 9—11 岁）、《李莎》（适用于 11—13 岁）、《苏琪》（适用于 11—15 岁）、《黄金之城》（适用于 15—18 岁），前三本书属于小学阶段的用书，而后三本则属于中学阶段。各教材所对应的教师手册和哲学领域分别为《对经验的困惑》（语言哲学）、《发现世界》（语言哲学）、《伦理和社会探究》（伦理学和社会哲学）、《伦理探究》（伦理学）、《写作：怎样写和为什么写》（逻辑学和美学）、《走进我的假设》（形而上学和生成论）。其他本土研发的文本还有 Stella Accorinti 的《儿童哲学导论》（1999）和《儿童哲学的课堂实践》（2000）等。从中可以发现阿根廷的儿童哲学实践者们既糅合了李普曼以及 IAPC 所编撰的教材用书，也根据本国国情进行了创造性开发，但是在阿根廷的项目中，新开发的材料在写作风格上仍具有较强的李普曼色彩。

在巴西，儿童哲学的正式活动可追溯至 1996 年，当时美国儿童哲学促进协会的安妮·夏普和布宜诺斯艾利斯大学哲学系教授沃特·可汗联合在巴西利亚大学首次开设了一个短期的儿童哲学课程，有超过 100 名师生参加了此次课程。到了 1997 年 6 月，可汗又与另一位哲学教授安娜·温施（Ana Miriam Wüensch）联合开设儿童哲学的工作坊、讲座和视频会议，其间的成员已增加至 200 多名。同年 7 月又召开了首次儿童哲学研讨会，共有 120 多名研究与实践者参与了此次会议。在经过两年的探索与研究之后，"哲学在学校"（Philosophy in Schools Project，简称 PSP）在巴西利亚大学宣告成立，后来又成立了"巴西儿童哲学中心"（CBFC），该组织及项目的目标就是要通过哲学的活动将来自哲学、教育与心理等领域的专家和学生，与来自公立学校的教师和学生进行力量的整合。"哲学在学校项目"深入巴西各地的学校，主要开展如下六个方面的活动：1. 哲学课堂的评估和计划。每个星期，教师和中介人会花费两个小时，对前一次哲学课堂进行评估，如学生的反应、教材的使用情况与方法等，并对下一次课堂进行预先设计与安排。2. 哲学课堂。教师和中介人会被安排到不同的计划组，他们会在一年的时间内共同完成计划、参与和评估哲学讨论的任务。每星期一次，他们会走进课堂，与学生展开对话。中介人与教师不同，他既要不断思考自身的实践，也要设法创造环境以使学生自由地表达观点、进行思考。3. 学习小组。每周四晚上，有大约 20 名教师和中介人、协调员（coordinator）一道共同讨论有关哲学、儿童哲学、教育等的作品，他们需要决定哪些作品会值得阅读和讨论。4. 文字报告。每一个教师、中介人和协调员都需要报告他们的哲学活动情况，报告包括两个维度：描述性和反思性。该报告会在集体大会上做进一步讨论，最终会以文档的形式被保存在计划室（project room）内。5. 集体大会。大会每个月一次，通常是在周六，所有的教师、中介人和协调员都要参加。每次会议均由不同的学校主办。通常举办方会以工作坊的形式，回顾近段时间哲学活动的进展情况，分享个中经验，提出可能的问题。6. 总体评估。每个学校或大学的活动结束后，教师、中介人和协调员需要针对此次活动的不同层面进行评估，并为下一次活动的举办提供建议。

除了开展基于学校的儿童哲学研究以外，"巴西儿童哲学中心"还组织开展三种类型的会议：一是学生会议，聚集那些曾经与成人（哲学家、教师、家长等）探讨过哲学问题的儿童进行研讨。历史资料显示，2001 年有 200 多位儿童参与，而 2004 年的儿童代表则有 150 多名。二是哲学教学地区论坛。2001 年第一届地区论坛开幕，有超过 700 名相关人士参加；2002 年 8 月，第二届地区论坛在戈亚纳市举行；2003 年 11 月，第三届地区论坛在巴西利亚开幕，共有 300 名代表参加，并发起创办"南美哲学和教育电子期刊"（www.resafe.rg3.net）。三是儿童哲学国际会议。1999 年 7 月 4—9 日，巴西儿童哲学中心成功举办了 ICPIC 第九届国际儿童哲学年会，邀请近 30 个国家和地区的代表齐集巴西利亚共同探讨儿童哲学，参与者多达 1300 人。会议期间，代表们还参观了几所从事儿童哲学实践的代表性学校，与这些学校的教师和儿童进行了富有意义的对话和交流。

在"哲学在学校项目"中，巴西的儿童哲学开发者从 1998 年开始就提供教师培训课程，这些培训课程大约持续 4 个月共 120 小时，主要是在大学和学校共同召开，大学的教育学院开设"教育中的哲学探究""儿童哲学""哲学与童年""阅读体验中的自由与友谊"等课程，邀请境内外的专家〔巴塞罗那大学的乔治·拉洛萨（Jorge Larrosa）、美国儿童哲学促进协会的大卫·肯尼迪等〕进行授课，并共同研讨"教与学的意义、童年与成年、作为经验的思维、哲学与教育、儿童哲学的方法论"等关键议题。在学校则主要开展上文提到的六个方面的活动。据有关历史记载，第一个儿童哲学培训班开幕时就迎来了 30 多所学校和 140 名教师的申请，因人力限制最后只招收了来自不同地域和社会经济背景的 4 所公立学校和 30 名教师。1999 年的第二个培训班则将实验学校扩展至 7 所，涉及 50 名教师、1500 名儿童和 15 个中介人（大学生）。至 2005 年则有近 30 名大学生（来自哲学、心理学、教育学、人类学等不同学科）中介人、50 所中小学校、大约 1500 名学生参与"哲学在学校项目"的培训中。

近期的资料显示，"巴西儿童哲学中心"（CBFC）为全国范围内的感兴趣教师提供了四类师训模块，每个模块的培训时长都是 40 小时（费用为 350 雷亚尔，约合人民币 700 元），以使教师掌握儿童哲学相关理论和实践操作的技能。其中模块 1 为"哲学反思导论"，为针对小学中低年级教师的基础型课程；模块 2 为"哲学探究"课程，主要指向于从事小学五六年级教学的教师；模块 3 为"伦理探究"，面向七八年级教师；最后一个模块为"探索性对话导论"，面向所有感兴趣的教师，侧重于理解哲学与儿童早期教育之关系。2006 年下半年，CBFC 还提供了一个具有儿童哲学导论性质的在线课程（同样是 40 小时）。总的来说，巴西的儿童哲学教师培训强调三个基本要素或阶段，认为任何一个课程模块都必须同时包含这三个要素，才能培养出合格的儿童哲学教育者：一是解释，即解释什么是儿童哲学计划，其核心概念是什么，儿童哲学背后的哲学与教育图景是怎样的，尤其是将李普曼的思想和巴西著名教育家保罗·弗莱雷的思想联系起来。二是模拟，即通过示范和实践参与，了解儿童哲学教学的基本程序，包括阅读儿童读物、提出问题、讨论概念等，巴西的儿童哲学实践同样强调非 IAPC 文本的运用，也即后文提到的思考故事类绘本，这些故事蕴含着各个不同哲学领域的重要议题。三是经验，通过自主和持续组织儿童哲学的对话活动，积累更多的实践经验，以跨学科和生活化的方式对儿童哲学建立更深刻的理解。

2007 年，联合国教科文组织对拉丁美洲地区推广儿童哲学项目的情况进行了总体评估，认为拉丁美洲在推动哲学教育的发展方面扮演了重要角色，并使儿童哲学很早就已成为基础教育阶段不可缺少的一部分。这是由于拉丁美洲本来就是一个多元文化和多种语言（葡萄牙语、西班牙语、英语、法语、荷兰语）并存的地区，并且具有浓厚的天主教传统，因而一直以来都非常重视哲学这个学科之故。但是该评估报告也指出，在拉丁美洲地区仍然存在压制或阻碍儿童哲学发展的因素，尤其是在中等教育阶段。比如秘鲁官方自 2002 年以来就将哲学从课程体系中删除，认为它是一种西方文化的产物而缺乏本国根基；而在多米尼加共和国，官方也反对将哲学开设为一门独立的学科课程，认为哲学的内容完全可以在相关学科（历史、文学和公民等）中进行学习和讨论。因此，儿童哲学在拉丁美洲的推进还有待有识之士排除现实情境中的阻碍因素，并加强本土化的创造性探索。

第三章

儿童哲学在中国：过去、现在与未来

反事实是"应该、也许、可能"的世界，一切都可能在将来发生，但尚未发生，或者，一切都应该在过去发生了，但却没有发生过……反事实的思考似乎是一种十分复杂的、哲学化的、令人困惑的能力……反事实的思维是否只会出现在经验丰富的成人身上呢？或者，年幼的儿童是不是也能够思考各种可能性呢……我们发现，就算很小的孩子也已经能够考虑各种可能性，并区分可能之事与现实，甚至还能借此来改变世界。他们能够想象今后的世界可能是哪些不同的样子，并由此来做计划。他们也能够想象世界在过去可能会是哪些不同的样子，并对过去的各种可能性做出回应。而且，最引人注目的是，他们能够创造出完整的幻想世界，以及令人惊讶的假装世界。

——高普尼克《宝宝也是哲学家：学习与思考的惊奇发现》

　　人的理性能力是天赋的，在幼儿期，这个能力觉醒了并且迅速活跃起来了。早晨是人一天中精神最好的时候，幼儿期就是人的理性能力的早晨，是人一生中智力生长的黄金时期。人的智力素质中，最重要的因素是好奇心、注意力、观察力、思考力、理解力、想象力，等等，而这些因素实际上是互相勾连、同生共长、相辅相成的，其间并无明确的界限。说到底，根子只是一个，就是天赋的理性能力，它们都是理性能力活跃的不同表征。因此，最根本的智力教育就是提供一个良好的环境，足以鼓励、促使、帮助孩子的理性能力保持在活跃的状态。做到了这一点，上述各种智力因素的蓬勃发展完全是自然而然的事。

——周国平《宝贝，宝贝》

第一节　中国儿童哲学的实践现状

自 20 世纪 90 年代中期以来，我国就出现了实践儿童哲学的学校，直至目前，初步尝试儿童哲学乃至在学校内确立儿童哲学课程地位的小学和幼儿园已经遍布浙江、上海、江苏、云南、广东、广西、天津、吉林、四川、黑龙江等多个省、直辖市、自治区，甚至在局部地区因行政力量的推动，而形成了不同规模的儿童哲学校（园）际联盟（如浙江省的温州、杭州，上海的杨浦区以及天津的和平区等）。在国内儿童哲学研究机构的积极推动以及与地方政府、出版社和教育公司合作的过程中，相信儿童哲学会在今后数年内继续在原有区域生根发芽，并延伸至更多地区，从而为全国基础教育课程改革的深入进行做出自己独有的贡献。以下我们将选取部分代表性的小学和幼儿园进行简要说明，以作为其他校、园实施和推广儿童哲学的参考。

一、儿童哲学在中国小学

（一）云南省昆明市官渡区南站小学

1. 缘起和发展历程

1997 年夏，中美哲学家互相合作，共同在南站小学举办第一届国际儿童哲学培训班，正是在这一年，南站小学开启儿童哲学校本课程实验，从而拉开了中国儿童哲学实践的序幕。当时南站小学实施儿童哲学的主要背景在于，学校高层正在思考学校应该培养怎样的人、应该怎样办成有灵魂的教育等问题，期望在实践中突破那种教师向学生单向灌输的模式；激发学生的学习兴趣，调动他们的积极性和自主性，使他们成为学习的主人；最大限度地挖掘孩子们与生俱来的好奇心和创新潜能；培养既有知识又有思想，既有健全理智又有丰富感情，既有独立个性又善于跟他人合作的人，而儿童哲学正符合学校的这种改革需要。经过一段时间的试验之后，学校发现儿童哲学在培养学生的思辨能力、发散性思维，唤醒学生的求知欲，激发学生创造的冲动等方面具有显著的优势，且试验班的学生普遍偏爱这门课程，于是将其作为全校课程加以推广。1997 年，"儿童哲学课程实验研究"被列为云南省"九五"社科规划省级重点课题"云南省中小学实施素质教育行动研究"子课题；2000 年，该课题被列为"云南省首批教育科研规划课题"和亚太经合组织 APEC"高效能学校"项目的研究项目；

2002 年，经云南省课程改革实验领导小组审定，确立儿童哲学为云南省地方课程和校本课程；2015 年，课题"新课程背景下小学生哲学思维培养的方法与途径研究"被列为昆明市"十三五"规划重点课题之一。

在云南省教委和昆明市哲学界的共同支持下，来自美国、澳大利亚和国内的儿童哲学专家、相关学校在昆明市参加了由南站小学举办的国际国内儿童哲学研讨会，出席的专家包括美国儿童哲学促进协会的菲儿·奎因（Phil Kuinn）、澳大利亚的劳伦斯·斯宾列特、巴西的沃特·可汗、国内的邓鹏等，以及来自上海、温州、广东、黑龙江、四川、云南各地教科院所、教研室、中小学等共计 100 余家单位的相关负责人和教师。同时，南站小学也积极地将自己开展儿童哲学的经验直接输出到国内其他地区，比如在 2014 年 4 月，南站小学在郑州参加了全国智慧课堂研讨会，会上做了"开创中国儿童哲学之先河"的讲座，一堂"画鬼容易"的儿童哲学课则赢得了全场教师的关注和赞誉。2015 年 10 月，南站小学承办了第五届全国智慧课堂展示交流活动，与其他省份的名师一起展示儿童哲学的"智慧课堂"。通过儿童哲学的研讨和展示活动，南站小学为培养儿童哲学的合格教师、在全国各地撒播儿童哲学的种子发挥了重要作用。如上海教科院智力开发研究所蒋鸣和所长于 1999 年、2001 年两次到昆明参加了南站小学举办的儿童哲学国际研讨会，在发现儿童哲学的价值之后，他有意识地将它推介给上海的学校，由此构成了上海杨浦区六一小学及该区域内其他学校开展儿童哲学活动的直接诱因。

2. 本土教材开发

1997—2000 年儿童哲学试验之初，南站小学所使用的是李普曼编写的 IAPC 教材。但是教师们并不熟悉更不善于使用这套教材，也觉得这套教材存在思想观念上的国情差异，所以渐渐转为开发具有本土特色的校本教材。经过教师们的集体探索，在 2000 年初，终于完成自编的《中国儿童哲学》教材，并于同年 5 月获云南省中小学教材审定委员会审定后正式出版发行。2014 年 4 月，为顺应新的课改要求，南站小学设计并出版了《中国儿童哲学》教材的第二版。以这套教材为例，其编排分为低、中、高三个年段，形成三个读本。一二年级为低段读本，重点关注"人与人"之间的话题，其材料是由情节贴近生活、图片比较卡通的绘本故事所构成，如《豆豆和小乌龟的故事》《聪明的小羊》《快乐的春游》《我的妈妈》等；三四年级为中段读本，重点关注"人与自然"的话题，其材料同样是绘本故事，但字数要稍微多一些，图片也更具有写实的风格，如《看电视》《豆豆的故事》《划船》《天宇的烦恼》等；五六年级为高段读本，重点关注的是"人与社会"的话题，期望学生在发展思维的同时初步建立自己的世界观和人生观，材料仍然是绘本，故事内容有长有短，但都更有深度，如《一切与你有关》《果子一样的人生》《终点即是新生》《索桥三人行》等。

每一本教材在结构上一般包括五个部分，即绘本故事、知识即时贴、思维导航、思维火花（智慧碰碰车）、创想万花筒等。"知识即时贴"是针对故事中的主题补充相关的知识，体裁包括具体人物或概念的说明性解释、名人名言或生活指南等。如在中段教材《溺水的鱼》中，其"知识即时贴"是爱默生、列夫·托尔斯泰、张海迪和毛泽东关于克服困难的名言警句；而在低段教材《山鹰与狐狸的故事》中，其"知识即时贴"是对伊索的人物介绍；在高段教材《聪明的猫》中，其"知识即时贴"是对如何从小事做起、培养自主学习和生活能力的可能策略。"思维导航"有点类似于 IAPC 教材中的"主导观念"部分，是对故事中相应主题的分析性说明和总体介绍，用于启发孩子的思考。如在高段教材《金钩挂饵》中，"思维导航"是这样书写的："要想做好一件事，首先要弄清做好这件事的关键是什么？做事情如果只将注意力放在外在的形式上，过分追求表面，而忽视其实际效用，是很难有所成就的；要引导学生分清主次，通过思辨，训练学生独立思考、判断、分析、归纳、推理的基本能力，在因与果、是与非、肯定与否定等的辩论中训练学生不随波逐流、不人云亦云。""思想火花"则是整个教材的重点，即从绘本故事中提炼出一个或多个哲学观念，并设计相应的讨论计划（即智慧碰碰车）。思想火花的模式与本书后面章节中提到的美国儿童哲学家汤姆斯·沃特伯格开发绘本时所用的模式极为相似。如在低段教材《做客》一文中，"思维火花"包括三个哲学观念，即自满、目光短浅和安于现状，并各自设立了相应的讨论计划，"自满"的讨论计划包括"天空真的只有井中的青蛙看见的那么大吗？""什么是自满？""人为什么会自满？""自满是自信的表现吗？""自满是一种好的还是不好的心态"，等等。最后的"创想万花筒"则是一些延伸性的思维活动，形式多样，包括方案设计、手工制作、绘画、绘图、故事创编、课堂交流、写作、电影或纪录片欣赏、网络资料查找、课间游戏、自我思考等。如在中段教材《"乌鸦喝水"成名以后》，其"创想万花筒"就是：（1）推荐阅读《促进孩子成长的 300 个小故事爱智慧》和《伊索寓言》；（2）把孩子理解的道理及想法编成小故事讲给父母听一听；（3）如果让儿童编一编，他们会如何给故事加上令人满意的结果？

3. 课程实施与管理

南站小学的儿童哲学校本课程在全校范围内实施，每个班每周一节儿童哲学课，并排入学校课表；上课教师以语文教师为主，其他学科的教师为辅；学校还落实奖励机制，对实施儿童哲学优异的教师进行额外奖励；每月举办一次儿童哲学主题开放日活动，邀请家长和社区代表进行课堂教学的观摩及点评。

南站小学在实施儿童哲学时，将其切割为五个循序渐进的环节，和后文我们提到的哲学教室的经营手法是基本一致的：第一环节，儿童独立朗读富有哲学内涵的绘本故事，自己发现问题，并提出感兴趣的、想讨论的或有疑惑的问题；第二环节，用民主的程序决定讨论的问题，提炼并筛选问题，归纳出主导观念；第三环节，通过群体探究进行观点碰撞，提高对自身、对人生和对自然、社会的初步认识，并进行思维方法的训练；第四环节，总结讨论方法及收获，儿童可更正或补充之前的观点，使自己的认识得以提升和完善；第五环节，布置思维拓展任务和相关的综合实践活动，延伸和巩固课内学习效果，进一步提高思维水平。

南站小学将儿童哲学视为一门思维科学，因此特别关注儿童思维方法的训练，将其分解为三个要素和四个层次。引导学生思考的三个要素分别是：（1）思考学习（即掌握哲学的思维方式，包括智力与非智力因素）；（2）思考社会（包括对社会现象、社会发展的看法与认识，以及自己的责任）；（3）思考人生（包括对自我的认识、对人生价值的理解、对群体的认识等）。思考的四个层次则分别是：（1）愿意思考（儿童对学习产生浓厚的兴趣，主动思考）；（2）能够思考（具备思考的基本条件及能力）；（3）协同思考（具备与他人对话、群体探究的能力）；（4）学会思考（不仅能进行逻辑思维，还能进行创造性思维）。

为了发展学生的上述思维能力，增强课堂教学的"哲学味"，南站小学在课程实施过程中着力解决下列五个方面的问题：（1）如何激活儿童的问题意识；（2）如何创造"宽松＋尊重＋和谐"的学习环境；（3）如何让儿童在相互激励和启发下消除困惑和疑问；（4）如何充分调动儿童学习的主动性、积极性、创造性，帮助儿童打破思维定式；（5）如何找到知识学习的具体方法和途径，享受解决问题过程的快乐。因此在南站小学的课堂上，教师会根据不同年龄段孩子的特点，着力培养他们对自我、自然和社会的好奇心，鼓励他们发展推理和论辩的能力，包括熟练运用赞同、补充、反驳、叙述、描绘、概括、讨论、争辩、倾听、选择、判断、怀疑、质问等方式，并主张通过儿童与儿童之间以及师生之间的对话，来增强儿童的感性与理性认识。

（二）浙江省温州市瓦市小学

1. 缘起和发展历程

瓦市小学引入儿童哲学的根本动机也在于自身对教育改革、社会发展及儿童发展的反思。瓦市小学认识到当今社会已进入多元化和全球化的时代，学校教育应当为儿童提供自由表达思想、多角度思考问题、学会民主生活的时间和空间。而只有通过锤炼儿童的思辨能力，才能让儿童掌握思想表达和对话的工具，并建构扎根于儿童心灵深处及经得起实践检验的世界观、价值观和人生观。在通过学习李普曼的儿童哲学理论书籍以及走访南站小学和六一小学两所代表性学校之后，瓦市小学最终决定在本校开发和实施儿童哲学特色课程。

从时间上来看，瓦市小学的儿童哲学课程开发大致经历了五个阶段。第一个阶段为移植尝试阶段（2000 年 9 月—2003 年 8 月），立足于浙江省教育科学规划课题"创新教育研究"，将儿童哲学作为其中一个子课题开展研究，并参考南站小学和六一小学的实施模式，于高年级进行初步尝试。正是在这个阶段，浙江省教育科学研究院原院长方展画、朱永祥等教授对瓦市小学的儿童哲学探索予以了充分肯定。第二个阶段为自主研发阶段（2003 年 9 月—2005 年 7 月），形成《儿童哲学课程纲要》（初稿），将儿童哲学明确定位为"儿童观察自然、认识社会、了解自我的一门学问"，是"哲学启蒙教育"，"强调儿童的主观能动性，从儿童的感知出发，经过辩证的思辨，发表自己独特的观点与看法，从而提高儿童的认知水平，启迪儿童的智慧，促进人生观、价值观的形成"。校本教材的研发也正式启动，分成上、下两册，各为 36 课时。第三阶段为规范完善阶段（2005 年 8 月—2010 年 7 月），主要是对教材和评价体系的进一步完善，教材经由专家审定于 2007 年时由光明日报出版社正式出版。第四阶段为深化拓展阶段（2010 年 8 月—2015 年 7 月），开始在全校范围内的 1—6 年级推广儿童哲学，并对儿童哲学的校本教材进行了再次开发，形成了第二版。但是伴随着儿童哲学师资队伍的扩大，许多教师不再依赖于学校已经开发的教材，而是根据本班学生的情况选取了更多典型事件或故事来开展丰富多彩的儿童哲学活动。第五阶段为课程整合阶段（2015 年 8 月至今），开发儿童哲学的课程群，并将儿童哲学融入整个学校的"榕抱樟"课程之中。2017 年 6 月，在温州市教育科学研究院的支持下，温州瓦市小学的儿童哲学课程开始向温州不同区域的其他学校推广，形成了包括乐清北白象六小、永嘉瓯北五小、双潮小学等 10 所学校在内的校际联盟。

2. 课程设置与实施

瓦市小学的儿童哲学课程群包括五个部分：一是针对 1—2 年级的"绘本哲学启蒙课"，所用绘本不乏一些常见的哲学启蒙类绘本（如《失落的一角》《犟龟》等）和一些知名的绘本（如宫西达也的《我是霸王龙》等）；二是针对 3—6 年级的"儿童哲学课"；三是"儿童哲学学科整合课"，如"哲理性古诗——儿童哲学'学科微课程'""寓言故事——儿童哲学'学科微课程'""语文思辨课——儿童哲学'学科微课程'""数学思辨课——儿童哲学'学科微课程'""品德思辨课——儿童哲学'学科微课程'"等;四是"儿童哲学主题队会微课程",即将儿童哲学与少先队活动进行整合,如"辩论式晨会——儿童哲学'队活动微课程'""哲学思辨主题队会——儿童哲学'队活动微课程'""童言话哲学——儿童哲学'队活动微课程'""儿童画哲学——儿童哲学'队活动微课程'",所论主题通常是具有时事新闻性质的,如"学区房买还是不买""当代社会还需要雷锋吗",等等;最后是"儿童哲学家庭微辩论",即通过家长课堂将儿童哲学的理念渗透到家庭教育之中,形成家庭微辩论(讨论诸如"小学生要不要配备智能手机""难道小学生就没有隐私吗""我爱护动物,为什么还要吃肉""小学生需不需要网络"等家庭生活中的常见话题)、亲子共读儿童哲学书籍(如《黎明开始的地方》)等活动。

在实施儿童哲学课的过程中,瓦市小学通常采用"五环节"(创设情境,话题导入—交流信息,亮出观点—正反双方,互动对话—拓展阅读,再次辩论—联系生活,点拨提升)的教学步骤,先通过创设鲜活有趣的情境来引入话题,再引导儿童阅读蕴含哲理的趣味故事、新闻事件等材料,并在小组讨论的基础上,正反双方围绕话题展开激烈辩论,最终形成更合理的观点。下列真实案例便呈现了这五个环节的具体展开过程。

儿童哲学案例:《我要去哪儿》①

一、学习目标

1. 知识目标:认识内因、外因,懂得内因、外因对人成长的重要性,但相对而言,内因更为重要;能合理认识和对待择校问题。

2. 能力目标:培养全面看问题的思维方式;学会在特定条件下做出选择,懂得选择应理性、量力而行;敢于发表自己的观点,会说真心话。

3. 情感态度价值观目标:遇到问题不抱怨,学会自我反省;初步形成乐观积极的生活态度。

二、学习活动设计

1. 创设情境,话题导入

临近毕业,家长们在热议初中入学的话题。班级微信群里的家长们不断刷

---

① 该内容选自温州市瓦市小学吴孔裕校长主编的《儿童哲学案例集·社会热点专辑》。

屏：有的家长上传了市政府去年的划片政策；有的转发了民办学校的招生考试方案；还有一位妈妈晒出了迁户口的照片，原来他家去年买了学区房。

提问：面对当前的热门话题"学区房"，面对初中入学问题，你们了解到了哪些信息？

2. 交流信息，亮出观点

阅读资料：近段时间，六（1）班的小吴很纠结，班级里的一大批同学都将进入一所很不错的辖区中学，唯独他家所在的辖区中学很一般。按辖区入学吧，总觉得自己会落后；让家长买学区房吧，就得贷款，那就增加了家庭的经济负担。唉，我到底该去哪儿呢？

教师提问：同学们，你们觉得小吴该去哪儿？是择校，还是不择？

学生表明立场，选择座位。学生四人一组，互相交流，用关键词写下理由。

3. 正反两方，互动对话

正反双方互动对话，亮出各自观点。

教师引领，出示哲学思想："内因与外因"。顺势引导，深入辩论：影响一个人的学习成绩，内因更重要，还是外因更重要？

学生再次选择观点，交换座位，二次辩论。

4. 拓展阅读，再次辩论

出示奥巴马的成长故事和重点中学、民办中学、普通中学考入重点高中的学生比例统计信息，拓展阅读。

教师提问：现在你觉得成功、成才的主要因素是什么？你的立场有没有发生变化？

观点发生变化的，交换座位，再次辩论。

5. 联系生活，点拨提升

明白了内外因的关系，我们试着用它来解决生活中的问题。假如当你家里经济条件不够，没钱买学区房时，你怎么做？假如家人对你的学习不重视，你该怎么办？如果你家里人用尽一切办法让你进了名校，你又会怎么做？

点拨提升：人生的选择还有很多，希望同学们能学习运用内因、外因的理论进行合理的分析，做出正确的判断。

瓦市小学在实施儿童哲学的过程中，注重发挥学生的自主性，在问题的提出、讨论和思辨过程中，形成自己独立的价值判断和选择。儿童所开展的学习方式包括：（1）小组讨论，小组围绕一个话题，各抒己见，在观点碰撞中形成小组的主要观点，并推荐代表发言，认真听取和吸收其他小组的反馈意见，参与全班对话等；（2）观点辩论，儿童运用一定的论据来说明自己对问题的见解，反驳对方的观点，在辩论中形成自己的价值观；（3）猜想推测，儿童根据自己的生活经验，对绘本、故事中事情的后续发展进行猜想推测，形成认知冲突；（4）虚拟扮演，教师创设虚拟的环境，儿童在其中扮演不同的角色，在活动中表达自己的观点；（5）角色转换，儿童转换自己的角色，跳出自我中心的圭臬，将心比心地思考问题，发表自己的观点。

3. 本土教材开发

瓦市小学所开发的课程资源包括绘本故事、社会热点问题（如"我看温州BRT""火锅水浇头事件""我眼中的 G20 安保""台风的利与弊""黄金周旅游去or 不去""二孩来了"等）、身边事件（如"课外阅读摘记做 or 不做""涂改带用还是不用""钱包丢了以后""这脚球射还是不射""剩饭剩菜咋办"等）和校本教材。此处我们主要来介绍他们所开发的适合于五六年级的儿童哲学校本教材。

正如前面所提到的，瓦市小学的儿童哲学校本教材分上、下两册，各包括18 个哲学话题。上册话题有目标与行动、主动与被动、大与小、得与失、成功与失败、付出与索取、争与让、取与舍、撒谎与诚实、喜与悲、坚持与放弃、自卑与自尊、利与弊、生命与尊严、贪玩与误事、客观与主观、习惯与偶然、对与错等；下册的话题有权利与义务、偶像与榜样、金钱的诱惑与自律内省、敛财和疏财、勇敢与畏惧、攻与防、虚名与务实、手段与目的、理解与宽容、自由与约束、自负与自信、礼品与友谊、立场与角度、现象与本质、幻想与现实、正义与邪恶、性格与命运、仁与义等。

在每一个主题下面，都包括五个部分的内容：（1）故事阅读，通常是围绕主题相关的问题所搜集或编写的故事，题材多样，包括传统神话（如《精卫填海》）、民间故事（如《金子与石头》《只管传葱的御厨》《孔融让梨》《挤牛奶的姑娘》）、童话故事（如《狼和牧羊人》《鹦鹉救火》《蛤蟆比赛》）、成语故事（如《杀鸡儆猴》《南辕北辙》《塞翁失马》）、经典哲学故事（如《庄子·秋水》节选、《海因茨盗药》）、现实故事（如《小偷与锁》《"自由"的司机不自由》《减负与提质》）、学生故事（如《贝贝的烦恼》《毕业赠礼》《小明的答案》）等。（2）哲学思想（想一想），其问题的表达方式通常是这样的："从这个故事里，你发现了什么？"同时还会考察哪些同学提的问题多以及引导孩子们思考哪个问题更加重要。（3）基本观点，问题的表达方式较为简单，如"对这个问题，你的基本观点是什么"。（4）论据搜集（查一查），用以引导儿童通过查阅书籍、报纸、杂志、网络资料或进行社会调查等来获取相关信息，并写在卡片上，以作为支持自身观点的根据。教材中一般会提供两张卡片的空间。（5）互动对话（辩一辩），一般包括两个部分：一是"请你踊跃地把自己的观点表达出来，可以证明自己的意见或反驳别人的意见，也可以补充别人的意见或接纳别人的意见，以达成共识"；二是"经过辩论，你现在的观点是什么"。

（三）杭州长江实验学校

1. 缘起和发展历程

杭州长江实验学校是从"思辨能力"这个切入口关注并实践儿童哲学的。他们认为传统的课堂教学至少存在四个方面的典型特征会阻碍学生思辨能力的发展：一是在师生关系问题上，教师极力维护自身权威，坚持"教师主体论"，不承认学生有提出重要看法的能力；二是在课堂教学问题上，将学生的大脑当作一个等待灌输的容器，因而只强调用讲授式的方式来教学，而较少关注学生思辨能力发展的特点及需要；三是过于强调教育中的"教"，而忽视其育人的一面，尤其是较少关注学生复杂的精神世界及其成长，未能及时捕捉每个学生在成长过程中所产生的点滴进步及精彩观念；四是隔断家校之间共同育儿的联系，将对学生的教育局限在学校围墙之内甚至是班级教室之内，而较少与学生家长建立起紧密的联系，难以形成思维促进的合力。而长江实验学校希望自己所推行的教育是真正"以学生为本"的教育，目的是将学生塑造成为会提问、善思考、有想法、讲道德、厚积淀、宽视野的"长江小学者"，因此便很自然地注意到了以发展思辨力见长的儿童哲学。

该校从 2013 年 9 月开始推进儿童哲学的研究与实践。最先开始实施的是一年级，到 2014 年时，全校范围内都开设了儿童哲学课，并编制了第一版的《儿童哲学课程纲要》。至 2016 年时，结合中国元素，对《儿童哲学课程纲要》进行了修订，在课程内容和教学过程中融入了更多的哲学思维方法和即时生成的问题。2017 年则开始以思辨能力为焦点来进一步完善儿童哲学课程，并开始走出课堂，构建出家庭、学校和社会相联络的多元项目体系。经过 9 年的持续探索，杭州长江实验学校在儿童哲学的探索方面已经积累了较为丰富的经验，并逐步确立了相对完善的路径框架和策略体系，主要包括四个基本方面：一是在教学路径上开设了儿童哲学课；二是在活动路径上开展"长江哲学日"活动；三是在项目路径上设立"哲学峰会"；四是在评价路径上设置"小哲人护照"。而在具体实施方面，"儿童哲学课"按照每周一节的频率实施，开展基于绘本、游戏和方法的哲学教学；"长江哲学日"则每月举办一次，围绕指定的哲学议题进行班级分享、跨年级分享和全校分享；"哲学峰会"则包括"蒙台梭利国际青少年联合国模拟峰会"（MMUU）和小学者调查项目；"小哲人护照"则包括小哲人语录、小哲人徽章、小哲人奖状和小哲人印章等内容。

2. 儿童哲学课

儿童哲学课的内容开发分为两个阶段来推进：在一二年级，学校以《长大我最棒！》《我的感觉·成长版》和英国的儿童情商培养图画书等三套读物为主要参考书目，最终梳理出 17 个哲学主题，通过逼真的实际生活场景、具体生动的生活案例、多样化的表达方法，对孩子进行多元社会环境和良好素质的教育，为孩子奠定做人的标准和发展思辨能力的基础。在三至六年级，学校在梳理各类课程资源（主要是《小柏拉图书系》《儿童哲学智慧读本》《与儿童对话》《写给孩子的哲学启蒙书》）的基础上自行编制相关教材，形成适合于不同年龄段的哲学主题序列及相应内容，引导学生运用哲学的思维方法来分析、评价日常生活中遇到的种种问题。

在教学方面，该校重点围绕四个核心要素来开展儿童哲学的教学活动，分别是"观察中的提问""阅读中的思考""想象中的游戏"和"多元的对话"，也就是开展四类关键活动，即提问活动、阅读活动、游戏活动和对话活动。这四个要素或活动呈现出环环相扣、相辅相成的关系。首先是教师结合学生和家长的反馈，以及对儿童日常生活的观察，整理出每个年级学生心中的"为什么"，归纳提炼出典型的哲学主题，与此同时，在教学过程中根据学生反应情况适时提问，以激发学生进一步思考（提问活动）。其次是教师根据提炼好的哲学主题，甄选出最适宜的哲学故事、绘本读物、动画片、小视频等刺激物，丰富学生的阅读视野，并鼓励孩子积极思考（阅读活动）。再次是设计相关主题的哲学游戏，帮助学生在游戏中、在想象的世界中自然愉悦地产生哲学感悟（游戏活动）。最后则是鼓励学生以符合逻辑的方式清楚准确地阐明自己的个性化意见，并在理智和情感安全的氛围下，开展师生和生生之间的多元对话（对话活动）。

3. 长江哲学日

长江实验学校参照联合国教科文组织 2002 年启动的"世界哲学日"的做法，自 2017 年第二学期起，将每月第三周的周四定为"长江哲学日"。在这一天，所有的科目都不会布置任何作业，取而代之的是让孩子们放空自己，围绕既定的哲学主题进行思考、研讨与分享。哲学日的组织按照以下四个步骤推进：首先是确定哲学日的具体时间，而后根据学生、学校、家庭和社会的三大原则，提前一周确立哲学主题；其次是在哲学日活动当天上午，向全校各个年级公布可以共同讨论的哲学主题；随后创设无作业环境，鼓励学生通过阅读、与伙伴对谈、与家长交流等多种方式进行自由思考，并将思考所得以各种方式呈现出来；最后是展示学生思想作品，并通过评选的方式为各年级表现最优异的学生授予"最佳小哲人"称号。截至目前，杭州长江实验学校已经开展了如下主题的哲学日活动："男孩应该谦让女孩吗？"（2018 年 3 月）"如果将来你有一个像你现在一样的孩子，你会如何教育她（他）？"（2018 年 4 月）"我是谁？"（2018 年 5 月）"为什么考试？"（2018 年 6 月）"为什么人在学习的时候，有时候会感到痛苦，有时候又觉得非常快乐？"（2018 年 9 月）"学校（家）为什么要有规则？"（2018 年 10 月）"我们为什么要学哲学？"（2018 年 11 月）"当我们在与他人讨论时，我们是在思辨还是在狡辩？"（2018 年 12 月）

长江实验学校将学生在八个哲学主题上的精彩思考汇编成《别笑，我们在思考》等九本书（见图 3.1）。除第一本为开放性的哲学用书之外，其余八本分别以有趣的、富有逻辑的方式详细呈现了学生们在各个主题上的思想成果，对于推进国内基于儿童的哲学研究具有重要的参考价值。

图 3.1　《别笑，我们在思考》丛书

4. 哲学峰会项目

哲学峰会是在教师的组织和指导下，以"儿童友好"为原则，将一个相对独立的项目交由学生自己处理，信息的收集、方案的设计、项目实施及最终评价主要由学生自己负责，学生通过规划、设计和参与不同项目，了解并把握整个过程及每一个环节中的基本要求，借此发展并提升多层面的哲学素养及自主管理能力。该项目最显著的特点是"以项目为主线，以教师为引导，以学生为主体"，它要求学生模拟现实世界中的角色，通过提出问题、讨论问题、集体协商、小组辩论、社会调查、解决问题等多个步骤，得出有意义的结论或解决实际的问题，就像成人工作一样。学校计划开发的"哲学峰会"项目包括"蒙台梭利国际青少年联合国模拟峰会"（MMUU）、"小学生哲学大会"、"小哲学调查"、"哲学作品展览会"等，但目前主要集中在模拟峰会的探索上。MMUU 是联合国唯一官方认定的青少年示范项目。该项目面向全球 9—16 岁的青少年，2011 年进入中国，2013 年浙江省首次运营。学生在联合国专职培训教师的指导下，选取当前全球的热点问题作为哲学课题，对其进行深入研究、陈述、辩论并提出有价值的议案。学生必须站在他国公民的角度，以积极的参与意识，通过团队合作，深层次地了解他国公民的需求和权利，学习尊重他国的文化、政治观点以及信仰。该校从 2015 年 9 月正式开展此项目，目前已进行了四年。

5. 小哲人护照

小哲人护照项目是一个面向学生的评价项目，它主要借鉴的是发展性评价的理念。小哲人护照是由 N 页所组成，每一页都基于雷达图记录个体各模块的强弱项和后续提升的足迹，呈现每个孩子的具体学习历程，进而实现个体、家长、教师"三位一体"共同设计未来学习蓝图的目标。它有三大基本特点：一是多元化的评价维度。小哲人护照的评价所指向的维度，由原来的学习成绩、学习态度的评价，转变为更加多元化的评价，如学生平时所提出的精彩观念、所完成的思想作品、相互之间互动的情形等都被纳入评价的范畴。二是循序渐进的评价过程。小哲人护照的着眼点在于学生综合思维素质的形成全过程，将一次性终结评价转变为形成性的跟踪评价，重视积累个体成长足迹的关键数据和资料，运用雷达图加以呈现，并对其进行科学分析，从而形成对个体思维能力发展的阶段性界定。三是积聚后劲的评价结果。小哲人护照更着眼于被评价者的未来，将个体思辨能力的形成视为一个动态发展的过程，着眼于个体积聚学习后劲，开发内在潜能。

具体而言，在评价内容上，小哲人护照采用横向设定个性化评价指标轴的策略，即根据"长江小学者"的培育目标确定评价指标体系，分设思辨方法、思辨力（包括批判思考力、创造思考力、关怀思考力、协作思考力、交往思考力五个部分）、思维品质和思考型人格等分项指标把圆周分作 N 等分，得到 N 个指标轴，每个指标轴代表被评价者的一个维度的量化评价数值。同时纵向设定个性发展等级梯，即根据个性发展的不同等级分别设定"1.good 好""2.great 很好""3.wonderful 非常好""4.excellent 卓越的""5.perfect 完美"五个层级，形成等级阶梯。在评价形式上，则围绕圆心连接射线形成雷达图，也就是将被评价者的各维度等级值记录到相应指标轴上，等级值越接近 perfect（完美），则射线段越长，相反则短，直接反映个体该项指标的发展情况。连接各个指标点，围成的不规则图形就是个性化雷达评价图。

二、儿童哲学在中国幼儿园

（一）天津市和平区各幼儿园

1. 缘起和发展历程

天津市和平区 12 所幼儿园（二幼、四幼、五幼、八幼、九幼、十一幼、十三幼、十六幼、幼师附幼、和平保育院、市卫生局幼儿园、警备区二幼等）自 2008 年开始持续探索儿童哲学，是目前国内在学前教育领域研究和实践儿童哲学时间最长、最有代表性且规模最大的幼儿园团体。在开始探索儿童哲学之前，区域教育行政、园长和教师们已经意识到哲学离幼儿并不遥远，它就存在于日常生活的点滴之中，特别是存在于孩子的每一次好奇的提问之中。他们注意到，幼儿总是充满了疑问和好奇，以极其朴素和敏锐的观察力，抛出许多具有哲学意味的问题并刨根究底，如"我从哪里来呢""我可以想做什么就做什么吗"等。这些富有意义的提问，体现出幼儿一种原始的哲学思维。幼儿的哲学问题遍及许多方面，这些疑问能否得到解答以及得到怎样的解答，将影响着幼儿未来对自己、对他人、对社会、对世界的看法及其发展。此外，幼儿也能就上述问题进行推理，并以自己的方式进行思考和探究。但是他们也观察到，现实中的家长和幼儿园更重视幼儿去学习和掌握现成的知识，忽视对孩子思维能力的培养，不重视他们所提出的哲学问题，且往往用成人的思想来填充孩子的精神世界。长此以往，孩子们就会渐渐远离思考和自己的想法，丧失求知和探索的天性，养成顺从、依赖、人云亦云、墨守成规等习惯，从而无助于将自己培育成为具有竞争力的人才，也将不利于国家和社会的发展。和平区还意识到，儿童哲学是与现有的《幼儿园教育指导纲要》和《3—6 岁儿童学习与发展指南》理念非常契合的。关注儿童的精神世界，对儿童进行哲学启蒙教育，不仅能保护儿童的哲学天性，发展儿童的哲学思维，对于实现《幼儿园教育指导纲要》《3—6 岁儿童学习与发展指南》所确定的诸多培养目标，如帮助儿童正确认识自己和他人，养成对他人、社会亲近、合作的态度，以及培养儿童的自主性、自律能力、语言表达能力等，都会发挥极其重要的作用，同时这也会成为转变教师教育观念与行为的新突破口。

2008 年，时任和平区人民政府副区长、现任和平区人大常委会副主任的庞学光教授为和平区 400 余名幼儿教师做了《儿童哲学教育的理论与实践》的专题报告，使教师们对儿童哲学的概念、意义及教学方法有了初步的认知，掀开了和平区探索儿童哲学的序幕。在长达十多年的探索过程中，教育行政部门始终发挥着关键性的引领作用，对项目的推进予以了巨大支持，这是与目前其他区域的幼儿园零星发展状态截然不同的。这种支持主要体现在四个方面：（1）区教育局出台了《关于在全区幼儿园开展儿童哲学教育的实施意见》，就开展儿童哲学实践研究提出了相关原则和明确要求，从政策上直接推动研究的进程。（2）建立区、园两级分层研究机制，构建实践研究共同体，从组织上推动研究的进程。一是由教育局牵头，成立包括行政人员、教研人员和幼儿园业务园长、骨干教师等在内的区级儿童哲学研究小组。学前科和和平区教师进修学校学前教研室定期组织理论学习和教育实践观摩研讨，同时频繁深入幼儿园指导教学实践，带领研究组成员构建课程框架，检验教育内容的适宜性，探索儿童哲学教育实施的有效策略。二是支持幼儿园按照文件要求做好全方位保障工作，如制订计划、组织实施，定期总结汇报；鼓励各幼儿园根据园所实际采取不同方式推进，如有的园所由专职教师定期组织儿童哲学教育实践活动，有的园所则由大班教师进行。（3）注重过程管理与方向引领，带动各幼儿园及教师开展实践探索。对于成绩突出的园所和教师，教育局颁发荣誉证书进行奖励。在外部激励的同时，通过变革型管理，采取鼓舞性激励、智力激发、影响感召、个性化关怀等方式，让教师体验到儿童哲学研究与实践过程中的快乐，获得成功感和幸福感，激发教师参与研究的内在动力。（4）以课题研究为依托，提供有力的专业支持，促进教师教育实践能力的提升。2011年，和平区"幼儿哲学启蒙教育的实践研究"申报了中国学前教育研究会"十二五"课题，并获准立项。2012年举办开题会，邀请天津市及全国教育及科研部门的领导和专家学者诊断把脉，专家们一致认为课题选题新，意义深远，具有前瞻性，同时指明了研究方向，提出了可行性建议。课题研究期间，教育局领导给予各方面大力支持。一是为研究组成员购置大量儿童哲学参考书籍，如《写给孩子的哲学启蒙书》、《儿童哲学智慧书》、《哲学鸟菲罗》系列丛书、《哲学原来可以这样学》等；开展读书交流活动，帮助教师打开思路，获取有价值的信息，不断增强对哲学问题的敏感性。二是投入大量经费邀请国内外知名专家对教师进行培训，并安排教师多次到外省市学习交流。截至目前，已经邀请了华东师范大学刘晓东教授（"儿童哲学的内涵"专题报告）、台湾毛毛虫儿童哲学基金会创始人杨茂秀先生（"台湾地区儿童哲学的发展"专题报告）、台湾嘉义大学王清思教授（"儿童哲学团体探究"工作坊）、英国克莱尔博士（持续5天的现场培训）、杭州师范大学高振宇博士（围绕国际儿童哲学最新动态、儿童哲学游戏等的参与式培训）等。教育局还支持研究团队赴杭州师范大学参加首届儿童哲学与教育高峰论坛、赴东北师范大学参加儿童哲学与率性教育高峰论坛、赴杭州参加由浙江师范大学杭州幼儿师范学院举办的儿童哲学国际会议，使他们了解国内外儿童哲学的多种不同实践方式，启发他们深入思考如何在区域层面更好地实现儿童哲学的本土化。

在经历十多年的探索之后，和平区儿童哲学实践团体总结道：儿童哲学是以儿童日常生活中所熟悉的并富有哲理性的问题为主题，通过选取哲学刺激物，创设生动活泼、宽松和谐的氛围，激发儿童进行探索和思考，组织幼儿同伴间的相互交流与合作，形成探究的群体，在反复对话、思辨的过程中，感受事物的相互联系与辩证关系，帮助儿童去发现和思考与自己生活经历有关的各种事物的意义，形成良好的思维习惯，获得终身受益的品质。在理论层面他们提炼出了儿童哲学的核心价值，即保护幼儿的哲学天性，培养幼儿的哲学思维，奠基幼儿的幸福人生；在实践层面则概括了儿童哲学的四大特点，即对话性、情境性、思辨性、趣味性。他们还建立了幼儿哲学问题库，构建了具有原创性的儿童哲学活动操作模式，形成了相对完备的主题活动框架，探索了儿童哲学的实施策略和原则，即与生活相结合，与游戏相结合，与品德教育相结合等。和平区编辑了《儿童哲学启蒙教育的实践研究》成果集，其中包括感悟篇、案例篇、实践篇三个部分。最终，和平区的成果获得了中国学前教育研究会"十二五"课题研究成果二等奖，天津市第六届基础教育教学成果一等奖。2019年，和平区的儿童哲学项目又被列入天津市教育教学成果重点培育项目，期待有一天能成为国家基础教学成果奖中的重要一员。

2. 儿童哲学的教研及其特色

和平区在推进儿童哲学项目时非常注重研究团体内部的教研，其教研的思路可以简要归结为"一个回归与三条基线"。"一个回归"是指回归对儿童的研究，教研组从早期对哲学观点的强调到对辩证主题的研究，最后逐渐回归到对儿童自己提出的问题、想法、观点和思想的研究；从设计儿童哲学活动到编写相关教材，最后回归到观察、倾听、发现、记录、分析儿童的对话和思想，从而看见和展现儿童作为天生哲学家的力量。这个回归也充分体现了教研组的四大核心儿童观，即基于儿童立场、了解儿童特点、发展儿童力量、保障儿童权利。

"三条基线"则分别为"研儿童之问""研儿童之学""研儿童之思"。在"研儿童之问"方面，和平区幼儿教师在日常生活中注重倾听和收集孩子们提出的哲学问题，汇集的热点问题共有 160 个，如"为什么诗人要写诗""为什么我们大家不一样""传说的故事是真的吗""世界上有魔法学校吗""为什么小孩不能插话，大人却可以""温度为什么有高有低""为什么人会死""世界上为什么会有坏人""为什么要上学""什么是梦"，等等。他们将孩子们的问题划分为三类，即"我与自己"（如"我们为什么不一样""什么是幸福"）、"我与自然"（如"小蚂蚁应该被踩死吗""小花会快乐吗""小鱼会思考吗"）、"我与社会"（如"吵架还能成为朋友吗""我必须同意别人的意见吗""我一定要遵守规则吗"）。教师虽然对孩子们提出的问题是否具有哲学性有疑惑，但是最终他们总结出哲学问题的三个共同特征，即答案开放的或有多种可能解答思路的，关涉存在意义的，从儿童生活中来的真实困惑等。教师们也期望改变过去由教师发问的方式，希望能够把提问权还给儿童，但是他们也发现让儿童提出优质的问题是需要一个过程的，因此探索的重点应是让儿童从想问、爱问到会问、善问。

在"研儿童之学"方面，教师注意到群体探究是儿童哲学的核心教学法，是儿童"做"哲学的主要方式。所谓群体探究，是指一群幼儿在教师的协助之下平等合作，以哲学的方式开放交流彼此意见，共同探究及解决问题的过程。儿童哲学的群体探究需要一定的刺激物来诱发，如何选择合适的刺激物，使其既能引发儿童的思考，又能将孩子们的探索引向深入，是教研组持续研究的重要问题。教研组决定也以成人群体探究的方式来开展教研，在网上开辟儿童哲学探究社区，以更加深刻直接的方式来感悟群体探究的魅力及可能存在的挑战。教研组发现，儿童哲学可以选用两类绘本作为典型刺激物：一类是哲学启蒙绘本，另一类是包含哲学观点或思想的其他故事类绘本。教研组围绕这些绘本进行了比较、分析和研讨。如就《我为什么要上学》而言，教研组围绕角色、情节、语言等进行了研讨，发现故事主人公具有不断怀疑、主动寻找答案、以审视的态度生活等特点，情节上则没有答案，不断围绕同一个话题展开思考历程，语言上则是不断提问和回应，这本书属于比较典型的哲学启蒙绘本。教研组还初步探索了游戏作为刺激物的可能路径，首次使用了加拿大儿童哲学协会前主席乔治博士的"玩智"游戏，未来将结合本土的民间游戏及幼儿教育中常见的其他游戏作为刺激物，来探索儿童哲学活动的新路径。此外，教研组还注重发言球的制作与应用，他们在内部的工作坊中亦尝试使用发言球，逐渐意识到发言球在建立规则、培养习惯、团体合作等方面的价值。

在"研儿童之思"方面，教研组意识到思维是儿童哲学的中心，群体探究过程中的对话应以不断推进幼儿思考为核心任务。对话与谈话的不同点就在于对话不是简单的观念分享，而是要实现问题的纵深式理解与解决。为此，教师需要在群体探究过程中为幼儿的思维搭建支架，使幼儿能够以自己的方式逐渐发现问题、澄清问题、重构问题并进而部分地解决问题，以实现自身思维的发展。教研组已经注意到儿童哲学所欲培育的思维包括批判性思维、创新性思维、关爱性思维和合作性思维。他们尝试利用夏威夷大学杰克逊教授所改进的WRAITEC思维工具箱来推动幼儿思维的发展。教研组特别注重鼓励幼儿表达观点并为自己的观点寻找理由以及进行换位思考。他们注重引导幼儿在对话过程中，对相同、相近、相对立观点进行分析，帮助幼儿持续推理并做出判断；鼓励幼儿养成考虑相反意见的习惯，认识到相反意见也可能是正确的，每个观点从不同角度看都有正确的可能性，从而形成更全面、客观、公正的思维态度；他们还注意不断反问和追问幼儿，促进幼儿发现彼此观点之间的联结性。最后，他们将幼儿思考的过程进行全盘记录，并以思维作品展的艺术方式进行有逻辑的呈现，2019 年 11 月 27 日，和平区成功举办了第一届幼儿哲学思想作品艺术展，这也是中国第一次举办这种类型的艺术展。

3. 儿童哲学的理论研究与实践探索成效

经过十多年的探索，和平区儿童哲学项目无论在理论还是在实践层面都取得了重要成就。在理论方面，和平区提炼出儿童哲学的三大核心价值，即保护儿童的哲学天性、培养儿童的哲学思维、奠基儿童的幸福人生。（1）就保护儿童哲学天性而言，和平区幼教同仁发现哲学的本意是"爱智"，而"爱智"正是儿童的天性，他们好奇、好问，提出的许多问题都具有哲学的趣味及复杂性，值得成人反复欣赏与品味，因此保护好儿童的哲学天性有助于儿童精神的健康成长。（2）在培养儿童的哲学思维方面，儿童哲学就是鼓励孩子对自我、自然和社会进行追问和探索，发展孩子推理、判断、创造等思维能力，逐渐形成辩证、多角度地看待问题的哲学思维品格。（3）在奠基儿童的幸福人生方面，儿童哲学注重引导幼儿追求真善美，萌发幼儿形成理性、平和、豁达的心态和充满理想、积极进取的人生态度。和平区幼教工作者希望借助儿童哲学在孩子的大脑和心灵深处早早地播种和培育智慧的种子，培养出一个个心灵健全、精神富足、热爱生活、尊重他人的个体，让孩子们健康快乐地走在自己的人生路上，为幸福的未来奠定基础。

和平区还归纳出儿童哲学的四大基本特征，即对话性、情境性、思辨性、趣味性。所谓"对话性"，是指构建以对话为核心的群体探究格局，在这种对话的过程中，每个幼儿都是信息的分享者、问题的提出者、方法的建议者，对话的目的不仅仅是为了解决儿童经验中存在的问题，更是为了让幼儿以自己的方式发现问题、澄清问题、重构问题。所谓"情境性"，是指教师巧妙地结合各类故事、游戏、生活中的具体事件等刺激物展开哲学讨论，这些刺激物都会创造不同的情境，教师需要从这些情境中开发出值得讨论的哲学主题，帮助孩子们更深度地理解这些情境，并迁移到自己的生活之中去。所谓"思辨性"，是指让幼儿形成全面地辩证地思考问题的习惯及能力，如让幼儿学会跳出自己的舒适圈，从他人的角度看待某事，用新的眼光思考问题甚至重新评价自己；让幼儿认识到认知上的矛盾、生活经验上的矛盾以及各种两难问题，激发其全方位多角度地思考问题。最后，所谓"趣味性"，就是在提出问题、讨论问题、展示思考结果、选择刺激物、探究方式等方面，都充分尊重幼儿的游戏精神和态度，以富有趣味的方式开展哲学活动。

实践方面，和平区构建了儿童哲学主题活动框架，形成了"问题聚焦——主题呈现——话题探究"的设计思路，最终形成了六大具有辩证关系的主题，每个主题下又包含四个小话题。这六个主题分别为勇敢与胆怯、诚实与说谎、成功与失败、快乐与悲伤、好与不好、自由与不自由。这些主题活动则按照"案例＋哲学思考＋话题"的方式进行设计。"案例"重在描述幼儿日常生活中发生的与主题相关的事件，集中反映了幼儿遇到的问题与困惑。例如，在一次游戏活动中，一个孩子走到老师的身边，拉着老师的衣角小声地说："昨天爸爸和妈妈吵起来了。""为什么啊？""妈妈不让爸爸在家里抽烟。""爸爸说什么了啊？""爸爸说，我在家里还不能想干什么就干什么吗？一点自由都不给我！"老师轻轻地抚摸着孩子的头发问："那你认为什么叫自由啊？"孩子说："自由就是我想干什么就干什么，没人管我。""哲学思考"则是呈现主题在幼儿眼中是怎样的、幼儿的相关问题有哪些、主题的哲学价值为何、可以与幼儿一起进行怎样的讨论、幼儿能从中收获什么等方面的思考。例如在"勇敢与胆怯"主题下的哲学思考：在孩子的心灵世界中，勇敢是积极向上的，他们都希望自己是勇敢的孩子，谁也不愿意被别人认为是胆小鬼。在现实生活中，孩子们又会遇到一些让自己害怕的事情和东西，例如害怕打针，害怕电闪雷鸣，害怕夜里的黑影子，也会出现因害怕而畏难，等等。这是因为孩子的头脑总是充满了太多幻想。其实，害怕是很正常的，别让孩子们因为害怕的情绪体验而觉得难为情。我们可以和他们谈谈害怕的事情，帮助他们建立和巩固自信心。这样能让孩子们懂得克服自己的胆怯，原先不敢说、不敢做的，都能成功地做到，这才是真正的勇气。那么什么都不怕，就是勇敢吗？其实勇敢与胆怯是相对的。鲁莽会给自己和他人带来危险，而有时候，胆怯也可以保护我们不受伤害。通过这个主题活动，可以帮助幼儿客观辩证地看待勇敢与胆怯，鼓励幼儿不断增强自身的勇气，战胜胆怯，做一个勇敢的孩子。"话题"则是围绕每个大主题，分成四个小话题进行探究和讨论。例如，大主题"勇敢与胆怯"包含四个小话题：话题 1"你会害怕吗"；话题 2"什么都不怕就是勇敢吗"；话题 3"会害怕就是胆小鬼吗"；话题 4"把害怕藏起来"。

　　每个小话题的具体实施要点包括"哲学点""教育建议""本话题中的关键问题"三个部分。"哲学点"是指每个小话题所反映的哲学元素，例如，"好与不好"主题下的话题四——遇到不好的事情怎么办？其哲学点是：帮助幼儿正确地面对现实生活中的好与不好，尝试从不同的角度看问题。"教育建议"则是指儿童哲学实施过程中，教师和家长可以操作的具体方法，尤其是在如何正视幼儿问题方面提出有价值的建议及有效策略，引导教育者根据幼儿实际创设可能情境并生成不同的教育活动。例如，针对"诚实与说谎"，提出如下教育建议：（1）正确看待说谎。当发现孩子说谎后，我们要保持冷静的头脑，不能通过训斥、打骂等简单的方式来迫使孩子改正，那样只能将孩子推向愿望的反面。（2）提供有效疏导。针对不同类型的说谎，成人应该有不同的应对方式。如果孩子属于幻想型说谎，成人应该帮助孩子理清想象和现实的区别和联系，提高孩子的辨别能力，发展孩子的认知能力。如果孩子属于自卫型说谎，成人应该给予孩子足够的安全感，让他们勇敢地面对自己的错误，坦然承认自己的错误，实话实说。如果孩子属于善意型说谎，成人应在接纳的基础上，启发、引导幼儿用智慧的方式解决问题，保护他人。"本话题中的关键问题"则是设计围绕小话题所展开的核心讨论，例如，"勇敢与胆怯"主题下的小话题"害怕就是胆小鬼吗"可以提出如下关键问题：会游泳的明明不敢独自去深水区，他是胆小鬼吗？有时害怕会给我们带来好处吗？你认为勇敢的人也会害怕吗？

　　和平区还探索了儿童哲学的实施策略，包括：（1）开展平等对话，形成探究群体，在这个群体中，教师为幼儿创设开放、自由交换各种意见的环境，鼓励和启发幼儿充分发挥各自的想象力及创造力。和平区幼教工作者特别鼓励幼儿自由发表观点，关注接纳同伴观点，并发现观点之间的可能性与联结性。（2）创设多种情境进行感受体验，包括故事情境感受、生活情境展现、游戏情境体验。在故事情境感受方面，教师采用绘本故事，让幼儿在充满趣味的故事中感受耐人寻味的生活哲学，也会鼓励幼儿集体创编故事情境，发展创造性思维。在生活情境展现方面，教师及时捕捉幼儿生活中遇到的真实问题，以照片、图片等形式进行呈现，引发幼儿进行思考和讨论。教师会将生活情境做成卡片，放在摸箱中，幼儿抽取卡片后围绕此情境进行讨论，也会以微情境剧的方式再现生活场景，同时展开讨论。（3）通过巧设话题引发辩证思考，包括运用质疑追问引发，即在讨论中，教师质疑幼儿的原有想法，提出具有假设、对比的追问，引发幼儿进一步思考；运用角色换位引发，即让幼儿跳出自己的圈子，从他人的角度思考问题；运用辩论形式引发，如讨论"男孩子好还是女孩子好""冬天好还是夏天好""小学好还是幼儿园好""城市好还是乡村好""完成一项任务，人多好还是人少好"等话题。（4）寻找应对方法建立积极态度，包括"识别"（当面对两难问题时，学会具体问题具体分析，再做出选择）、"接纳"（了解消极情绪和事件，坦然接纳）和"转化"（尝试换个角度看问题，把对立概念奇妙地统一起来）。

（二）成都市第五幼儿园

1. 缘起和动机

成都市第五幼儿园（以下简称"五幼"）联同四川省直属机关玉泉幼儿园、四川省直属机关西马棚幼儿园于 2007 年设立了"幼儿园儿童哲学教育活动实践研究"并获得成都市教育科学规划立项，此后还获得四川省政府第四届教学成果奖一等奖。五幼之所以开展儿童哲学的系列活动，主要缘起于对三个方面教育现象的反思：一是传统的学前教育低估幼儿的思维本能，充斥了大量简单的、重复性的教育活动；二是过于强调教师的主导作用，而忽视了作为思维和思想主体的幼儿，没有将幼儿独特的观念与认知考虑在内，导致幼儿在活动中缺乏"为自己思考"和"认真对待自己的想法"的主动性；三是面对生活中幼儿所提出的富有哲理的想法及思考过程，教师除了感叹和记录外，缺乏积极的应对方法和策略。因此五幼期望借助儿童哲学课程，挖掘儿童日常生活中常见的哲学问题，通过师生间的相互合作、对话与群体探究，引导幼儿感受事物的联系、发展和变化，提升他们的思维能力，并帮助他们获得与自己生活经历相关的各种事物的意义。

2. 实施路径与策略

五幼实施儿童哲学的路径可从以下三个路径来进行论述：

第一条路径是通过解读幼儿来确立儿童哲学实施的基础，具体策略有三，包括：（1）倾听幼儿的原声音，即未经成人加工处理过的原始信息，它直接反映出幼儿对自身和事物的真实看法。为此，教师须沉下心来，走进幼儿的精神世界，在幼儿看似"不合理"的表现中挖掘出"合理性"的一面，不断对教学行为进行价值、意义和原因的追问，挖掘幼儿原声音背后的意义。（2）调整观察记录的视角。首先要调整教师的角色，使其由客观的观察者转变为与幼儿一起从事哲学探究和游戏的玩伴，从"领头羊"转变为一个"大儿童"，及时捕捉幼儿一瞬即逝的思想，从而获得鲜活的一手资料。其次是转变记录的内容，由记录幼儿的表现、对话转移到描述教师自己与幼儿在活动中"玩"哲学的感受与体会。（3）积累儿童哲学的问题，按自然、生命、生活、道德、美丑和其他等范畴进行分类，建立儿童哲学的问题库。

第二条路径是通过分析提炼确立儿童哲学的具体着眼点，具体策略有三，包括：（1）引发幼儿认识世界和生活的本原，即让幼儿了解生活中简单现象背后的真实意义，了解世界是发展变化和相互联系的，了解生活是光明与黑暗交替、快乐与悲伤交织且多样的，如"一样和不一样"就是让幼儿了解事物之间既有联系，也有区别；"时间"是让幼儿了解时间是流动的；"不一样的冠军"则是让幼儿知道对待不同事物或现象应有不同评价标准等。（2）引发幼儿产生认知上的冲突，即在探究过程中"质疑"幼儿原有的想法，引导他们进行一些假设、对比、解释和推理，如"大勺子好还是小勺子好"与"地滑好不好"等都是帮助幼儿认识生活中万事万物都在变化、大小美丑好坏并非绝对而是可相互转化的。（3）引发幼儿关注道德行为本身，即让他们更加全面地看待人与人、人与物之间的关系，如"小鸟的家"可让幼儿了解到善意的帮助既能让他人获得好处，也能让自己更加快乐等。

第三条路径是通过讨论对话展开群体探究，具体策略有四，包括：（1）营造支持幼儿表达的环境，如以马蹄形的方式安排全班师生的位置，教师居中，幼儿之间能相互看见。此外，在讨论中进行适时调整，将观点一样的幼儿座位安排在一起，形成两个或多个小圆圈，在陈述观点时则将座位再次摆成不连贯的马蹄形。（2）进行有效提问，通常教师会提出四种不同类型的问题：①换位思考型问题，如在"乌龟与石头"的哲学活动中，教师引导幼儿思考"奇奇为什么要往鱼缸里扔石头？他是怎么想的呢""当石头扔进去以后，乌龟怎么想呢"等问题；②矛盾冲突型问题，引导幼儿思考周围世界中存在的偶然与必然、外因与内因、表象与本质、原因与结果、量变与质变等对立现象；③经验感受型问题，引导幼儿将已有经验放在一个背景中或在与其他幼儿的比较中进行思考，可促使他们重新整理和分析自己的经验；④关怀思考型问题，引导幼儿关爱和呵护生命、生活和人性本身，如在"开心与不开心"的哲学活动中，教师可向幼儿提出"你不开心时希望别人怎么帮助自己""看见同伴不开心时你会怎么办"等问题。（3）推进讨论，促进幼儿观点表达，包括：①角色推进，教师避免用权威身份直接"告诉"孩子答案，而将兴趣集中在对待问题的看法上；对儿童表达观点的态度给予肯定，对儿童"自己的"思考加以赞赏；适当"挑起争端"和"隔岸观火"，激发事物或观点之间的矛盾之处；鼓励幼儿尽情表达自己的观点，对未表达完善的观点进行适时追问，让其观点得到更清楚的阐述。②反问推进，即对幼儿的答案进行反方向提问，让幼儿进行逆向思考。③记录推进，即将幼儿的想法用看得见的形式表达出来，以启发幼儿进一步思考，采取的记录法包括简笔画记录和标记记录。（4）通过操作体验帮助幼儿建构自身观点，包括：①游戏化，即设计相应的哲学游戏，让幼儿在游戏的过程中产生更直接的体验，形成直观的认识，如在大班"男孩 PK 女孩"的哲学活动中，设计提重物比赛和穿项链比赛的竞赛游戏，让幼儿在游戏的情景中体验男女在生理特征、心理角色、喜好、能力上的不同，反思各自的优势与不足；②操作化，即让幼儿在实际操作的过程中体悟事物与事物、人与人之间的关系及意义，如在大班活动"集体和个人"中，教师设计了拼图游戏，一块拼图代表一名幼儿，通过拼图的过程，让幼儿感受到每个人都是集体不可缺少的一部分，从而感受到个人与集体之间的关系；③情境化，即通过将幼儿带回真实的或模拟的情境中，集合他们对生活的感受与经验，从而加深他们的理解，如在大班活动"地滑，好吗?"中，教师带领幼儿到户外寻找幼儿园的不同地面并进行现场体验，组织幼儿讨论"你觉得地滑好吗? 为什么"，让幼儿思考同一事物在生活中所发

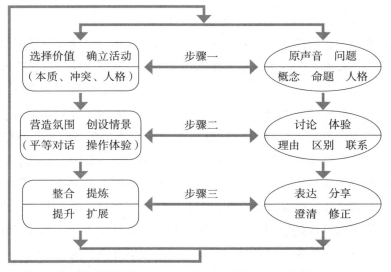

图 3.2　成都第五幼儿园问题类儿童哲学活动的步骤图

挥的不同作用。

儿童哲学的实施模式可分为两种。一是故事类模式，分为五个基本步骤：1. 选择哲理性故事；2. 确立价值，包括教师设定价值，教师预估幼儿对活动的理解，寻找师生看法的价值差以构成此次活动需要讨论的内容；3. 引入话题；4. 哲学讨论，包括提出问题、表达同意与不同意、交流对话三个环节；5. 小结延伸，提出还可以问的问题及可以玩的游戏。二是问题类模式，这里的问题包括对幼儿来说存在争议的问题、他们对现象的疑惑、对假设的怀疑和不清楚的事物等，其实施步骤如图 3.2 所示（左侧为教师活动，右侧为幼儿活动）。

儿童哲学在五幼的呈现方式有三种：一是以片段的方式呈现，通常发生在一日生活的点点滴滴之中，这实际上属于加拿大哲学教授约翰·辛普森所言的"微哲学"；二是以单一活动的方式呈现，通常是一个完整的集体教学活动，渗透于各个不同的学习领域，如儿童哲学故事活动、儿童哲学健康活动等；三是以主题活动的方式呈现，围绕同一个主题开展系列活动，积累从不同侧面反思主题的经验。

3. 实施效果

五幼认为，通过儿童哲学活动的实施，无论是幼儿、教师还是幼儿园本身，都得到了显著发展，尽管这方面的评价还缺乏更多主客观证据的支持。

一是在幼儿层面，通过儿童哲学的熏陶，幼儿逐渐成为"善提问、会倾听、乐思考、爱生活"的个体，具体表现为：（1）幼儿更乐于提问并善于提问，学会了倾听和接纳。自儿童哲学活动实施以来，幼儿有了更加强烈的问题意识，他们会经常对一个问题追问到底，不断提出质疑；幼儿还学会了倾听，并虚心接纳他人的看法。（2）幼儿更乐于并善于建构自己的"小理论"，学会了从多种渠道搜集相关"证据"来证明自己的观点，同时对于别人的意见和不同看法也能进行合理评判。（3）幼儿能从更多的角度进行思考，看待问题更加全面，思维的广度和深度都得到了提升。（4）幼儿变得更加自信和乐观，成为更受欢迎、聪明和有灵气的孩子，比如在参加竞技性体育活动时，取得名次的小组成员会主动去安慰那些没有取得名次的小组成员，这在之前非常少见。

二是在教师层面，通过儿童哲学活动的开发与实施，教师解读幼儿的能力得到了进一步提升，如在一堂"我想你了！"的儿童哲学课中，幼儿们说"肚子想老师了，是因为老师要喂我吃东西""脸蛋想老师了，是因为老师要亲我了"，教师发现幼儿身上的五官四肢可能都和教师亲密接触过，所以当他们心里想念老师时，身体上的许多部位也都跟着"想"起来。其次是增强了教师与幼儿进行哲学对话的能力，掌握了诸如选择对话主题、创造安全氛围、提供体验情境、搭建对话平台、碰撞已有经验等具体操作技巧。最后则是养成了优良的哲学思维品质和习惯，在开发与研究儿童哲学的过程中，能不断提出合理的质疑，并进行多角度的思考，从而为高质量地完成整个课题的研究奠定了坚实的基础。

三是幼儿园层面，儿童哲学课程的引入不但有助于丰富和拓展幼儿园已有的课程体系，助力各个学习领域的发展，使它们变得更加生动、富有灵气及个性，而且也有助于幼儿园整体育人目标的实现。

（三）云南民航儿童哲学实验幼儿园

2003 年 8 月 31 日，由昆明铁路南站小学原校长、省特级教师彭琨创建的云南民航儿童哲学实验幼儿园正式成立，这标志着我国学前教育界首次开始实践儿童哲学。彭琨认为，3—6 岁是一个人形成思维的关键时期，在这个阶段进行哲学教育，对其一生的思维成长会打下很好的基础，这是她创办儿童哲学实验幼儿园的初衷。该幼儿园自成立之后，便与国内的云南省教科院、云南师范大学教科院以及国外的美国儿童哲学研究所、美国新泽西州蒙特克立尔州立大学儿童哲学教育发展学院、澳大利亚教育研究中心等高层次的教育科研机构、教育专家、哲学家合作开展儿童哲学实验，立意成为幼儿教育科研的重要基地。但是遗憾的是，由于相关资料的缺乏，关于云南民航儿童哲学实验幼儿园的具体运作情形我们所知甚少，有待后续研究者的实地考察和补充。

三、结语

通过对上述学校和幼儿园实践历程及特点的分析，我们认为要想促成儿童哲学在单个学校、幼儿园乃至在整个区域内成功推广，要注意做好以下三点保障工作：

一是加强理论作品的阅读和研究，以更充分地了解何谓儿童哲学，如何开展儿童哲学，同时汲取其他国家、地区的有效经验。目前我国实施儿童哲学的学校和幼儿园虽然声称自己研读了部分有关儿童哲学的资料，但是对这些资料的反思和理解可能未必理想，反而可能出现某些误读的现象，比如主观地认为国外推广儿童哲学的经验及方式不适合中国本土、刻意放大儿童哲学在教学方面的工具性价值而忽略它内核性的成分、固守某些套路化的教学模式而轻视哲学主题的深度开发等。在我们与幼儿园和学校的实际接触中，发现有的教育机构也已经意识到了这个问题，所以开始加强教师的日常阅读和集体反思工作。笔者曾经在多所幼儿园推进儿童哲学时，也会同步利用《苏菲的世界》以及一些逻辑书与教师们进行集体阅读与思考。在学前教育的师范生课堂中，我们也注重加强学生对哲学作品的阅读，并要求他们一定要做好反思性记录。虽然整个学期只有16节课，但阅读的哲学书籍却包括《哲学是什么》《教室里的哲学》《哲学与幼童》《宝贝，宝贝》《宝宝也是哲学家》《苏菲的世界》《柏拉图对话集》《好奇世界》等八本书，事后学生撰写的读书笔记已积累200万字之多。相信通过这样的深度研读和思考，必有助于提升师范生和教师的哲学素养，使他们更有能力从任意的文本中开发出真正有意义的哲学课来。不过必须指出的是，由于目前国内引进和出版的儿童哲学材料仍然相对较少，特别是在实践领域，一线教师可直接参考并操作的指南性手册仍缺乏，这就造成许多学校和幼儿园只能凭着自己的粗浅理解来自主开发儿童哲学，导致许多"乱象"的发生。所以未来儿童哲学界的重要任务，就是更大批地引进国外儿童哲学的理论与实践书籍、手册，并结合本国本土的经验，研发出更多具有全国推广意义的课程开发和教学指导书籍。

二是通过课例研究或行动研究等，形成校内或园内的实践共同体，借助自身的力量循序推进儿童哲学的实践研究。目前已经有四所小学（南站小学、六一小学、瓦市小学和北京芳草地国际学校）开发出基于本校校情的儿童哲学校本教材，而各校各幼儿园在实施儿童哲学的过程中，也开发出各具特色的教学策略，并形成具有重大参考价值的教学案例，这些都是极为宝贵的财富。但是各校在自主研发儿童哲学的过程中，对其他学校开展儿童哲学的实际情形了解甚少，而试验学校为了知识产权保密起见，也缺乏与其他学校、幼儿园之间的无障碍交流。所以建立地区乃至全国范围内的儿童哲学校际联盟，围绕儿童哲学教学的关键问题定期进行教学研讨，实是大势所趋。目前国内已经在华北、华东等地区建立起了这样的校际联盟，而有的学校也在自己的区域内建立起了小规模的联盟，这些都是良好的开端。为发挥好这种联盟的真正价值，相应的规范化建设是必需的（如成立正式的理事会、设立各地区的领衔学校、建立轮流举办教学研讨会的机制等），而目前还缺乏这样的建设，这正是未来值得进一步努力的方向。

三是加强与高校科研院所的联系及合作，在目前得到成功实施和推广的案例中，实力雄厚的科研院所之支持是必不可少的。不过实施儿童哲学的幼儿园和小学，主要还是和师范学校以及师范学校内的科研机构合作，与地方哲学机构、哲学院所之间的合作总体还是偏少，这一点和国际范围内的情势稍有不同。因为师范院校里的教育学博士及教授更了解教师的需求和教育变革的规律，也更懂得孩子的认知发展特点，与幼儿园和小学打交道本身就是他们日常工作的一部分，而哲学教授及博士则未必如此。另外，尽管儿童哲学作为整个哲学体系中应用哲学的一员，已经受到国际社会的认可，但是在我国，儿童哲学的研究论文几乎很少出现在正规的哲学刊物上，而往往是在教育性质的期刊上发表；哲学系的教授和博士，尽管目前已经有华东师范大学、厦门大学、浙江大学等高校的哲学系开始关注并推广儿童哲学，但相比教育界人士，仍然要少很多，这和国际上的情形正好相反。可能在多数哲学专业工作者看来，类似像儿童哲学这样明确具有向社会大众推广哲学的精神以及以儿童为研究对象的哲学，并不是"严谨的、合法的"哲学研究领域，因为目前关于儿童哲学的深度的文献产出还不够多。所以未来的儿童哲学研究者，仍需要与哲学系教授们进行更多更深入的交流，发表出更高质量、更有理论深度的论文及著作，使传统的哲学家们意识到儿童哲学也是一个严肃的哲学分支，一如女性主义哲学一样，能够对整个哲学领域的发展做出独特的贡献。

第二节　儿童哲学的中国化：问题与路径 *

源自美国的儿童哲学（Philosophy for Children）自 20 世纪 90 年代末引入中国以来，迄今已有三十余年，在此期间，儿童哲学中国化的议题一直受到理论研究者和实务工作者的共同关注。截至目前，上海、浙江、四川、云南、河南等地数所学校正持续开展儿童哲学的试验，有些学校如云南南站小学、上海六一小学、温州瓦市小学、天津和平区幼儿园等，已积累起长达十年的实践经验。然而从总体观之，对儿童哲学中国化的反省与思考仍然相对不足，其中依然有相当多的问题亟待进一步研究并解决。在此，笔者拟从课程形态、教学材料、教学方法、教师教育四个方面，总结此三十余年来儿童哲学中国化过程中所面临的主要问题及解决路径，并提出自己的构想，以供后续研究借鉴。

一、课程形态的多样化

儿童哲学创始人李普曼、夏普等人从一开始便提倡儿童哲学宜作为一门独立的课程，故儿童哲学促进协会（IAPC）一直致力于争取儿童哲学在美国校园

---

* 本节内容原载于《全球教育展望》2009 年第 38 卷第 8 期，此处做了部分修改和调整。

内的独立地位，通过他们的努力，迄今已有5000多所中小学纷纷开设了儿童哲学课程；此外，一些任课教师也致力于将儿童哲学渗入他们自己的学科教学之中。在中国，儿童哲学的课程形态与美国相似，亦呈现多样化的局面，但主要局限于一二线城市的部分中小学和幼儿园，未有如美国这般在社会上形成广泛的全局性的影响力，尽管自2017年以来儿童哲学的影响力正在逐年提升，目前已经成为教育界的热点议题之一。此外在中国，引入儿童哲学之最主要的途径即是借用校本（园本）课程之名，因而带有一种教研或试验的性质。

处于校本课程坐标中的儿童哲学，通常以三种方式存在：一是独立式课程，即把儿童哲学作为一门独立的课程放入课程表中；二是融入式课程，即将儿童哲学与其他学科融合；三是其他，如实践活动课、案例教学课、拓展课等。就独立式课程而言，已有少数实验学校进行设置，通常是每周一次，每次40分钟，每学年约32次。这其中的多数学校都将儿童哲学课程放置在高年级，由语文教师担任教席。六一小学则从一至五年级都开设儿童哲学课，且在各年级采用不同之形态运行，如一年级是"听故事，提问题"，二年级是"寓言故事"，三年级是"成语故事"，四年级为"时事论坛"，五年级则是"辩论演讲"等。就融入式课程而言，其涉及的科目包括科学、语文、数学、道德与法治等，其中最主要的便是语文和德育科目。在其他方面，浙江的鹿山小学开设有儿童哲学实践活动课，于班队活动课中进行，其形式包括哲学剧场、哲学论坛、哲学咨询、课外阅读、特色活动以及案例教学课等，选取儿童生活中常发生的道德案例，以辩论会之形式展开讨论，可作为品德教育的重要部分。此外，六一小学将儿童哲学放于少先队活动中，开展诸如诚信的伦理探究。

总的来说，在我国，学校若欲开设儿童哲学课程，最适宜的途径可能依然是校本（园本）课程开发，这主要是由现存的课程体制所决定的。同时，由于国内关于儿童哲学之理论研究、经验总结的相对匮乏；专家翻译的儿童哲学教材虽自1997年即已出版，但很快便在市场上脱销，且未有再版；各实验学校之间资源共享机制同样缺乏，加上研究经费的不足，使得学校只能走自主探索的道路，导致儿童哲学在中国呈现出特别多样化的情形。这在一定程度上当然是值得庆贺的，因为这会造成儿童哲学模式的多样化发展格局。但一则学校对儿童哲学的认识千差万别，二则国内教师总体缺乏必要的哲学素养，他们中大都只接受过马克思主义哲学的初步教育，对东西方哲学的庞大体系所知甚少，在这种情况下所开发的儿童哲学课程，究竟能在多大程度上与儿童哲学原初的理念相契合，则是一个大大的问号。

当然，实行校本课程的学校，其所提出的理由是儿童哲学为西方舶来品，其必带有北美文化色彩，儿童哲学的中国化就是要以中国文化去改造儿童哲学，于是他们就凭自己有限的认知对儿童哲学进行大刀阔斧的修改，甚至有的学校完全不顾及儿童哲学原先的模样而另起炉灶。笔者认为这种判断在某些方面可能是缺乏充足理由的，因为国内并未对儿童哲学的西方教材进行深入详细的分析，不能草率得出美式儿童哲学不适合中国的结论。至于教学的方法，就更不能说那只是适用于北美的。比如以汤姆斯·杰克逊为代表的夏威夷儿童哲学团体所开创的"哲学家教学法"，其中涉及的"香草冰激凌程序"、四大支柱和教师教学承诺等，都可以在我国的儿童哲学探索中发挥积极作用。因此，儿童哲学的中国化绝不能因过分强调中国本土的情境，而抹杀儿童哲学原有的特色与本质，须是两者在相互调适基础上的恰当结合，如果表面上宣称实施了儿童哲学，实际上却背道而驰，那就等于取消了儿童哲学中国化这个命题。

为解决以上问题，除了加强对儿童哲学的研究和宣传之外，笔者建议开辟更多的课程开发途径：一是组建校内哲学兴趣小组。现今大多数学校都设有兴趣小组（现在浙江省已经将此改造为"拓展课程"），因此完全可以在学校内部设立"哲学俱乐部"或"哲学咖啡馆"兴趣小组（或哲学拓展课），招募一些有强烈好奇心和探究欲望的儿童参与，并配以指导老师（可以内部选派或外部邀请）。笔者先前即以此种方式在澳门特区妇联学校成功实施儿童哲学课程，现今已有不少学校采用这种不增加整体学习或教学负担的方式来实践儿童哲学。二是增设儿童哲学选修课。选修课的设置与实验是新一轮高中课程改革的重要组成部分，儿童哲学可作为学校自主设置的选修模块，放置在学术性选修课之中，供有兴趣的同学自愿选择，这是儿童哲学从小学扩展到中学的可能途径。当然，此处所言之儿童哲学，亦可被称为青少年哲学，在内容上宜加强社会政治哲学、道德哲学等的探究。三是转化为综合实践活动课程的一部分。综合实践活动课程是小学到高中的必修课程，和其他学科课程具有同等重要的地位，综合实践活动课程所推崇的研究具有跨学科的性质，但在实践中往往是科学探究占据强势地位，若能将儿童哲学引入其中，引导学生从综合人文的哲学视角思考问题，必能有助学生之全人发展，也可造成科学与人文相平衡的态势。特别是中学生，已开始较多地关注一些非常抽象的人文类问题，此皆可以在哲学探究的范围内展开。初中和小学的综合实践活动课程也开展得较多，但普遍存在"浅表化""形式化"的现象，看起来"热热闹闹""琳琅满目"，但是于学生思维的深度发展而言并无显著意义，因此引入儿童哲学的视角与方法，可协助综合实践活动课程品质的提升。四是以民间机构或专业研究所开设哲学课程。在全球许多地方都有专门的儿童哲学机构，或驻扎在大学之内，或散落于民间，致力于持续推动儿童哲学于本地区内的普及，其最主要的途径之一便是招募专家在本部或学校开设儿童哲学课程，最典型的便是毛毛虫儿童哲学基金会。因此在我国，成立更多的儿童哲学研究或推广机构，开设形式多样的儿童哲学课程，可吸引更多的社会成员，或可造成更大的影响力。

二、教学材料的本土化和多元化

在美国乃至全球，儿童哲学之最主要的教学材料即是由 IAPC 研发的系列教材，适用于从幼儿园到高中三年级的学生。此外，近来还兴起一种新型儿童文学作品，即思考故事，它也被广泛应用于儿童哲学的教学之中。同时，就世界范围来看，儿童哲学的教学材料已日益呈现多样化的态势，各种本土的材料如民间传说、寓言、童话、音乐、戏曲、美术作品等都已开始进入儿童哲学的课堂中。中国的情形总体上有所不同。因为虽则 IAPC 的全套教材早在 1997 年就已全部翻译出版，但很快便在市场上脱销，以至于实验学校在开发校本课程时基本无从参考，被迫自行设计教材；同时，在理论研究领域，针对这套教材的分析也是寥寥无几，大都流于重复的简要介绍。所以在中国，IAPC 教材并没有获得充分的分析与应用。取而代之的，则只是各校（园）自行研发的校本（园本）教材。

无论是最早的昆明市铁路南站小学，还是后来的北京芳草国际学校，都致力于借助本校的研究力量开发出儿童哲学的校本教材。南站小学和六一小学的教材都有学生用书和教师手册，南站小学的学生用书分为 18 章共 106 篇小故事，而六一小学的学生用书则包括 171 篇，两校都根据不同年级将之划分为低、中、高三个层次，六一小学还把每篇故事分为三个部分，即小故事、思维泡泡、相关链接等。至于教师手册，两校都依据学生用书的小故事而展开，均包括两个部分：一是主导观念，即故事中所揭示的核心话题；二是讨论计划，系由主导观念而来，其问题可分为三类，即针对故事内容之核心问题、由故事联想生活实际之问题、澄清故事中相关概念之问题。六一小学还添加了另一部分，即教学过程。这种设计模式基本与 IAPC 教材的思路相似。

但 IAPC 教材中的故事是连续的长篇章回体哲学小说，而这些校本教材中的故事则都是以短篇的形式呈现，来源广泛，形式多样。就故事的来源而言，基本涉及三个方面：一是学生的推荐；二是教师的采集与自行开发；三是家长的建议。教师是教材开发的主体，通常他们从以下三个方面收集并研发故事：一是寓言、成语故事、童话、神话、新闻故事等材料及名人名言；二是各学科教材本身；三是学生生活事件。然而，正如国际学术界所认定的，不论利用怎样的材料，只要教师具备较高的哲学素养，能够成功地从任何材料中开辟出哲学探究的天地，则必无问题。但在中国，广大中小学教师普遍缺乏哲学素养，恐极难确保这些多样化的文本可以与 IAPC 文本取得同样有效的成果。且在校本课程之中，执着于教材的开发，其本身就超出了教师的能力范围，即便在花费大量人力物力财力之后成功开发了教材，其权威性也必受质疑，很难获得社会各界的广泛认可。

据此，笔者以为将来我国的研究者须在以下四个方面做更多的功夫：

第一，重新出版和研究 IAPC 教材。目前美国蒙特克莱尔大学已经更新了 IAPC 系列教材，或修订以往的材料，或添加更多的文本，故与 1997 年的情势有较大的不同。为使广大实务工作者对儿童哲学有更全面之了解，建议研究者进行重新翻译，交由出版社出版，并努力确保其在市场上的流通。此外，应当加强对此套教材的进一步深入考察，对其中涉及的哲学主题、文化背景、叙事艺术、性别政治、人物角色等都进行详细的内容分析，并可尝试在较长一段时间内使用此教材，看其是否真如有些人所言，完全不适合中国的情境。

第二，引入和开发思考故事。思考故事是新近时兴的儿童文学形态，由于其在叙事艺术上更贴近学生的心理需求，且附有大量精美的插图，从而获得比 IAPC 教材更热烈的欢迎。目前，思考故事已在许多国家的儿童哲学实践中得到普遍应用，但在我国应用的范围还不是很广，引入到国内的思考故事仍只是"冰山一角"。所以翻译和使用更多国外优秀思考故事，实是当务之急。在此基础上，本土儿童文学作家可尝试开发出具有中国特色的思考故事。在这方面，须加强儿童哲学和儿童文学两个领域之研究者的通力合作。目前以王雄为代表的研究者已经开发出第一套本土的儿童哲学启蒙童话，包含 54 个核心概念，而儿童哲学研究中心的同仁也致力于本土儿童哲学启蒙绘本的开发，计划第一辑出 8 本。

第三，开发本土教材。教材的开发不应交由学校内的教师独立承担，而应在与学校合作的基础上，由专业教材开发人士及大学研究者协同进行。在设计完成之后，亦须参考美国 IAPC 教材开发的模式，在学校反复试验，待取得较好效果之后，方可正式出版推广。如此则保证了教材的专业性和适宜性，可对广大有志于尝试儿童哲学课的教师提供最有效的帮助。但这样做并不是要引导教师只以此教材为中心，而陷入本本主义的怪圈中，它依然只是一种参考，对于教师来说，最重要的无疑是自己所教的学生，他们的兴趣爱好、学识特点是材料之能否使用的主要指标，因此教师仍得保持对其他材料的敏感性。目前这方面的教材已经出版了四套，分别来自南站、六一、瓦市和芳草地，学前教育领域的教材迄今还没有，所以教材的设计和出版可考虑同时在学前和小学阶段推进。

第四，积极吸收中国哲学元素。关于此点，国内已有少数研究者进行了有益的探索，指出了儿童哲学与中国传统文化之契合的必要性和可能性。如邓迪认为儿童哲学只有与中国传统文化之相融的部分结合，才可使广大民众更好地接受 ①；张建鲲、庞学光认为儿童哲学须立足于中国文化的历史传统 ②；黄彬、魏桂军指出儿童哲学须引领儿童对中国传统思想进行探究，以便中华民族的文化精神深入人心 ③；江卫社提到儿童哲学的关爱性思维（caring thinking），是与中国传统文化所强调的"仁""爱"直接相通的 ④，等等。但他们并没有提出儿童哲学中国化的具体路径。笔者以为，立足于西方哲学传统的儿童哲学课，是以强调逻辑推理、审慎论辩为主要特点的，所反映的是一种追问到底的精神，意在养成批判分析的态度，这与中国传统哲学的思维风格是有所不同的。

虽则如此，中国哲学仍有诸多积极的元素可以引入到儿童哲学课堂之中，从而有助于形成和发展中国特色的儿童哲学模式。我们可以尝试提出以下三点建议：一是儒家哲学注重个人的道德和人生观，因而可作为儿童伦理探究、人生哲学探究的重要材料，特别是关于人性的本质及由来、性与理、知与行、仁义礼智信等问题尤有价值。二是儒家哲学尤其是宋明理学以及道家学派中关于天或宇宙的思考，皆可作为儿童形而上探究的重要材料，诸如"天是否有人格""天会否喜怒哀乐""天从何而来"等。三是除了儒家，诸子百家的学说皆可成为哲学探究的材料，其中名家与儿童哲学最能契合，诸如"白马非马""离坚白"等命题对提升儿童的逻辑思考能力极有帮助；而借由法家关于"法""势"

① 邓迪.李普曼的儿童哲学计划在中国小学课程中的应用［J］.河南教育，2009（4）：60.

② 张建鲲，庞学光.论儿童哲学课程在中国的普及［J］.全球教育展望，2009（1）：19.

③ 黄彬、魏桂军.儿童哲学教育中国化进程的思考［J］.科教文汇（上半月），2006（9）：36.

④ 江卫社.在儿童哲学启蒙教育中弘扬中华民族文化精神［J］.四川教育学院学报，2004（8）：72.

的思想，可引导儿童做社会政治哲学的探究，思考法律与权力、政府与人民之间的关系等问题；墨家的"非攻"思想也有助于引导儿童探讨与战争有关的问题等。总之，在儿童哲学与中国哲学相结合的具体路径方面，值得研究者做进一步深入的探索。

三、教学方法和教师教育

在教学上，儿童哲学以构建"哲学探究共同体"（Community of Philosophical Inquiry，又称"哲学教室"）为主要方法，其教学程序通常是：展示刺激物——学生提问——以民主的方式选出待答问题——在教师的协助下，学生之间展开对话——教师总结。在具体的教学中，不同的教师或会做出不同的改动，但在两个基本点上是不变的：一是借助刺激物启动探究；二是在教师指导下开展生生对话。儿童哲学自进入中国以来，其对学生主体地位的强调，对教师角色的重构，以及对哲学对话的重视，引起教育界人士的广泛认可。大多数人皆意识到中国的学生在思考技能和思维习性上存在较严重的问题，特别是不善于与人争论以及师生关系的不平等，对素质教育的推广构成较大障碍，因此儿童哲学的到来为素质教育开辟了一条崭新的道路。

中国的实验学校与研究者在教学方法上进行了创造性的探索，除了常见教学方式外，也创造了其他形态的方法，且大都保持了讨论这一基本特征。如蔡桂如指出，儿童哲学的教学方法可分为三类：一是讨论法，即借助经典故事来讨论；二是问答法，提倡师生、生生之间的问答互动；三是情境法，通过模拟儿童生活的实际场景予以讨论。[①]六一小学曾构建出自己的方法体系，在独立式课程中，教学方法主要有三种：师生讨论、游戏体验和辩论演讲。其中又以师生讨论为主，师生讨论法的教学步骤与儿童哲学的一般教学相似。在融入式课程中，则有五种教学方法，即自由讨论、辩论讨论、主讲讨论、交流讨论、网上网下结合讨论。其中自由讨论、辩论讨论与师生讨论相似；主讲讨论是以小组合作为中心，各小组轮流主讲；交流讨论则是依托社会实践而展开的；网上网下结合讨论则凭借网络平台进行跨时空的交流。河南省焦作市教委曾抓住儿童哲学教学中的启发、探究之特点，构建了"启发—探究式教学"模式，并已向全市推广。

---

① 蔡桂如.论儿童哲学教育开展中的三个问题［J］.中国校外教育（理论），2007（1）：147.

　　已有的学校或幼儿园在儿童哲学教学方法方面的继承与创新，对我国儿童哲学的丰富与发展具有重要意义，且对其他国家的儿童哲学实践也提供了有益的参考，这是值得肯定的。但是其背后所隐藏的问题仍不可忽视。中国教育界对儿童哲学的教学方法予以了过多关注，远远超过了对其内容即哲学本身的注意，因为他们普遍认为在中国的环境下，教学方法更易为基层学校所采纳，从而有助于解决当前教育中所面临的种种问题，而哲学内容往往较难为教师所把握，所以在中国，儿童哲学基本被定位为一种旨在提升儿童思维技能、改善思维习惯的课程，其工具性价值得到了最密集的关注。虽然哲学在根本点上即是帮助个体养成哲学思考的方法与态度，成为一名良好的思考者（good thinker），但那并非是哲学的全部，它还必须借助哲学的内容，不管是哲学史的知识，还是哲学各分支内的基本问题，否则便成了无源之水。哲学的方法与内容唇齿相连，犹如一个人的骨架与灵肉，不可偏废其一，但目前很多学校或幼儿园却犯了顾此失彼的错误，对哲学的方法过度强调，而对哲学的内容却明显关注不足，构成儿童哲学中国化的较大问题。

　　与此相关的是，中国学校中上儿童哲学课的教师，其自身的哲学素养大都有待提高。虽然当代哲学已发生转型，人人皆可被视为哲学家，教师也不例外，但他们还只是一种潜在的弱的哲学家（weak philosopher），不曾自觉自律地进行哲学探究。他们不仅在思维上存在大量混乱、矛盾的现象，且缺乏基本的哲学问题意识，对哲学史的知识了解甚少。然而中国却不似其他国家，迄今只有少数研究机构担负着教师教育的重任，在师范教育的过程中也普遍缺乏儿童哲学（甚至是教育哲学）的课程，导致教师们在开发儿童哲学课程之时，只能避难就易，把难以驾驭的哲学内容抛至一边，而只从容易上手的方法来着眼。

　　为解决以上问题，笔者以为下列两条路径可资参考：一是出版新型哲学普及读物。当前市场上所流行的哲学普及读物，基本是以史或以人物为中心，虽然在语言上已为广大民众所接受，但在教育态度上仍是教条主义的、知识传递式的，无法对教师提供最适切的指导。只有浸润于哲学问题之中，哲学思维方法的塑造才可达成，因此以哲学门类（即形而上学、知识论等）中的基本问题为线索，梳理出历史上各家各派的探究历程及解决方案，方有助教师成就为强哲学家（strong philosopher）。二是加强哲学院系同实验学校的合作。现有的实验学校与大学哲学院系的联系并非紧密，这是由多方原因造成的，最主要的是大学与广大民众对哲学的解释不一致，前者对哲学的判断仍是学院式的，认为它只是少数人的事业。儿童哲学虽是一门应用哲学，但它对传统哲学并不排斥，它只是以适宜儿童理解的方式致力于提升儿童的哲学素养，儿童哲学的存在对哲学院系自身的发展也提供了新的可能。因此，笔者倡导哲学院系加强与实验学校的合作，对教师提供适宜的哲学培训，并做到持续支持，才能保证教师具备必要的哲学素养。

总之，与世界其他国家及地区相比，儿童哲学在中国的发展大致还比较缓慢，虽然近几年开始逐渐成为热门词汇，但仍然存在相当多的问题，亟待教育界、哲学界、文学界同仁勠力同心，共渡难关。当务之急，是要在相关院校的协助下迅速成立更多的儿童哲学研究机构和实践推广中心，担负起儿童哲学的学术研究、实践指导、师资培训等各项事宜，以推动儿童哲学在我国的进一步发展。

第三节　儿童哲学在中国的理论争议与实践困境 *

一、前言

儿童哲学（Philosophy for Children）是哥伦比亚大学逻辑学教授马修·李普曼基于美国文化情境所开创的一个崭新领域，但是自 20 世纪 80 年代开始，它却掀起了一场席卷全球的哲学与教育运动，从而成为各国学者和实务工作者共同关注的热点议题。中国（此处不包括港澳台地区）自改革开放以来，"西学东渐"的潮流再次影响整个学术界，作为西方舶来品的"儿童哲学"便在这样的背景下传入，至今依然活跃在中华大地上，并成为哲学和教育界均不容忽视的一个重要领域。

但是儿童哲学在中国的发展并非一帆风顺，无论是在理论研究层面还是在实践应用层面，儿童哲学始终面临不少争议与困境，而且由于对这些争议和困境的深度剖析与解答不够及时、充分，致使儿童哲学的理论体系迄今未能建立，其全国普及和推广也受到较大限制。作为儿童哲学的热切关注者和长期研究者，笔者深切感到有必要详细梳理三十多年来儿童哲学在我国走过的基本历程，一方面总结其在理论研究方面的经验、成果与不足；另一方面分析其在实践应用过程中所面临的挑战与可能的解决方案，并展望其未来发展的方向。我们期望以此能启发更多的研究者关注并反思我国儿童哲学的发展现状，并参与到改革和完善这项学术事业的征程中来。

---

* 本节内容原载于《哲学与文化》2017 年第 44 卷第 12 期，此处做了部分修改和调整。

二、儿童哲学的理论争议

从 1987 年开始，我国学术界便开启了对儿童哲学的理论研究，截至目前，已经诞生了 120 多篇期刊论文，16 篇硕博论文，近 20 本译著和 6 本专著，并通过成立"儿童哲学研究中心"和举办儿童哲学主题的国际国内会议，初步成长为一个受人认可的学术研究领域。但是在我国学术界，关于儿童哲学的争议仍然存在，以下将择选其中三个最核心的争议来分析其本质和要点，以管中窥豹的方式了解儿童哲学理论研究的基本面貌。

（一）儿童哲学的内涵界定

我国学术界对"儿童哲学为何"存在多种界定，其中以三种界定为最基本，直接昭示了儿童哲学的学科归属及其意义。第一种界定是将儿童哲学等同于思维训练项目，使其成为哲学、心理学和教育学共同关注的"合法"议题。从哲学的角度来说，由于其基础和本质是逻辑，因此作为逻辑学教授的李普曼本人，在一开始就将逻辑学的基本知识与技能囊括于 IAPC 教材之中，从而将哲学在发展逻辑推理能力方面的工具性价值摆在最显著的位置上。也正是由于这一点，包括我国在内的许多国家在引入儿童哲学的时候，均将其主要视为一门思维课程或思维训练项目、问题解决项目。[1] 这种定位对儿童哲学在学校教育内的推广发挥了举足轻重的作用，特别是在强化学生核心素养的当代，儿童哲学有助于深化和推进已有的课程改革，因此受到教育界的普遍欢迎。但是专业的哲学家可能会鄙夷其脱离内容的"浅薄"表现，从而质疑其作为一种哲学的"合法"地位。

第二种界定意识到了这个问题，因而没有将焦点放在思维训练上，而是将"儿童的哲学智慧"（Philosophy of Children）也纳入考量的范围，希望将儿童哲学打造为一门发展学生综合哲学素养的课程。这个意义上的儿童哲学用马修斯所提倡的"Philosophy with Children"来表述可能更为恰当，因为它更加关注的是与儿童一起进行哲学议题的探究，且不必然伴随思维技能的训练，从而使其自身更具有哲学教育的色彩。[2] 另外，这种定位也激发了学者关注并研究儿童

---

[1] 这样的文献包括：张诗亚. 李普曼的儿童哲学观概说［J］. 教育评论，1989（5）；周庆行. 李普曼的儿童哲学计划述介［J］. 哲学动态，1992（9）；胡也. 儿童哲学教育在素质教育中的作用和意义［J］. 学术研究，2002（12）；林静. 儿童哲学教育理念及实践方法综述［J］. 山东理工大学学报（社会科学版），2010，26（2）.

[2] 刘晓东. 儿童哲学初探［J］. 江西教育科研，1991（3）；刘晓东. 美国哲学家加雷斯·皮·马修斯的儿童哲学研究［J］. 外国教育研究，1995（5）.

精彩的哲学观念，总结儿童进行朴素的哲学探究之特点①，而这恰恰是设计各阶段儿童哲学教育的基础。

第三种界定则跳出了哲学的架构，将哲学与整个精神世界等同起来，从而使儿童哲学成为一个关注儿童心灵及其发展的领域（如将儿童哲学称为"儿童精神哲学"），或者将"儿童""童年"作为一个概念来进行研究，使其成为整个儿童学研究体系的重要组成部分。②就后者而言，我们通常建议用"童年哲学"（Philosophy of Childhood）这个词来表征，以区别于更加强调教育及实践的"儿童哲学"（P4C）。虽仍冠以"哲学"之名，但就其具体研究内容而言，童年哲学明显具有跨学科的性质，关于这一点，我们将在后面再做讨论。

这三个界定中，目前仍以第一个界定为主要方面，第二个和第三个界定虽已引起学者的关注，但还缺少更广泛深入的研究。究其原因，可能与中国哲学界尚未将儿童（童年）哲学视为一个"合法"领域有关。而在儿童学研究领域，儿童哲学的价值也未充分显现出来，主要还是把它当作一个特殊的教育项目来看待，因为关注儿童哲学最多的群体基本来自教育界。从理论研究及其未来发展来说，儿童哲学需要摆脱教育学领域的局限，强化它作为哲学以及儿童学研究分支的身份，才能吸引更多专业的哲学工作者和儿童研究者加盟，诞生重量级的研究作品。

（二）儿童的形象：理性还是感性

儿童哲学背后有一个非常基本的预设，即儿童是天生的哲学家。具体而言，儿童不仅能够提出众多原生态的哲学问题，而且也因抽象思维能力的发展而能进行适当的逻辑推理。在这方面，教育、心理和哲学界都进行了探索和证明。研究者们主要是通过观察儿童在日常生活中的言语以及与成人的对话来确认这一个事实。如中华女子学院附属实验幼儿园通过长期的观察和记录，将儿童的哲学表现分主题进行了详细记录，包括"我是谁""朋友""家庭""幼儿园""节日""艺术""自然""社会和人文""形而上的思考"等等。③东北师范大学附属小学也根

---

① 戴月华. 儿童哲学的思想魅力及其发生方式［J］. 兰州学刊，2008（4）；袁宗金. 儿童提问中的朴素哲学思维［J］. 学前教育研究，2007（5）；林德宏. 儿童的哲学世界［J］. 南京大学学报（哲学·人文·社会科学），1999（4）.

② 刘晓东. 论儿童哲学启蒙［J］. 上海教育科研，1998（9）；刘晓东. 儿童哲学：外延和内涵［J］. 浙江师范大学学报（社会科学版），2008（3）.

③ 中华女子学院附属实验幼儿园. 儿童的一百种语言［OL］. http://mp.weixin.qq.com/s/wHVnBZcnCDmk 2yF0ys ak PQ，2017-08-07.

据对儿童原生态的观察和研究，认为儿童提出哲学性的问题不是硬挤出来，也不是教师教的，而是他们对世界的好奇或天性使然，所以儿童是天生的哲学家。①同时，也有不少哲学家通过对子女的观察而确认儿童具有原始的哲学思维，但是相比西方国家，我国目前对这方面的研究仍然匮乏，基本以验证新皮亚杰学派的某些实验或简要综述这些学派的研究成果为主。

与此相反的是，文学和艺术领域的研究者们普遍不赞同这种"儿童理性形象论"。他们认为童年是一个幻想的、想象的、天真淳朴的时期，不存在理性思维的可能；他们也不主张儿童进行严肃的哲学思考，认为它有损于上述"真正的儿童形象"。如刘绪源就指出，六七岁以前的儿童，他们所有的思维都是用一种近乎审美的方式来表现的，他们以浑然一体的眼光看待世界，整体地直观印象式地把握一切，不做任何抽象的概念性思考，反而对万事万物注入自己的情感。在前运算阶段，儿童的逻辑思维能力没有形成，如果在他们渴望自由以及狂野想象的时候，一味给他们灌输思想或进行理性思考，他们非但不能消化，反而会丧失审美的意味，因此得不偿失。②吕俊华也持有相同的观点，他认为儿童没有因果观念或逻辑概念，同原始人一样；儿童的第一天性是服从自然和欲望，他们遵守的是感情活动的规律；儿童的思想是不定向的，他们的理智欠发达，心理上缺少概念，因此不能认真地思考一个问题，这就使得儿童能够驰骋活泼地想象。③魏润身甚至以《儿童哲学课还是不开好》为名旗帜鲜明地反对在小学和幼儿园开设儿童哲学课，他认为当我们要求孩子把一个概念放在另一个概念的关系之中加以辩证思考的时候，孩子就不再是天真的、赤条条的儿童了。④

这两种截然不同的声音已经在一些文献、报刊和论坛的平台上进行过初次的交锋，由于后一种声音的存在对儿童哲学的"合法性"构成了威胁，因此不得不引起足够的重视。但是在目前的争论中，双方都还缺乏更具体多元的案例和实际的证据来佐证自己的观点，并进行全面系统的讨论，因此还不能充分说服对方。而且近来也有一些文学研究者（如朱自强）开始意识到儿童文学（如绘本）作品背后所蕴含的哲学因子，可激发儿童进行概念思考，只是认为它适

---

①　于伟. 儿童是天生的哲学家［N］. 中国教师报，2016-11-30.

②　刘绪源. 论儿童的两个关键期及与之对应的文学——"前运算阶段"与"分裂时期"［J］. 文化学刊，2015（1）：18.

③　吕俊华. 艺术与癫狂：艺术变态心理学研究［M］. 北京：作家出版社，2009.

④　魏润身. 儿童哲学课还是不开好［N］. 北京晨报，2014-04-02.

合于年龄较大的儿童（如小学高年级及以上）。这就使得问题本身变得更为精细和复杂，如"从哪个年龄阶段开始儿童适合做哲学思考""不同年龄段的儿童适合进行怎样的哲学思考""如何平衡逻辑推理和想象、情感之间的关系"，等等。而这些至关重要的问题目前在理论界还缺乏深度的讨论。

（三）儿童哲学的价值与意义

儿童哲学的存在具有多方面的价值与意义，我们可以从两个层面来简要理解这种意义。一是从教育的层面来说，儿童哲学对推动和深化基础教育课程改革具有积极意义，并且这种意义已经受到广泛肯定。[1] 从传统的意义上来说，儿童哲学在教育上的价值主要体现为它能促进儿童思维的发展，尤其是逻辑推理能力。而在当前整个国家都更加强调"核心素养"的背景下，儿童哲学的意义被浓缩为 5 个 C，即批判思考力、创造思考力、关怀思考力、交往沟通力和团结协作力。但是在我国，儿童哲学对发展学生核心素养的意义还缺乏充分的质性和量化证据的支持，尤其是尚未开发出有效的定量检测工具，从而使关于意义的阐述浮于表面和主观。目前古秀蓉、冷璐等开始将美国儿童哲学促进中心（IAPC）的探究群体评价量表和夏威夷大学汤姆斯·杰克逊、安布·玛卡雅（Amber Makaiau）等人所研发的"哲学探究问卷"引入国内，有望为准确评估儿童哲学的教育成效奠定初步的基础。[2] 与此同时，由于儿童哲学强调对概念或价值观的澄清与讨论，对不确定和多答案的追寻，以及整个过程的"慢节奏感"，使其仍遭到不少教育者的抵制或质疑。所以尽管儿童哲学在整体上与国家课程改革的方向及理念是一致的，但对于以应试和效率为导向的主流教育情境而言，其应用和推广依旧受到较大的限制。[3]

二是从哲学的层面来讲，儿童哲学不仅有助于丰富和扩展"哲学践行"

---

[1] 虽然早在 20 世纪 90 年代末时儿童哲学就已进入我国的基础教育界，但是直到最近几年，儿童哲学才开始在更大范围内得到关注和推广，以此才会造就东北师大附小连续三届的全国儿童哲学与率性教育高峰论坛以及杭州师范大学的首届儿童哲学与教育高峰论坛。

[2] 在我们举办的首期全国儿童哲学教师培训活动中，古秀蓉和冷璐作为讲座专家分别对这两种评价体系做了详细介绍。

[3] 除此以外，不少传统的教育学者对包括儿童哲学在内的一切儿童学研究领域仍持保守的态度，也就是说他们仍然认为儿童的视角只是教育视角的下位概念，而不是教育的唯一基础，因此反对过分关注儿童及其精神世界，并将此作为课程开发的根本出发点。所以儿童学者和教育学者之间的分歧，暂时还没有消除的迹象。

（philosophical practice）的研究，而且通过将儿童置于研究的中心，可以为哲学开辟新的研究领域和视角。关于前者，以南京大学哲学系教授潘天群及其博士生、安徽大学哲学系陈红等为代表的学者对哲学践行进行了系统研究，虽然总体上以针对成人的哲学践行探索为主，但在其中也零星地提到了对儿童进行哲学践行的方式与意义。① 而在整体上，哲学界并没有对儿童哲学予以特别的关注，更没有把它当作哲学研究的一个新门类来看待。② 就后者而言，主要指向另一个更理论化的概念（即"童年哲学"），其主旨就是从哲学（而非教育）的角度出发来研究儿童和童年。目前以李普曼、马修斯、大卫·肯尼迪、沃特·科恩（Walter Kohan）等为代表的国际学者已经就此进行了详尽讨论，而在我国关注这个概念的学者主要是刘晓东教授。他不仅强调童年哲学有哲学新分支的必要，而且也通过探索中国古代哲学家（如老子、孟子、李贽和王阳明等）的童年思想，为中国童年哲学的研究打开了大门③；此外，笔者也对建设童年哲学的必要性、研究范围和课程体系进行了初步探索 ④。但后续的研究仍须进一步跟上，并诞生更多有理论高度的作品，才能使这个领域逐步树立起来并被本国哲学界所认可。⑤

---

① 奥斯卡·博列尼菲尔（即柏尼菲——编者注），龚艳.哲学践行：从理论走向实践的哲学运动——奥斯卡·博列尼菲尔访谈录［J］.南京大学学报（哲学·人文科学·社会科学），2013（3）：139—160；陈红.苏格拉底方法的复兴：一种新的哲学践行范式［J］.安徽大学学报（哲学社会科学版），2014（3）：22—26.

② 哲学系内部真正关注儿童哲学的人屈指可数，除了前面提到的周国平、林德宏等以外，近来还有陈家琪、邓安庆等人，但他们之中大多数并没有就儿童哲学发表过专业的文章，主要是通过亲自到中小学上哲学课以及提供儿童哲学教师培训才开始关注这个领域。不过可喜的是，在 2018 年北京大学召开的世界哲学大会上，儿童哲学开始被视为众多哲学分支中的一个，并开设了专场主题报告，希望借此可以激发更多本国的哲学家对儿童哲学进行研究。

③ 刘晓东.童心哲学史论——古代中国人对儿童的发现［J］.南京师范大学学报（社会科学版），2015（6）：82—93；刘晓东.李贽童心哲学论略［J］.西北师范大学学报（社会科学版），2016，53（4）：80—87.

④ 高振宇.建设童年哲学的必要性及初步构想［C］.中国儿童文化（第九辑），杭州：浙江少年儿童出版社，2015.

⑤ 实际上国际哲学领域也尚未认可"童年哲学"这个概念，虽然在《斯坦福哲学词典》中已经对这个概念做出了详细界定，因此在 2018 年世界哲学大会众多的哲学分支论坛中，只有看到"儿童哲学"，而并没有把"童年哲学"单独列出来。

三、儿童哲学本土化实践的困境

在我国发展的三十多年历程中，儿童哲学主要是以一门幼儿园或小学的特殊课程而存在，并在实践方面积累了较为丰富的经验，尽管它指明了如何在东方文化背景下开展儿童哲学的可能道路，对于促进东西方哲学和教育的对话具有重要意义，但总体上还不能和欧美澳大多数国家相提并论，并且在许多方面仍面临较为棘手的难题，兹从以下四个方面来做简要说明。

（一）课程设置

儿童哲学在我国主要是以两类课程形态存在的：一是小学或幼儿园的校本、园本课程；二是小学的融合课程。前者是由于我国三级课程管理的体制赋予小学或幼儿园独立开发课程的权力，因此认同儿童哲学理念的教育领导者便可在自己的教育机构内自由推行儿童哲学。从 1997 年开始，这种独立的儿童哲学课便已出现在云南省昆明市南站小学，其后又传播至上海市杨浦区六一小学和浙江省温州市瓦市小学，及至现在全国已有十余个省市的小学、幼儿园开始了校（园）本的儿童哲学课。开设独立课程可使儿童哲学的优势有完全发挥的可能，更有利于凸显其独特的教育价值，从而便于其在全国范围内的传播，继而形成稳定的实践共同体。但是要长期经营独立的儿童哲学课会面临较多的挑战，如教师素质普遍跟不上，相应的奖励考核机制缺乏，全国同行交流的机会不多，行政领导和社会缺乏认同等，再加上拥挤不堪的课程表以及区、市、省不断要求增加新课程或修改课程体系的要求等，都可能使学校（幼儿园）难以将儿童哲学课程长期维持下去。

现实中更通常的做法是将儿童哲学课程与现有学科或学习领域整合起来实施。在幼儿园里主要是与语言领域、社会领域进行整合，而在小学则主要渗透于德育和语文课程之中。设置融合课的方便之处在于无损已成形的课程体系，不会过分增加师生的压力，也能使学校在面对外界质疑和检查时游刃有余，所以更为广大幼儿园和学校所欢迎。而在实际操作中，这种融合课又可进一步分为两种类型：一是在现有学科或领域的学习计划中，结合相关的学习内容，开设少量的儿童哲学融合课，其具体的操作流程和步骤则与独立的儿童哲学课相差无几，以浙江省新昌县儒岙镇中心小学为代表；二是将儿童哲学的教育理念及做法打碎，并散化在现有的学科或领域教学中，如运用哲学探究共同体的方法讨论学科核心概念或现象、以尊重儿童思想的理念来改革学科教学等，以东北师范大学附属小学为代表。[①]但将儿童哲学开设为融合课会存在许多风险，如

---

① 于伟.“率性教育”：建构与探索［J］.教育研究，2017（5）：23—32.

教师普遍缺乏教儿童哲学独立课的经验，因此其所开发的儿童哲学融合课在质量上难以保障；教师通常会采取"断章取义"的做法来实施，不利于凸显儿童哲学课的整体优势；有的学校甚至会打着儿童哲学的旗号，来美化传统的封闭的教学方式，易使外界产生误解等。

以笔者的建议言之，在幼儿园和学校刚开始引入儿童哲学的时候，须先尝试以独立课程的方式来实施，一方面可以通过亲身实践来加深对儿童哲学的理解与认识，真正掌握其核心教育理念；另一方面也可积累儿童哲学的教学经验，并在这种积累的过程中丰富自己的专业知识。只有在教师熟悉儿童哲学并懂得如何开发儿童哲学的情况下，将儿童哲学与已有学科或领域整合实施才是更可取的，否则很容易使儿童哲学消失于无形之中，甚至被刻意扭曲。但是在实践讨论中，两种不同设置方式之间的争论仍时有发生，所以亟待未来有更深入的研究来比较两种路径的具体优势及不足。

（二）课程资源的开发

从世界范围来看，以李普曼为首的 IAPC 研发了从学前到高中三年级的系列教材，包括学生用书和详细的教师手册，共计 18 本。这套教材创造了一种以小说为载体的新型哲学文本，延续了自古希腊以来的对话传统，并将哲学概念的探索与思维能力的训练完美地糅合了起来①，可以说是所有资源中最适合于儿童哲学教学的。就我国而言，早期关注儿童哲学的代表人物如张诗亚、邓鹏等都对这套教材赞誉有加，因此在 1997 年时就将其中从小学一年级开始至高三共 12本教材悉数引入国内，并配上李普曼本人的理念性著作《教室里的哲学》，期望由此掀起儿童哲学的全国性浪潮。但遗憾的是，当时哲学和教育界对这套教材都没有给予必要的关注，相关的研究没有及时跟上，而且在实践中也只是由南站小学和六一小学做了有限的尝试，因此很快就淡出了人们的视野，至今都没有再版过。

学校拒用 IAPC 教材，除了所谓文化不相宜的因素外，最主要的原因是教师不具备足够的资质来合理地使用这套哲学色彩浓厚的教材，特别是对其中所

---

① 　Saeed Naji. Interview with Ann Margaret Sharp：Children and Youth Philosophers ［OL］. http://www.buf.no/en/read/txt/? page=sn-sharp，2004 ；鲍梦玲. 促进批判性思维的儿童哲学课程——基于 IAPC 文本的分析［D］. 华东师范大学教育学原理硕士论文，2015.

强调的逻辑推理部分更加不能适应。① 取而代之的则是各校根据自身的条件和成果展示的需要自主研发的校本教材。目前在我国有三个学校出版了校本教材（即南站小学、六一小学和瓦市小学），这些教材虽然也力图搜集丰富多元的故事（如寓言、童话、传说等），挖掘其中的哲学概念，并设置讨论的计划或问题，但是和 IAPC 教材相比，其质量无法同日而语。② 在更大的程度上，这些校本教材更像是普通德育教材的翻版而已，无论是故事的选材还是开发，都只是蜻蜓点水，且无法脱离预留"正确答案"的传统套路。近来有学者呼吁重新关注 IAPC 教材，并在实践中加以运用。③ 但也许更有益的方式是吸取 IAPC 教材开发的经验和特点，整合我国高校哲学和教育学的专家及一线教师的力量，来共同开发出针对不同年龄阶段小孩的系列教材，特别是开发出有明确指导建议的教师手册，使教师在开展哲学教育时有必要的支架。

第三类材料则是仍然存在争议的绘本。李普曼等认为不应在儿童哲学文本中添加任何插图以及强化娱乐效果的情节，他们担心这会扼杀儿童的想象力，弱化文本启发人思考的要素，并且认为图片的呈现阻碍了文本意义的敞现，它本身也不是同句子一样包含意义的命题单元。④ 但是费舍尔等人认为在绘本中，插图不是对文字的注解，而是和文本并列的意义世界；图片可赋予儿童更大的想象空间，并带来更多的审美体验；图片也能发展他们的视觉阅读能力（如发现隐藏细节并做出解释），调动儿童对阅读和探究的兴趣等。⑤ 在我国，由于绘

① 陈红. 我们是这样开发校本课程的——《儿童哲学》教材开发的实践研究的十年历程 [J]. 上海教育科研，2009（7）：61—63；王梅."儿童哲学"课程：照亮孩子的心灵 [J]. 中小学管理，2015（6）：57—59.

② 基本上这些教材都是按照人与自然、人与自我、人与社会这样的三维结构搭建起来的，而没有依循哲学的分支结构以及逻辑思维训练的顺序来进行设计，所以和普通德育教材相差无几，体现不出鲜明的哲学特色。

③ 高振宇. 儿童哲学 IAPC 版教材及多元文本的分析 [J]. 浙江师范大学学报（社会科学版），2010，35（2）.

④ 李普曼. 教室里的哲学 [M]. 张爱琳，张爱维，编译，太原：山西教育出版社，1997；Joyce I. Korczak Fields. Is It Really a Question of Preference: Philosophy Specific or Non-philosophy Specific Teaching Materials [J]. Analytic Teaching，1999，19（1）.

⑤ Robert Fisher. Stories for Thinking: Developing Critical Literacy Through The Use of Narrative [J]. Analytic Teaching，1998，18（1）；（英）费舍尔. 教儿童学会思考 [M]. 蒋立珠，译. 北京：北京师范大学出版社，2007.

本与 3—10 岁儿童之间天然的联系，以及教师在运用绘本进行语言教学方面已经积聚了不少经验，因此这类材料日益受到教育界和出版界的关注，并在幼儿园和小学低段以及家庭环境中实施。① 目前主要呈现出两股趋势：（1）使用蕴含丰富哲学内涵的代表性绘本（从东西方主流绘本中加以甄选）②，并进一步从国外引进更多系列绘本，尤其是标注为哲学启蒙类的绘本③；（2）基于本国教育和文化情境，开发出适合本国小孩的哲学绘本，从 2014 年开始以王雄为代表的教师群体逐渐研发出国内第一套"酷思熊"系列儿童哲学读物④，并在东西部和城乡学校得到广泛应用。由于现阶段绘本引进政策的收紧，第二股趋势或许是将来最可着力的方面，同时也最有助于形成具有中国特色的儿童哲学模式。

（三）课程实施的模式与方法

儿童哲学教学模式的核心是"探究共同体"，在程序上则有"启动—阅

---

① 美国儿童哲学的代表人物之一沃特伯格也积极推广基于绘本的儿童哲学教学，他提到之所以采取这种策略，主要是因为美国的小学教师对绘本非常熟悉，也经常用在语言教学的课堂上，所以儿童哲学若能以绘本为材料，可以减少对教师的负担，也可使他们更快适应儿童哲学的教学模式，见 Thomas E. Waternberg（2013）. Elementary School Philosophy［C］. In Sara Goering，Nicholas J. Shudak，and Thomas E. Watenberg（eds.）. Philosophy in Schools：An Introduction for Philosophers and Teachers（pp.34—41）. Routledge，p.35。

② 这类绘本我们通常称其为"思考故事"（thinking stories），沃特伯格曾在其"儿童哲学教学"的网站中陈列了近 200 本这类绘本，并对每一个绘本都做了哲学导论和讨论计划的设计，具有极重要的参考价值。这些思考故事尽管没有按照特定的哲学领域或话题进行书写，但它们所包含的哲学内涵却非常深刻，如《活了 100 万次的猫》《獾的礼物》《一片叶子落下来》等都可用来探讨生命存在的意义及死亡的话题；《动物绝对不应该穿衣服》《喂，小蚂蚁》《为什么小猫不会说话》等又可启发儿童探索人与动物的联系与区别以及动物的权利等议题。

③ 目前我国已经引进的儿童哲学启蒙类读物包括：奥斯卡·柏尼菲的第一套幼儿哲学启蒙系列丛书、韩国儿童哲学研究所出品的丛书、由法国巴黎索邦大学米歇儿·毕奇与碧姬·拉贝合著的《写给孩子的哲学启蒙书》丛书、哲学鸟飞罗系列等。

④ 这套丛书共包括 54 本绘本，每本围绕一个核心概念进行故事叙述和讨论，其中既包含西方话语中熟悉的概念，也包含中国传统文化中的代表性概念，如孝慈、仁爱等。目前这套丛书已经全部出版发行，笔者作为编审委员会的成员也有幸目睹了它整个的诞生过程。但是比较遗憾的是，这套绘本并未能配备相应的教师指导手册，因而未能有效弥补故事中哲学元素不足的问题，所以在实践过程中易走进纯粹阅读和表演的浅层教学泥淖中。

读—讨论—总结"的基本环节，这一点我国的实践者基本上是认同的，毕竟它和国家课程改革所强调的学科探究、合作学习有异曲同工的效果。但是在实践中，学校教育者又没有局限于这种线性的教学方式，而有了大量创造性的发展，从而构成了一个丰富的教学方法体系。如上海六一小学就曾形成五种不同的讨论方法，即自由讨论式、辩论讨论式、主讲讨论式、交流讨论式和在线线下结合讨论式。① 鹿山小学以三种课型实施儿童哲学：一是实践活动课，在班队课中进行，采取哲学剧场、哲学论坛、课外阅读、哲学咨询、特色活动等形式；二是实验操作课，放在科学（常识）课中进行；三是案例教学课，选择生活中的热点议题，以辩论会的形式开展等。② 在幼儿园里则主要以绘本教学、游戏和活动的方式进行，如上海锦绣博文幼儿园曾以《大卫不可以》《我的名字克丽桑丝美美菊花》《老鼠娶新娘》等绘本为载体与中大班混龄幼儿进行哲学对话③；成都第五幼儿园提出倾听儿童原声音、发现儿童的哲学、进行有效提问、物化儿童想法和疑惑、在一日生活中渗透儿童哲学等具体的实施策略④。

但是在儿童哲学的课堂实施过程中，至少存在三个关键性的困境或争论值得进一步反思和探索：

1. 对话与辩论。哲学探究共同体推崇苏格拉底式的对话，这种对话的目的在于"明理"或趋向真理，它要求儿童互相分析对方的观点，并帮助对方把思想表达得更加清晰。辩论则不同，它的目的在于击败对手，为此可以不择手段地扭曲或改变真理⑤，所以儿童哲学是反对辩论这种方式的。但事实上，由于辩论也能发展儿童的思维能力，且在辩论过程中教师只须摆出问题、充当裁判以及最后总结，而在对话中，教师的角色却远非如此简单，苏格拉底的精神产婆

① 吴国平.让学校成为培育学生智慧的地方——上海六一小学儿童哲学活动的探索与研究［M］.上海：上海古籍出版社，2004.

② 鹿山小学课题组.儿童哲学的实践与研究［OL］.http://www.szls.com.cn/ShowArticle2.asp？ArticleID=105112，2004-07-22.

③ 高振宇.以绘本为载体的儿童哲学对话——基于上海市某幼儿园的案例分析［J］.教育导刊，2014（10）：3—7.

④ 四川省成都市第五幼儿园.基于儿童哲学的幼儿园教育活动实践探索［J］.学前教育研究，2008（11）.

⑤ Sarah Davey. Creative，Critical and Caring Engagement：Philosophy Through Inquiry［C］. In R.Fisher（ed.），Creative Engagements：Thinking with Children. Oxford：Inter Disciplinary Press，2005：35—42.

术对教师而言也非常陌生，所以辩论便更经常地出现我国的哲学课堂之中，甚至成为主导的教学方式。2017 年，我们在全国儿童哲学峰会上呈现了五堂以对话为基准的哲学示范课，试图扭转现实中过分倚重辩论的局面，但事后的交流发现，要使学校完全摒弃辩论这种便宜的方式，可能仍需时日。

2. 理智与情感。在《教育中的思维》这本书中，李普曼曾引述哈佛大学教授凯瑟琳·埃尔金（Catherine Elgin）关于情感思维的观点，认为情感在思维中可以发挥重要作用，如情感具有认知功能，情感提供参考框架，情感有助于我们聚焦，情感能将某事物凸显出来等。[①] 再加上在整个童年阶段，儿童的思维始终带有鲜明的情感色彩，所以针对儿童的哲学课堂不可能像成人哲学那样，只是进行冷峻的逻辑推理和概念讨论，其间必然要情理交融，将儿童的生活体验与理智反省整合起来，才能真正激发儿童的探究欲望。但是在现实中，教育者却经常有意将理智和情感割裂开来，或至少厚此薄彼，比如在奥斯卡·柏尼菲的儿童哲学课堂上，儿童的个人经历与情感便被完全排除在外，而只聚焦于纯粹思辨能力的训练（如提出更精致的问题，理解他人的想法等）；而很多语文和德育教师所上的儿童哲学课，却又过分突出了道德情感和文学情感的表达。所以如何妥善处理理智探究、逻辑思维训练和情感熏陶、个人故事讲述等之间的关系，仍有待后续实践的进一步探索。

3. 趋近真理与预设答案。哲学问题的特点决定了团体探究最终是得不到所谓标准答案的，因为这些问题原本就没有确定性的答案，而只存在多种可能的答案。所以哲学探究的结果开放性是其他任何学科都无法比拟的。但这并不等于说哲学探究只是纯粹的观点分享和交流，而无须达成任何共识。苏珊·加德纳（Susan Gardner）就曾言，哲学教室既不是以教师为中心，也不是以儿童为中心，而是以真理为中心。她认为哲学探究的价值需要通过结果的价值来增强，且要使参与者发展出一系列技能和思维习性，就必须通过趋向真理的行动来实现。[②] 然而这并不等于说探究的最终结果一定是要得出某种结论或达成某种共识，它完全可以激发更多的困惑或挑战，获得进一步的理解等来收尾。但对于习惯了传统教学的学校教师而言，不预设答案或允许多种答案存在，是极具挑

---

① Matthew Lipman. Thinking in Education（2nd）[M]. Cambridge University Press，2003，pp.128—129.

② Susan Gardner. Inquiry is No Mere Conversation [J]. Analytic Teaching，1996，16（2）.

战性的。我们在学校和幼儿园中观摩儿童哲学课时，会发现教师内心是不安的，他们害怕学生走上"邪路"，所以总会有意无意地将孩子们的讨论引至某个"主流的"或"正确的"方向，在最终结尾时也会迫不及待地公布这种"标准答案"，否则就会觉得这堂课"无教育价值"。要使教师完全放弃这种预设答案的"安全感"并不容易，华东师范大学沈晓敏教授曾指出社会的复杂性会使同样的价值观在不同情境下有多样化的表现方式，所以即便教师希望孩子们养成某种主流的价值观，也一样需要锤炼孩子们的判断能力，以使他们根据情境做出基于相同价值观的不同反应。① 也许经过这种初步的练习，教师可以慢慢接受儿童哲学答案多元化乃至无标准答案的理念，并能在实践中放心大胆地尝试。

（四）师资培育

教师素质的高低直接决定着教育改革的成败，对于儿童哲学来说同样如此。但是儿童哲学对教师的高层次要求与教师普遍缺乏专门训练的情形构成了鲜明的张力。在这个方面，仅仅谈论教师的角色转换（如从知识传递者、权威发言者向思维启迪者、思维训练者、共同探究者转变）是不够的，因为这种转换在目前第八次课程改革的培训与实践中已经有提倡，特别是在探究性教学和综合实践活动课程中。因此为提出更具体的要求并指明师资培育的方向，笔者根据美国教育心理学家舒尔曼（Lee Shulman）的教师知识架构 ②，将儿童哲学专任教师的知识或素养划分为五个组成部分，分别是：1. 关于哲学学科的内容知识（subject-matter knowledge），包括哲学史的知识和逻辑学的知识等；2. 指向哲学的学科教学法知识（pedagogical content knowledge），需要掌握苏格拉底对话法和团体探究法的有关原则与具体策略；3. 关于儿童哲学世界（philosophy of children）的知识；4. 关于儿童哲学课程开发的知识，特别是要汲取 IAPC 及欧澳等地区的经验；5. 关于哲学教育的情境性知识，即要了解国内外哲学教育的历史与现状。

从 1997 年迄今，我国推行儿童哲学的教师，在上述任意一个知识领域都缺乏长期系统的训练。尤其是在第一类知识方面，我国学术界仍然存在广泛的争

---

① 这是沈晓敏教授在我们组织的首期全国儿童哲学教师培训活动中提出的观点，沈教授是全国研究品德教育和公民教育的专家。

② Shulman，L.S. Those Who Understand：Knowledge Growth in Teaching. Educational Researcher，1986（2）：4—14；Shulman，L.S. Knowledge and Teaching：Foundations of the New Reform. Harvard Educational Review，1987（57）：1—22.

议。部分实践者认为儿童哲学既然宣称人人都是哲学家，在儿童哲学的对话和文本中均不涉及哲学家、哲学思想和术语等知识性的内容，那么教师便不需要去刻意学习哲学了，他们只须保持对哲学的好奇心和热情，培养能进行教学设计和运用、促进哲学对话以及自我反思的能力就可以了。① 但也有研究者认为教师仍有掌握第一类知识的必要，甚至应该将此放在最优先的地位，因为只有具备这类知识，教师才有可能从任意的文本中开发出哲学的元素，并将普通的课堂讨论转化为哲学性的对话；才可能敏锐地发现儿童言语中所闪现的哲学思想及问题，并进行更有成效的引导；才有可能在与儿童一起进行哲学探究的同时，系统发展儿童的逻辑推理能力，等等。② 所以在设计师资培养方案时，无论是初级、中级还是高级水平，都必须将包含哲学知识在为的五类知识都囊括其中，只不过各阶段的侧重点不同而已。比如在初级阶段，可以第二类知识为主体；而到了中级和高级阶段，方可加重第一类知识的比重。在实践中，依靠以单个幼儿园或小学为基础的园本 / 校本培训是远远不够的，所以过去的师资培育没有能为儿童哲学输送大批合格的专任教师。如今，伴随着杭州师范大学儿童哲学研究所的成立，两项与师资培育有关的项目得以开展：一是成立全国性的儿童哲学校（园）际联盟，每年不定期召开儿童哲学的理论与实践研讨会议，并通过观摩儿童哲学示范课交流具体的教学心得及经验；二是开设在线线下相结合的师资培训课程，目前持续四个月的第一期初级课程已经完成，共为全国各省、直辖市、自治区的幼儿园和小学培养了 150 多名儿童哲学教师。当然，相比美英澳等国而言，我国的儿童哲学师资培训才刚起步，系统的培训架构仍有待在实践中建立和完善起来。

四、结语与展望

（一）理论研究：走向童年哲学

目前我国正在形成一批专业的儿童哲学研究者，且伴随"中国儿童哲学研究计划"的建立，各研究者之间的相互合作正在增强，因此全国性的儿童哲学

---

① 吴岩．李普曼的以对话为核心的儿童哲学课程观及启示［J］. 教育评论，2005（1）：97—98；张丽芳．儿童哲学课程开发与教师专业成长［J］. 上海教育科研，2004（8）：46—47.

② 朱长超．儿童哲学思维训练研究综合报告［J］. 思维科学通讯，2005（1）：8—30；陈荟．儿童哲学本土化困境及其对我国教育研究的启示［J］. 四川民族学院学报，2013，22（2）：80—84.

会议得以陆续召开 ①，儿童哲学的系列译著、著作 ② 和期刊专栏 ③ 也得以顺利推进。与此同时，我国和国际儿童哲学研究社群之间的交流管道也再次被打通，虽然早在 20 世纪 90 年代末国外学者（如劳伦斯·斯宾列特、沃特·科恩、汤姆斯·杰克逊等）就曾为中国最早的一批儿童哲学实践者们提供过培训，但在之后的十余年时间里，这种联系一直处于（半）停滞状态，而今由于国人开始参加国际儿童哲学委员会（ICPIC）的会议以及撰写儿童哲学主题的英文论文，这种联系日渐增强，并有望在未来真正融入儿童哲学的国际大家庭之中，乃至举办全球性的儿童哲学盛会。

但要使国际学术界真正关注中国儿童哲学的研究成果，则必须以东方传统及现代的智慧来丰富和扩展儿童哲学的研究，并逐渐形成具有中国特色的儿童哲学理论体系。目前的研究主要局限于对欧美学者研究成果的引介，基于本土哲学传统的原创性文章还相当匮乏，因此与西方学者的平等对话机制仍无法建立起来。④ 所以开展儿童哲学中国化的研究实属当务之急，2018 年在北京召开的世界哲学大会，是东西方哲学对话和中国哲学走向国际的重要契机，可借此进一步推动这项研究。不过，若要为这种本土化的儿童哲学研究奠定坚实的理论根基，则必须强化哲学分析的视角。教育和心理的研究更多地偏向于实践及应用的研讨，并善于用数据和证据来阐述现状问题，而哲学研究则聚焦于核心

---

① 东北师范大学及其附属小学已连续召开了三届以"儿童哲学"为主题的全国性会议，杭州师范大学自儿童哲学研究所成立之后也已经召开了第一届儿童哲学的全国会议。

② 在广西师范大学出版社支持下，经过一年的酝酿和筹备，"儿童哲学译丛"计划宣告成立。本计划将在未来 2—3 年内引入国外最有代表性、最前沿的儿童哲学理论及实践著作，目前正在进行的第一辑包括 6 本国外著作，预计近期出版。这些著作的出版有望为国内开展儿童哲学研究提供重要启示。

③ 在《上海教育科研》的支持下，笔者约请了我国几位有代表性的学者共同撰写了一批以"儿童哲学"为主题的论文，共计 6 篇，这是我国第一次在主流期刊上设立儿童哲学专栏。此后我们还在《教育发展研究》《教育研究与评论》《上海教育》《家庭教育》等期刊上陆续组建了儿童哲学专栏或连载文章。

④ 这并不是单属于中国的现象，在参加 ICPIC 双年会的过程中，笔者发现整个亚洲的声音都非常薄弱，基本上还是处于"作为学徒"的状态。尽管在亚洲，包括以色列、伊朗、韩国、新加坡和柬埔寨等在内的许多国家都长期致力于儿童哲学的实践，但在儿童哲学的主流杂志和交流平台上，亚洲学者的声音仍然少见，基于亚洲哲学或教育特色的儿童哲学模式也未能得到充分讨论。

概念的分析及理论基础、规范体系的构建，恰恰是目前的儿童哲学研究所不足的方面。且在儿童研究运动复兴及众多儿童学分支纷纷建立的当下，只有发挥哲学分析的优势，才能更加凸显儿童哲学的研究特色。

就此而言，我们不妨用"童年哲学"来指称这种理论研究，其意义将与女性主义哲学不相上下。具体而言，童年哲学深信哲学从来就不是中立的，传统哲学历来由成人所主宰，这种哲学反映的是"特权群体"（即成人）的体验与信仰，并深入到了所有的哲学理论之中。而童年哲学则期望在哲学方法论中增加一个新的维度，即"年龄分析"，开辟一条新的路线，即"儿童路线"，以便消除各种哲学理论范畴中的"儿童歧视"和"成人／儿童"的二元对立局面，弥补传统哲学在"普遍性"和"人类性"的外表下儿童缺席的弊端。童年哲学强调哲学可以是基于身体、冲动、天真和情感体验的哲学，这和传统的崇尚理性的成人哲学虽有不同，但也同样是一种做哲学的方式，并且和成人哲学没有优劣之别。为此，哲学家应在儿童视角下重新建构哲学的各个分支领域，探索并形成儿童特有的认识论、伦理学、社会政治哲学等理论成果及其方法。由此，我们发现童年哲学实际为哲学开辟了一个崭新的天地，若能围绕相关议题进行深度研究，必定能逐渐形成一个和其他哲学分支并驾齐驱的新领域，这也恰恰是儿童哲学的先驱们（李普曼 ①、马修斯 ② 等）当初所期望的。

（二）未来的实践走向

目前我国儿童哲学的足迹主要集中在沿海各省市，尤以长三角和京津冀地区为重，并且其形式非常多样，不仅以课程的形态存在于幼儿园和小学之中，也以社区教育、阅读馆活动、乡村公益活动、夏令营活动、在线精品课程等方式进行扩展和传播。但是在未来也有望继续向中西部地区（如贵州、湖南、陕西等）挺进，而这主要得益于网络师资培训体系以及全国儿童哲学校（园）际联盟的建立。杭州师范大学儿童哲学研究所、21世纪教育研究院和东北师范大学附属小学在这个过程中发挥了重要作用，截至目前所召开的多次大型的教学研讨会和新书发布会，有效促进了全国各地区相关学校之间的交流，并吸引了更多幼儿园及小学加入到儿童哲学的实践阵营中来。未来，各相关组织之间应

---

① Matthew Lipman. Philosophy Goes to School［M］. Temple University Press，1988.

② Gareth B. Matthews. A Philosophy of Childhood［R］. In The Ethics and Politics of Childhood，Presented at the Meeting of The Poynter Center for the Study of Ethics and American Institutions，Indiana University，2006：6.

建立更紧密的联络，并努力促成全国性儿童哲学机构的成立，以便更系统地开展实践开发、指导和师资培训工作。

儿童哲学的实施已经呈现出多样化的格局，学校和幼儿园的创造性开发也在不断进行中，但是对这些模式、策略和校本教材的深入反思及研究还略显不足，对国外常见的儿童哲学应用模式（如基于游戏或活动的儿童哲学探究、基于诗歌和艺术作品的美学探究等）也了解得不够，因此有赖于学者开展更多的田野研究与国际比较研究。实践过程中所存在的各种争议，尚不能通过几次有限的教学交流会得到圆满的解决，必须以更多的教学实践为依托来进行深度分析。所幸，国际儿童哲学界的代表人物（劳伦斯·斯宾列特、奥斯卡·柏尼菲、汤姆斯·杰克逊等）正陆续应邀访问中国，他们的到来为引进和剖析国外相对成熟的实践模式，促成东西方儿童哲学实践的对话等创造了良好的机会。① 由于目前我国开发儿童哲学实践材料的人力及专业经验不足，所以引进国外市场上流行的儿童哲学指导手册及故事文本、游戏材料，便成为当前我国开展实践研究的主要方面。但是从长远来看，由本国的研究者主导，开发基于本土教育情境的课程资源，必将是更好的选择，势必会成为我国儿童哲学发展的基本趋势。

第四节　中国儿童哲学研究三十年：回顾与展望 *

2019 年是中华人民共和国成立 70 周年，也是儿童哲学在中国发展的关键之年。从国际上来看，儿童哲学恰好走过了半个世纪的历程，而在中国，自 20 世纪 80 年代末迄今，也已经过去了三十多年。这三十多年见证了儿童哲学在中国由最初的默默无闻逐渐演变为教育学、哲学以及儿童研究领域的热点议题，并且其足迹已遍布大江南北的学校、幼儿园、社区和家庭。全面回顾和总结这三十年的学术研究历程对儿童哲学的后续发展而言至关重要，特别是东西方文明冲突日益升级的今天，了解中国学者在儿童哲学理论与实践的本土化研究方面所取得的成果以及局限，更有助于为形塑和构建具有中国特色的儿童哲学模

---

① 但他们的到来也引发了更多的争议，如奥斯卡所采取的严格审问的技术，让大多数中国家长和教师无法适应，部分学者也对他的模式提出了质疑，甚至批评奥斯卡过于强调技术，而忽略了儿童及对情感、社会交往的兼顾。

* 本节内容原载于《教育发展研究》2019 年第 15—16 期，此处做了部分修改和调整。

式奠定坚实的基础，如此才能促使中国学者在国际学术舞台上与西方同行开展平等及更有建设性的对话，并为儿童哲学的国际化发展贡献中国的独特智慧与力量。

一、研究方法

（一）数据采集

中国儿童哲学研究的相关文献数据主要来源于知网和维普，这两个数据库的论文既有重叠也有相互补充的地方，但都只能反映期刊、硕博论文以及部分报纸杂志的儿童哲学研究信息，还需要通过百度学术及亚马逊、当当网、京东、孔夫子旧书网等平台了解儿童哲学相关著作和译著的情况。在具体检索时，笔者使用了主题检索方式，主题词为"儿童哲学"或"童年哲学"，时间跨度为1987—2019 年的三十多年，学科范围主要为教育学、哲学和文学等，文献类型为期刊论文、硕博论文、报纸杂志、著作、译著。经过多渠道的采集并剔除其中相对无关的文献，剔除纯粹新闻报道或介绍而无研究的文献，总共获得有效文献 302 份。

（二）研究工具

笔者借用 Citespace V 和中国知网的文献分析工具进行计量分析。Citespace 是由陈超美教授基于 Java 语言所研发的，专门用于可视化呈现某一领域的研究热点、核心主题、知识基础及未来发展趋势的知识图谱软件，在国内外有非常广泛的应用。它能基于中国知网的论文数据进行引文分析、聚类分析和共词分析，可帮助我们以整体的面貌了解中国儿童哲学在过去三十多年的研究进展。中国知网的文献分析工具虽然只能分析前 200 篇文献，但它可与 Citespace 相互验证和补充，除了进行文献互引网络分析、文献共引及共被引分析、关键词共现网络分析、作者合作网络分析外，还能进行资源类型、学科、期刊来源、基金、作者及机构等各类分布的分析，并能以简洁明了的方式描述总体发展趋势。

（三）数据处理

笔者采用质量结合的数据处理方法。首先对来源于中国知网的文献数据进行 Citespace 知识图谱分析和文献计量分析，主要进行总体趋势分析、作者共现分析（或作者分布分析）、关键词共现（网络）分析、机构分布分析、文献共被引分析等。其次是通过深入到文献内部，并整合未在知网统计之列的期刊论文、著作、译著等数据，质性地分析中国儿童哲学研究的阶段性特点、所取得的主要成就及存在的不足，以便得出更具体翔实的结果报告。

二、研究结果与分析

（一）中国儿童哲学研究的基本历程

根据知网中前 200 篇文献的计量分析，可以绘制出如下的总体趋势图（见图 3.3），结合其他来源的文献以及对中国儿童哲学实践历程的了解，我们可以将过去三十多年中国儿童哲学研究的历程划分为四个基本阶段：第一个阶段为 1987 年至 20 世纪 90 年代中期，为儿童哲学的第一个十年时期，侧重对儿童哲学进行基本介绍并做好理论铺垫；第二阶段为 20 世纪 90 年代末期至 2007 年，为儿童哲学的第二个十年时期，实践者开始初步尝试，相关学术研究也进入短暂的高潮期；第三个阶段为 2008 年至 2016 年，为儿童哲学的第三个十年时期，这段时期儿童哲学的学术研究缓慢发展、稳中有升，但始终没能成为教育或哲学研究的热点议题；最后一个阶段则是自 2017 年迄今，为儿童哲学第四个十年的开端，在这个阶段，儿童哲学的相关文献数量开始呈井喷式增长，真正成为学术圈内（至少在教育学领域）一个不可忽视的话题，并引起社会各界的广泛关注，可以说儿童哲学自此才开始进入繁荣发展的时期。以下我们将结合文献数据对每个阶段的研究特点进行更翔实的分析。

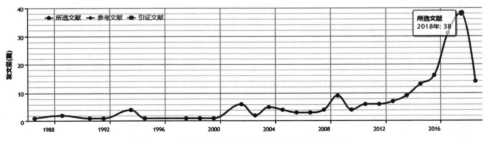

图 3.3 中国儿童哲学研究的总体趋势分析

1. 基本介绍和理论铺垫期（1987 年至 20 世纪 90 年代中期）

这一段时期以乔寿宁《美国儿童哲学教育评介》为开端，中国学术界开始关注儿童哲学，对此一新兴的领域进行了最基本的理论研究，从而为后期的实践奠定了初步的理论基础。学者们主要介绍了两位先锋人物马修·李普曼和加雷斯·马修斯的儿童哲学观，尤以前者为主。他们通过翻译李普曼关于批判性思维的文章[①]、参观美国的儿童哲学研究中心（IAPC）等[②]，从不同角度展现

---

① 李普曼.儿童哲学与批判性思维 [J].廖伯琴，译.教育评论，1989（6）：63—65.
② 冯周卓.在美国的"儿童哲学与思维发展中心"[J].湖南教育，1992（10）：16—18.

了美国儿童哲学课程实践的面貌，包括其理论基础与实践缘起、教材、教学模式、国际传播与发展等。陈国容 ① 翻译了马修斯的《哲学与幼童》，这也是中国儿童哲学研究史上的第一本译著，此后刘晓东 ② 对马修斯的儿童哲学思想进行了详尽分析，论述了其不同于李普曼的研究路径，即更加关注儿童自己的哲学，强调儿童哲学既可以是严肃的思考，也可以是轻松愉悦的概念游戏，认为儿童哲学是儿童对精神世界的最好方式的理性重构。中国学者开始意识到儿童哲学对儿童、哲学和教育的积极意义：它有助于认识哲学发生、发展的面貌，能促进哲学像自然科学那样对经济和社会发展发挥作用 ③；有助于使成人关注儿童的精神世界，把握儿童精神生活的特点与规律，帮助儿童过一种更加幸福充实的生活 ④；有助于改善中国教育理论研究的沉闷状态，解决传授知识与发展能力的关系问题 ⑤，为中国的现代化建设培育追求新知、独立思考和勇于创新的人才 ⑥。值得注意的是，这段时期的中国学者并没有局限在抽象分析的层次上，而是跨出国门，前往美国儿童哲学研究中心观摩学习，深入实地了解儿童哲学的理论成就与实践样态 ⑦，为下一阶段理论与实践领域的实质性突破奠定了关键性的基础。此外，他们也意识到了要在吸收和借鉴美国儿童哲学的基础上，建立适合中国国情的儿童哲学体系，也就是首次提出了"儿童哲学中国化"的命题，但是他们对如何实现中国化、哪些方面可以实现中国化等问题还缺乏明确的认知。

2. 初步尝试和短暂高潮期（20 世纪 90 年代末至 2007 年）

这段时期中国学者在理论研究上的关注点依然是李普曼的儿童哲学思想及实践体系，更具体地展现其理论基础（如思维与语言观、对话、杜威的实用主义教学理论等）和教学模式（研究者称其为探究群体、对话学习或对话讨论

---

① （美）加雷斯·马修斯.哲学与幼童［M］.陈国容，译.北京：三联书店，1989.

② 刘晓东.美国哲学家加雷斯·皮·马修斯的儿童哲学研究［J］.外国教育研究，1995（10）：31—35.

③ 周庆行.李普曼的儿童哲学计划述介［J］.哲学动态，1992（9）：8—10.

④ 刘晓东.美国哲学家加雷斯·皮·马修斯的儿童哲学研究［J］.外国教育研究，1995（10）：31—35.

⑤ 张诗亚.李普曼的儿童哲学观概说［J］.教育评论，1989（10）：65—66.

⑥ 乔寿宁.美国儿童哲学教育评介［J］.山西大学学报（哲学社会科学版），1987（3）：74—76.

⑦ 冯周卓.在美国的"儿童哲学与思维发展中心"［J］.湖南教育，1992（10）：16—18.

等）的设计意图、基本程序及教师在其中的作用等。在前一阶段理论积淀和实践参观的基础上，此阶段的中国儿童哲学研究取得了重大突破，即在 1997 年诞生了由山西教育出版社出版的一整套儿童哲学译丛，包括李普曼的《教室里的哲学》一书以及从小学一年级到高中三年级的全套儿童哲学故事读本及教师手册共 13 本，这在迄今为止的儿童哲学翻译工程中依然是"最大的手笔"。在此基础上，河南焦作地区的学校、云南昆明铁路南站小学、上海杨浦区六一小学和浙江温州瓦市小学先后开始在各自的教育现场实践儿童哲学，由此真正迈开了儿童哲学中国化的第一步。于是，学者们开始对本土的儿童哲学实践投入极大的热情并予以积极的评价和分析，主要集中于六一小学的课程实践，包括其课程类型、讨论模式、教学过程及案例、网站建设、与少先队活动的整合、对学生观念和能力的转变所带来的影响、对教师专业发展的影响等，对其他地区和学校的实践现状（如河南焦作地区 ①、陕西大荔县仁厚里小学、南站小学、云南民航儿童哲学实验幼儿园等）也略有涉及。在这个时期，有越来越多的学者关注到了马修斯，他们积极论证"儿童是天生的哲学家"并探讨其在教育上的意义，从而为实现儿童哲学实践模式的多样化奠定了基础。另外两本海外儿童哲学作品（即罗伯特·费舍尔的《教儿童学会思考》② 和詹栋梁的《儿童哲学》③）的引进以及刘晓东三本儿童哲学著作（即《儿童教育新论》《儿童精神哲学》《儿童文化与儿童教育》）的出版，皆说明在第二个十年，儿童哲学的学术研究开始发力并取得了重大成就。

3. 缓慢发展和稳步提升期（2008—2016 年）

2002 年时，儿童哲学曾掀起过短暂的研究高潮，但是此后儿童哲学研究却陷入低谷，并经历了一段漫长的缓慢发展的时期。这段时期的儿童哲学研究开始从小学教育阶段向学前、中学乃至高等教育阶段延伸，如金玲 ④、张晓蕾 ⑤ 对幼儿阶段开展哲学启蒙教育的必要性和可能性进行了初步探讨；刘

---

① 刘先琴."启发—探究式教学"激活焦作教育［N］.光明日报，2001-10-25.

② （英）罗伯特·费舍尔.教儿童学会思考［M］.蒋立珠，译.北京师范大学出版社，2007.

③ 詹栋梁.儿童哲学［M］.广州：广东教育出版社，2005.

④ 金玲.基于儿童哲学的幼儿教育［J］.教育导刊，2009（10）：1.

⑤ 张晓蕾.以绘本为载体的大班幼儿哲学启蒙教育实践研究［D］.济南：山东师范大学，2016.

晶、杨娟 ① 对西澳大利亚高中阶段的哲学课程进行了简要分析；李怡然等 ②
将儿童哲学应用于大学英语口语的课堂教学之中。对小学教育阶段的研究不
仅在空间范围上有了扩大（北京芳草地国际学校、江苏宿迁市众兴镇中心小
学、南京市江宁实验小学等更多学校加入到了儿童哲学研究与探索的队伍之
中），且在内容上也开始由儿童哲学的校本特色课程转向"儿童哲学＋语文学
科或品德学科"的融合课程。对儿童哲学刺激物的研究也开始兴起，主要集
中于绘本，学者们普遍认为绘本中存在大量儿童哲学的要素 ③，虽然绘本在儿
童哲学界仍然存在争议 ④，但是它们还是能有效地应用于儿童哲学的教学实践
之中 ⑤，尤其是在主题、情节、角色和语言等方面具有独特魅力的思考故事，更
能发挥优于传统的 IAPC 教材的作用 ⑥。大量来自欧美日的哲学启蒙绘本被引进
国内，绘本逐步成为儿童哲学实践中的宠儿，也就在这段时期，中国第一套原
创的儿童哲学启蒙绘本（即"酷思熊"系列）也正式出版发行了。这一阶段的
学者也非常注重对前一阶段中国儿童哲学研究的全面总结与反思，不仅指出了
其发展缓慢的多重原因，且探索了可能的突围策略，从而为儿童哲学的中国化
发展指明了方向。此外，这段时期还对马修斯的《哲学与幼童》进行了修订，
并引进了其他两本书，从而形成了完整的马修斯儿童哲学三部曲。罗伯特·费
舍尔的另一本代表作《创造性对话——课堂里的思维交流》⑦ 以及里夏德·普雷
希特（Richard David Precht）的《哲学家与儿童对话》⑧ 也被引入国内。笔者的

---

① 刘晶，杨娟．澳大利亚儿童哲学发展对我国的启示——以西澳哲学伦理课程为例
[J]．课程教育研究：学法教法研究，2014（16）：53—54.

② 李怡然，赵霞，李梦茹．基于 P4C 模式的大学本科英语口语课堂教学探究 [J]．海外
英语，2016（10）：51—52.

③ 朱自强．解密童书中的儿童哲学 [N]．中国教育报，2012-04-02.

④ 高振宇．以绘本为载体的儿童哲学对话——基于上海市某幼儿园的案例分析 [J]．教
育导刊（下半月），2014（10）：3—7.

⑤ 易强文．基于绘本的儿童哲学教学探究 [J]．科学大众：科学教育，2016（12）：
114—115.

⑥ 高振宇．儿童哲学 IAPC 版教材及多元文本的分析 [J]．浙江师范大学学报（社会科
学版），2010（2）：41—45.

⑦ （英）罗伯特·费舍尔．创造性对话——课堂里的思维交流 [M]．刘亚敏，译．北京：
社会科学文献出版社，2014：9.

⑧ （德）里夏德·普雷希特．哲学家与儿童对话 [M]．王泰智，沈惠珠，译．北京：三
联书店，2013：11.

《儿童哲学论》① 和林静、王凯旋的《儿童哲学智慧读本》② 则是两本有代表性的本土儿童哲学著作，前者对儿童哲学课程的来龙去脉及各个基本要素都进行了深入研究。

4. 快速增长和多元发展期（2017 年至今）

从 2017 年开始，儿童哲学研究驶入快车道，学术文献呈井喷式增长的态势，2017 年和 2018 年的相关文献都在 40 篇（本）以上，远远超过了以往任何一年的文献产量。在某种程度上这得益于儿童哲学研究中心的正式成立以及连续组织的 5 个儿童哲学专栏。这段时期中国儿童哲学在理论研究方面取得了突破性的进展，从哲学的视角出发深度分析儿童哲学的文献有显著增长，正是这些文献推动了儿童哲学作为一个学术领域的严谨性、丰富性和跨学科性，如夏素敏以逻辑学为切入点审视了儿童哲学的动因与内容 ③；郑敏希探讨了儿童哲学的"后哲学之思"和"成人"之维，探索了实用主义哲学家詹姆士批判传统认识论的若干命题对儿童哲学的启示 ④，并且以海德格尔哲学为立足点，讨论了儿童哲学的"思与诗"的活动，提出儿童哲学是一种栖居于世的生活方式 ⑤；刘晓东则揭示了儿童哲学课的哲学基础 ⑥，尤其是从海德格尔、中国古代童心主义哲学和哲学发生学等角度讨论了什么是儿童哲学 ⑦；笔者以孔子对话的哲学思想与教育实践对探究团体进行了解构与创新 ⑧；甚至对儿童哲学内部存在的"浪漫主义倾向"之批判也带有浓厚的哲学味道 ⑨。儿童哲学所延伸出

---

① 高振宇.儿童哲学论［M］.济南：山东教育出版社，2011：11.

② 林静，王凯旋.儿童哲学智慧读本［M］.北京：清华大学出版社，2013：7.

③ 夏素敏.逻辑学视角下的儿童哲学［J］.重庆理工大学学报（社会科学版），2017（12）：17—23.

④ 郑敏希.儿童哲学的后哲学之思［J］.上海教育科研，2018（1）：15—19.

⑤ 郑敏希.诗意人世中栖居的儿童哲学［J］.苏州大学学报（教育科学版），2019（3）：36—42.

⑥ 刘晓东.童心乃哲学之根——兼评一堂儿童哲学课［J］.上海教育科研，2018（1）：5—9.

⑦ 刘晓东.论儿童的哲学与儿童哲学课［J］.苏州大学学报（教育科学版），2019（3）：28—35.

⑧ 高振宇.孔子对话教学视野下儿童哲学探究团体的重构与创新［J］.教育发展研究，2018（15）：65—73.

⑨ 高伟.浪漫主义儿童哲学批判：儿童哲学的法权分析［J］.全球教育展望，2017（12）：12—23.

来的另一个重要议题"童年哲学"也开始受到学者的关注，笔者即对童年哲学的内涵、条件与意义进行了创造性的研究。① 儿童哲学的实践规模在这两年也得到迅速拓展，南北儿童哲学的校（园）际联盟相继成立，参与的学校与幼儿园遍布全国，地区性和全国性的儿童哲学活动及会议也持续开展，儿童哲学相关读物（包括引进版和原创版）陆续诞生，儿童哲学的本土化师资培训体系得以建立。在此基础上，对儿童哲学的实践研究也呈现出百花齐放的局面，过去三十年未得到关注的许多议题开始成为学术研究的重要主题，如儿童哲学与核心素养 ②、儿童哲学与关心 ③ 或关怀型思维 ④、儿童哲学活动的主题特征 ⑤、儿童哲学的戏剧游戏教学模式 ⑥、夏威夷儿童哲学的实践模式 ⑦、儿童哲学与儿童读经的比较 ⑧，儿童哲学教学过程中的确定性与不确定性 ⑨，等等。

（二）中国儿童哲学研究的主要成就与局限

对三十多年来中国儿童哲学的文献，围绕关键词分别绘制 Citespace 知识图谱（见图 3.4）和 CNKI 知识网络（见图 3.5），两者相对一致地呈现出在文献中高频出现的关键词，这些关键词主要分布在儿童哲学的原理研究（如李普曼、马修斯、童心主义、童年哲学、杜威等关键词）、儿童哲学的课程研究（如儿童哲学课、幼儿园教育活动、校本课程、绘本等关键词）、儿童哲学中的儿童研究（如天性、哲学家、爱智慧、儿童思维等关键词）、儿童哲学中的学校及教师研究

---

① 高振宇. 童年哲学的建构：内涵、条件与意义［J］. 北京教育学院学报，2017（6）：25—33.

② 高振宇. 基于核心素养的儿童哲学课程体系建构［J］. 上海教育科研，2018（1）：20—23.

③ 杨妍璐. 儿童哲学：一种基于"关心"的教育［J］. 北京教育学院学报（社会科学版），2017（6）：40—46.

④ 马巧茸，高振宇. 关怀性思维与儿童哲学［J］. 现代教育科学，2017（12）：115—119.

⑤ 古秀蓉. 论儿童哲学探究活动的主题特征［J］. 北京教育学院学报（社会科学版），2017（6）：34—39.

⑥ 孙丽丽. 儿童哲学探究的戏剧游戏教学模式与策略［J］. 陕西学前师范学院学报，2018（10）：35—41.

⑦ 冷璐. 夏威夷儿童哲学的实践模式［J］. 陕西学前师范学院学报，2018（10）：29—34.

⑧ 潘小慧. "儿童读经"与"儿童哲学"大不同——从伦理教育理念看儿童读经与儿童哲学［J］. 陕西学前师范学院学报，2018（10）：1—4.

⑨ 杨妍璐. 儿童哲学：为不确定性辩护的教育［J］. 苏州大学学报（教育科学版），2019（3）：43—50.

（如六一小学、南站小学、教师发展等关键词）、儿童哲学的国际比较研究（如中国化、比较、美国、澳大利亚等关键词）等领域。以下我们将以这五大领域为基础，深入到文献内部，全面总结中国儿童哲学研究所取得的主要成就及其局限。

图 3.4　基于 Citespace 的关键词共现分析图谱

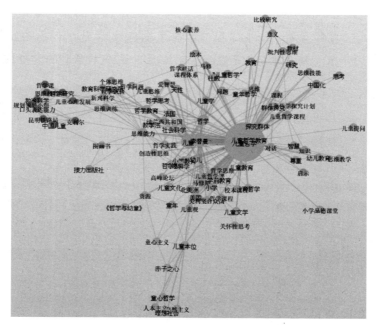

图 3.5　基于 CNKI 文献分析系统的关键词共现网络

1. 儿童哲学的原理研究

原理研究涉及对儿童哲学基本问题的研究，主要包括儿童哲学的内涵及其发展、儿童哲学的意义与价值、儿童哲学的理论基础、儿童哲学的先锋人物、童年哲学等关键议题。儿童哲学的内涵界定是过去三十多年来始终关注的重点议题，最早是根据李普曼的儿童哲学课程（P4C）来界定的，及至目前，它依然是我国学者对儿童哲学的主要理解方式。为了将 P4C 与儿童哲学的其他概念形态相区分，近来也有学者称其为"儿童哲学教育"。自刘晓东开始，学界才开始注意到儿童哲学的另一种表达方式，即马修斯的"与儿童的哲学"（Philosophy with Children，简称 PwC），进而开始关注"儿童自己的哲学"（Philosophy of Children，简称 PoC），寻求从儿童的视角出发，在不同的时空环境（不局限于学校教育）下，与儿童一起做哲学。也有学者（如詹栋梁等）认为 P4C 和 PwC 分别代表了美国和欧洲的儿童哲学之风格，不过正如笔者在《儿童哲学论》中所指出的，两个地区的差异尽管存在，但不能被过分夸大，两者实际已呈现出彼此融合的状态。无论是 PwC 这种基于儿童智慧而发生的随性的、动态的哲学对谈，还是 P4C 这种体系化、教材化的面向儿童的哲学课程，在全球各地皆普遍存在，尽管后者在应用时并不一定会采纳 IAPC 所开发的课程体系及教材。当然，在国际儿童哲学界还存在"由儿童创造的哲学"（Philosophy by Children，简称 PbC）这一说，斯坦蕾、赖丽等学者就指出，PbC 中的哲学是由处于游戏中的儿童、他们的会话、人与人、人与有机体和物质环境之间的相互作用所产生的，强调刺激物（如故事）在儿童进行概念游戏的过程中被创造和搜集，倡导并发展儿童进行哲学游戏的能力。① 关于儿童哲学的这个新表达方式，国内学者还缺乏比较深入的研究，尽管在游戏层面已经有学者（如孙丽丽等）进行了初步探索。令人欣喜的是，目前在我国儿童哲学的研究过程中，已经有学者（如童世峻、高振宇等）提倡对 P4C 做出新解，将传统的 P4C 和 PwC、PoC、PbC 都连接起来，整合为一个具有四大解释维度的"新儿童哲学"，此点对儿童哲学概念的国际化发展亦具有重要意义。

　　关于儿童哲学的理论基础，学者们已分别从哲学、教育学、儿童观、心理学四大角度进行了论证，重点关注的人物是杜威、卢梭、维果茨基、皮亚杰等，对于奠定儿童哲学理论基础的其他维度则关注不足，如乔治·米德（George Mead）的符号互动论、西方哲学中的对话传统与儿童观等。尤其是在中国情境下，儿童哲学更需要去寻找本土文化和智慧传统中的根，因此须积极探索儿

---

① Sara Stanley & Sue Lyle. Philosophical Play in the Early Years Classroom［C］. In Maughn R. Gregory，Joanna Haynes，Karin Murris（eds.）. The Routledge International Handbook of Philosophy for Children. Routledge，2017：7—8.

童哲学在中国独特的理论基础。儿童哲学的核心是"探究团体"（Community of Inquiry），对于此概念的理论来源、核心特点及其多元应用，也是这部分研究的重点，目前的研究对于其来源的探索不足，只是重点介绍了它在实践中的基本特点，对于其复杂的理论意义、在其他教育领域的应用以及与实践共同体、学习共同体等的比较研究还应进一步扩大。皮亚杰是马修斯儿童哲学体系中非常重要的人物，但是国内对皮亚杰的反思力度明显不足，相关的基础理论研究和实验研究都缺乏，对国外新皮亚杰学派的批判性分析也同样不足，进而减弱了确立儿童思维发展新理论的可能性。

就儿童哲学的意义或价值来说，教育界的同仁已经有比较清晰的认识，主要集中在儿童的思维发展方面，早期更关注批判性思维和创造性思维，近来开始关注团体协作、交往沟通和关怀思维等层面，从而将儿童哲学与学生核心素养的发展进行了对接。已经有越来越多的教育学者意识到儿童哲学对素质教育及深化课程改革的重要意义，因此实践该课程的幼儿园和学校在持续增加之中。但是学者们还普遍缺乏比较和宏观的视野来审视儿童哲学本身，比如儿童哲学与国内目前在体制内外所倡导的其他教育创新项目（综合实践活动课程、学习共同体、戏剧教育、思维发展课堂等）在一些基本理念上是极相似的，如何分解出相似之处和不同点，强化彼此渗透与互补，以便合力推进基础教育课程改革，这是一个有待深入研究却极为重要的课题；儿童哲学对哲学发展的价值、对当代中国儿童研究共同体及基本范式的形成所具有的重要意义，都还未引起广泛的关注。甚至在理论界和实践界，仍然存在质疑儿童哲学的声音：一部分人是基于对儿童哲学的误解（比如将儿童哲学等同于儿童马克思主义哲学、对儿童进行严肃的哲学传授等）所做出的误判；另一部分人则在儿童是感性还是理性的形象问题上与儿童哲学发生了"冲突"，他们不认为儿童的精神世界应包含理性思辨的维度，这种维度"应"属于成人的世界，也有的认为将这种"非主流"的维度"放大"是走入了儿童浪漫主义的误区。

从上述争议出发，会衍生出一个新的可能领域，即童年哲学（Philosophy of Childhood），可视为"儿童哲学"的理论升级版，它更重视对儿童或童年的哲学理论研究。李普曼、马修斯、肯尼迪、可汗等国际学者已经就这个领域进行了初步探索，但是该领域对哲学自身以及整个儿童研究的价值还未充分显现出来，有待更多学者的深入挖掘，特别是要学习女性哲学的发展思路，去开辟一个有鲜明儿童立场和视角的新哲学领域。当前的儿童研究较多以新童年社会学的主要架构为基础，童年哲学可扮演更奠基的角色，对儿童或童年本身进行更彻底、综合的审视与分析。目前国内已经涌现出一批关注此领域的学者，如刘晓东、郑敏希、苗雪红等，他们不仅提出了童年哲学的内涵及其框架、建构策略与意义，而且从东西方哲学传统（詹姆斯、海德格尔、孔子、老子、庄子、孟子、李贽、王阳明等人的哲学思想）出发，力图建立具有浓厚哲学韵味的童年哲学理论体系。

儿童哲学自身的发展离不开灵魂人物的推动，因此对儿童哲学的学术（史）研究应包含人物及其思想的研究，在学术史领域又可称为"学案研究"。过去三十多年我国学术界对国际儿童哲学的两大人物即李普曼和马修斯进行了重点研究，并对二人的儿童哲学理念与实践进行了比较。但是对李普曼的研究还主要局限在他创立儿童哲学的历史背景与直接原因，以及他建构儿童哲学课程体系的种种努力上，对于他自身的思想来源及其演变历程还缺乏关注，比如他的学缘背景、求学历程、与当时美国主要教育家和哲学家的联系、学术发展历程、贡献与局限等。对马修斯的研究也可遵循同样的思路。另外，国际儿童哲学领域在经历半个多世纪的发展之后，已经涌现出像凯瑞·毛瑞斯、大卫·肯尼迪、沃特·可汗、汤姆斯·沃特伯格、菲利普·卡姆、王清思、潘小慧等在区域和国际范围内发挥中流砥柱作用的顶尖学者，他们每个人的研究缘起、历程及贡献都可以成为一个重要的儿童哲学研究专题，但是国内的研究者还缺乏对他们的关注，甚至连最基本的介绍也寥寥。此外，国内儿童哲学界的代表人物如刘晓东、于伟等（见图 3.6 和图 3.7），也应成为这种学术史研究的重要组成部分，这方面的研究也亟待开拓。

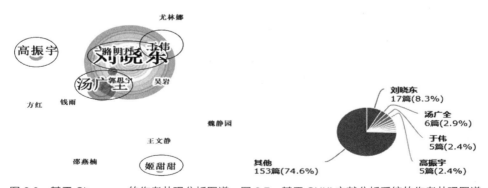

图 3.6　基于 Citespace 的作者共现分析图谱　图 3.7　基于 CNKI 文献分析系统的作者共现图谱

2. 儿童哲学的课程研究

对儿童哲学的课程研究实际上就是在传统的 P4C 的框架下所进行的研究，通常包括儿童哲学的课程目标、课程资源、课程实施（即教学）、课程评价四大方面。就儿童哲学的课程目标而言，思考力的提升是最主要的关键词，主要的思考力为批判思考力（另一说是审辩思考力）和创造思考力，这也是李普曼儿童哲学项目强调的重点。近来则拓展至关怀思考力的层面，并开始融合当前课程改革的热点——核心素养，因而同时强调团体协作力和交往沟通力，这些共同构成了儿童哲学所欲发展的五种核心能力（·5C）。当然，在实践界，也有把交往沟通力合并到团体协作力之中，因而统整为4C，以作为对P4C的另一种解读。近来亚洲学者纷纷倡导将关心及关怀性思考作为东方儿童哲学首要关注的目标，这是基于东方文化更加重视伦理关怀之故，因此我国学者对关怀性思考的研究程度也应有所增强，并将之与中国哲学的伦理传统进行对接。与此同时，儿童哲学也注重提升儿童对"哲学大观念"的理解力，实现认识上的进步，即不断逼近可能的真理，这是确保儿童哲学的探究具有教育性的重要方面。但是在这个方面已有文献关注得并不足够，比如如何界定这种进步，如何围绕某个大概念设置横向或纵向的"思想里程碑"，儿童在认识上的进步与哲学史上的种种解答方式或理论有何联系等，都须开展更深入的研究。儿童哲学也致力于促成儿童在情感态度价值观上的变化，特别是情商各个层面的发展以及儿童在行为习惯及实践方式上的改变，已有研究已经关注到了这两个方面，但是对儿童哲学与情商的关系、儿童哲学如何促成儿童由认知转变走向行为转变等议题，还有待于更进一步的研究。如今，我们主张将以上四个方面以中国传统哲学的表达方式来加以统括，即技艺、义理、情意、修行。但是这四个方面均属于"末"，儿童哲学的目标有其根或"本"，这个"本"就是古希腊哲学所强调的灵魂转向或中国儒道学者所追寻的"道"，对此我国学者已有初步认识和讨论，这也有望对国际儿童哲学的研究做出富有价值的贡献。

（1）儿童哲学的课程资源或刺激物。我国于1997年就翻译了近乎全套IAPC学生用书和教师手册，这在国际范围内也是罕见的。最早期实践儿童哲学的小学也曾尝试使用过IAPC的教材，但不久便完全放弃了，转而自行开发出具有校本特色的儿童哲学材料。目前至少有南站小学、六一小学、瓦市小学和芳草地国际学校等小学陆续开发出了这类校本教材，对不同区域的儿童哲学校本化研究产生了一定的促进作用。但是对IAPC教材（尤其是更新版）和这些校本教材的深入分析以及比较研究，还有待学者的进一步开拓，特别要积极吸收IAPC教材的优势，而不能以国情不同为由去制造降低哲学品质甚至意图"照本宣科"的材料。绘本则成为第三阶段以来儿童哲学课程资源中的一个热点话题，无论是幼儿园还是小学低中段，对这类既有趣味又更加普遍的刺激物均予以了重点研究与实践，甚至衍生出由我国中小学教师及学者主导的儿童哲学本土绘本的创作（如"酷思熊"系列、"叽里咕噜的哲学"系列等）。其他文本类的刺激物还包括寓言、童话、成语故事、神话、新闻素材以及语文、道德与法治等主流学科的教材，许多学校（幼儿园）对这些刺激物投入了大量人力进行实践与研究，甚至通过校（园）际联盟的方式（如杭州西湖区"语文 + 儿童哲学"联盟）来拓展研究的深度与广度。动画片（如《雨果带你看世界》《小猪佩奇》等）、游戏（哲学游戏、民间儿童游戏等）、戏剧（角色扮演等）、音乐（如童谣）或美术作品（如世界名画）等刺激物也开始受到国人的关注，并陆续有相关文献的引进或出版，但由于实践上的尝试还处于初级阶段，深度的反思与总结仍比较缺乏。

（2）儿童哲学的课程实施。这方面以介绍李普曼儿童哲学模式的具体实施方法、本国代表性学校（如六一小学、南站小学和瓦市小学）的实施策略为重点，不仅涉及儿童哲学特色课的教学方法及过程，也包括儿童哲学整合课（与语文、品德、少先队活动等）的实践方式。国内学校及幼儿园在实施儿童哲学时，确实探索和总结出多种操作策略及模式，形成了自身的特色，特别是没有局限于单纯的口头交流，而能有场地或活动的体验。但是他们也存在偏好辩论、未能充分运用探究团体这种核心方法、以儿童哲学之名实施知识或价值观灌输之实等比较显著的问题。儿童哲学与五大领域、一日生活及自主游戏等的整合研究，儿童哲学与数学、科学（或 STEM）、艺术、综合实践活动等学科的整合研究，目前也都比较缺乏（合肥师范附小二小、泉州丰泽区第二实验小学等则在这方面做了初步探索）。即便在语文领域，整合的维度也主要在阅读层面，写字和写作这部分虽已开始得到关注，但相关研究只在少数学校（如浙江上虞华维文澜小学等）进行。

（3）儿童哲学的课程评价。这是目前国内儿童哲学课程研究最薄弱的地方。已有的评价在维度上涉及对教师课堂教学的评价、对学生发展结果的评价，主要利用的是观察、访谈、问卷等比较常见的定性评价方法，并且属于自主研发的。近来古秀蓉、冷璐等才开始引入 IAPC 专用的儿童哲学探究群体评价量表。[1] 但是像批判思考力、创造思考力的测量，国际上已有通用的标准，儿童哲学界也有如"新泽西推理能力测试"这样的测量工具，国内对这些量表的关

---

[1]　古秀蓉，冷璐．儿童哲学探究活动的教育评价研究［J］．上海教育科研，2018（1）：28—32.

注度不足，并且尚未将其应用于实践之中，以对学生经历儿童哲学之后思考力的真实变化进行科学测量。另外，国际上也通过阅读、数学、科学等领域的测量工具以及情感态度价值观、人际交往层面的测量工具来检测学生在学习儿童哲学之后于上述领域的发展情况，而国内对这些量化的研究所知甚少，更未曾运用于实践之中。这就限制了国人对儿童哲学的认可程度，从而阻碍了它的大规模推广。

3. 儿童哲学中的儿童研究

儿童哲学的基础在于"儿童有自己的哲学"（Philosophy of Children），因此在儿童哲学领域中，对儿童的研究主要就在于揭示儿童精神世界中所存在的朴素哲学思想或从事哲学探究的重要时刻，以此来证明"儿童天生就是哲学家"这个关键性的命题。目前国内对儿童的哲学思想记录最全面的要数周国平，在《宝贝，宝贝》①和《女儿四岁了，我们开始聊哲学》②等书中，他通过对自己女儿啾啾的观察，详细再现了3—12岁儿童在时间、生命、死后生活、长大、名实关系、本体、感觉、真理、意识、事实与现实、知识等涉及多个哲学领域的困惑与思考历程。林德宏也同样对自己的儿子苗苗做了深入观察，通过真实案例总结了儿童在哲学思维上的特点。③教育界的研究者（如史爱华、张莉、杜燕红、朱国洁等）对儿童的哲学思考还未进行过如此详细的记录，通常是截取儿童生活中的几个片段或从别处引用几个案例来说明儿童提问或"原声音"中所包含的哲学因子，并总结儿童哲学思考的特点。对于儿童哲学的年龄起始以及各个年龄段（学前、小学、初中、高中）儿童在哲学思考上的不同特点、发展轨迹等议题，国内学者也未进行过深入研究，因而对实践过程中开发基于儿童的哲学课程构成了挑战。比较有趣的是，通常学界会认为儿童从三四岁开始才能进入哲学思考的国度，但是伴随《宝宝也是哲学家》④的出版，这种年龄的边界被打破了，显然，国内学者对0—3岁年龄段儿童的哲学探索历程及特点尚未做过任何研究，但对国际学界来说，这也是一个有争议的新话题。当然，儿童哲学中还有许多值得钻研的其他儿童议题，如儿童是如何体验哲学课程从而推

---

① 周国平.宝贝，宝贝 [M].杭州：浙江文艺出版社，2014.

② 周国平.女儿四岁了，我们开始聊哲学 [M].北京：电子工业出版社，2016.

③ 林德宏.儿童的哲学世界 [J].南京大学学报（哲学·人文·社会科学），1999（4）：149—155.

④ （美）高普尼克.宝宝也是哲学家 [M].杨彦捷，译.杭州：浙江人民出版社，2014.

动自身成长的，儿童哲学中的同伴交往、师生交往、亲子交往、儿童文化（如团体探究中存在注重"言说"的文化，会对不太爱说话的儿童构成某种压迫），如何处理儿童哲学与儿童研究其他领域（如儿童社会学、儿童人类学、儿童文学、儿童心理学等）的关系，以及如何借用后者来进一步挖掘儿童哲学学术潜能，等等。目前由于儿童研究在整个教育界还处于草创阶段，成果偏少，所以学者在探索儿童哲学时很少会联想到儿童研究的其他领域，进而限制了研究的思路与深度。

4. 儿童哲学中的教师研究

教师研究也是儿童哲学学术领域内相对薄弱的一环。最为普遍的研究内容为教师的角色，学者们普遍意识到团体探究环境中的教师角色和常规课堂教学中的角色是不同的，因而对教师提出了更高的要求。这种新的角色包括引导者、指导者、启发者、助动者、组织者、共同探究者、思维技术顾问、"大朋友"、参与者、评论者等。在这种角色之下，教师须履行诸如经营探究团体、参与探究、引导对话、开展思维游戏等职责。此外，少数学者（于伟、段为等）还谈到了儿童哲学教师所应具备的素养，并谈及教师缺乏这些素养的具体表现以及提升的途径与策略。张丽芳还从六一小学的经历出发，特别谈到了儿童哲学课程开发对教师专业成长的意义。[1] 但是在儿童哲学领域内的教师研究还未能与整个教师研究的学术传统与前沿建立起紧密的联系，因此相关的诸多议题仍可以在未来进行深入的探究，比如教师乐意开展或抵触儿童哲学的表现及可能原因、儿童哲学专家型教师与新手教师的区别、儿童哲学教师的专业发展之路、儿童哲学对教师专业发展的影响（如重塑其儿童观和教育观等）、儿童哲学教师的自我研究或叙事研究、儿童哲学教师的自我效能感或倦怠感及其与学生学业成就之关系、儿童哲学教师的知识结构或专业资本、儿童哲学教师的职前和职后培养体系，等等。

5. 儿童哲学的国际比较研究

从当代的视角来看，儿童哲学是属于从美国引入的"舶来品"，因此从开始时国内学者就进行了国际化的研究，这种研究集中体现在对美国儿童哲学促进协会（IAPC）和李普曼、马修斯等人思想的研究上。如冯周卓、周庆行等讨论了 IAPC 组织的具体运作和发展历程；高振宇、鲍梦玲等对 IAPC 系列教材的特点（插图、语言、情节、主人公、逻辑训练等）进行了分析；胡也、吴岩等则

---

[1]　张丽芳.儿童哲学课程开发与教师专业成长 [J].上海教育科研，2004（8）：46—47.

从课程理念、教学法、环境营建等角度对 IAPC 的儿童哲学课程进行了介绍。也有少数研究者提到了儿童研究国际协会（ICPIC）以及其他国家的发展情况，如余保华、刘晶、杨娟等对澳大利亚的儿童哲学发展历程及概况进行了详细研究。2019 年 1 月《上海教育·环球教育资讯》发表了一组儿童哲学的国际研究论文，具有填补空缺的重要意义，其中介绍了英国 ①、美国夏威夷 ② 和韩国 ③ 的儿童哲学发展历程、主要研究机构、实践模式、在学科中的应用等并进行了简要评论。笔者在《儿童哲学论》里也提到了巴西、丹麦、韩国、澳大利亚、英国等国的儿童哲学发展概况。未来须借助社会学、心理学、统计学或经济学等领域的研究方法，对有关国家的儿童哲学发展情况与成果进行定量或定性研究，尤其是邻近的亚洲国家（如新加坡、日本、韩国等）和欧洲大部分国家（如法国、德国、俄罗斯、西班牙、丹麦等），并进行跨文化、跨国家或跨区域的比较，以便揭示各国儿童哲学不同发展状况背后的影响因素，汲取必要的经验以为我国儿童哲学的发展搭桥铺路。当然，国际比较研究的另一面应当是在了解国外概况的基础上，探索本土化发展的可能路径，以便发展出具有本国特色的儿童哲学模式，与国际同行展开平等对话。其中，陈荟、高振宇、汤广全、杨隶瑛、黄彬、魏桂军、骆明丹等都对儿童哲学中国化过程中所存在的主要问题、内外原因、解决对策等进行了重点讨论，为未来儿童哲学的优化发展指明了方向。但是，中国化的研究若停留于此是远远不够的，须进行更加实质性的探索，解决如何基于中国传统文本来开展哲学探究、如何基于中国传统智慧来构建中国儿童哲学的理论框架甚至是流派、如何设计出具有中国特色的实践模式等，才能在国际儿童哲学研究的舞台上有一席之地。

三、中国儿童哲学研究的未来展望

目前，我国正在积聚越来越多关心和研究儿童哲学的学者，这些学者的主体依然来自教育界，但文学界、哲学界和心理学界的学者也陆续加盟到儿童哲学的研究阵营中来，促使儿童哲学的队伍保持不断扩大之势。在早期，儿童哲

---

① 杨落娃.英国：哲学讨论能提高儿童的数学和阅读能力［J］.上海教育·环球教育资讯，2019（1）：36—39.

② 冷璐.美国：夏威夷儿童哲学的团体探究式教学［J］.上海教育·环球教育资讯，2019（1）：40—43.

③ 金海英.韩国：儿童哲学促进"儿童的再发现"［J］.上海教育·环球教育资讯，2019（1）：44—47.

学的各类研究者及研究机构之间基本上处于各自为政的境地，彼此缺乏深度的交流与合作，导致儿童哲学整体发展缓慢。如今，伴随相关研究机构的推动及期刊专栏的建立、全国性及地方性儿童哲学会议的召开、儿童哲学系列译著和著作的出版、学校及幼儿园儿童哲学实践联盟和专家指导委员会的成立等，各个研究者或研究团体之间的紧密合作关系已经初步成型，这些都可为提升中国儿童哲学研究成果的质量与数量、形塑具有中国特色的儿童哲学理论与实践模式等奠定最坚实的基础。

　　除加强内部团结以形成研究合力之外，中国学者也积极走出国门，通过参加儿童哲学国际委员会双年会、世界哲学大会、美国教育研究协会年会及世界儿童研究大会等，向国际同行介绍自己的研究成果，并开展更富有建设性的平等对话。在未来，我国学者至少会从三个方面入手为国际儿童哲学研究的发展做出重要贡献：一是展示中国儿童哲学在幼儿园、小学、初中、高中、社区、家庭、图书馆等的实践经验，特别是分享中国教育者在课程目标的重构、刺激物的开发、教学模式的多元发展、课程评价的设计与实施、家园或家校合作的策略、跨学科（从语文品德走向数学科学和艺术）整合等方面的最新研究成果；二是结合中国传统及当代的哲学智慧，提升儿童哲学研究的理论深度，形塑具有中国特色的儿童哲学理论流派，特别是要在境内推动童年哲学的领域建设，将儿童哲学的研究从传统的教育应用研究导向对儿童、童年的哲学研究；三是连接更广泛的、具有超学科属性的儿童研究领域，与儿童社会学、儿童史学、儿童人类学、儿童经济学等研究方向保持紧密联络并加强有意义的对话，积极吸收这些分支方向的理论成果，从而显著扩大儿童哲学研究的主题范围并提升其理论探索的深度。以上三个方面都是目前国外学者关注较少且成果相对缺乏的领域，而中国学者中已经有部分代表及所在机构在往这些方向发展，如关于童年哲学的国际国内专栏正不断确立，融合儿童哲学研究的"新儿童研究"期刊正在筹备之中，以儿童研究为主题的学术年会将持续举办，等等。因此可以期待的是，未来中国学者将会开展更多本土化的理论与实践研究，发表更多高水平的研究成果，而国际儿童哲学学术界也将会涌现出越来越多的中国原创声音，从而真正实现鲁迅先生所言"只有民族的，才是世界的"。

第四章

儿童哲学的课程建构与实践探索

世上只有不爱智慧的大人，没有不爱智慧的孩子。可是，大人也是孩子长大的呀！怎么会小时候爱智慧，长大了反倒不爱智慧了呢？我想那是因为：第一，大人有好多事要忙，他们往往会觉得自己更需要的是挣钱的本事，而不是智慧；第二，他们对周围世界已经很熟悉，对好多事常常满足于一知半解便不再觉得惊奇，而惊奇却是爱智慧的主要原因。也许还有第三，第四……但说来说去却可以归结为一句话：有些大人失去了童心……爱智慧不等于有智慧。没有爱智慧的心，当然成不了有智慧的人；有了爱智慧的心，还要再经过学习，才有可能成为有智慧的人。在我看来，爱智慧的心就是没有因人情世故而变老的童心，而哲学家们最像大孩子。

——朱正琳《哲学是爱智慧》

人们在评论哲学时通常存在一个误解，它常常伴随着哲学问题无法回答这样的思想："哲学从未取得任何进步。"但进步是多种多样的，并不是只有找到问题的答案才算是向前迈进了一步。我们可以梳理、细分问题，发现它令人混淆的基础。我们可以做出部分的回答。这都是进步。甚至当发现一个问题不可回答而将之抛弃也是一种进步。即使没有获得定论，我们也不再满足于原来的答案，这何尝不是一种进步呢……初次接触哲学的人还常有一个观念："真理是相对的。"这句话含义丰富。如果它单指人们的看法与他们的视角、文化有关，那没有什么问题。然而，如果说由于人们的视角、文化不同，同一个句子既正确又错误，那么就有问题了。一句话不可能既对又错，一个人不管想如何用"真理是相对的"这句话来证明都不会成功。

——布鲁克·穆尔、肯尼思·布鲁德《思想的力量：哲学导论》

第一节　基于核心素养的儿童哲学课程体系建构 *

世界范围内的课程改革正以培育学生核心素养为主要的风向标。儿童哲学倘若要在现存的教育系统中具备更强的"合法性",为更多的学校教师与领导所认可,就必然要以发展学生核心素养为最终归宿。事实上,儿童哲学与核心素养之间不仅存在着天然的联系,而且在发展核心素养方面拥有独特的优势与价值。本节将在详细阐明这种联系与优势的基础上,依据核心素养的要求,对儿童哲学的课程架构做进一步调整与改造,以维护和发展其在现有课程体系中的独特地位。

一、儿童哲学以核心素养为理论与实践渊源

马修·李普曼、安妮·夏普、菲利普·卡姆等先驱们在文献中多次提到,儿童哲学的理论渊源主要是西方的"反思性教育"传统,正是基于这个传统,我们认为儿童哲学与核心素养存在着天然的联系。这个传统自苏格拉底始,经由蒙台涅和洛克等人的初步发展,至杜威时有集大成式发展,其主要内涵即是将培养儿童的思维能力而非知识灌输作为学校教育的核心。苏格拉底通过诘问式对话,试图让每一个雅典公民都能以彻底反思的理性精神去重新审视自己,他的那句名言"未经反省的人生是不值得过的"响彻至今。杜威也曾明确表示,"就儿童的精神而言,学校所能做的全部事业就是发展儿童的思维"[1]。这里的思维乃是理智学习的方法,它本质上是一种反省性思维,即积极、持久和认真地检视任何形态的信念或知识,考察其背后的根据和推出的结论。[2] 而为了要发展儿童的反省思维能力,就必须使他们置身于探究的学习环境之中,使其与同伴相互对话。

这个传统在儿童哲学身上有着最鲜明的体现。创立儿童哲学的实践动因是李普曼对 20 世纪 60 年代美国教育的批判性反思,他认为处于成年阶段的大学生缺乏必要的逻辑思维能力和探究精神,习惯沉溺于似是而非的"美丽言辞"中而不假思索,完全是"榆木脑袋的一代",因此主张从幼儿园阶段开始就对

---

* 本节内容原载于《上海教育科研》2018 年第 1 期,此处做了部分修改和调整。

[1] John Dewey. Democracy and Education [M]. New York: Free Press,1966:152.

[2] John Dewey. How We Think [M]. New York: Prometheus Books,1991:6.

学生进行思维能力的系统训练。另一方面，李普曼也不满于教育中普遍存在的"意义缺席"现象，而主张必须由儿童自己去发现和构建在学校中生活的意义，且最好通过思考和探究来实现，因为这两者是儿童获取意义的最强有力手段。所以就儿童哲学最原初的目的来说，就是为了使儿童掌握如何进行优质思维的能力与态度，从 20 世纪 70 年代迄今关于儿童哲学的文献及校内外实践始终是人们关注的焦点，儿童哲学因而成为众多思维开发项目中的一员。

但是儿童哲学在强化以思维为学校教育核心的同时，又对反思性教育这个传统做出了新的发展。其一，对学生的思维教育应在更早的阶段进行，这个阶段是指皮亚杰所认为的那个具体运算阶段（6—12 岁）乃至前运算阶段（5—6 岁），不仅在理论上有必要，而且在事实上也被证明是可行且有效的；其二，哲学应脱离大学象牙塔的桎梏，可作为发展儿童思维的关键载体，并且哲学拥有其他学科或项目所没有的独特优势；其三，埃尔金指出情感在思维过程中发挥着嵌入信念、提供参照系、聚焦、强调等功能[1]。因此，思维的发展应是认知和情感两个维度的交叉融合，于是儿童哲学创造性地提出了"关怀性思维"这个概念并以之为重大目标，这里的关怀性思维，用李普曼的话来说，本质上就是具有这种融合功能的特殊思维。

二、儿童哲学课程的目标体系

儿童哲学所要培育的素养体现在认知和非认知领域的多个方面，但就其最核心的目标而言，主要体现在审辩思考力（Critical Thinking）、创造思考力（Creative Thinking）与关怀思考力（Caring Thinking）三个方面。但是从实践中来看，除上述三个目标以外，团体合作力（Collaboration）和交往沟通力（Communication）也应是儿童哲学的关键目标，并且是发展上述三大目标的基础（见图 4.1）。

（一）审辩思考力

审辩思考力是儿童哲学自创立以来最受关注及重视的目标，李普曼指出它包含四个基本特征，即自我纠正、敏于情境、受标准指引、以判断为结果[2]，各

---

[1] Antonio Damasio. The Feeling of What Happens [M]. New York：Harcourt，1999：146—169.

[2] Matthew Lipman. Thinking in Education（2nd edition）[M]. Cambridge University Press，2003：209—222，264—271.

图 4.1　儿童哲学的课程目标体系

个特征的具体解释如表 4.1 所示。与此同时，儿童哲学也将逻辑推理视为审辩思考的核心元素，这一点与李普曼本人的学术背景（逻辑学教授）以及儿童哲学促进协会（IAPC）所编的系列教材（重视逻辑推理技能训练）有密切关系。当然，儿童哲学在现实中所着重发展的逻辑推理能力仅限于传统的形式逻辑和非形式逻辑的部分内容，前者包括概念、判断、推理和基本规律等，后者则包括辨识一致性、识别意义模糊字词、避免跳达结论以及辨识无形谬误等，而现代新逻辑的大多数内容（如概率、博弈分析、意向性结构分析等）暂时还不在其目标范围内。儿童哲学的其他学者对审辩思考力也有一些补充性的界定，如吉娜德（Gerrrard Vallone）即指出儿童哲学中的审辩思考力应包括以下四个方面：其一，审辩思考力是一种人们在日常生活中处理诸多思维过程的觉醒意识和工具，以便人们从事感知、想象、做决断、评估、思考（特别是思考自身的思想）等活动；其二，审辩思考力具有情境的生成性，它受物理、情感、人际、制度等力量之间的交互作用所限制，并影响人们的思考方式，它来源于积极的、共有的和相互依赖的活动，聚焦于特定情境中的特定议题；其三，审辩思考包含对口头及视觉材料、绘本等的回应，以及对小组讨论和其他活动中各类应答的回应；其四，审辩思考开启个人经验，进行于开放却直接的讨论，高潮于哲学的思虑，最终返回于个人的经验。① 南希（Nancy Vansieleghem）则指出审辩思考不是要达成普遍的共识或真理，而旨在塑造一种尊重他人、质疑那些可疑

---

① Gerrrard Vallone. A Practical Guide to Fostering Critical Thinking in First Grade Through Graduate School：Using Children's Literature，in Particular Picture Books［J］. The Journal of Analytic Teaching and Philosophical Praxis. 2004，24（2）：78—85.

表 4.1 李普曼关于审辩思考力的界定

审辩思考力的四大特征	具 体 内 涵
自我纠正	1. 学生承认自己思考中的错误 2. 学生互相指出伙伴思考中的错误 3. 学生找出 / 发现文本中的模糊表达 4. 学生澄清文本的模糊表达 5. 学生要求理由 6. 学生指出对某些事持想当然的看法是错误的 7. 学生鉴定讨论中的不一致现象 8. 学生指出文本中的错误假设或无效推断 9. 学生识别形式与非形式逻辑中的谬误 10. 学生质疑探究程序 / 规则是否得到正确执行
敏于情境	1. 学生区辨由文化差异引起的意义差别 2. 学生区辨由个人观点或视角不同引起的意义差别 3. 学生体认到由语言（方言）差异、学科差异、参考框架的差异引起的意义差别 4. 学生主张建立文本解释的真实性和完整性 5. 学生指出定义（解释）如何因应情境的变化而变化 6. 学生注意到因重点替换所导致的意义变更 7. 学生认识到因说话者意图 / 目的的变化所导致的意义变化 8. 学生注意到当前情境与过去相似情境之间的差异 9. 学生寻求结果不同之相似情境的差别
受标准指引	1. 共享的价值，例如理想、目的、目标 2. 习俗或惯例，例如规范、规则、程序或传统 3. 比较的共同基础，例如共享的尊重、财产或特征 4. 原则，包括假想、预设、理论或概念的关系 5. 规则，包括法律、法规、守则、宪章、教规、训令、指导方针等 6. 定义：标准的集合，它们共同拥有所定义之词的同样意义 7. 事实：在有证据的论断中所揭示的信息 8. 目的或意图：不仅控制着生活计划的制订，也影响着较小的精确判断之产生
以判断为结果	1. 审议的解决 2. 审讯考验的裁决 3. 个人所做的决定 4. 决议：调查程序的结论性发现 5. 实践或理论问题的解决方案 6. 归类或划分 7. 操作、服务、对象、产品等的评估；测量 8. 区别，以否定论断的形式 9. 关联，以肯定论断的形式 10. 仔细研究有意图的创作、言说或实做

问题的精神。① 我国学者谢小庆则认为审辩思考力可用十二字来简要概括，即"不懈质疑，包容异见，力行担责"，具体来说，就是指个体不轻易相信他人的说法，会用自己的头脑进行独立思考；根据自己的经验、思考、学识、情感做出独立的判断，并非一概拒绝他人意见，而是在经过自己的思考之后，做出是否采纳的判断；"手电筒不会只照他人"，学会双向质疑，既质疑他人，也质疑自己；认识到别人可能错，自己也可能错；对不同意见采取包容态度，只要是合理的，即便和自己的观点不同，也欣然接受；不是口头派，而是行动派，做出合理的选择并采取行动，坦然面对后果，承担责任。

（二）创造思考力

创造思考力的发展也是儿童哲学的重要目标之一。李普曼曾在《教室里的哲学》一书中明确指出这一点，并强调逻辑思考能力和创造力相辅相成，即创造活动可以促进儿童逻辑思考，而逻辑思考力又能促进创造力的发展。在他领衔设计的 IAPC 教材中，还设置了多种富有创造性的活动，如游戏、角色扮演、木偶戏或其他艺术活动。在《教育中的思考》一书中，李普曼对创造思考做了更精准的界定，他认为创造思考的大标准是"意义"，它尤其关注整体性，在超越自己和实现完整的目标下进行自我监控，包括四个方面，即"敏于对比情境""自我超越""由（整体）情境所掌控或驱动""以判断为目的"。此外，李普曼还认为创造思考力包含如下具体的维度，即繁衍性、原创性、助推力、生产力、想象力、发明力、试验性、独立性、惊奇性、自我超越性等，这些特征与通常关于创造思考力（主要体现在流畅性、灵活性、独创性、精确性四大方面）的界定更为相似。李普曼对每一个维度都做了详细解释，如繁衍性即是指能够引起听众特殊的认知及情感反应；原创性是指没有参考的先例所进行的思考，但思考得出的不是稀奇古怪且非理性的想法，而是遵循了一定的合理标准的想法；独立性是指个体不会陷入集体思维之中，能够为自己而思考，有独立性的个体倾向于提出反思性的问题，并且会在回答问题之前对问题本身进行认真思考；试验性是指创造思考力是假设导向，而非既定规律或规则导向的，这里的假设并不一定是完全成型的，而很可能是不成熟的、粗糙的，从这个意义上来说，创造思考力即意味着个体需要不断尝试或检视，不断寻找可靠的证据来支持假设；惊奇性是指创造思考力的结果必具有惊奇的特点，不仅新颖，而且令人惊讶等。

---

① Nancy Vansieleghem. Philosophy for Children as the Wind of Thinking [M]. Oxford：Inter-Disciplinary Press，2005：25—31.

我们在国内推动创造思考力的过程中，既参考了心理学领域对创造思考力的普遍界定，也吸收了李普曼的理论建构，主张从以下七个方面来朴素地表达何谓创造思考力：（1）发散性（diffused），即能从所给出的信息中挖掘出更多的信息（尤其是隐藏信息）；（2）联想性（associative），即把已经掌握的知识与某种思维对象连接起来，发现新的启发点；（3）想象性（imaginative），即将过去感知到的形象进行加工，从而创造出新形象；（4）逆向性（converse），即能用对立的表面看起来似乎不可能并列的两条思路同时去寻找解决问题的答案；（5）灵活性（flexible），即在遇到难题阻碍时，能灵活变换某种因素，从新角度去思考；（6）流畅性（fluent），即对刺激能非常流畅、迅速地做出（准确）反应；（7）独创性或原创性（original），即对刺激做出不同寻常的反应，具有新颖和惊讶的成分。

（三）关怀思考力

高层次思考通常被认为是审辩思考和创造思考的联合体，但是李普曼早在1994年波士顿第六届国际思维会议上便已提出关怀思考同样也属于儿童哲学所欲培育和发展的目标，被称为是第三个C。关于关怀思考，李普曼在《教育中的思考》一书中也做了详细讨论。他认为关怀思考是评价价值的思考；当我们关怀地思考时，我们专注于自己认为重要的事物、我们所关心的事物以及需要我们思考的事物；关怀思考在内容上不仅仅是分类，也包含排列、分级、委派优先程度以及在急迫与不急迫的事件之间做出区分等；关怀作为认知的一个维度、方面或模式，包含多种认知操作，如寻找替代、发现或制造关系、在众多联系中重创新的联系以及测量差异等。① 李普曼还对关怀思考力所秉持的价值或原则做了进一步梳理，这些原则也正构成了关怀思考力的核心特征（见图4.2）：（1）欣赏性，欣赏即认识事物或他人的重要性，发现其中的乐趣，包括欣赏他人的观点、欣赏思维的过程之美、欣赏探究的问题本身等；（2）情感性，思考过程中伴随积极的情感，情感即思维形式，即判断（道德意义上的情感，如恻隐之心）；（3）行动性，即用面部和身体语言来表达关心；（4）规范性或反思性，反思探究过程有否遵循程序和规则，成员之间有否互相关心等；（5）移情性或同理心，即站在他人立场（情境）进行思考或体验。②

---

① Matthew Lipman. Caring as Thinking［J］. Inquiry：Critical Thinking Across the Discipline，Autumn，1995，15（1）：1—13.

② Matthew Lipman. Thinking in Education（2nd）［M］. London：Cambridge University Press，2003.

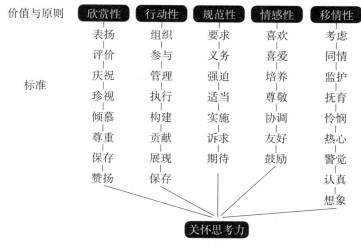

图 4.2　关怀思考力的原则或特征

　　安妮·夏普对关怀思考力也有一些自己的思考，她认为关怀思考表达了对人格及其教育过程的新理解，当我们在探究过程中注意发展孩子的关怀思考力时，就会让他们更加关注儿童哲学的社会和审美维度，这也正是儿童生长所需要的。因此她鼓励儿童学会关怀，包括关怀探究的思维工具，关怀值得探究的问题，关怀对话的形式，关怀他人、自然和社会，等等。她赞成内尔·诺丁斯关于关心或关怀的看法，指出儿童哲学的关怀并不仅仅是情感或认知意义上的、公众视野中的关怀，而是具有教育学意义的关怀。① 莎拉·查斯特斯（Sarah D. Chesters）也认为关怀思考力是儿童哲学必须培养的一种重要能力，因为儿童哲学强调儿童的自主性，儿童需要为自己的对话负责，因此他们必须关怀整个探究的过程，才能使其不沦为一种简单的聊天或辩论（不以发现真理为目的）。儿童哲学的探究遵循互惠原则，因此儿童需要关注伙伴的观点及兴趣，关怀是对话成功不可分割的一部分，只有关怀才使得参与者接受不同观点得以可能。在充满关怀的团体氛围中，尽管参与者相互之间没有一致的信念、观点或价值观，但是仍能按照自己及他人的视角来推动对话的进行。② 综上所述，本书认为儿童

---

① Ann M. Sharp. The Other Dimension of Caring Thinking［J］. Critical & Creative Thinking，2004，12（1）9—14.

② Sarah D. Chesters. Creative，Critical and Caring Engagement：Philosophy Through Inquiry［C］. Proceedings of Creative Engagements with Children Conference. Oxford，2004：35—40.

哲学中的关怀思考力，主要应指向两个大的方面：一是关怀他人，如他人的观点、站在他人的立场思考其观点（即进行换位思考）、具有同理心和宽容心，能坦然接受他人对自己的批评或不同意见，公平地对待每一位他者，无偏私、不夹带人身攻击地评判他人意见等；二是关怀探究及真理，如与他人进行良好的互动以保证对话的有序进行，积极发表自己的观点以推动探究不断前行，维护对话主题的连续性以使其不偏离轨道，主动与他人的观点进行嫁接，秉持追求真理的精神等。

（四）交往沟通力

儿童哲学的主要活动形式为师生和生生之间的对话，这种对话不仅有助于发展儿童的语言交流能力，而且能增进儿童对彼此性格、兴趣、价值观、信念和偏好等的了解，这便构成儿童人际交往的先决条件。[①] 与此同时，基于哲学探究的本质，儿童不得不清楚阐明并论证自己的看法，批判性地处理大量与自己意见相左的观点，甚至在必要时据此修正自身意见、达成共识，因此对儿童反馈能力、沟通的强度（即频繁程度）和深度（心理上的相关性）等都有较高要求，且对发展其冲突解决、求同存异、情感共鸣等高层次的人际交往能力也有更显著的意义。

（五）团体协作力

儿童哲学是以群体探究的形式推进对话，因此在这个过程中，团队协作能力既是其培养的重要目标，也是其关键前提。儿童哲学为什么采取团体探究的形式？儿童哲学中的对话不仅关注探究的过程，同时也追求真理的逼近和共识的达成，而这种逼近和达成仅凭一己之力往往是无法实现的，毕竟哲学的议题是如此综合和复杂；而且从社会建构主义的角度来看，个体与个体之间的对话能够更好地促进思维和思想的发展。所以，作为探究共同体成员的儿童（教师），必须学会保障他人发出声音和做出决策的权利，发展共同参与、相互合作的有效机制，使大家能够在情境不确定和观点冲突的情况下，通过对话、协商、分享等多种方式来寻求哲学问题的解决方案。我们在实践中发现，以下七个方面的团体协作力是儿童哲学所注重并可以积极发展的：（1）儿童积极参与到团体探究过程之中；（2）儿童与他人（在理智和情感上）建立积极的、良好的关系；（3）儿童保障他人发声的权利，尊重不同人的意见或看法（不嘲笑、不人

---

① （美）马修·李普曼. 教室里的哲学［M］. 张爱琳，张爱维，译. 太原：山西教育出版社，1997：72.

身攻击等）；（4）儿童坦率真诚地分享观点与生活故事（经验）；（5）儿童向他人（观点）学习，并且促进他人（观点）的发展；（6）儿童之间彼此协商，实现观点交锋基础上的堆叠发展；（7）共同建构意义，共同解决问题。当然，我们也可以结合课堂教学的实际情况，将团体协作力做更具体朴素的建构，形成如表 4.2 的元素架构图，以便于教师的灵活操作和运用。

表 4.2　团体协作力的要素架构

团体协作力		
1. 协作意识	1.1 协作意愿	我愿意与他人协作，共同提高和进步
	1.2 主动参与	我希望和探究团体成员一起努力，共同完成任务或解决问题
	1.3 亲近他人	我乐意接近探究团体里的其他成员，与他人建立良好的合作伙伴关系
	1.4 资源分享	我愿意基于协作的目的，与同伴分享个人经验和资源
2. 协作技巧	2.1 良好沟通	我理解我们在探究中的共同目标；我坦诚表达自己的观点、意见；我合理质疑他人的看法和行动
	2.2 组织管理	我促进自己与他人或探究团体成员之间的协作；我在适当的时候，给他人提示、引导和评论
	2.3 动态应变	我对变化的情况能及时调整自己的心理、反应、措施、行为等
	2.4 情绪调控	我能控制好自己的负面情绪；我不与人起肢体冲突；我能很好地化解观点上的矛盾
3. 协作品质	3.1 诚实守信	我的沟通是诚实的；我的行动遵守团体的约定
	3.2 平等尊重	我尊重同伴们的意见，不管其是否同意我，不管他是谁
	3.3 宽容谦虚	我理解他人在观点上的失误和错误；我看到了他人观点中的闪光点，我想向他（她）学习
	3.4 信任责任	我信任同伴做出的正确决定和达成的共识；我尽职地贡献自己的看法

三、儿童哲学课程的实施模式与策略

自创立伊始，儿童哲学课程的实施已在多个方面体现出对发展核心素养的强调。如在教学组织方式的建构上，儿童哲学历来注重师生之间围成一个封闭性的圆圈，其目的的主要是为了强化师生之间的平等地位，鼓励生生之间的对话，营造相互倾听的氛围等。在教学模式上，无论其环节如何变化，儿童哲学一直都将"探究共同体"置于整个教学的中心，不管启动探究的材料为传统的 IAPC 文本、绘本、诗歌、艺术品还是各种游戏，师生都会围坐在一起就启动材料中所涉及的哲学议题进行公开讨论和对话，因此群体内部相互辩驳、个体之间相

互协作以推进对问题的深度理解，甚至于寻找到解决问题的多元答案，都是这个探究共同体的主要特征。但为更好地服务于发展学生核心素养的目标，儿童哲学课程在实施时须进一步强化以下三个方面的关键策略：

（一）提问策略

探究自问题始，因此教师应注重培育儿童提问（甚至是提出高质量问题）的能力，逐步将课堂讨论议程的决定权交给儿童。即便是在儿童还不善于提问之时，教师所提问题也应尽可能是开放的、根本的，有助于儿童发现并深化生活意义的，从而起到示范的作用。当然，提问不仅仅发生在探究的开始阶段，也渗透于对话的整个过程中，所以教师须掌握针对性、生成性和适度性原则，把握提问的恰当时机（在学生有困惑时、对话陷入停滞时、思维僵化时等），讲究方法和策略（直接诱导、无中生有、故唱反调、由此及彼等），这样才能真正起到激发儿童观点、发展审辩和创造等能力的作用。

（二）思维工具箱策略

乔治·贾诺塔基斯所创造的 WRATEC 工具箱和汤姆斯·杰克逊的改进版工具箱 WRAITEC，是目前哲学探究课堂中应用比较广泛的思维发展辅助工具。其中的每一个字母都代表着一组审辩思考力的核心技能，并附有相应的促进策略，如 W 代表着明晰概念或观点、消除模糊和歧义；R 代表着提出和探索理由；A 是指发现观点或概念背后的假设，并建立意义的情境性；I 是指考察推论及其意义；T 则指核实推断或结论的真与假；E 为举例证明假设的真实性或虚假性；C 是指举反例来揭示意义情境的相对性。① 教师借助这些工具箱，可更有针对性地指导儿童在探究哲学议题的同时，系统地发展审辩思考力。

（三）理智与情感的整合策略

杜威曾言，"作为思维产物的知识和命题，也跟雕像和交响乐一样，乃是艺术作品"②。因此在儿童哲学的课堂教学中，一方面固然需要训练儿童的审辩、创造、合作、表达等能力，另一方面也应关注并发展儿童的情感，使儿童在探

---

① George Ghanotakis. Encounter with Philosophers in the Classroom: The WRATEC Model of Community of Inquiry in Action [J]. Childhood & Philosophy, 2005, 1（1）: 243—244.

② John Dewey. Experience and Nature [M]. London: George Allen & Unwin, Ltd., 1929: 378.

究过程中获得理智和情感的双重愉悦。具体的做法包括（但不限于）利用诗歌、绘画、手工艺品、照片、电影等具有审美和娱乐色彩的材料作为启动载体，带领儿童参观美术馆、博物馆、文化馆等各类实践基地，鼓励儿童分享自己的生活故事、谈论自己的真实体验，合理处置和引导共同体内的情感等。

四、儿童哲学课程的效果评估

从儿童哲学诞生之日起，为了使它能融入已有的课程架构之中并为学校所认可，对其效用的评估便一直没有中断过，而且也有不少研究者就儿童哲学和其他类似项目在效果方面进行了比较分析，确实发现儿童哲学有更显著的优势，以下从两个方面予以简要总结。

首先，在研究工具或手段方面，欧盟和美国都主张将核心素养转化为外显的可观察的表现，而后开发相应的标准化量表进行评估。儿童哲学对某些核心素养也进行了细化，开发并选取了标准测量表进行评估，包括新泽西推理能力测验（NJTRS）、形式与非形式推理测验、托兰斯创造思考力测验、概念流畅力及灵活性测验（IFFT）、认知能力测验（CAT）以及大量自编的测量表，如瓦莱（Valle）等人便设计了一套检测儿童论证技能的简易任务表，这个任务表包含了四页以图文结合的方式展现的冲突场景，分别代表了形而上、社会、价值和美学四个哲学分支领域。儿童在看到这些场景之后，需要表明自己站在哪一边，并回答下列四个问题：①你为什么会站在那一边？（自我论证）②你确信自己的选择是正确的？（确定性）③如果你学到一些新的知识，你可能会因此改变主意吗？（可证否性）④如果另一方的人想要证明他们是正确的，他们会怎么说服你？（反向论证）研究者则根据儿童回答的逻辑化程度进行打分（1—4 分）。[①]与此同时，国际上对核心素养的评价也采用形成性的评价手段（如档案袋）来展现学生发展的具体历程，以便提供及时的反馈与指引。而在儿童哲学领域，研究者也依托小范围的问卷调查、访谈、课堂观察、实物分析等方式来搜集学生核心素养发展的过程性证据。但总体来说，学者大都倾向于采用前后测、实

---

① Caren M. Walker，Thomas E. Wartenberg & Ellen Winner. Examining the Effects of Philosophy Classes on the Early Development of Argumentation Skills [C]. In Sara Goering，Nicholas J. Shudak & Thomas E. Wartenberg（eds.）. Philosophy in Schools：An Introduction for Philosophers and Teachers（pp.277—287）. Routledge，2013：282—283.

验组和控制组对比或对儿童前后表现进行深描等方法来开展儿童哲学实施效果的评估工作。

其次，在最终结果方面，接受儿童哲学干预的实验组学生总体而言在批判思考和创造思考两大能力上的表现，不仅明显优于接受其他教育项目干预或者只是按一般模式学习的控制组学生，而且在前后测的成绩上也存在显著差异。如丹尼尔对 10—12 岁儿童的哲学对话过程进行了视频拍摄并将他们每个人的回答方式按三种类别进行了分别记录，即简单回答、低阶思维能力的回答、高阶思维能力的回答。其结果显示，实验组儿童在第一类回答上的比例从 61% 下降到了 26%，在第三类回答上的比例则从 9% 上升到了 35%；而交流的类型也由师生主导型（占 87.15%）转化为生生主导型（占 71.42%）。[①] 质性研究的结果评估在考察类型上更加丰富多元，主要通过对学生观念及态度的调查、学生在经历哲学探究之后的变化两个方面来揭示儿童哲学对学生的思维能力、交往、合作、探究等产生的具体影响。其中特里奇（Trickey）和托平（Topping）所开展的一系列质性研究最具代表性。他们用视频记录下了六个班级（10 岁儿童）长达 7 个月的哲学课堂实况，并且采取事件取样观察的方式对这些视频进行了分析，用以考查学生在批判和创造思考方面的表现程度和参与对话的情形。结果表明，学生之间的相互交流、学生表达自身观点并以理由支持、学生支持或反对他人观点并以理由支持等行为的数量大幅增加。[②] 同时，他们也随机抽选了 77 名学生进行问卷调查，结果 79% 的学生反映自己的思维方式发生了重要转变，如更习惯于根据理由（而非冲动）做出判断、更倾向于从多个方面来考察同一个事物、不再只相信教师或家长而会倾听别的意见等；46% 的学生认为自己增强了情感的自我管理能力，并对他人的情感产生了更强的共鸣等。[③]

---

① Marie-France Daniel. Learning to Philosophize: Positive Impacts and Conditions for Implementation: A Synthesis of 10 Years of Research（1995—2005）[J]. Thinking: The Journal of Philosophy for Children，2007，18（4）：39.

② Steven Trickey and Keith Topping. Assessing the Outcomes of Philosophical Thinking with Children [C]. In Sara Goering，Nicholas J. Shudak & Thomas E. Wartenberg（eds.）. Philosophy in Schools: An Introduction for Philosophers and Teachers. Routledge，2013：293—294.

③ Steven Trickey and Keith Topping. Collaborative Philosophical Enquiry for School Children: Participant Evaluation at Eleven Years [J]. Thinking: The Journal of Philosophy for Children，2007，18（3）：25—32.

第二节　孔子对话教学视野下儿童哲学探究团体的重构与创新 *

　　在全国深化基础教育课程改革的当下，儿童哲学渐已成为学前和小学教育界竞相关注的对象，希望借此呵护儿童好奇探究的本能，发展审辩、创造、关怀、合作、沟通等多重核心素养，帮助他们建构并完善自己的思想。但是儿童哲学从引入至今，一直被视为"西方的舶来品"，无论是理论反思还是实践探索，皆以西方的话语为言说的"标准"，特别是马修·李普曼和加雷斯·马修斯这两位创始人物，更成为这种言说的核心。从儿童哲学的国际研究历程来看，基于中国乃至东方教育、文化与哲学情境的儿童哲学研究仍然相当匮乏，导致东西方之间的儿童哲学对话难以真正实现。为此，须再次提出并强化"儿童哲学中国化"的命题，才可以使儿童哲学更好地服务于中国教育改革的真实需要，传承并发扬中国哲学的优良传统与当代成就，形成儿童哲学的中国风格与气象，并进而为世界儿童哲学的发展做出关键贡献。

　　我们不妨从两个层面来推进儿童哲学的中国化：在实践的层面，可借助中国哲学的文本、命题或概念，与儿童开展中国式的哲学探究，目前已有实验学校以中国古代名家的逻辑命题"白马非马"等为刺激物开展哲学探究，在台湾地区则有以《论语》为启动文本的哲学实践，这些都是良好的开端。或者以中国儿童哲学的素材、案例及实践经验来丰富和完善西方儿童哲学的实践体系，这方面的总结、反思与对话才刚刚启动，仍须扩展和深化。在理论层面，研究者可充分挖掘中国智慧传统中的积极因素，寻找与西方儿童哲学理论的会通之处，进而完善后者乃至建立起新的儿童哲学理论架构；或者通过揭示中国传统及当代哲学家关于儿童和童年的观念去反思西方的童年概念及理论，并建构出新的童年理论。本节的核心目的就是要从中国传统哲学的代表人物——孔子出发，探索孔子对话教学的基本内涵，阐明其与儿童哲学的相通之处，并揭示其对重构和发展探究团体的潜在价值。

一、儿童哲学以苏格拉底及其对话为原型

　　无论在理论还是实践领域，苏格拉底及其对话都是儿童哲学的主导概念，是其核心教学法——探究团体（Community of Inquiry）的原型和基础。李普曼早在《教室里的哲学》一书中就对苏格拉底及其对话体哲学进行了详尽阐述，

＊　本节内容原载于《教育发展研究》2018 年第 15—16 期，此处有部分调整和修改。

认为哲学的生命正在于对话，并号召儿童哲学的教师们向苏格拉底学习，成为儿童精神的"助产士"。他还总结了几条"助产"的经验，如应按照可操作、次序性的方式讨论所有主要概念，应基于学生的兴趣促进学生参与到对话之中，应基于经验和逻辑来思考等。① 在《教育中的思维》和《哲学进学校》这两本书中，李普曼也反复提到苏格拉底，他认为苏格拉底与雅典市民围绕正义、勇敢、美德等概念本质的对话，是儿童哲学探究团体内对话的典范②；他还区分了"作为知识的哲学"与"作为活动的哲学化"，指出做哲学是以苏格拉底等为代表，其意是将哲学视为一种生活方式，而非取得知识或谋求职业的手段，苏格拉底为我们所树立的哲学榜样并非"已知的哲学"或"应用的哲学"，而是"实践化的哲学"③，儿童哲学便是这种实践化的哲学。儿童哲学国际委员会前任主席凯瑞·毛瑞斯也明确指出儿童哲学的教学法即是受苏格拉底的启发，苏格拉底在其对话中扮演了"牛虻"的角色，他动摇了人们习以为常的知识与信念，使他们回归到无知和困惑，儿童哲学所关注的也同是这般"哲学化"的过程而非学习哲学的内容，因此她建议教师应熟悉类似苏格拉底对话体形式书写的哲学，才能使自己具备足够的哲学敏感性。④

在实践领域，苏格拉底也同样是儿童哲学项目引进和推广时的关键词。BBC电视台曾经拍过一部纪录片《苏格拉底与六岁孩童》，即专门介绍李普曼及其同事精心设计的儿童哲学课程，并将李普曼以及从事儿童哲学教育的人统称为"苏格拉底"。其后在英国成立的"教育中的哲学探究与反思促进协会"（Society for the Advancement of Philosophical Enquiry and Reflection in Education，简称 SAPERE），最初的动因便来源于这部纪录片。在挪威，奥斯陆大学学院教授贝亚特·博瑞森率先引进第一本有关儿童哲学的著作，即由奥瑞恩·切杰德瑞普和欧文德·奥肖特撰写的《学校中的哲学》，该书出版于 1999 年，书中将儿童哲学视为一个在苏格拉底精神指引下的探究性团体实践，揭示了如何实施儿童哲学以及如何将儿童哲学与各学科教学整合起来实施的具体策略。在俄罗斯，莫斯科国立大学哲学教授拉瑞萨·瑞娅斯基夫创立了儿童哲学家庭俱乐部，名

① Matthew Lipman. Philosophy in the Classroom（2nd）[M]. Temple University Press，1980.

② Matthew Lipman. Thinking in Education[M]. Cambridge University Press，1991：248.

③ Matthew Lipman. Philosophy Goes To School[M]. Philadelphia：Temple University Press，1988：12.

④ Karin Murris. Philosophy with Children：The Stingray and the Educative Value of Disequilibrium[J]. Journal of Philosophy of Education，2008，42（3—4）：669—676.

曰"苏格拉底学校"，这所学校主要面向 8—13 岁的儿童及其家长（包括父母和祖父母），旨在引导儿童与成人通过哲学游戏的方式探索灵魂、幸福、真理等重要议题，这是俄罗斯最早的儿童哲学实践机构。

而在具体实施时，探究团体也充分遵循了苏格拉底对话法的基本特征。如对话通常围绕对立概念（如正常与不正常、强与弱、幸福与不幸福等）展开，主要是梳理这些概念的核心特征，挖掘其本质内涵，也即苏格拉底首要关注的"What is X"的问题；无论以何种材料或活动作为刺激因子，对话皆占据整个教学过程的核心部分，且在时间上一般较冗长；参与对话的人相对较多，呈现出一种团体对话的氛围，对话的主角（除了教师以外）不断变换，旁人不时加入其中；整个对话过程充满复杂性，基于相同或相近的问题生出诸多观点，这些观点相互碰撞与冲突，逐渐将对话引向深入；教师运用诘问法来激发学生的理性，使他们"哲学化"，而不是向他们灌输观念、传授知识；对话具有未完成性，最终往往难以达成圆满的共识，反而增加了对概念或问题本质的困惑感，等等。值得说明的是，无论儿童哲学的实践在各国呈现出怎样的变式，探究团体这套由李普曼基于苏格拉底对话法所创造的教学法，始终是这些实践的核心。

二、孔子与儿童哲学的会通

在国内外的儿童哲学文献中，普遍缺乏对孔子的论述，这固然是由于苏格拉底及其对话法是儿童哲学的根基，但更重要的则是哲学界和教育界普遍将孔子哲学及其对话教学视为苏格拉底的对立物，武断认为两者在本质上是不兼容的，从而直接否认了孔子对儿童哲学的可能意义，阻断了儿童哲学的中国化进程。如国内反儒学的代表人物邓晓芒曾从言说的标准、对话的性质、讨论的效果三大方面细说了孔子与苏格拉底在思维及言说方式上的根本不同，他明确指出只有苏格拉底的对话才具有对话的性质，而孔子的对话只是类似"教义问答"的权威话语和独白。① 刘耘华则从师生关系、问与答的意义生成、谈话的内容与方式等方面阐述了孔子对话与苏格拉底对话之间的区别，并认为两者在本质上是不能啮合的。② 西方学者如迈克·彼得斯（Michael A. Peters）借助《学习的文化基础》这本书，比较了苏格拉底与孔子的学习观，他指出苏格拉底重视

---

① 邓晓芒. 苏格拉底与孔子的言说方式比较[J]. 开放时代，2000（3）：43.

② 刘耘华. 作为意义生成方式的"问与答"：孔子与苏格拉底[J]. 中国比较文学，2001（3）：66—79.

训练个人的理性思想，以此来检视世界并成为世界的主人，而以孔子为代表的儒家则重视道德自律或修身，将学习视为一种道德质量，并将行动置于思想之上；孔子尊重传统价值及道，并在教学中不断传播着这种价值，被视为"万世师表"，而苏格拉底则对传统价值观持批判态度，鼓励人们反省自己的人生及道德信念，并拒绝称自己为"师"等。① 日本学者久美子（Kumiko Aoki）也指出以苏格拉底为代表的西方教育哲学重视对知识的拷问，并鼓励学生质疑他人的信念，产生自己的假设，而以孔子为代表的东方教育哲学则重视个人的勤奋和修身、对权威的尊重以及对基本知识的获取。对孔子来说，教学的目标之一便是让学生通过观察、学习和模仿君子来改变自己的行为，树立仁义礼智信的道德质量；他将自己视为知识的传递者而非革新者，反对学生过分关注个人假设并形成自己的思想；他认为学习主要不是质疑、评价和生产知识，而是习得已有的真理，因为这些真理已经显现于君子身上，而苏格拉底则正相反。②

诚然，苏格拉底与孔子，无论在哲学观上，还是在对话教学的具体策略上，确实存在重大区别，但是两者依然存在大量相同相通之处，也正是基于这些相似点，儿童哲学中国化的命题才真正可能。以下我们将从三个代表性的方面叙说孔子对话法与以苏格拉底对话法为原型的儿童哲学的会通之处。

（一）孔子同样秉持着"无知"的精神

《论语·子罕》中明确提到孔子的一段自评："吾有知乎哉？无知也。有鄙夫问于我，空空如也，我叩其两端而竭焉。"但是有学者认为孔子的这种无知是"假装的"，他心中早有答案，且自认为这样的答案是确定无疑的，孔子说自己无知，要不就是在回避作答，要不就是否定态度的一种委婉表达，因此孔子的"知其不知"和苏格拉底的"自知其不知"在本质上是完全不同的。然而基于以下两点理由，我们认为孔子的"无知"和苏格拉底一样是真实的。其一，《论语·卫灵公》中提到"人能弘道，非道弘人"，这里的"道"接近客观真理，但是它隐含于现实之中，且无主观意识，无法趋近于人而求得理解，只能由具有主观能动性的个体自己去趋近它，并将其发扬光大。然而，孔子自知这种趋近

① Michael A. Peters. Socrates and Confucius: The Cultural Foundations and Ethics of Learning[J]. Educational Philosophy and Theory, 2015, 47 (5): 424.

② Kumiko Aoki. Confucius VS. Socrates: The Impact of Educational Traditions of East and West in a Global Age[J]. The International Journal of Learning, 2008, 14 (11): 36.

是"无涯"和不彻底的，所以他一方面对自己的局限性保持了清醒的认识，另一方面又不断保持开发的态度，持续行走在追求"道"的路上。是故孔子言："若圣与仁，则吾岂敢？抑为之不厌，诲人不倦，则可谓云尔已矣。"（《论语·述而》）毫无疑问，这一点与儿童哲学的精神非常契合，儿童哲学的对话同样"以真理为中心"，但儿童只能无限趋近于可能的真理，而无法真正掌握真理，因此对孩子们来说，哲学探究是无止境的，每个人（包括教师在内）都需要不断自我超越和追寻真理，没有人可以声称自己已经"占有"真理。

其二，孔子对非经验所及之物始终保持着"不知""不言说"的态度。《论语》中有大量这样的表述，如"子不语怪力乱神"（《论语·述而》）；"樊迟问知。子曰：'务民之义，敬鬼神而远之，可谓知矣'"（《论语·雍也》）；"季路问事鬼神，子曰：'未能事人，焉能事鬼？'曰：'敢问死。'曰：'未知生，焉知死？'"（《论语·先进》）雅斯贝尔斯对此曾做过精辟的解读，他说孔子在不可避免地谈及生死、自然与世界秩序的时候，其回答总是使这些问题保持开放，这并不是因为孔子喜欢故弄玄虚，而是因为这些概念的本质使然。孔子认为对这些超越经验之终极概念的讨论是几乎不可能的，它们永远无法以适当的方式成为哲学探究的对象。① 对于儿童哲学来说，与小孩子讨论哲学问题必须得根据他们特定的认知水平和生活经验来进行，所以选用适合他们年龄特点的概念就成为儿童哲学实践的必要环节，类似灵魂、神仙鬼怪、魔法等小孩子缺乏直接体验的抽象概念，则不建议与之以哲学的方式进行讨论。

（二）孔子重视学生在对话过程中的主动及独立思考

苏格拉底对话过程的推进依赖于师生之间围绕相关问题进行思考的深度与层级，在大多数情况下，苏格拉底并没有亮出自己对概念的"终极"意见，而是不断激励对话参与者主动、自主地思考概念的定义，持续修正自己的意见。受此影响，儿童哲学探究团体亦重视思考的核心地位与价值，主张学生成为独立且良好的思考者，教师只是发挥启发和"引导"的作用而已。但就孔子对话而言，常有研究者武断认为孔子扮演了权威者的角色，不鼓励学生自主思考，反而希望学生完全听从于他所树立的价值观进行修身立命。如邓晓芒就认为在孔子的对话中存在话语权威，即以孔子一人之欲强以立人达人，孔子自身的相对话语标准始终隐没在对话背后；孔子的对话总使人感到一种不平等，一种精

---

① （德）雅斯贝尔斯.大哲学家［M］.李雪涛，等，译.北京：社会科学文献出版社，2005：138.

神上的居高临下，即使有些话毫无逻辑也不容辩驳。① 但事实上，孔子非常强调学生学习的自主性："为仁由己，而由乎人哉？"(《论语·颜渊》)"古之学者为己，今之学者为人。"(《论语·宪问》)"君子求诸己，小人求诸人。"(《论语·卫灵公》) 既然学习是自主的、个人的事业，既不为某种外在目的所役使，也不由别人灌输所实现，那么作为与学习过程密切关联的思考就必然是主动的、个性化的，所谓"学而不思则罔，思而不学则殆"(《论语·为政》)。孔子还提到，"不愤不启，不悱不发。举一隅不以三隅反，则不复也"(《论语·述而》)。如果学生没有沉浸于探究过程之中，产生认知冲突，没有表达自己想法的欲望，或者没有用心思考、举一反三，则"对话"将无从发生。不是教师的教，而是学生自己的问、学、思才是对话的真正起点。

《论语》中所叙述的师生对话，从形式上来看是以孔子的话语为核心，但是孔子并不希望学生因自己年长、学识更渊博等而不敢言语："子路、曾皙、冉有、公西华侍坐。子曰：'以吾一日长乎尔，毋吾以也。'"(《论语·先进》) 鼓励每个学生都能畅所欲言，即便弟子的发言离孔子的想法相差甚远，孔子也只是坦然"哂之"(微笑)，并不急于反对和纠正。对于那些不敢或不愿发言的学生，孔子也积极鼓励之："'点！尔何如？'鼓瑟希，铿尔，舍瑟而作，对曰：'异乎三子者之撰。'(我和上述三人的志向不同) 子曰：'何伤乎？亦各言其志也。'"(《论语·先进》) 同时，师徒之间的对话也往往是由学生的主动提问而发起，如《论语》中所记载的学生提问多达 100 多次，有"季康子问政""子贡问友""叶公问政""宪问耻""樊迟问仁""子路问成人""子路问君子"，等等，且孔子对学生的提问常有表扬与鼓励，如"大哉问"(《论语·八佾》)、"善哉问"(《论语·颜渊》) 等。孔子对学生的提问也未必是直接作答式的，而会从学生的问题中牵引出更多的问题，请学生自己思考后作答，随后再进行回应。如子张曾问孔子："士何如斯可谓之达矣？"孔子反问："何哉，尔所谓达者？"子张回答道："在邦必闻，在家必闻。"孔子则指出"是闻也，非达也"，而后对"达"和"闻"的内涵及其区别进行了点拨(《论语·颜渊》)。

在《论语》中，学生质疑孔子观点、与孔子争论的情形时有存在，以子路、冉求、宰我等为代表。其中子路是提出质疑最多的学生，如《论语·子路》中就曾提到，子路问："卫君待子而为政，子将奚先？"孔子的回答是："必也正名乎！"子路随后提出质疑："有是哉，子之迂也！奚其正？"尽管子路经常挑战

---

① 邓晓芒.苏格拉底与孔子的言说方式比较［J］.开放时代，2000（3）：41.

孔子的权威，但孔子并未因此厌弃子路，反而多有肯定与赞许，甚至将他置于与颜回同样的地位。如《公羊传·哀公十五年》记载："颜渊死，子曰：'噫！天丧予。'子路死，子曰：'噫！天祝（断也）予。'"《礼记·檀弓篇》记载孔子闻子路之死，曾在大庭广众之下痛哭流涕，不顾失礼之状，可见孔子对子路之珍爱。在所有弟子中，孔子最喜颜回，这是众所周知的，但孔子对于颜回凡事都以他的话马首是瞻，从不当面提出不同意见的做法也是不满的："吾与回言终日，不违，如愚"（《论语·为政》）；"回也，非助我者也！　于吾言无所不说（悦）。"（《论语·先进》）只有在得知颜回私下里会进行反思、表达个人意见时，孔子才表达出肯定之意："退而省其私，亦足以发，回也不愚。"（《论语·为政》）

（三）孔子强调相互学习，主张在人与人的交往中提升理解

苏格拉底对话的主要呈现形式是苏格拉底与雅典市民的交谈，通常是一对一的交谈，但是儿童哲学因受杜威实用主义教育思想和维果茨基支架理论的影响，主张通过构建探究团体来发展孩子们对哲学概念的理解与领悟，甚至教师也应扮演参与者的角色，向儿童学习。对孔子来说，任何个体都是关系性的存在，在不同团体中扮演着诸如子女或父母、丈夫或妻子、统治者或被统治者等各种角色，成为君子的前提之一就是依循标准把角色扮演好，与他人建立起和谐的关系。[1] 学习或"成人"绝不是个人主义式的事业，而是与他人的兴趣及能力的增长密不可分的。[2] 因此孔子特别推崇好学的品格及人与人之间的相互学习，他自己便是这方面的楷模。孔子坦言："十室之邑，必有忠信如丘者焉，不如丘之好学也。"（《论语·公冶长》）"三人行，必有我师焉，择其善者而从之，其不善者而改之。"（《论语·述而》）这里的"师"包括自己的学生，乃至七岁小儿项橐。《论语·八佾》曾记载，子夏问："'巧笑倩兮，美目盼兮，素以为绚兮。'何谓也？"子曰："绘事后素。"曰："礼后乎？"子曰："起予者商也，始可与言《诗》已矣。"显然，孔子对子夏的反问是持肯定态度的，因为他启发了孔子对《诗经》之言的进一步思考。这就从另一方面证明了孔子在对话过程中并没有把自己置于绝对的"教师"地位，强迫学生单方面接受自己的想法，而是

---

[1]　May Sim. Dewey and Confucius: On Moral Education[J]. Journal of Chinese Philosophy，2009，36（1）：85.

[2]　David L.Hall and Roger T.Ames. Thinking Through Confucius[C]. Suny Series in Systematic Philosophy. New York：State University of New York Press，1987：123.

将自己也视为"学习者"，不断根据学生的反馈来延伸、调整自己对哲学概念的理解，实现自我纠正和完善。① 此外，孔子特别强调学思结合，他认为个体不能沉醉于独自的思，而须与人交往，在学习他人的过程中来增进自己的思，防止自己陷入倦怠和封闭："吾尝终日不食，终夜不寝，以思，无益，不如学也。"（《论语·卫灵公》）完全与外界脱离关系的思是"徒劳无益"的。

总之，上述三大特点皆说明孔子对话教学与以苏格拉底对话法为原型的儿童哲学是内在相通的，甚至在某种程度上具备苏格拉底对话法所无法比拟的优势，因此借助孔子对话教学来重构和发展儿童哲学的探究团体实践是极有必要且可行的。

三、儿童哲学探究团体的重构与创新：孔子的贡献

在教育国际化和"童年的再发现"等背景下，儿童哲学在我国教育界的普及与推广已经成为一股不可阻挡的潮流，因此西方儿童哲学的学者与实践者被纷纷邀请到中国，开展持续性的宣讲与"示范"。但是中国教育者逐渐发现基于西方背景的儿童哲学探究团体模式（李普曼模式、奥斯卡模式、乔治模式、夏威夷模式等）在许多方面未必适合中国国情，为此需要根据中国哲学与教育的智慧对探究团体进行重构、发展与创新，孔子及其对话教学无疑可以为这种本土化的探索做出重要贡献，而这种贡献至少可以体现在以下三大方面：

（一）探究团体的目标：由"思维技能"转向"哲学智慧"

作为逻辑学教授的李普曼，在初创儿童哲学的时候，就特别推崇思维及其训练，在《教室里的哲学》这本建构儿童哲学体系的书中，至少有三分之二的内容是在讨论与思维、思考相关的主题，如"鼓励学生思考""思维与学校课程""进行哲学思维教学的条件""培养儿童的逻辑思维能力"，等等。② 在另一本奠基性的儿童哲学著作即《教育中的思维》中，李普曼全篇都在讨论儿童哲学内部的批判思考、创造思考和关怀思考是什么及如何来发展这三类思考力。③ 在加拿大儿童哲学协会前任主席乔治·贾诺塔基斯所开发的游戏模式和汤姆

---

① John Elliott & Ching-tien Tsai. What Might Confucius Have to Say About Action Research? [J]. Educational Action Research，2008，16（4）：573—574.

② Matthew Lipman. Philosophy in the Classroom（2nd）[M]. Temple University Press，1980.

③ Matthew Lipman. Thinking in Education [M]. Cambridge University Press，1991.

斯·杰克逊所代表的儿童哲学夏威夷模式（P4CHI）中，PHILOS 和 WRAITEC 所代表的批判思考力都是其关注的核心内容。

但是在孔子对话的意义上，上述学者所强调的思维或思考只是一种"文"或"艺"而已，学习的最终目标绝非是这些表层的东西，而是"道"。孔子曾言"百工居肆以成其事，君子学以致其道"（《论语·子张》），君子应以求道（即追求真理和智慧）为其根本，这是孔子教育的宗旨，是孔子一生的诉求，所以他才说"朝闻道，夕死可矣"（《论语·里仁》）。孔子提出"志于道，据于德，依于仁，游于艺"（《论语·述而》），他个人并不反对技艺训练和学习，"工欲善其事，必先利其器"（《论语·卫灵公》），这是做事的基础，所以才说"游于艺"。然而"君子不器"（《论语·为政》），"道"始终是第一位的，"志于道"才是为学的灵魂和宗旨。[1] 这里的"道"，主要不在于扩充具体的技能或知识，而指向生活、行为的意义，并借由这种意义来提升人存在的价值，使人成为"人"。[2]

在中国目前的儿童哲学实践中，思维或思辨能力的训练、提升仍是学校教育的关键词。如杭州长江实验学校便以《儿童哲学：长江小学者思辨能力培育载体设计与实施》为课题展开深入研究，以探索思维能力培育的新载体为基本目标。在云南昆明南站小学的"教学模式"之中，也明确提到使学生在观点的碰撞中发展思维，进行哲学思维训练；教师最后会布置思维拓展任务，延伸课内学习效果，提高学生的思维水平等。[3] 上海协和双语学校、海富幼儿园等也以教会学生独立思考和创造性思考、有效地推理等作为儿童哲学的核心目标。他们的宣传手册上以"大胆的提问、深入的思考、严谨的推理"为最醒目的关键词。当然，一方面我们要注意到，这些学校或幼儿园的儿童哲学实践并未按照李普曼所细分的思维能力指标和汤姆斯·杰克逊的"思维工具箱"（WRAITEC）、乔治的 PHILOS 框架实施，所以还停留在一种比较主观和混沌的状态中。但是另一方面，即便他们能够运用定量和定性的工具去发展学生的思维能力，并进行科学的评测与衡量，也不应将其视为最主要甚至是唯一的方面。

---

[1] 葛荣晋."孔颜乐处"及其现代诠释——中国的儒生精神[C].中国儒学（第六辑）.北京：中国社会科学出版社，2011：378.

[2] 徐复观.向孔子的思想性格回归[C].中国思想史论集续编.上海：上海书店出版社，2005：440.

[3] 王梅.中国儿童哲学校本课程实验教材（小学·中段）[M].昆明：云南人民出版社，2016.

儿童哲学的本质，诚如金生鈜教授所言，应是一种"灵魂教育"，探究团体的最核心目标，应是将儿童灵魂中最好的部分即理性智慧牵引出来，点燃儿童灵魂的光亮，使其从蒙蔽、偏见和意见中摆脱出来，最终实现灵魂的转向、提升和解放。这里的"灵魂"若从儒家哲学的角度来说，便是"道"，便是生活的意义，便是大写的"人"。所以无论是思维能力的训练还是哲学概念的理解，都应指向这种"道"的领悟和智慧的生长，在这个意义上，儿童哲学才是一种精神教育、智慧（启蒙）教育。

（二）探究团体的取向：从关注认知到兼顾情感和审美

对孔子来说，学习是一件令人愉悦之事，《论语》开篇即云："学而时习之，不亦说乎。"这种愉悦是一种发自内心的满足感，可使主体超越或忘却其他一切事务，"其为人也，发愤忘食，乐以忘忧，不知老之将至云尔"，"饭疏食饮水，曲肱而枕之，乐亦在其中矣"（《论语·述而》），甚至连死都可以不用怕，"朝闻道，夕死可矣"（《论语·里仁》）。孔子的学生颜回也是如此："一箪食，一瓢饮，在陋巷，人不堪其忧，回也不改其乐。贤哉，回也！"（《论语·雍也》）孔子、颜回为何将学习之乐置于如此高的位置呢？这是因为他们所最追求的"乐"绝不是"物之乐"，即由感性对象所激起的表面快乐，而是"心之乐"，是通过"见其大而忘其小"的"别有所乐"所获得的人生精神快乐，是超越一切功名利禄的内心幸福与快乐。① 儿童哲学的探究既以"道"为追求目标，也应同样给予孩子们精神上的愉悦感，而不能使他们产生如传统课堂上一样的体验，即有话不能讲、思想被限制、学习困难得不到解决，等等。但是在一个标准的"苏格拉底式对话"中，参与者的情感与个人体验是不被带入的，他们的思想也在一次又一次"被否定"的过程中艰难前行，所谓"助产士"并不能使参与者免于"生产"出合理定义的"痛苦"。如果我们在儿童哲学的课堂中（特别是在起初的阶段），也采取限定儿童表达及其思想（尤其是所谓脱离对话轨道的"胡思乱想"）、使儿童循着纯理性的道路单向行进（不掺杂任何个人的情绪情感与生活体验）的策略，那么儿童很快就会丧失探究的兴趣及动力，并使自己的童年品性受到扭曲，进而使儿童哲学正中儿童文学家的批判："在前运算阶段，儿童的逻辑思维能力没有形成，如果在他们渴望自由以及狂野想象的时候，一味给他们灌输思想或进行理性思考，他们非但不能消化，反而会丧失审美的意味，因

---

① 葛荣晋."孔颜乐处"及其现代诠释——中国的儒生精神［C］.中国儒学（第六辑）.北京：中国社会科学出版社，2011：378.

此得不偿失。"①

　　李普曼不仅重视情感在批判和创造性思维中的关键作用，且推崇"情感性思维"，他所建构的第三个 C（关怀性思维）就属于典型的情感性思维。② 但是在 IAPC 学生和教师用书中，故事的呈现通常是以严肃的概念或命题讨论为主，情绪情感的主题并没有得到应有的重视。整个哲学小说没有配备任何插图，这也从侧面说明李普曼并不希望这些文本具有"娱乐"效果。而在奥斯卡·柏尼菲的儿童哲学实践中，也没有对儿童的情绪情感予以足够的关注，甚至将其视为一种无关紧要的干扰，因此在教学现场，儿童所获得的乃是有言不能发、被"刻意"中断乃至"虐待"的消极体验。但是我们认为，儿童哲学在本质上应是给予学生快乐的，做哲学应当是一个充满乐趣的过程，这种乐趣绝不局限于（但不应排斥）感官意义上的快乐，而主要是一种精神之乐、内心之乐和超越之乐。为此，经营哲学探究团体的教师应塑造一个在情感上安全的氛围，并在对话过程中有效处理学生的积极和消极情感，引导学生体验做哲学的真正乐趣，如此才能使儿童始终保持对哲学探究的兴趣。关于儿童在哲学探究团体中的情感体验，目前国内外学者都缺乏相关研究，我们认为儿童可能产生的情感体验包括因观点冲突而引发的愤怒或沮丧、因意见特殊而遭人嘲笑的尴尬或失落、因缺乏发言机会或没有得到同学老师回应所带来的孤立感、一定要说服他人认同自己观点的争赢心态、因思维打开或受到教师多次表扬所带来的兴奋感、因观点错误而面临自我纠正所产生的抵触情绪，等等。尤其是在面对儿童的消极情感时，教师不妨采用训练共情力（同理心）、设置"安静角"、暂停讨论直面情感问题、引导学生对事不对人、创造条件让"弱势"学生多发言、构建更加安全的情感生态等策略进行应对，以使儿童回归到对话的正常轨道上。

　　另一方面，孔子强调诗教和乐教（这是两种密不可分的艺术形式），将《诗》和音乐（以诗为歌词，常伴有舞蹈）视为儒家教育的六大关键内容之一（"六艺"）及实现"成人"教育的重要手段。孔子提到"不学诗，无以言"（《论语·季氏》），凡君子"言必称诗"，诗是对话参与者表达观点的最基本形式，是其内在修养的集中体现。"兴于诗，立于礼，成于乐。"（《论语·泰伯》）所谓"兴"，以黑格尔的话来说，就是借助"一种具体的感性现象"，"真实或假

① 刘绪源.论儿童的两个关键期及与之对应的文学——"前运算阶段"与"分裂时期"
　　[J].文化学刊.2015（1）：18.

② Matthew Lipman. Thinking in Education[M]. Cambridge University Press，1991.

造的个别事例"，来阐述"普遍和理性的东西"①（所谓"托物言志"），即从形象的诗句中领悟出某种抽象的义理。除此以外，诗歌还"可以观，可以群，可以怨"（《论语·阳货》），这些功能促使诗歌成为儒家教育的优良载体。但孔子所谓"《诗》三百"，是经过慎重选择的，其主要的标准便是"思无邪"（《论语·为政》），即内含"道"的意蕴。《史记》便有记载："古者诗三千余篇，及至孔子去其重，取其可施于礼义……三百五篇，孔子皆弦歌之，以求合《韶》《武》《雅》《颂》之音。礼乐自此可得而述，以备王道，成六艺。"

孔子也推崇"乐教"，他个人就极喜音乐，经常弹奏琴、瑟和歌唱。他曾在齐国闻《韶》乐，竟"三月不知肉味"。每次听人唱歌唱得好，就会请对方反复唱，自己也跟着一起唱："子与人歌而善，必使反之，而后和之"（《论语·述而》）；在《论语·八佾》中还有一段和音乐专家鲁大师谈论音乐理论的描述。孔子的门徒也大多能歌善乐，如曾点"鼓瑟"（《论语·先进》），"由之瑟"（《论语·先进》），子游"弦歌"（《论语·阳货》）等。但在孔子看来，乐可分为"淫乐"（如郑声）和"雅乐"（如《韶乐》《武乐》），他认为后者是受礼节制或规范之乐，中正平和可达到"乐而不淫，哀而不伤"之境界，是真正具有学道意义的。而当时流行的新乐则只重形式或声音之悦，缺乏深厚的道德内涵，不具备教化之功用，所以不应用于教育过程之中。"乐云，乐云，钟鼓云乎哉！"（《论语·阳货》）"人而不仁如乐何！"（《论语·八佾》）孔子认为乐必须受礼的规制才可发挥其教育意义，他说"达于乐而不达于礼，谓之偏"（《礼记·仲尼燕居》），故礼和乐常被连在一起谈论。

在目前我国国内的儿童哲学教育实践中，最常见的刺激物是绘本以及其他文本型的材料，如童话、寓言、民间故事、新闻故事等，尤以绘本为主，基于艺术作品来开展哲学探究的尝试还非常少见。但是从国际范围来看，这类尝试已逐渐成为儿童哲学发展的主要趋势之一。如彼得·沃利（Peter Worley）等在《哲学商店》②和《7岁开始的哲学思维启蒙》③里就大量运用诗歌（如《生日惊喜》《快乐与悲伤》《对与错》《苏格拉底之谜》等）作为刺激材料，为7岁以

---

① （德）黑格尔.美学（第一卷）[M].朱光潜，译.北京：商务印书馆，1996：14.

② （英）彼得·沃利.哲学商店：培养哲学思维的138道思考题[M].王亦兵，译.北京：新华出版社，2016.

③ （英）彼得·沃利，安德鲁·戴伊.7岁开始的哲学思维启蒙[M].王亦兵，译.北京：新华出版社，2016.

上儿童设置哲学探究的相关问题。他们认为哲学既要遵循类似科学的理性逻辑，其本身也应充满诗意，以诗化的语言呈现材料，似更符合儿童的天性。梅·赖可（May Leckey）运用毕加索的一幅名画《格尔尼卡》引导 25 名初中学生开展哲学探究，证明美术作品可以激发学生更多的创造力和参与热情，也有助于丰富和扩展学生对相关哲学概念的理解。[①] 劳拉（Laura D'Olimpio）和克里斯多夫（Christoph Teschers）则建议在面对那些不善运用口头和书面语言表达观点的年幼儿童时，宜采用音乐、戏剧等非语言形式的材料启动哲学探究。[②] 所以，国内教育者在未来开展儿童哲学的研究与实践时，也应积极尝试利用本国的诗歌、音乐、戏剧、美术或其他艺术品，使儿童有直接开展美学探究（目前的探究较多局限在伦理学层面）的机会，并在获得审美体验的同时充分享受哲学探究的应有乐趣。

（三）探究团体的策略：从诉诸定义走向诉诸情境

苏格拉底对话的典型表达方式是"什么是 X"或者"X 是什么"，这里的"X"包括正义和善（《理想国》）、勇敢（《拉刻篇》）、友爱（《吕西斯篇》）、爱情（《会饮篇》）、虔诚（《欧悌甫戎篇》）、自制（《卡尔弥德篇》）、美德（《美诺篇》）等，也就是在寻找本质性的概念定义。通常无论是苏格拉底本人还是对话参与者，均无法给出一个令人满意的本质性定义，所以最后只能以"无知"收场。而且在苏格拉底对话中，参与者本人的个性、经验、学识是隐藏或逐渐退场的，所有对话的呈现方式都是一致的，即"下定义——否定定义——重新下定义——再否定"等。受此影响，儿童哲学的探究团体也围绕概念的讨论展开，而且这种讨论常以寻找概念的定义为基准。如在讨论"幸福与不幸福""正常与不正常""勇敢与害怕""强与弱"等对立概念的过程中，总是将界定这些概念的内涵、理清对立概念的分界线作为对话的重点，或者说是"升华"的最终着落点。但从实践观察可发现，孩子们往往只能给出关于概念的具体理解或生活实例，提出统一而本质的定义几乎是不可能的。所以面对界定"X 是什么"的难

① May Leckey. Guernica Comes to School：Art，Philosophy and Life［C］. In Maughn R. Gregory，Joanna Haynes and Karin Murris（eds.）. The Routledge International Handbook of Philosophy for Children（137—144）. Routledge，2017：143—144.

② Laura D'Olimpio & Christoph Teschers. Drama，Gestures and Philosophy in the Classroom：Playing with Philosophy to Support an Education for Life［C］. In Maughn R. Gregory，Joanna Haynes and Karin Murris（eds.）. The Routledge International Handbook of Philosophy for Children（145—152）. Routledge，2017：151.

题，儿童哲学究竟是要引导所有儿童做纯思辨的可能无结果的思考，还是要结合生活情境发展对 X 的具象、多元化理解，便成为教育界值得深思的问题。

孔子对话的风格则与苏格拉底对话不同，前者是"诉诸情境"而非"诉诸定义"，这里的情境不仅是指个体的生活场景、交谈双方所叙述的具体事件，而且也包括对话者本人的品性与学识。如孔门弟子六人（颜回、樊迟、子贡、子张、司马牛、仲弓）八次问何谓"仁"（其中樊迟问了三次），孔子皆因情境不同而有差异化的解答。面对"闻斯行诸"的问题，孔子对子路和冉有也做出了不同回应：因冉有遇事畏缩、不敢向前，孔子的回答是"闻斯行之"；而子路的性格是勇敢果猛，缺乏深入思考，孔子的回答则是"有父兄在，如之何其闻斯行之"。可见，孔子关注的并非是关于概念的某个普适性定义，而是与生活、对话和个人语境紧密相连的多元答案。孔子心中未必没有关于"仁"等概念的言说标准，但是他没有将这种标准一次性地灌输给学生，或者引导学生集体往同一个方向演进，而是让学生基于自身的经验和知识做出个别化的理解，这些理解从表面上看是不同的，但是它们之间存在维特根斯坦所言的"家族相似性"，都是从不同侧面显现了概念的基本特征（但不是整齐划一的"本质"）。所以在儿童哲学的探究团体中，不应使儿童局限于"下定义"的套路之中，尽管下定义本身既是一种技能，也是推进概念理解的重要手段或过程。更贴合儿童思维特点及中国文化的方法或许是引导儿童结合不同语境去发展具有"家族相似性"的多元理解，揭示同一概念背后不同层面的内涵，从而意识到概念探索的复杂性。这样的探究才是真正具有"艺术性的"：它是一个不断展开生生不息的过程，不受固化定义的限制，不会封闭和终结①，永远在路上，或许这更符合西方哲学之"爱智"的本义。

孔子对自己的学生了如指掌，他能"一针见血"地指出各个学生的核心特点，如"由也果""赐也达""求也艺""师也过""商也不及""柴也愚""参也鲁"，等等。在儿童哲学课堂中，教师也应对学生有深入的研究与了解，掌握他们每个人思维发展的特点、课堂表现的方式、知识和生活经验积累的程度乃至个性特质，而后再进行针对性的干预和引导，搭建不同类型的"支架"，而不能苛求所有学生都建立起对概念的同水平理解，并伴随相同的表现。《论语·雍也》曾提到："中人以上，可以语上也；中人以下，不可以语上也。"孔子对于心智发

---

① Roger T. Ames. Confucinism and Deweyan Pragmatism: A Dialogue[J]. Journal of Chinese Philosophy, 30（3&4）: 412.

展水平不同的学生所采取的教学策略显然是不同的。"可与言而不与之言，失人；不可与言而与之言，失言。知者不失人，亦不失言。"（《论语·卫灵公》）真正有智慧的教师，理应审时度势，掌握与学生沟通的艺术，对什么样的学生该讲什么话、不该讲什么话都应了然于胸。我们在儿童哲学的课堂上也会接触到不同思考类型、智力、生活经验和社会交往水平的学生，教师对于这些学生采取的引导策略不宜"一视同仁"，而应根据情况提出不同的要求，比如对话语过多、场控过强的学生可要求他们注意倾听、增加思考时间、启发他人思考等，而对那些相对沉默的学生则须创造情境和条件不断激励他们发言；对生活经验丰富的学生可引发他们注意选择性地呈现事例，强化对事例的深层次思考，而对于那些经验不足的学生则以鼓励他们进行生活的联结为主。探究团体虽以对话为主要的方式，但对话未必是以口头对话、现场对话为唯一方式，那些滔滔不绝、口若悬河的学生，未必是深思熟虑者；反过来说，那些寡言少语之人也未必就是缺乏思考的"榆木脑袋"。然而在探究团体中，不可避免地就存在着崇尚"彼此交谈"以及"多说话"的文化，并将没有激励起更多人参与对话视为一种教学上的"失败"。如若遵循孔子对话教学的智慧，我们就不应去强调所有的学生都必须接受同样的探究方式，而应在尊重他们个性化特点的基础上，鼓励他们用语言、身体、绘画、行动等多种方式去表现自己对哲学概念的理解与领悟。

四、结语

若从 20 世纪 70 年代末最早的介绍性文章开始算起，儿童哲学在中国已经走过了近四十年的历程，在这个过程中，国际化和本土化之间的张力一直是萦绕在我国教育者心中的关键问题。早期的河南焦作、南站小学和六一小学在国际化层面树立了良好的榜样，但直至最近，这种国际化的步伐才重新得到接续，于是欧美等国的儿童哲学专家每年到中国进行培训和讲座才成为可能。然而将儿童哲学引入幼儿园和中小学，绝不仅仅是出于教育国际化战略或与世界教育接轨的需要，更主要的则是在教育领域重新掀起"哥白尼式的革命"，即发现那被遗忘、忽略、轻视乃至否定的儿童本性与潜能，"向童年致敬"，而要完成这样的"救赎"任务，是无法经由植入国外版本的儿童哲学项目直接实现的，必须基于东方智慧传统与当代哲学、教育情境，以适于本国师生的方式缓慢推进。希冀未来的儿童哲学研究及实践能够在积极汲取国际同行经验的基础上，逐渐形成具有中国特色、风格和气派的儿童哲学模式，不仅在国际对话舞台中开辟自己的话语空间并建立平等地位，且能真正造福于我国数亿儿童精神世界的发展。

第三节　儿童哲学 IAPC 版教材及多元文本的分析 *

当前国内外学者对儿童哲学的研究集中在对其教学模式及成效的关注上，对通用教材（即由 IAPC 所研发的材料）本身的分析和对多样化文本的考察却相对缺乏；而在实践中，我国多数小学及幼儿园都认为 IAPC 版教材预设了北美文化情境，不适合中国国情及校情，故研制了数目可观的校本或园本教材。这种举动虽适应了儿童哲学材料多元化的趋势，却是建立在对 IAPC 版教材理解不足的基础上，因而仍具有一定的争议性。自 20 世纪 80 年代以来，我国研究者便开始关注儿童哲学，但在 IAPC 版教材方面却未对其进行深入的内容分析；而自 1997 年以来，部分 IAPC 版教材虽已在我国出版，但至 1999 年时便已脱销，故大多数学校无缘得见。据此，笔者拟在此节里通过对 IAPC 版教材的特征分析，并揭示儿童哲学教材在国际范围内的多元化趋势，来为各学校或幼儿园深化校（园）本教材开发提供参考。

一、IAPC 教材的总体介绍

儿童哲学目前在世界范围内最常使用的教材，乃是由美国儿童哲学促进协会（IAPC）的主要成员如李普曼、夏普、奥斯坎扬、斯宾列特等人合作编写，该套丛书包括从幼儿园到高中三年级的整个非高等教育阶段。这些教材根据不同年龄阶段学生的认知特点以及哲学发展的需要，在不同年级的教材中力图呈现不同的哲学内容，每部分内容之间又有极为密切的联系，具有明显的梯度性。例如在小学阶段，从幼儿园到小学四年级，教材注意生活对话中隐含的推理形式，以加强语言的获得与使用，并强化知觉、感情的运用；在小学五年级，教材注重形式和非形式逻辑的运用，提供一个儿童讨论哲学的模型，鼓励思考及合作探究；而到了小学六年级，作为探究科学研究的预设，教材突出讨论科学的目的和用处，包含对客观性、预测、因果关系等的讨论。中学阶段同样如此。初中一二年级时，教材重点关注伦理探究以及讨论逻辑和道德的关系，包含公平、道德、标准的性质、权利等。在初中三年级、高中一年级，教材集中讨论写作的问题，由不同的写作方式讨论经验、意义、评鉴，思考和写作的关系及艺术和技术的区别。到了高中二三年级，则要强化在前几个阶段所学到的思考

---

* 本节内容原载于《浙江师范大学学报（社会科学版）》2010 年第 2 期，此处有调整和修改。

技巧，为大学阶段的系统哲学教育提供基础性的储备，为此需要发展出对哲学各具体分支之问题的探讨内容。IAPC 已计划将伦理学、认识论、形而上学、美学、逻辑等五个专题各发展一本小说，但目前只有一本主题为社会探究的教材，主要讨论法律功能、官僚制度、犯罪、自由、正义等概念。

IAPC 的这套系列教材在设计上包含有学生用本和教师手册，这和我们所知的其他科目的做法是相似的。教师手册在编排方式上，包括了序、绪论或前言介绍，而后逐一呈现与教材内容相关的练习及讨论计划，这些练习基本是依照教材中的具体章节进行安排的，主要可包括以下四个部分：

1. 引导观念。该部分指出文章内容中所隐含的主题、概念，作为教师引导学生展开对话前的基础；或是提供给教师一些逻辑上相关的概念，协助教师引导学生做深入探究。这些观念是与小说内容紧密相连的，是教师手册的核心部分，也是以下讨论和练习的基础，但教师不必过分拘泥于教材上已显示的概念，可根据哲学教室经营的实际情况做出选择，亦可发展出手册上所未提及的重要观念。要注意的是，"引导观念"这一部分未必会出现在所有的教师手册当中，例如在《灵灵教师手册》中就没有，而是作为主题融入每一部分的讨论或练习中。

2. 可以讨论的问题。这一部分处于每一个章节的前端，是在共同体内学生没有提出问题的情形下才使用，主要是为避免冷场，帮助教师迅速进入讨论的氛围中。但是要防止出现不论什么情况都完全按照教材所建议的问题展开讨论的现象，教师要尽可能考虑学生的兴趣与理解。教师若认为有必要，亦可从中选择一二以作补充。儿童哲学教材的这个部分，与现有香港出版的语文教科书极为相似。在语文教科书的教师手册中，也有根据课文内容而设立的诸多理解题，以备教师在上课时提问之用。不过语文教科书中的问题呈现明显的由浅入深的境况，而儿童哲学教科书中的这些问题大都围绕在课文内容的较浅层面上，那些涉及逻辑规则及意义探索的深层次问题只有在具体的讨论中才能充分展开。另外，此部分不一定出现在所有的教师手册当中。

3. 讨论计划。围绕某个特定的观念，讨论计划会提出各种相关的问题，以供学生在课堂上讨论，但与"可以讨论的问题"有所不同。讨论计划内的问题都有明确的主题，并且具有一定的层次性，是教师引导学生理解具体观念的重要工具，因此教师尽管仍可以允许学生提出自己的问题，却有必要参照讨论计划的提示，否则哲学探究的实际效果就难以得到保证。

4. 练习。在学生经历讨论计划之后，已经对某个重要观念有所认识，练习即是要巩固学生已经建立起的认识或理解，这些练习中有些与语文的句式练习或词语练习相似，因为儿童哲学涉及大量的逻辑规则，这些规则只有不断运用才能明晰在心；也有些是针对讨论计划而设置的更加具体宽广的问题。

5. 教师的自我评量。教师手册会建议教师在上课之前先阅读所要评量的内容，然后在上完课之后，再回过头来进行评量。评量的问题通常包括儿童对本章重要观念的掌握程度，课堂讨论的具体情况，尤其是学生的表现，以及教师对经营哲学教室所进行的反思等。不过这些评量只是提供一种范例，教师可以根据自己的教学需要设置更为细致的评量内容，亦可通过学生评量的方式获得更多的反馈。

针对学生用本，夏普认为 IAPC 教材的设计满足了以下 12 条原则，这些原则正构成教材的核心元素：1. 每一页都包含一种类型的哲学概念，这个概念对特定年龄阶段的儿童都是熟悉而普遍的，构成他们经验的核心，并且具有争议性。概念的呈现必须是明显的，以使儿童易于识别。2. 每一章都呈现哲学探究的某些层面，例如识别何谓良好的理由或者良好的推测或者重要的问题。3. 每一篇小说都含有虚构的儿童仿真哲学探究的程序，并展现哲学对话的丰富性和复杂性、不同的观点、推测的分析、理由、假设、模拟、举反例及自我纠正的过程等。4. 每一篇小说都使角色处于一个不断生长的关爱、尊重和敏于哲学形态及各自观点的情境中。5. 每一篇小说都模拟一种针对在哲学对话中彼此的情感及情感如何影响观点之方法的敏锐性。6. 每一篇小说都模拟一种合作性的探究，一种建立在彼此观点上并且最终识别小组的工作，同时建构起彼此的信任、关爱和忠诚之意愿。7. 尽管哲学小说可聚焦于哲学的某一方面，但都包括尽可能多维度的哲学（伦理的、逻辑的、美学的、知识论的、形而上学的，等等）。8. 每一篇小说都内含那些深植入儿童日常生活的哲学概念及程序，以使学生觉得以有意义的方式去发现这些概念的意涵及程序所要传达的本意是完全值得的。9. 每一篇小说都呈现有关哲学概念及程度的不同观点，以鼓励儿童进入哲学对话，为自己而思考。这些不同的观点可以由不同的虚构角色以适合他们年龄的方式表达出来。10. 每一篇小说都模拟做出判断的整个复杂过程（即向儿童展现从事批判思考、创造思考和关怀思考的过程）。11. 每一篇小说都模拟故事中的儿童在情感、社会及认知水平上的成长。12. 每一篇小说都模拟一位成人教师，以作为哲学促进者，如任何儿童一般执着于探究的效果。这样一位教师愿意为儿童创造哲学探究的氛围，使儿童内化探究的程序并开始自主地为自己思考。①

IAPC 所设计的这套儿童哲学教材已经被中国大陆和台湾地区相继翻译过来，并已应用到实际的教学之中。台湾地区的翻译工作早在 1976 年就已经开始了，那时由杨茂秀教授翻译的 *Harry Stottlemeier's Discovery* 正式登临台湾书市，此后又陆续加入其他翻译者，如郑瑞玲等。1990 年成立的毛毛虫儿童哲学基金会统合了儿童哲学的翻译力量，将教材的翻译工作视为其核心任务之一。目前，毛毛虫基金会翻译的儿童哲学教材已囊括从幼儿园到初中一二年级的五本教材，并配有三本教师手册。在中国大陆，直到 1997 年才有正式的中译本教材，由张诗亚和邓彭主编，山西教育出版社出版，被命名为《儿童哲学系列丛书》。这套丛书涵盖了从幼儿园到高中三年级的全套教材，除了部分教材（包括学生用本及教师手册）外，大多数皆被翻译成中文。由于中国大陆和台湾地区在具体的汉语命名上有所不同，故同一本英文版教材往往有不同的中译名，此点需要引起注意。不过，当前 IAPC 出版的教材已经与 20 世纪时有很大不同，不仅添加了许多新的故事文本，就连最经常用的文本（如 *Harry Stottlemeier's Discovery*）也有修订版，但这些文本均未被翻译成中文，实为憾事。IAPC 哲学教材体系可见表 4.2。

二、IAPC 版教材的特征分析

（一）内容设置的螺旋形上升

IAPC 版教材是目前全球范围内流传最广、影响力最大的儿童哲学教材。该教材面向整个非高等教育阶段（即从学前到高中三年级）的学生，包括学生用本和教师手册，从最新的版本来看，总数已达 20 本。在内容的年级设置上，此教材具有鲜明的螺旋形上升之特点。一方面，根据不同年龄学生的心理发展特点，不同年级在哲学探究上有相对的侧重点，但在复杂性上不断增强。另一方面，哲学领域内诸多概念及问题具有普遍性的意义，是各年段学生所共同面对的，且随着经验的积累和知识的增进，对它们的理解会逐步加深，因此 IAPC 便将它们渗透到全套教材之中，通过小主人公的集体探索，在梯度上不断升级：或在内涵上更为抽象，或牵扯更多体验，或需更多知识背景，或须从新的角度切入做创造性理解等。譬如道德哲学的问题即"何谓善恶""如何区分"等，从

---

① Saeed Naji. Interview with Ann Margaret Sharp: Children and Youth Philosophers[OL]. http://www.buf.no/en/read/txt/?page=sn-sharp，2006-09-29.

表 4.2　儿童哲学 IAPC 文本总揽

学生用本		教师手册		适用年级
名称	内容简介	名称	内容简介	
The Doll Hospital（《玩偶医院》，尚无中译本）	故事情节的核心是主人公 Jess 探索与玩偶 Roller 之共同世界的边界。主要讲述了当 Roller 需要去玩偶医院的时候，Jess 很担心当它从医院返回时，Roller 可能就不再是 Roller 了。然而 Jess 没有意识到的是，Roller 及她的医院之行给他们的关系带来了特殊且恒久的变化	*Making Sense of My World*（《使我的世界有意义》，尚无中译本）	该故事主要揭示的哲学主题是人格。此外还涉及善良、美丽、真实等同一世等话题。教师手册有助于教师引导儿童深入思考他们周围的世界，探索诸如"什么使得一事物真实""我们如何知道什么是颜色""好朋友指的是什么意思"等问题	幼儿园
Geraldo（《吉拉多》，尚无中译本）	故事的主人公是吉拉多，讲述了移民到一个新的城市给吉拉多的生活所带来的变化。吉拉多不仅要掌握一门新的语言，结交新的朋友，且必须遵守新社会的规则，适应截然不同的文化。为了应付新情境，吉拉多最终找到了一种看待事物的新途径	*Discovering Our Voice*（《发现我们的声音》，尚无中译本）	该故事主要揭示的哲学主题是语言，但教师也可将它应用到社会和环境等课程中	幼儿园
Elfie（大陆地区译名为《爱菲》；台湾地区译名为《艾儿飞》）	Elfie 是一名小学一年级学生，她非常害羞以至于不能在课堂上发言，甚至无法完整地组织一句子。但是班级里所发生的事，无论大小，似乎都逃不脱 Elfie 的视野，Elfie 对发生于自己朋友身边、教室里以及家庭中的一切事件都感到困惑不已。当班主任建议在班级里开展旨在改善推理的竞赛时，整个主任级的学生开始竞相解释句子的本质，做区分及识别联系。在这个过程中，Elfie 及她的同学发现了许多基本概念之间的区别：表象与真实、一与多、部分与整体、相似与差异、永久与变化、变革与生长等。故该书还附有空白页，以供儿童用图画表达自己的想法。故事中涉及几个伦理概念，如友谊、爱、自尊、尊重他人、挪揄、选择及亲子关系	*Getting Our Thoughts Together*（《集合我们的思想》，尚无中译本）	教师手册旨在帮助儿童面对、识别及探索自身经验的问题层面。它帮助儿童形成问题以驾驭这些探索，质疑世界以及日常语言之表面上毫无问题的方面。手册提供给儿童许多机会以使让他们将经验重组为故事的形态，这是他们学会写的必备条件。它同时也提供许多讨论计划以协助教师发展课堂对话。它还提供练习以帮助儿童意识到言说是探究的开始而不是结尾，因为每一个言说均可被理解为针对某一问题的可能答案	小学一年级

（续表）

学生用本		教师手册		适用年级
名 称	内 容 简 介	名 称	内 容 简 介	
Kio and Gus（大陆地区译名为《冬冬和南南》；台湾地区译名为《鲸鱼与鬼屋》）	Kio访问他祖父的庄园，并与邻居家的孩子 Gus 结为朋友。Kio帮助 Gus 意识到世界是一团富目的生活。构成了此富目的创造性活动。Kio 的祖父从以前是一位船长，曾经遇到一头鲸鱼，乙后他决定选择一个最佳地点以便再次看到这头鲸鱼，Kio 劝说组之带两家人一起前往。Kio 和 Gus 的对话占据了故事的绝大部分内容，主要涉及的哲学概念包括真实与虚假，害怕与勇敢，说与做，真理与美丽，读书也者会感到自己的好奇感如同推理技能一般受到锤炼。该书也附有空白页，以供儿童用图画表达自己的想法	Wondering at the World（大陆地区译名为《好奇世界》）	教师手册旨在鼓励儿童获取推理与探究技能，以使他们更好地思考世界。通过练习与讨论计划，儿童会注意到这些认知技能均能应用到理解世界的日常概念之中。故此故事也可应用于科学与环境教育以及语言艺术课程。故事包括了一系列关于环境伦理、我们与动物及大自然关系等话题，以提升儿童的伦理意识	小学二、三年级
Pixie（大陆地区译名为《思思》；台湾地区译名为《录录》）	Pixie是一位小学生，对自身经验的许多方面都感到迷惑和惊讶。她发现了许多不同的关系、原圆与规则。当老师要求每个学生选择一个神秘的创造物，并前往动物园的班级之旅中找到它时，Pixie关于各类关系的观念获得了惊人的发展。此小说强调关系（逻辑、社会、艺术、因果、部分—整体、数学等方面）以及处理这些关系的素养。伦理概念则包括朋友竞争、人格、尊重他人、友谊、秘密、遵守诺言、顺从、挪揄和自治。该书也附有空白页	Looking for the Meaning（大陆地区译名为《寻找意义》；台湾地区译名为《灵灵教师手册》）	教师手册中的哲学练习提供关于总结、归类、概念发展、推理技能则包含在写作练习中，以提升学生的判断力。讨论计划旨在帮助儿童探索处于生活经验之核心的哲学观念，例如友谊、家庭、诚实与自治等。所有推理技能及哲学观念均以非技术语言表述	小学三、四年级
Nous（《诺斯》，尚无中译本）	这篇故事是 Pixie 的延续。故事介绍了一头聪慧的长颈鹿，遭遇一个道德两难困境。长颈鹿之名叫 Nous，他首先思考的是如果作为一个善良之人该承担怎样的道德责任。Brian 与 Pixie 随同他们的同学都试图帮助他，因此他们讨论道德教育应当为何作。他们帮助 Nous 决定做什么，此故事是引导儿童讨论伦理事务的绝佳跳板。故事后附有空白页	Decide What to Do（《决定要做什么》，尚无中译本）	教师手册包括了一系列不同的练习与讨论计划，教师可借此启动或充实 Nous 故事中有关概念的课堂讨论。讨论的核心是一些伦理的思量，这些思量是儿童在面对道德问题需要做出决策时所应当考虑的	小学四至六年级

（续表）

学生用本		教师手册		适用年级
名称	内容简介	名称	内容简介	
Harry Stottlemeier's Discovery（大陆地区译名为《聪聪的发现》；台湾地区译名为《哲学教室》），目前已是第二版	有一天 Harry 发现自己在一个科学课上提出了错误的答案，并开始反思究竟错在何处。这个反思很快吸引了他的同学，他们开始一起思考思维，探究逻辑的本质。在教师的帮助下，Harry 和他的同学发现了诸多形式及非形式逻辑的规则，但这些规则本身不是目的，而是作为工具可协助他们更好地理解自身及世界。他们所探究的观念包括教育、心灵/精神、权利、艺术、宗教、因果和"可误论"。此小说塑造了学生及他们的家长一同在组内探究的许多模型。此小说是儿童哲学系列教材的第一本，与西方哲学传统的联系居为紧密。拥有哲学背景的成人能从故事中轻易地识别那些永恒的哲学问题。不过，即使没有这种哲学思维背景的成人也能享受本故事发思维的精彩小说	Philosophical Inquiry（大陆地区译名为《哲学探究》；台湾地区译名为《哲学教室教师手册》）	这本教师手册囊括了数以百计的简短的、用以阐明故事中所蕴含的诸多哲学观念及价值的。那些在哲学院哲学方面没有背景的成人，同样可以无障碍地使用本手册，参与到与儿童的哲学对话之中。手册提供了讨论计划与练习，以帮助学生成为自己思考那些他们在生活经验密切相关的哲学观念。手册可作为批判性思考、形式逻辑、非形式逻辑等的初级读本，它们是学生探究的极好武器。学生会发现这些逻辑的意义所在，从而使他们能够使用这些工具以找到回答自身哲学困惑的答案	小学五、六年级
Lisa（大陆地区译名为《李莎》；台湾地区译名为《思考舞台》），目前已是第二版	故事关于一个年轻女孩在一特定年龄时期的生活故事，这个时期道德上的觉醒与变化即将发生。发生在她以及周围年轻人生活中的不同事件使他们反思以下话题：动物权利、男权主义、正义、种族主义、离婚及死亡等。他们竭力思考自身份如何认同及自己思考等问题。这些问题是青少年普遍关怀的哲学问题。当开始意识到自身经验的伦理维度时，女孩和她的朋友以以下哲学概念深感困惑：权利、公平、善、完美及自然主义等。他们察觉到自身相对于他者及自然的独立性，并开始欣赏伦理关怀的复杂性及多种引出合理道德判断的能力	Ethical Inquiry（大陆地区译名为《伦理探究》；台湾地区译名为《思考舞台教师手册》）	此文本的目的是提供给学生必要的工具，以协助他们深思基本的伦理问题。这些工具包括预期结果，考虑所有情境、提出良好理由、普遍化、前后一致、规划他们所希望成为的理想人及希望居住的理想世界等，除了使用这些工具外，良好的伦理探究还涉及及理解形而上学、社会哲学及美学等基本概念。因此之故，此手册对一系列概念进行了介绍，如自我、时间、人格、自由、互惠、讨论及练习，以鼓励青少年进行伦理探究。该手册对于协助青少年进行伦理探究是极有价值的，因为它有效地避免了伦理上的教条主义及幼稚的相对主义，达到了某种反思伦理平衡	初中一、二年级

（续表）

学生用本 名称	内容简介	教师手册 名称	内容简介	适用年级
Suki（大陆地区译名为《苏琪》）	此故事聚集了两种世界观：一则聚焦于事物的诗性层面，一则关注事物的逻辑层面。苏琪，一个青少年，热爱诗歌以及它那充满隐喻的世界；但她的朋友聪聪却厌恶文学作品，写诗这个念头令他深为恐惧。在遭遇了众多诸如语言、知识及审美等问题之后，他们看到逻辑和诗歌是在生活经验中找寻意义的两种不同方式而已，于是他们的世界观开始融合。当苏琪、聪聪和他们的同学意图克服写作创意写作中所遇到的障碍时，他们对许多概念都产生了新的理解、形式，如友谊、自由、正直、冒险、经验、新奇、和谐、平衡、人格与意义等。同时，当他们开始在创意作品中表达自身的洞见时，逐渐意识到以上概念对于创意项目是同等重要的	Writing: How and Why（大陆地区译名为《写作：为什么与怎样写》）	此文本的目的旨在使学生深入美学及其相关哲学问题的探究之中。此手册包含对故事中所含哲学概念的简短解释以及大批练习与讨论计划，以促进和协助儿童美学探究。因为诗歌是本故事中主要涉及美学流派，因此本手册中的解释及活动提供了众多附加的诗歌以帮助学生转变自身思维，由此他们的哲学探究对象。手册也提供许多活动以帮助学生转变自身思维，并以诗歌、散文、诗歌，短篇小说等进行对话，以及创意作品能互相贯通	初中三年级及高中一年级
Mark（大陆地区译名为《马克》）	中学校园受到破坏，马克在犯罪现场遭到逮捕。马克坚称自己是"社会的牺牲品"，但什么是社会？是什么力量使之聚集起来或分崩离析？这些问题困扰着马克和他的同学。他们努力探寻评价社会机构、规则及价值的途径，以判断社会能在多大程度上达成他们心目中的理想境地。他们特别关注法律及犯罪、传统、官僚体制的本质以及权威、责任和强制力等问题。但最重要的探究话题却是自由、民主、自由和正义	Social Inquiry（大陆地区译名为《社会探究》）	社会研习作为一门学科的任务即是引导儿童聚焦于发展建立在社会科学概念基础上的思考技能。如果儿童有机会进行探讨，则他们会思考这些隐含概念的真意，并讨论他们自己认为是有争议的或存在疑问的或社会科学中的话题。《马克》和《社会探究》的目的即在于鉴别社会科学中疑问的根源问题，将处于每个问题中心的冲突观念向学生指明，引导他们进行卓有成效的探究	高中二、三年级

学前读本《玩偶医院》直至高三读本《马克》皆有涉及，但在幼儿阶段是鼓励儿童在人与玩偶之间及朋友内部进行探索，小学高年级及初中阶段则过渡到人与动物等其他生物的关系，到高中三年级则扩展到社会整体乃至全球的善恶之争上。

（二）语言、情节和角色的文学化

IAPC 版学生用书本质上属于章回体哲学小说，李普曼等人把哲学的困惑与概念渗透到小说情节之中，以生动活泼的人物角色和教室情节来呈现，以对话交谈方式来铺陈情节，将哲学课题隐含或公开讨论于故事之中。在小说的每一章中，充满了众多的探究主题，而情节的精彩之处往往不是在琐碎的细节性事件上，而在学生之间或与家长、教师等成人的对话过程中，所呈现的为澄清概念或获得普遍规则的探究精神。[1] 而在语言表达方面，与大学哲学教科书不同的是，在 IAPC 版教材中，通篇难见深邃艰深的哲学术语，也看不到某个具体哲学家的系统理论或观点，其所提供的哲学探究场景都是故事角色由生活中自然而发，故为学生所熟知且易于理解。

以文学形式启动学生的哲学探究，既有其内在的必要，也有众多的优势。在李普曼看来，只有透过文学的形式才能将人类关系的复杂多样性细致、弹性地表现出来[2]，而关心人与人之间的复杂关系乃是每个儿童的实际需要。只有通过故事这种方式，才能引发儿童对哲学的好奇心，进而推动他们去思考、去感悟。[3] 故事中冒险式的探究活动充满了儿童所能感受到的趣味，而角色的困惑与问题也正是儿童所熟悉的生活经验，它一步一步地思考和探究的历程向儿童提供了一个模型，让儿童发现自己也会使用相同的技巧来思考，故事向儿童所展示的哲学不是枯燥乏味的，而是一种令人愉快的精神享受。文本以记叙文的方式描述了在学校中、家庭里以及在同伴交往中进行哲学探究的场景，这对于现实世界中的儿童具有典型的示范作用，有助于激励他们从生活中实践哲学探究。除此以外，哲学小说的优势还在于：创造可能世界，以作为智力探究的对象；把我们从此时此地（here-and-now）解放出来；作为我们生活的隐喻，整个

① 林师宇.教室中的故事与叙事智慧［D］.台东：台东大学儿童文学研究所，2004.

② 郑圣敏.儿童哲学方案对小学资优学生批判思考能力及创造思考能力之影响［D］.台北：台湾师范大学特殊教育研究所，1998.

③ 柯倩华.李普曼（Matthew Lipman）的儿童哲学计划研究［D］.台北：辅仁大学哲学研究所，1988.

人类生活就可被视为一个故事或一个叙述性的结构，而任何人都是其中的一部分；推动儿童的理智发展，激发"儿童的另一半"，即想象；引起儿童情感上的共鸣；为认知过程提供潜在复杂的挑战，一个故事包含许多不同的元素、物体以及关系，它们以一种特殊的顺序徐徐展开，这对儿童来说可以成为极度复杂的思考对象。①

IAPC 文本对角色的塑造也是颇为精彩的，只是这种角色并不同于常见儿童文学作品中的角色，后者主要从感性的层面描述角色细腻的情感与心理，而前者重在揭示各角色的思考方式与习惯。文本主要通过两条相互交叉的线来展现思考类型的多元性。一是每个儿童角色由于自身经验不同，对世界的感受也截然不同，因而主要表现为一种独特的思考风格，如陈明宣喜欢质疑，通过思考进行判断；雷雨常遵循形式逻辑的基本规则；李莎经常根据预感和突然领悟下结论；齐媛喜欢探究并乐于做出解释；安宁善于体察他人的情感；麦克则表现出创意思维的特点等。这些思维类型以及在此指导下的行为方式对现实儿童起了良好的示范作用，尽管这并不意味着学生去机械地模仿故事中的人物，但学生的确可以从对故事角色的深入理解来发展自己的思考类型（既可以在某些方面与角色相似，亦可以有所不同）。二是每一个儿童角色又是一个综合体，也偶尔会表现出其他类型的思维特点，因而他们之间存在相互交叉重叠的成分，如陈明宣和李莎有时都会仓促做出被后来证明是错误的判断，安宁和陈明宣都具有一种理解他人的能力等②，这充分揭示了每个儿童的复杂性。由于这些角色的年龄、性格、言行甚至所表达的困惑又与特定年龄的儿童极其相似，因此可说是真实生活中儿童的化身，因而较易引起学生的认同与共鸣，进而对故事中所内含的哲学问题展开热烈讨论。③

（三）文本中插图的缺席

IAPC 教材之最特殊的手法，就在于小说中通篇皆是文字，未见一幅插图，但这点却引起国际学界的广泛争议。包括李普曼在内的一派坚决反对在文本中

---

① Robert Fisher. Stories for Thinking: Developing Critical Literacy Through the Use of Narrative[J]. Analytic Teaching, 1998, 18（1）: 16—27.

② （美）李普曼. 教室里的哲学 [M]. 张爱琳，张爱维，编译. 太原：山西教育出版社，1997: 171—712.

③ 陈锦莲. 小学儿童哲学方案——批判思考教学之实验研究 [D]. 台北市立师范学院初等教育研究所硕士论文，1995.

插入图片。如李普曼指出，加插图等于代替儿童去做他们应该做的事，扼杀他们伴随阅读理解所产生的想象力，儿童哲学的目的是要鼓励儿童去想象、去创造，而不是提供一幅已经规定的图片，压抑儿童的潜能。① 艾根（Egan）认为在书中制造图片是一种低级的行为，因为艺术家们往往仅关注自己对物体或人物角色应当为何所做出的解释，或者宣扬一种特定形态的卡通，却可能不符合该物体或人物的本来面目，而真正的想象是没有边界的。贝塔海姆（Bettleheim）也指出，图片不能很好地满足儿童的探究需求，只会分散他们的注意力，使其脱离学习的过程；图片使儿童的想象远离了自身的经验及对故事文字的解释，它剥夺了儿童将自身的视觉联想应用到字里行间，从而创造个人意义的空间。②

而其他学者则提出不同意见，如费舍尔就指出，图片本身并非毫无益处，那些高质量的、完美地镶嵌于文本之中的图画，能为故事增加新的意义维度；在一本图书故事书中，文字提供一种形式的意义，而图片则提供另一种形式的意义，两者的结合可创造一种新的挑战，而许多绘本正可填补文字与图片之间的鸿沟，促使阅读者在头脑中形成关乎二者之概念性和叙述性的关系图景。③ 毛瑞斯和海尼斯（Joanna Haynes）则对李普曼模式的儿童哲学忽视图片的做法进行了理论上的探讨及反驳，他们认为传统的语义学仅关注文字和句子的意义，这在本质上是西方思想史中二元对立观的反映，即思想和身体的对立、理性与想象的对立、科学与艺术的对立、认知与情感的对立等。而在教育界，依赖仅有几幅插图或没有任何图片的文本进行教学的实践仍然比比皆是，李普曼的儿童哲学也不例外。但是如今的教育变革越来越将视觉的、审美的要素纳入意义创造的过程之中，这正代表着一种哲学观的转变，即将思想与身体、理性与想象等整合起来，推崇一种具身或寓身（embodied）的理性。④ 李普曼等人认为，当儿童在审视插图时，其心智是封闭的、被动的，他/她们不会通过图片来建构意义，反而会受到图片单方面的限制。但是在大卫·刘易斯（David Lewis）看来，在绘本中，文本并非是单纯的文本，而是受图片所影响的文本，而图片也

① Joyce I. K. Fields. Is It Really a Question of Preference：Philosophy Specific or Non-Philosophy Specific Teaching Materials［J］. Analytic Teaching，1999，19（1）：59.

② IBid.

③ Robert Fisher. Stories for Thinking：Developing Critical Literacy Through The Use of Narrative［J］. Analytic Teaching，1998，18（1）：16—27.

④ Joanna Haynes and Karin Murris. Picturebooks，Pedagogy and Philosophy［J］. Routledge，2012：63—65.

非单纯的图片，也是受文字影响的图片；绘本中的文本是片面的、未完成的、待图片来丰富的，其图片也同样是未决定的、未完成的，亟待文字来注解的。[①]因此在绘本中，儿童是在文本和图片的"第三空间"进行交互式阅读的，这种阅读是不可预测的、多变的，也需要个体及团体进行主动的意义建构。面对已有的图片，儿童绝不是等待"喂食"的婴儿，而是需要付出努力进行视觉阅读的；且这种阅读也绝不是对图片的表面或细节进行了解而已。所以通过阅读绘本，儿童实际上是被两种符号系统所创造的意义所牵引的，从而形成了一个"微型的生态系统"[②]。

就本书作者的教学实践以及对中国儿童哲学发展的形势来看，IAPC 文本在国内并不受欢迎，因此在 1997 年出版之后很快就销声匿迹了；笔者在小学以 IAPC 文本为载体实施儿童哲学的时候，孩子们的普遍反映也是指向这种文本的无趣性和无图片的枯燥。尽管 IAPC 文本（特别是教师手册）对当代中国儿童哲学课程的开发仍有巨大的借鉴意义，也有不少国内学者在呼吁继续使用 IAPC 文本（如鲍梦玲等），但不可否认的是，当前及未来的儿童哲学实践，必将以更贴近儿童生活的传统文学作品为载体，其中绘本（特别是那些标注哲学启蒙的绘本）必将成为最为常用的材料之一，这不仅由于它本身就是童书市场上最为耀眼的"新星"，也由于它的趣味性、蕴含哲学话题的丰富性等因素在实际应用时也能较好地发挥激发哲学探究的功能。下一节我们将对此做更为详细的阐述。

三、从美国走向世界：教材的多元化发展

在 IAPC 的推动下，儿童哲学走出美国国门而迈向世界，其教材开始遍布全球各地。起初，学校普遍使用这套教材作为哲学探究的唯一文本，而随着实践的推进，其他文本也陆续得到开发，通常包括寓言、童话、音乐、戏剧、手工艺品等艺术作品以及民间传说、神话、绘本及其他儿童文学作品。此外，研究者们还逐渐开发出适合本土儿童的哲学小说或思考故事，构建因应学校需要的校本教材。

然而，尽管其他材料已经大量应用于儿童哲学的课室之中，对这些课堂本身的个案分析却并不多见，既有的文献仍基本局限在理论探讨的层次，集中分

---

① David Lewis. Reading Comtemporary Picturebooks: Picturing Text [J]. Routledge，2001：74.

② IBid，p.48，p.54.

析其可行性或独特优势。如在民间故事（folktale）或民间传说（folklore）方面，马克波伯（MarcBobro）研究了它们应用于哲学探究时的优势：1. 有教育功用。民间故事提供了逃离现实的美妙机遇；提供了练习社会控制以及在共同体中获得赞誉的合法途径；促进了共同体的凝聚力和目的感；展现了古人的智慧。2. 多样性。民间传说在内容和文化上都具有丰富性和多样性，逻辑地表达了对同一事物可以有多种不同的表达方式；能唤起反应，引发直觉，传达品德；民间传说的智慧在于它不涉及某个具体的事实，而是建立在文化假设的基础上；一些思想具有跨文化的普世价值。3. 起源。民间传说真实展现了个人或文化共同体的特征，且与传统文化紧密相连。4. 富于意义。许多民间传说都可以用至少两种不同的方式获得诠释。5. 有趣。民间传说大多有趣，读来更有味。① 布鲁纳亦从理论上分析了民间传说的价值，他认为为了更好地理解我们自身的经验及周遭世界，并赋予其更丰富的意义，我们必须充分使用想象力，而民间传说即内在地镶嵌于我们每一个人的整体存在之中（the whole being of a person），这些故事使世界回归其陌生性，将它从显而易见中拯救出来，要求每一个读者主动响应真实世界，而化身成为文本的作者。②

李普泰（Sara Liptai）则着重研究了美学探究过程中所使用的其他材料，包括艺术与手工作品（主要是视觉和音乐作品）、日常的自然形态的物体（特别是与宗教有关的物体），他认为这些材料具有传统的哲学文本所缺乏的美学质量，因而尤为适合引导儿童开展美学探究。艺术品或手工艺品通常含有丰富的内在意义，对这些意义的解译不仅需要具备哲学思考的能力以及能够用连贯的语言顺畅地表达其中的思想，而且也需要理解流行的文化传统及充分地了解作品诞生的文化历史背景，因此以这些材料作为引子的美学探究，拥有不同于以书面文本为导向之探究的复杂性，而正是这种复杂性赋予了美学探究独特的丰富性。③

对绘本的研究则集中了相当多的学者及实务工作者，因为儿童哲学最主要

---

① Joyce I.K. Fields. Is It Really A Question of Preference：Philosophy Specific or Non-Philosophy Specific Teaching Materials［J］. Analytic Teaching，1999，19（1）：58.

② Ibid，p.60.

③ Sara Liptai.What Is The Meaning of This Cup and That Dead Shark：Philosophical Inquiry with Objects and Works of Art and Craft［J］. Childhood & Philosophy，2005，1（2）：1—9.

的应用对象是 3—11 岁的儿童，特别是幼儿园和小一、小二的幼童，而在针对这些年龄儿童的常规教育中，绘本又是一种极为重要、常见且为儿童所乐见的素材。一些学者从理论的高度表明使用绘本施教的意义或价值，如雷克（Lake）指出它们能引导读者进入一种有意义的人际关系内，这些书包含两个层面：一是口头方面，以引出反应并阻止独断；二是情感方面，由文本的语言引发或重构。雷克认为正是经由对视觉刺激的响应，人才能创造和发展自身的理解。①毛瑞斯亦指出，为了使发人深省的哲学探究得以发生，儿童的情感、想象及作为整体的存在等都必须受到激励，在这方面，图片故事（以及视频录像、儿童文学等）比那些没有图片的纯文字故事更适合。而且在实践中，这种文本比较廉价，易为多数学生所获取。②斯坦利（Sara Stanley）和步凯特（Steve Bowkett）也认为绘本可以将许多可讨论的哲学问题，浓缩在一本小的可携带的书本中；绘本的叙事写法，可以让儿童很容易就记住书中的内容，其图画又能赋予儿童极大的想象空间，并给儿童带来视觉上美的享受。透过文字和插图，绘本对儿童的情绪和理智都产生了吸引和影响，兼顾了儿童心灵和理智上的需要。③朱珮吟则将绘本的优势概括为四点：1.熟悉的形式，现今儿童从小就大量接触绘本，对它的形式十分熟悉；2.取得性高、选择性多，绘本的主题范围非常广泛，涵盖儿童生活的各个方面，与儿童经验有较好的联结，且很容易购买到；3.儿童能借助图画和文字双重载体来理解故事中的问题，特别是能练习儿童的"图像式思维"能力，并培养细心观察事物的能力；4.绘本借助图画能营造判准的改变、凸显事物的个别性，并将抽象的文字具体化，因而可以比纯文字故事书发挥更大的作用。④

在实践领域，应用绘本开展儿童哲学教育活动早已成为一股潮流，我国的儿童哲学实践活动虽总体不多，但童书出版商（如广西师范大学出版社、接力出版社等）正积极从法国、韩国、日本等引入大量绘本，其中有不少绘本的立

① Sara Liptai. What Is The Meaning of This Cup and That Dead Shark：Philosophical Inquiry with Objects and Works of Art and Craft［J］. Childhood & Philosophy，2005，1（2）：1—9.

② Ibid.

③ Sara Stanley and Steve Bowkett. But Why?Developing Philosophical Thinking in The Classroom［J］. Network Continuum Education，2004：9—10.

④ 朱珮吟. 儿童哲学研究——绘本中的哲学概念分析［D］. 辅仁大学哲学研究所硕士论文，2009：23.

意初衷便是要进行哲学启蒙。这样的绘本包括（但不限于）《哲学鸟飞罗系列》（法国的碧姬·拉贝著，全 10 册）、《幼儿哲学启蒙绘本》（法国的奥斯卡·柏尼菲著，全 4 册）、《儿童哲学智慧书》（法国的奥斯卡·柏尼菲著，全 9 册）、《皮皮罗的哲学启蒙绘本》（法国的米歇尔·皮克马尔等著，全 4 册）、《边问边长大系列绘本》（韩国儿童哲学教育研究所著，全 4 册）、《海豚绘本花园之儿童哲学启蒙系列》（包括《生活的意义》《月光男孩》《人性的善与恶》《松鼠先生和第一场雪》《我与世界面对面》《风中的树叶》《人类的信仰》《梦是什么》《爱与友谊》等）、《小柏拉图系列》（法国的让·保罗·蒙欣著，全 10 册）等，21世纪教育研究院同仁甚至自主研发了一套《酷思熊系列儿童哲学绘本》（王雄等著，全 54 册）。目前，所有上述绘本已经在家庭、社区、公共图书馆、幼儿园及小学低年级得到应用，在儿童哲学师培项目和有关会议（如东北师范大学附属小学举办的"儿童哲学与率性教育"系列会议、杭州师范大学举办的"儿童哲学与教育 / 儿童研究与教育"系列会议与论坛等）中也得到了初步讨论。

通过亲身实践，国内外的研究者都证明了以绘本作为哲学探究起点的优势或适切性。如费舍尔认为对年幼儿童以及偶尔阅读图画书的年长儿童来说，图书，尤其是古典的图画书，譬如麦基（David Mckee）的《贝纳德，并非现在》、森达克（Maurice Sendak）的《野性之物在哪里》等，都可以作为哲学探究的极好素材。菲尔兹（Joyce I. K.Fields）指出，应用雷克及毛瑞斯的图画书于儿童哲学教学之中，能有效帮助参与者建立起始点，并且开辟种类不同的探究道路。这不仅刺激了儿童的想象，同时也推动了儿童在哲学教室范围内之各项能力的发展。特别是雷克的故事《勇士布里尔》，其插图集合了各种不同的肖像，尤能激发思考，因为它们并未充当文本本身的投影仪角色，而是作为跳板让学生自由发挥想象，以添加自己的内容或情境。我国境内也有相当多的研究者（如李庆明、朱自强、高振宇、杨妍璐等）推崇基于绘本的儿童哲学教育，如朱自强指出，图画书中存在着大量蕴含丰富哲学思想的作品（如《我与世界面对面》《活了一百万次的猫》《失落的一角》等），哲学隐藏在这些作品的故事之中，不易为一般读者所觉察，却能为儿童所吸收，因而在开启、发展儿童心智方面具有极重要的价值。[①] 李庆明、曹文轩等都认为图画书（特别是那些举世公认的优

① 朱自强.儿童文学中的哲学（提纲）[C].哲学与幼童——第二届儿童哲学与率性教育高峰论坛论文集.东北师范大学附属小学，2016：254—257.

秀图画书）的最大特点是其能利用图画语言的特殊象征性、寓意性，连缀成富有哲理的童话式或寓言式故事，因此是离哲学最近的、对儿童进行哲学启蒙的绝好资源。① 笔者在幼儿园长达两年的实践探索，更加表明利用图画书与幼儿进行哲学对话不仅更能吸引幼儿的兴趣，激发他们更专注地投入到哲学探究之中，而且也能促进幼儿对生活进行更深入的反思与体悟。幼儿园教师所选用的绘本主要包括《大卫，不可以》《重要书》《老鼠娶新娘》《田鼠阿佛》《我的名字克丽桑丝美美菊花》等，他们甚至指出了利用绘本进行哲学启蒙时所要注意的三个要点，即通过对封面或文中画面的视觉阅读导入相关议题的哲学探索，借助图片所包含的丰富信息与隐藏细节一步步推进哲学对话，以对立概念的塑造加深幼儿对概念的理解等。②

对于 IAPC 版教材及以上多元文本之间何者更能实现儿童哲学的教育目标，学术界还存有分歧。绝大多数儿童哲学实践者们是以本土材料作为教学的工具，对 IAPC 材料持较排斥的态度，因此他们普遍认为儿童哲学完全可以用其他材料。事实上，无论是英、法、挪威、丹麦等欧洲国家，还是中国、韩国等亚洲国家，都致力于研发本国的儿童哲学教材。另一些学者却仍坚持认为 IAPC 教材更适合儿童哲学的教学。如费舍尔认为，传统故事及神话故事因有较多的局限性，故不及 IAPC 教材或思考故事更能激发哲学探究的历程：一是神话故事虽为儿童的想象提供了新的维度，但儿童可能无法依据自身的力量发现个中真理；二是传统故事所包含的信息更多的是娱乐儿童，而非解放儿童；三是传统故事中蕴藏有某种压迫的模式，从而限制了想象性思维，在许多故事中，这种压迫表现为儿童所受到的某种虐待，例如受到诱拐、遗弃或迫害，而女性主义者批判传统故事中对于女性角色之一成不变的态度以及对女性角色的被动性提供了糟糕的角色模型；四是许多传统故事的内容可能是问题化的，但是仅仅使儿童置身于再叙述（retelling）之中，却不能激励儿童批判地思考故事本身及其所要传达的信息。③ 安妮·夏普则认为，如果我们想带给教室里的哲学一种结构感、

---

① 李庆明. 优秀绘本是离哲学最近的［EB/OL］. 老约翰绘本馆，http://www.aiweibang. com/m/detail/136420496.html? from=p，2016-07-29.

② 高振宇. 以绘本为载体的儿童哲学对话——基于上海市某幼儿园的案例分析［J］. 教育导刊，2014（10）：3—7.

③ Robert Fisher. Stories for Thinking：Developing Critical Literacy Through the Use of Narrative［J］. Analytic Teaching，1998，18（1）：16—27.

连续性、全面性甚至是深刻性，那么仅仅通过一本图画书或一般儿童文学作品或是某些孤立的儿童经验而发现一系列的哲学主题或概念，是绝无可能的；以其他文本引发哲学探究对教师是一个更大的考验，而 IAPC 文本则提供了明确的教学程序与方法，教师很容易就上手；其他文本没有如 IAPC 文本那样提供做哲学所必需的推理技巧、概念形成技巧及探究技巧，它们也极少关注概念的分析、开放性质疑和对话、生成有关事物本质的创造性假设、鉴别论证的结构和推理的谬误，或者将反思的自我纠正的方法编入主题探究的程序中等，然而这些元素恰恰是哲学探究所关注的焦点，我们无法确保教师和学生能够从分析其他文本中轻易地开拓出这些因子。[①] 基本上，那些更看重哲学内涵的熏陶尤其是逻辑训练的学者（大多数为哲学家），特别是美国 IAPC 的研究人员，倾向于站在捍卫 IAPC 教材之正统性和适宜性的立场上，对其他文本持审慎的怀疑态度；而那些不具备相关哲学背景，尤其关注与儿童一同对话，或更重视探究本身的学者，则坚决反对将儿童哲学教材定格化，主张走多元化的道路。然而，除非后者能够提供足够多的案例或证据，以表明其他文本能同等有效地达成儿童哲学之通常的教育目标，否则双方之间的沟壑终将难以填平。

四、结语

IAPC 版教材作为各国通用的儿童哲学材料，尽管不断遭遇多元化的冲击，其独特魅力却仍是其他文本所无法企及的，因而诸学校不宜在实践中对之持无理由的全盘否定态度。其他材料之应用及创建，虽作为一种国际趋势已不可避免，然对于这些材料可在多大程度上带出哲学探究以及教师能否真正驾驭等问题，尤待学者以更多研究加以检视。更合理的做法，当是 IAPC 版教材和其他材料的融合，以共同服务于课堂内的哲学对话。在华人地区，可以先行对 IAPC 版教材进行详细的内容分析，考察其中究竟哪些元素具有美国特色而无法为学生所适应，又有哪些元素具有跨文化的特性。其次是对我国众多儿童哲学实验学校的校本教材做内容分析，并进行实证研究，以探明它们能否及在何种程度上可以有效达成儿童哲学之教育目标，并以此为基础，为进一步开发提供方向。

---

① Saeed Naji. Interview with Ann Margaret Sharp［EB/OL］. http://www.buf.no/en/read/txt/index.php？page=sn-sharp2，2008-08-10.

第四节　思考故事类绘本的内容分析

　　思考故事是一类以激发儿童进行哲学思考为核心目的的特殊绘本，近年来在欧美国家开始流行，而在中国，在毛毛虫儿童哲学基金会和国内少数出版社的大力推动下，已陆续有国外思考故事之引荐及本土思考故事的创作（如"酷思熊"系列绘本、"思考拉"系列）。思考故事最早是作为对 IAPC 教材的补充材料而存在，但由于其图文并茂、生活化、趣味化、主题多元等方面的优势，反而日渐成为当前儿童哲学实践中的主流文本。目前美国、澳大利亚、英国等国的儿童哲学研究者已经对童书市场上难以计数的绘本进行了甄选和实践，逐步形成了一批最具代表性的思考故事文本。这些文本在加雷斯·马修斯及其学生沃特伯格所开发的"教儿童哲学"网站上有详细的呈现。沃特伯格通过带领学生到幼儿园、小学进行实践，不仅确证了近 200 本绘本具有哲学启蒙的特质，因而可被归为思考故事一类，而且还将这些故事书划分到 11 个哲学门类（美学、知识论、伦理学、存在主义、逻辑学、形而上学、多元文化主义、语言、心灵、综合和社会）之中，并对每一本故事书都进行了导论介绍和讨论计划的设计，为全球各地的儿童哲学教育者提供了极其重要的实践素材。本节选取了部分思考故事，拟对其主题、叙事结构、角色等进行深度分析，使研究者对这类有哲学启蒙价值的绘本有总体的认知，以便为今后开发出更多的思考故事提供参考。

一、主题分析

　　各思考故事均有相对明确的核心主题以及相关联的其他主题，以下我们将选取其中 50 本最有代表性的绘本来呈现其主题的覆盖情形，并结合"教儿童哲学"网站所列出的以及中国境内已经被引入或开发的其余绘本，探索这些思考故事在主题构建方面的具体情况（见表 4.3）。

表 4.3　思考故事涉及的哲学主题

思 考 故 事	涉 及 的 哲 学 主 题
《逃家小兔》	物体同一性；成人与小孩的同异；我是谁；母爱
《重要书》	物质的属性：主要属性与次要属性的关系
《青蛙与蟾蜍好伙伴》	勇敢的本质；对勇敢的感知；勇敢与害怕
《大猫来了》	爱；友谊；善良；艺术；偏见等
《玛修的梦》	美丽；鼓舞；艺术性解释的本质；艺术的构成要素
《星月》	同一性；承诺；存在与感觉的区别；家庭

（续表）

思 考 故 事	涉 及 的 哲 学 主 题
《黄木偶与粉木偶》	存在；上帝；偶然与非偶然；世界是否偶然诞生
《我不知道我是谁》	我是谁；无知；身体；强与弱
《田鼠阿佛》	社群的本质；工作的本质与价值；诗歌；想象与真实
《鱼就是鱼》	想象与真实；友谊；优势与短处；我是谁；人与动物
《小黑鱼》	差异与相同；孤独；集体的力量
《无限和穿小红鞋的我》	无限；有限；亲子之爱
《老鼠娶新娘》	强与弱；自我认同
《爱心树》	奉献；父母之爱；人与自然的关系；植物与人的比较
《禅的故事》	禅；福与祸；心灵的重担
《我把"没有"送给你》	"有"和"无"；友谊；礼物
《失落的一角》	圆满与缺失
《100万只猫》	孤独/孤单；宠物；美；人与动物
《活了100万次的猫》	生命的意义；轮回；死亡；哭泣；爱
《动物绝对不应该穿衣服》	应该与不应该；人与动物的关系及比较；动物的权利
《雪地里的脚印》	动物的天性；善恶的来源、判断标准；可能性
《獾的礼物》	死亡；友谊；怀念；永恒
《一片叶子落下来》	存在的理由/目的；差异；死亡；害怕；生命的意义
《喂，小蚂蚁》	人与动物；动物的权利；生命；换位思考；同伴压力
《为什么小猫不会说话》	宠物；人与动物的比较；动物是否有语言
《雪》(Snow)	秃头论证（沙堆悖论）；知识与信念、见证
《大盒子》(The Big Box)	大人与小孩；自由与限制；幸福
《我的朋友是怪物》(My Friend the Monster)	普遍；公平；对与错；动物的权利；自由；厌恶；好人；他心知；个人的价值；朋友；良好理由；撒谎与说真话
《乌龟不可能牙疼》(Albert's Impossible Toothache)	可能与不可能；相信；想象与真实；知识与信念；谎言；遗忘
《亚历山大和糟糕的一天》(Alexander and the Terrible, Horrible, No Good, Very Bad Day)	情感及情绪（情感的本质；如何识别和处理情感）；暴力；犯错；学习（什么是学习，什么是最好的学习方法）；艺术（内涵与外延）
《欧能国的养蜂人》(The Bee-Man of Orn)	友谊（动物是否能与人结为朋友）；转变（与成长的区分）；进化
《本杰明的噩梦》(Benjamin's Dreadful Dream)	真实与梦；感觉（身体与心灵）；冒险；勇敢
《艾维亚》(Elvira)	美；差异；同一性；善恶

（续表）

思 考 故 事	涉 及 的 哲 学 主 题
《艾米丽的艺术》（Emily's Art）	艺术；艺术家；如何判断艺术品的良莠；艺术是怎样被创造和解释的；竞赛；非真实与真实艺术；感觉
《来自蒂格爸爸的礼物》（A Gift From Papa Diego）	超级英雄；失望；耐心；梦；爱
《我认识月亮》（I Know the Moon）	感知与真实；真理及对真理的认识；什么是文字；文字是否能表达世上的一切事件
《李莉的绘画作品》（Lily Brown's Paintings）	真实与想象或幻想之区别；真实的本质；想象的本质；艺术的目的
《纳尔森小姐不见了》（Miss Nelson is Missing）	尊重的本质；恐惧；权力；同一性；欺骗
《木法若的漂亮女儿》（Mufaro's Beautiful Daughters）	生活中的价值目标；权力的吸引力及本质；性别政治；价值的本质；美的意义；真幸福的含义
《邻街的晚上》（Night on Neighborhood Street）	悲伤；母性的本质（母性之生理概念和社会概念）；骄傲；恐惧；梦
《宅在家里的猫头鹰》（Owl at Home）	友谊（本质及其种类）；知识与真理
《棉被工匠的礼物》（The Quiltmaker's Gift）	慷慨；财富；幸福
《月亮上的兔子》（The Rabbit in the Moon）	善力量；利他的内涵；自私与无私；友谊的真谛；勇气、恐惧、爱及其相互关系
《真正的小偷》（The Real Thief）	取悦他人；无辜；信任与怀疑；证据；惩罚；富有；犯罪与原谅；真实；坦白
《萨满的徒弟》（The Shaman's Apprentice—A Tale of the Amazon Rain Forest）	我们知道什么；我们如何知道我们知道；对自然及对人的信念；对医学治疗的不同认知；疾病与健康；探索与宗教；智慧与萨满教
《我的壁橱里有噩梦》（There's a Nightmare in My Closet）	真实；知识（人们如何获取知识）；所有权；同一性与控制；噩梦；思想或观念的本质
《长牙长牙》（Tusk Tusk）	暴力；性格与外表；偏见的道德意涵；歧视；人的本性
《墙背后有狼》（The Wolves in the Walls）	知识；言说的角色；勇敢的本质；现实的本质；害怕；撒谎；现实与想象的区别
《谁才是野兽?》（Who's the Beast?）	恐惧（范围及其本质）；差异；对他人或他物的感知
《橙色斑点》（The Big Orange Splot）	集体主义与个人主义；梦想；表达自由

上表中所选的思考故事类绘本，大多数都不是专门为哲学启蒙而开发的（除《禅的故事》《重要书》等以外），因此其展开的内容并不是按照某个哲学门类或某个哲学话题而设计的，而是具有弥散和多元的特征，即覆盖在多个不同的哲学领域之中（或者说教育者能在一个文本中开发出多个哲学主题）。如在《我的朋友是怪物》中，其话题覆盖形而上学、道德哲学、社会政治哲学、心灵哲学等分支；《木法若的漂亮女儿》同时涉及道德哲学、社会政治哲学、美学等分支。这一方面增强了各个文本自身的吸引力，即同一文本可引发儿童进行多个层面的哲学探究，故而增加了单一文本的使用寿命；但另一方面却易形成教育者及儿童选择的困难，因为许多文本对问题及其类型的关注度是相似的，比如表中所举的《活了100万次的猫》和《獾的礼物》《一片叶子落下来》等都是探讨生命存在的意义及死亡的话题，而《动物绝对不应该穿衣服》《喂，小蚂蚁》《为什么小猫不会说话》又都探索了人与动物的联系与区别以及动物的权利等议题。所以这些思考故事在设计上仍然缺乏整体上的考虑，即没有根据各哲学门类或哲学主题分别设计不同类型的文本，因而造成了重复建设的现象。无论是在家庭环境中还是在学校教育中，教育者若要借助思考故事对儿童进行哲学启蒙，则不得不事先对思考故事进行严格筛选，才能使孩子对哲学的探索有一个系统渐进的过程，而这就必然要求后续的开发者们对思考故事进行统整（马修斯和沃特伯格等人已对近200本绘本进行了分领域归类，但这个归类并不是十分准确），或者基于特定主题进行重新设计。或许我们可以依据哲学的传统分类法，并遵循符合各年龄段儿童的认知发展特点、尊重儿童生活现实以及螺旋形上升等原则，开发出系列思考故事丛书，如形而上学系列、逻辑学系列、认识论系列、伦理学系列、心灵哲学系列、社会哲学系列、美学系列，这样既能使思考故事类绘本的发展走向规模化和有深度，成为国内外都具有一定影响力的特殊儿童文学作品，也能对儿童哲学在学校、社区和家庭的实践推广发挥积极作用。

依据各哲学门类的基本特点，我们可以对上表中所列举的绘本以及沃特伯格等人所实践过的其他绘本进行主题归类，看看这些思考故事关注的主题以及在各哲学门类中的具体分布情况。

由表4.4可见，思考故事类绘本的主题分散在各个不同的哲学分支领域。在形而上学领域，涉及的绘本共计60多本，其话题集中在人、存在、物质（物体）三大方面，其中与人相关的问题最易引起绘本的注意，例如"我是谁"这个话题便是许多绘本（《鱼就是鱼》《我不知道我是谁》《老鼠娶新娘》《小黑鱼》

表 4.4 思考故事的哲学主题归类表

哲学分支	思考故事中常见哲学主题
形而上学（本体论/宇宙论）	人的同一性；身份认同；人与人的差异、成人与小孩的异同、人和动物的异同；人与自然；我是谁；人的本性；偶然与必然；世界是否偶然诞生；物体同一性；真实与虚假；物质的属性与构成；有和无；可能与不可能；普遍与特殊、普遍的价值；生命的意义；死亡；存在与感知、思维；禅
知识论/认识论	知识的本质；知识如何获取；我们知道什么；我们如何知道我们知道；知识与真理；对自然及对人的信念；经验；知识与信念、感觉；知识与本能；语言的角色与意义；文字；无文字的交流；决定论与自由意志；因果关系；怀疑主义；真理及对真理的认识；悖论；思想或观念的本质
道德哲学/伦理学	善恶；撒谎、欺骗与说真话；承诺；取悦他人；无辜；信任与怀疑；坦白；自私与无私；利他主义；宽容；爱情；慷慨；耐心；羞耻；幸福；生活中的价值目标；尊重的本质；犯错；对与错；个人的价值；价值的本质；道德义务与责任；报酬；内在价值与外在价值；环境伦理
社会（政治）哲学	规则与自由；正义与公平；权利与义务；动物的权利；多元文化；不平等；所有权；控制；家庭；疾病与健康；友谊；惩罚；富有；犯罪与原谅；权力的吸引力及本质；性别政治；竞赛的本质；冒险；进化；偏见与歧视；同伴压力；欺凌；嘲笑；暴力；说服；物的所有权；社会期望；社会规范；标签与身份；隐私
心灵哲学	对他人或他物的感知；梦；性格与外表；母性的本质；感觉；意识；转变与成长；情感的本质与处理方式；情感的普遍性与个别化；遗忘；勇敢；恐惧或害怕；厌恶；悲伤；骄傲；失望；愤怒；他心知；思维；语言与行为；语言的本质与作用；动物的语言；意义的本质及类型；自我实现的预言
美学	美的主观性与文化性；美与幸福；美的类型；丑（丑的界定、看起来很丑和本来就很丑、丑与爱）；艺术性解释；艺术的构成要素；艺术的本质、目的；艺术家；对艺术品的判断；艺术的创造；艺术与自然；音乐；现实的本质；现实主义；想象的本质；环境美；美与道德

《重要书》《我的名字叫克里桑斯美美菊花》《特别的你》等）竞相讨论的重点话题，旨在使儿童探索自己的身体、性格、名字、优势与不足等，从而形成自我欣赏与剖析的态度。与此相关的话题则是人的本性、身份认同（《星月》《鱼就是鱼》）、人的同一性（《真实的我太少了》《糟糕，身上长条纹了！》）、人与动物的联系与区别（《喂，小蚂蚁》）、成人与小孩的异同（《逃家小兔》《大盒子》）、人与人之间的差异（《小黑鱼》《属于自己的颜色》）、人与自然（《萨满的徒弟》《小房子》）、生命的本质与意义（《活了 100 万次的猫》《我们来做小兔子吧》）、死亡（《一片叶子落下来》《我们在一本书里》《永远爱你》）等，也引起较多绘本的关注。从普遍的教学实践来看，上述绘本已被广泛应用于生命教育的课堂之中。其次是有关"存在"的议题，包括有和无（《我把没有送给你》《让我们什么也不

做》）、零的意义（《零》）、真实与虚假（《绒布小兔》）、存在的普遍与特殊、存在的偶然与必然、存在的可能与不可能（《乌龟不可能牙疼》）、存在与对存在的感知、思维（《小孩史波克》）等，这些议题一般是哲学领域最为抽象也最难探讨的，但是在经过绘本的文学化和艺术化方式处理之后，也同样能够成为亲子与师生之间进行对谈的主题。最后是关于物质及物体的议题，包括物的同一性（《会说话的蜡笔盒》《拼拼凑凑的变色龙》）、物质的属性（《重要书》《好脏的小狗》）、物质的构成（《小蓝与小黄》）等。其他话题还包括无限（《无限和穿小红鞋的我》）、未来（《在那里》）、中国道家的禅（《禅的故事》《禅的故事2》）等。由此可见，思考故事已经为我们呈现了探索形而上学这个传统哲学领域的多种可能性，并且证明形而上学与儿童的生活也是息息相关的。但同时要指出的是，在已有绘本中，对宇宙、时间和空间等的探索仍然偏少，而且在揭示中国传统哲学的"天道"方面也只是做了最初步的尝试，因此还无法满足儿童探索世界的内在需要，有待研究者们在未来进一步开拓。

认识论则主要探讨与知识有关的话题，在已知的思考故事绘本群中，对认识论范畴的哲学探索主要集中在以下五个方面：一是知识本身的性质及与其他概念的区别，如知识的本质（《霍顿与无名氏》）、知识与信念（《墙背后有狼》）、知识与感觉（《猫头鹰与月亮》）、知识与本能（《要走了，要走了》）等。二是知识的结构与形态，包括探索语言的角色与意义（《鸽子需要洗澡》《玩偶兔子》）、文字与无文字的交流（《伯伯林诺知道什么》）、思维、思想或观念（《你会拿一个点子做什么》《你能思考什么》）等。三是知识的来源，如知识与经验之间的关系（《鱼就是鱼》《皇帝的新装》《绿鸡蛋与火腿》）、人类社会是如何获取知识的（《我的壁橱里有个噩梦》）、人如何证明自己有知识、他人的证实是否可以作为知识（《雪》）等。四是知识的确证，包括真理的问题（《老虎，老虎，这是真的吗》《驼鹿莫里斯》）、确证的方式（《大熊踢球》）、表象与真实（《好脏的哈利》）等。最后则是逻辑学的内容，包括因果关系（《驴小弟变石头》）、决定论与自由意志（《要走了，要走了》《如果你给老鼠一块曲奇饼的话》）、命名（《给事物取名字的老奶奶》）、逻辑悖论（《一本好的小人书》《请按这里》《雪》）等。知识论的诸多议题对儿童的意义尤其重大，应特别置于儿童学习知识的早期阶段，以使他们意识到知识自身的局限性，养成开放的心胸和怀疑的精神，避免陷入盲从和自大的泥淖之中。未来须进一步将逻辑学里面的重要内容（特别是非形式逻辑的部分）以一种探索性的方式融入绘本中，同时也要引导儿童讨论知识与命运、知识对生活的意义等问题。

伦理学是儿童哲学理论研究者和实践工作者最常关注的领域，在目前小学阶段的应用中，儿童哲学也常常与品德与生活、品德与社会等科目统整起来，因而与伦理探究相关的主题就成为最大多数思考故事类绘本集中开发的主题。不过这些绘本已经开发的主题基本上属于比较具体的道德概念，诸如撒谎、欺骗与说真话（《尼尔森小姐不见了》《安娜斯和长满苔藓的岩石》）、宽容（《苏菲生气了》《巫婆的扫把》）、幸福（《地铁站的老鼠》《请记住十二月一号》《木法若的漂亮女儿》）、尊重（《尼尔森小姐不见了》）、犯错〔《亚历山大糟糕的一天》）、回报（《蜘蛛人安拿生》）、慷慨（《额外的毛线》）、耐心（《青蛙与蟾蜍伙伴之花园》）、奉献（《爱心树》《金币》）等。21世纪教育研究院所研发的"酷思熊"系列绘本，至少有20本是围绕常见的道德问题（如仁爱、孝慈、谦虚、诚实、平和、坚毅、简朴等）而展开的。当然，比较可贵的是，少数绘本也对道德本身进行了讨论，如关于道德与动机的问题，包括自私与无私（《木法若的漂亮女儿》）、利他主义（《如果你给老鼠一块曲奇饼的话》《月亮里的兔子》《我想要抱抱》），关于道德义务与责任的问题（《索苏的呼唤》），关于内在价值与外在价值的问题（《红色：一支蜡笔的故事》），关于环境伦理〔即人与自然、人与动物关系）的问题（《火蜥蜴的地方》《阿莫的生病日》）等。但是这类有关道德本身的主题仍然开发得还不够，如道德的起源、道德的本质、道德与人性、道德与法律、道德与理性等问题还没有引起绘本界的足够关注。

社会（政治）哲学领域的话题也是绘本经常探索的重要方面，并没有因为它们所面向的读者群是小学乃至幼儿园的儿童而放弃这方面的议题。从总体上来看，这些绘本所涉及的主题集中在社会关系层面，而对政治相关议题（如国家、政府、政治生活）的关注相对较少。前者探索的概念覆盖于家庭、学校和社会生活中人际交往的多个方面，如在家庭环境中，这些绘本探索了亲情（《逃家小兔》）、家庭本身（《地铁站的老鼠》）、个人的疾病与健康、爱情（《迈克·马力干和他的蒸汽铲车》）；在学校环境中，讨论了嘲笑（《我的名字叫克丽桑丝美美菊花》《鸽子需要洗澡》）、同伴压力、欺凌〔《丑小鸭》《只有我朋友和我》《糟糕，身上长条纹了！》）、暴力（《爱花的牛》）、友谊（《给事物取名字的老奶奶》）、权威（《爱花的牛》《丽丽的紫色塑料钱包》）、惩罚（《这不是我的帽子》）；在社会环境下，讨论了偏见与歧视（《史尼奇》《索苏的呼唤》《三只小猪的真实故事》《长颈鹿不会跳舞》等）、标签与身份（《红色：一支蜡笔的故事》）、隐私（《大家来便便》）、社会期望和规范（《艾维亚》《星月》）、明星（《大红狗克利弗德是明星》）。带有政治色彩的议题主要是规则与自由（《大卫不可以》）、正义与公平（《鸟》）、权利与义务、所有权（《这只麋鹿是我的》）、动物的权利（《爱花的牛》）、责任（《索苏的呼唤》）、权力、性别、领导、忠诚（《迈克·马力干和他的蒸汽铲车》）、战争与士兵（《黄油之战》）、多元文化（《市场街的最后一站》）等，多从属于政治道德的范畴，其中自由、权利、责任等在绘本涉及的常见主题之列。

在心灵哲学方面，思考故事最常切入的话题便是那些儿童所能感受到的具体心理概念或现象，包括勇敢、恐惧、梦、悲伤、愤怒（《苏菲生气了，非常非常生气》）、骄傲（《邻街之夜》）、厌恶、遗忘、失望（《爸爸的礼物》）、害羞（《害羞的查尔斯》）等，以梦（《玛修的梦》《牛奶和曲奇》《可怕的梦》《田鼠阿佛》《地铁站的老鼠》等）、勇敢（《龙与巨人》《月亮里的兔子》《天空在脚下》等）、害怕（《尼尔森小姐不见了》《谁是怪兽》《乌龟去医院》等）、伤心（《安娜斯和长满苔藓的岩石》《邻街之夜》）等为最多。当然也有一些绘本进行了大胆尝试，乃从较为一般的层面来探讨心理现象及其本质，比如讨论了心灵与身体（或行为）的关系（《迈克·罗森的伤心书》）、感觉是否可靠（《楼梯下的熊》）、情感的本质（《寻找圣诞》）、处理方式（《亚历山大和糟糕的一天》）、普遍性与个别化、性格与外表的关系、母性的本质（《邻街之夜》）、语言的本质及作用、动物的语言、语言与行为（《玩偶兔子》）、意义的本质及类型（《噘嘴鱼》）、自我实现的预言、他心知（《最小的俄罗斯套娃》），等等。未来，还可以更多地引导儿童从一般层面来探讨心灵概念，引入更多现世绘本中还未认真讨论的主题，如人类心灵与人工智能、自我意识、潜意识等，这些皆可与儿童的生活密切联系起来。

关于美学的部分，在现有的思考故事中所占的比重并不大，主要围绕两大方面的议题而展开：一是美的本质，探讨了美的主观性与文化性（《100万只猫》）、美的类型、美与幸福（《木法若的漂亮女儿》）、美与道德（《艾维亚》）、环境美（《火蜥蜴的地方》）、丑的定义、看起来很丑和本来就很丑的区辨、丑与爱（《怪物史莱克》《丑小鸭》）等。二是艺术的本质，包括艺术的目的与价值（《弗利克斯·克鲁索难以置信的画作》）、艺术的构成要素（《玛修的梦》）、对艺术品的判断和解释（《艾米丽的艺术品》）、艺术的创造、艺术与自然（《狮子与小红鸟》）、艺术家（《艾米丽的艺术品》）；还探讨了艺术创作过程中的一对重要命题，即现实与想象的关系，包括现实的本质、写实主义（《大概》）、想象的本质（《李莉的水彩画》）等话题。但是对其他常见的美学范畴，如崇高、优美、喜剧、悲剧，美的多种形态（现有绘本中探索了音乐美，如《狮子与小红鸟》），如书法、建筑、工艺、摄影、舞蹈、雕塑、戏剧、电影、文学，以及美的欣赏等，都缺乏必要的讨论，这说明在美学领域，思考故事的可着力点还有很多，未来这一块将是重点发展的对象。

二、叙事艺术分析

思考故事在本质上属于童话以及儿童小说，基于当前大多数思考故事皆是针对初中以下之儿童，故以童话的形式表现最多，其次才是儿童小说，这些思考故事既具有童话或儿童小说的一般特征，又具有自身的独特表征。以下仅以童话类思考故事为例，通过对多个典型文本的分析，从叙事结构与情节、故事角色等角度详加探讨。

（一）叙事结构与情节

思考故事与常见的童话故事相似，一般按照顺叙的方式徐徐展开情节，也有完整的开始、过程、结尾三个阶段，有明确的时间、地点、角色及事件等基本要素，兹从以下几个方面详细探讨：

1. 故事的开头一般不用"很久很久以前"这样的套路，而是开门见山，直接引出角色或事件，从而为切入故事核心主题的探讨提供捷径。如《阿尔伯特不可能牙疼》开头便讲阿尔伯特小海龟抱怨自己有牙疼，从而引发海龟对牙疼的感觉是否真实的大讨论；《埃尔韦拉》开头便详细介绍了小龙埃尔韦拉的外形特征和行为方式，指出她与其他龙的相同与不同之处，为其离家出走的举动埋下伏笔；《青蛙与蟾蜍好伙伴》之开场白是青蛙和蟾蜍在一同阅读一本名曰《恶龙与巨人》的故事书，谈到它们深为故事中人物的勇敢所折服，为它们证明自己是否勇敢的行动打下基础；《空的礼物》开头便介绍了狗狗 Earl 的生日即将来临，其朋友 Mooch 想送它礼物，却陷入不知送何礼物的困境；《我认识月亮》开头则直接点到森林各动物对月亮的不同理解，为它们之后到科学人那里寻找答案埋下种子；《真正的小偷》开头亦复如是，提到了鹅 Gawain 对王 Basil 的忠心耿耿，所以才会自愿担任王室金库的首席护卫，才会在之后引发忠诚、真实等的争论。

2. 思考故事的过程一般伴随鲜明的问题或矛盾情境，在开头的铺垫下，引出问题或矛盾或冲突的所在，再徐徐展开探究。只是这种冲突具有明显的理智特质，关注点不在角色之间的情感纠葛，而是涉及某哲学领域的重大问题，而这个问题正是构成情节的核心要素。随着故事的不断展开，这个问题可以从不同的视角或深度得到不断的检视，但故事本身的内容并不能完整地揭示某问题的所有内涵，基本上它只是作为一个起始点（starting point），最关键的还在于阅读故事的儿童在教师的引导下进行更深入全面的探究。思考故事的情节与常见的童话故事相比，情节的曲折性或冒险性明显较弱，内容中极少出现妖魔鬼怪、神人仙女或者奇异的魔法，虽然角色是拟人化的动物或其他无生命对象，但其所叙述的故事却相当普通。如《阿尔伯特不可能牙疼》紧紧围绕真实与虚假、说谎与谬误等问题展开情节，故事的基本内容是阿尔伯特小海龟怀疑自己有牙疼，但它的家人大都不相信它，认为它在说谎，唯有祖母海龟对小海龟的问题认真对待，并帮助它找到了痛源。《本杰明的噩梦》中展示了本杰明在梦中所经历的一系列冒险，但这些冒险并没有太多的诡异成分，如爬上苹果树摘果子却掉到一个未知的领域，无缘无故被水打湿等，整个故事的核心是在探讨关于梦本身的问题（特别是梦的真实性问题）。《埃尔韦拉》叙述了一只独特的龙，她不愿意像其他龙那样互相厮杀并吞吃公主，而喜欢制作精致的链条并设计衣服，由于经常受到伙伴们的嘲笑，埃尔韦拉决定离开家园，与公主一起生活，故事的最核心主题无疑是差异与认同。《青蛙与蟾蜍好伙伴》中提到了青蛙与蟾蜍的冒险行动，也不过就是爬山（而不是要拯救某人或世界），途中屡遇危险，如碰上老鹰、蛇等天敌以及地质灾害如雪崩，但并没有提到特别高深的魔法，故事紧紧围绕勇敢这个主题展开。《空的礼物》则更没有特别精彩的情节，稍吸引人的地方乃在于狗狗 Mooch 最终决定送给 Earl 一个空盒子，整体内容很简单。《我认识月亮》也没有突出的情节，故事首先介绍了各个动物对月亮的理解，大家相持不下，便去求助科学人，但科学人的解释并没有令它们满意，大家仍坚持认为自己对月亮的感觉最真实，由此可见，故事乃是通过对感知与真理等的探讨而推进的。所以，思考故事最突出的特点即在于它弱化了情节的幻想性及趣味性，而着重突出思想上的探究性，它具有非常强烈的理性化倾向，对问题的发现和探究往往颇有深度，并能较好地结合拟人化角色及简单的情节推进对某问题的讨论，因而有助于儿童进一步理解自我及现实世界的复杂性。但随之而来的问题是，此类思考故事是否过于强调理性思辨，而缺乏氤氲化合的感性氛围？因为童话故事之所以吸引儿童，最重要的就是情节本身的曲折奇妙幻想，若不强调此点，则势必会削弱儿童对文本的阅读兴趣。不过实事求是地讲，相比与李普曼等人所创作的哲学小说，思考故事确实已经在情节上下了较多的功夫，至于无法和经典的童话故事、科幻故事相比拟，则可能是其中内容不得不涉及思想性的探究之故，因这种探究必然会使文本变得较严肃而不是轻松愉悦。

3. 思考故事所铺设的场景及其事件与儿童的日常生活紧密结合，其与现实世界的相似程度甚高，揭示了儿童成长过程中所遭遇的常见困惑，充满浓郁的生活气息。故事主人公解除困惑的过程可以为现实世界中的儿童提供一个值得借鉴的范例，配上课堂上的进一步咀嚼，此种借鉴的效用则会更大。儿童在读完一篇童话故事之后，可能只会受到临时的感动与教化，但很快便会忘记其中的情节与角色，但对思考故事的阅读并不仅属于个人的私事，它更是一种社交活动，阅读的结束并不意味着探究的结束，因此故事本身对儿童的影响会持续更久。但不能说思考故事是在教化儿童，宣扬某种教条主义的条条框框，因为探究的过程不是以某种既定的理论呈现，而主要是各角色之间的频繁对话，对话是探究的主要方式。如《阿尔伯特不可能牙疼》揭示了亲子之间的常见矛盾，即儿童自身独特的甚至有些夸张的感受往往无法为家人所理解，但不加理睬、采取不信任的态度却无助于解决家庭问题，只有理解、体谅、对话才能排除矛盾。《埃尔韦拉》所揭示的矛盾则是对差异的认同问题，埃尔韦拉因为自身的不同而受到家人及朋友的嘲笑、排斥，不得不离家出走，她用自己的行动证明这种差异是合理的，只有宽容并尊重这种差异才能造就和谐的社会，而每个儿童在成长过程中也大致会经历类似的身份认同问题。《我认识月亮》这个故事同样与儿童生活密切相关，儿童也常会问关于月亮的问题，但每个儿童对月亮的认知又截然不同，于是求助百科全书或其他权威成为必然的选择，但这些权威的解释并不能完全满足儿童内心的渴望，只有儿童自身的体验才是最真实的，这里作者有意识地区分了科学探究与哲学探究的差别，揭示了哲学探究在儿童生活中具有不可替代的地位。《斯坦勒如纳》反映了儿童在不同团体中所处的不同角色，可以帮助儿童体认彼此的差异与相似，又由于主角蝙蝠斯坦勒如纳被收养在鸟妈妈家里，因此该故事尤适用于那些不在父母身边而被其他人抚养的儿童。

4. 思考故事的结尾一般具有鲜明的喜剧色彩，但这个喜剧效果并不强烈。因为在思考故事中，明显的善恶对比是缺席的，或者说各角色大致不存在道德上的缺陷，所以故事的结局通常不是善之一方战胜恶之一方。由于思考故事的核心是哲学问题本身，因此最后的结局基本是某问题获得一定程度（并不一定完全彻底）的解决。例如《埃尔韦拉》是以埃尔韦拉的差异最终被家人及朋友认同作为结局，说明团体中虽存在差异，却完全可以共存；《阿尔伯特不可能牙疼》是以阿尔伯特在祖母的体谅与循循善诱之下，找到疼痛的根源在脚丫，从而间接否认海龟有牙齿为结局，说明了我们头脑中的意象终归只是意象，不可与真实相混淆；《空的礼物》的最后，Earl 和 Mooch 在空盒子里不受干扰地欣赏窗外美景，证明空本身亦有其价值；《猫来了》是以猫和老鼠和睦相处，猫不再受到人类的压迫，老鼠也不再遭到猫的追杀为结局，但故事情节中并没有猫与老鼠之间的斗争，最后仅仅表明主角老鼠对猫的观念一成不变是不合理的；《我认识月亮》的最后则是全体动物一起仰望星空，静静地观赏月亮，因为它们皆认为只有自己的亲身体验才能得出关于月亮的真相，而不能从书本或文字中获得；在《真正的小偷》中，真正的小偷 Derek 向被诬陷者 Gawain 请求原谅，并向国王和其他人公开忏悔，最终获得了众人的接纳，这个故事虽然有善恶对比，重心却不在表明善终将战胜恶（因为 Derek 和 Gawain 并没有明显的较量，且 Derek 之犯罪也并非是通过他人揭发来呈现），而是探讨宽容、体谅等诸多问题，最终证明了这些品德的重要性。

（二）故事角色

1. 常见角色

根据对表 4.4 和其他一些童话类思考故事（排除少数以人为主角的童话）的观察，统计其中所提到的角色，可如表 4.5 所示。

表 4.5　思考故事常见角色

童 话 类 思 考 故 事	基 本 角 色
《我认识月亮》《真正的小偷》《野生动物在哪里》《谁是兽》	众多森林动物
《本杰明的噩梦》《弗雷德瑞克》《猫来了》《玛修的梦》	老鼠
《青蛙与蟾蜍在一起的日子》《青蛙与蟾蜍好伙伴》	青蛙、蟾蜍
《阿尔伯特不可能牙疼》	乌龟
《埃尔韦拉》	龙
《空的礼物》《猫来了》	猫、狗
《在家的猫头鹰》	猫头鹰
《月亮上的兔子》《逃家小兔》	兔子
《真正的小偷》	鹅
《斯坦勒如纳》	蝙蝠
《长牙长牙》	大象
《谁是兽》	老虎
《炖怪物——豆》	豆
《奉献的树》	树
《黄木偶与粉木偶》	木偶
《让我们来制作兔子》	铅笔、剪刀、纸剪兔子

由上表可见，童话类思考故事常以拟人化的动物、植物及无生命的物体作为故事的角色，其中尤以动物为最多，且基本涉及了常见的动物种类，因而与一般的童话故事无异。而在动物之中，思考故事惯常借用那些弱小的动物如老鼠、青蛙、蟾蜍、乌龟、猫、狗、兔子、鹅等作为故事的主角，尽管也有少量故事的主角为老虎、大象、龙等强势的动物。唯关于植物及无生命物体的故事还极为少见，显示了设计者之较少关注，或尚未找到更多的路径以借用此类对象来激发哲学思考。

2. 角色分析

限于当前资料，笔者无意于对思考故事的角色性格做一详细分析，而只是对其所塑造的儿童形象、成人形象以及两者之间的关系做一简单梳理，以供参考。儿童与成人的形象在思考故事中主要是以拟人化的生命及非生命体表征，少数则以真人形式呈现，只是添加了夸张手法。

（1）思考故事中的儿童普遍爱好思考，针对特定哲学问题展开持续深入的探究，他们或自我反思，或彼此讨论，或请教成人解除自身之困惑，因而具有典型的理性色彩，这是思考故事与其他儿童故事的重要区别。在常见的儿童故事之中，儿童的感情，特别是友情、亲情等都得到特别的眷顾，而极少触及儿童自身的思想，通篇下来读者最大的收获无疑是情感上的共鸣或感动；而在思考故事中，儿童的感情一定程度上被弱化，而更突出儿童理性审思的特点，虽然少了一份感动，却多了一份惊讶。另外，儿童的此种特性主要是通过对话来体现，包括儿童的内部对话、同伴之间的对话以及与成人之间的对话，因此对话构成思考故事的核心。在这个方面，思考故事与 IAPC 文本是一脉相承的，只是由于思考故事的篇幅往往较短，无法形成如 IAPC 文本一般丰满的儿童形象，故各角色之思维风格往往难以清晰辨别。如在《阿尔伯特不可能牙疼》中，小海龟阿尔伯特对"牙疼"这一现象进行了深入探究，并最终在祖母的协助下解决了自己的困惑。《本杰明的噩梦》中的主角本杰明独自对梦进行了诸多反思，探索了梦之真实与虚幻、感知等问题。《我认识月亮》中各森林动物都对月亮提出了自己的理解，它们彼此之间展开了精彩的争论。《玛修的梦》展示了玛修在进入博物馆后，对艺术本质及构成要素等问题进行了独立思考。《斯坦勒如纳》中的主角与同伴福莱特、皮佩等针对相似与差异等问题展开了深入探究，它自己也独立反思了关于角色的问题。《黄黄与粉粉》则展现了两位儿童通过彼此对话探究了存在、上帝等问题。

（2）在思考故事中，成人对儿童提出的"奇怪"问题以及反思大都持不相信、不予理睬的态度，或干脆视之为愚蠢可笑，在这方面，他们并不是极好的倾听者。因此，儿童对成人采取不信任的态度，认为他们不了解自己。尽管如此，思考故事中的儿童并不就此放弃探究的努力，也不轻信成人所言，因此之故，儿童往往采用自我反思的形式，或与同伴进行对话，或转向一些具有神奇魔力的对象，或借助隔代成人如祖父母的力量。如《阿尔伯特不可能牙疼》中的父亲就对阿尔伯特之牙疼的观点始终持不相信的态度，还认为他在说谎，使得阿尔伯特充满抱怨，最后只有祖母才对阿尔伯特的观点严肃对待，在她的引导下进一步探究，并最终找到问题的所在。《埃尔韦拉》中埃尔韦拉的父母对埃尔韦拉之特殊的行为方式无法接受，不能设身处地地理解埃尔韦拉，但埃尔韦拉没有因此放弃自身的独特性，而是选择离开家园，自主探索。《墙里的狼》中露西从墙里听到有狼的声音，但父母没有一个人相信她，他们罔顾露西的担忧，反而以"如果狼从墙里出来，那么一切都完了"之辞作为敷衍，露西只好与自己的小猪玩偶对话，并视之为最亲密的朋友。

（3）思考故事中成人对儿童之问题或者无法提供解释，或者往往带有浓厚的科学色彩，两者皆不能有效解除儿童的困惑，儿童只好采用自己独有的方式展开探究，并最终获得感悟。儿童并不为成人的权威所控制，他们敢于挑战这种权威，坚持自己的看法。这种刻画深刻彰显了现实世界中成人—儿童关系的危机，意在鼓励儿童仿效故事中的角色，独立自主地进行探究。此外，针对自己的困惑，儿童之探究并不仅仅停留在意念层面，且积极付诸行动，以获得直观的体验。如在《墙里的狼》中，母亲提出"如果狼从墙里出来，那么一切都完了"，露西质疑其中的意涵，提出"谁说的"以及"什么是完了"两大问题，但无论是父亲还是母亲都没有提供一个清晰明确的答案。《阿尔伯特不可能牙疼》中的父亲采用归纳法对阿尔伯特的牙疼论提出反驳，他指出阿尔伯特的弟弟从没有牙疼，姐姐从没有牙疼，妈妈也没有牙疼，家里的任何一个成员都不曾有过牙疼，因此得出阿尔伯特的牙疼是绝不可能的结论，但阿尔伯特并不满意此种解释，而是在祖母的协助下进行了一番艰苦的探究，最终才将困惑解除。《我认识月亮》中各森林动物对月亮之理解的不同迫使他们寻找科学人进行评判，科学人指出月亮只能通过文字获得认识，但此观点并未获得动物们的认同，他们认为月亮不仅仅在字里行间，还必须被实实在在的体验，即去追赶、感觉和观察。《埃尔韦拉》中的主角埃尔韦拉毅然放弃被群体公认的生活方式，以自己的行动证明龙可以和自己的食物即公主和平共处，龙也可以拥有其他不同的生活方式。在《青蛙与蟾蜍好伙伴》中，青蛙与蟾蜍为了证明自己的勇敢，理解勇敢的真谛，毅然决定去爬山，在克服了一系列困难后，他们最终对勇敢都有了更深的认识。

第五节　以绘本为载体的儿童哲学探究及策略 *

一、研究的缘起与目的

"儿童哲学"是由美国学者李普曼于 20 世纪 60 年代末最早创立的，旨在借助哲学探索团体的方式，发展儿童批判、创造、关怀和协作思维的品质，加深对世界、对人自身重大议题的理解，并提升对学校教育的意义感。自 20 世纪 90 年代末以来，为了顺应中国新一轮基础教育改革的趋势，一批有革新精神的幼儿园、小学率先引入了儿童哲学课程。时至今日，儿童哲学的足迹已遍布全国多个省份及直辖市，成为教育领域一支不可忽视的力量。但是比较而言，儿童哲学在幼儿园的扎根要少于小学，直至近年来才有数量上的拓展（如天津和平区共有 12 所幼儿园开展了持续十多年的探索，杭州地区也有协和、宋都阳光、崇文理想国、浙大实验幼儿园等多所幼儿园开始起步），但在实践探索方面，仍面临较多的挑战；而在研究方面，学前教育界对儿童哲学的探索总体还比较薄弱。基于幼儿园情境下推行儿童哲学的特殊性，当前有必要对这一部分进行深入研究，以明确适合 4—6 岁幼儿的哲学探究模式。

从国际范围来看，在儿童哲学的对话中，是否需要引入图文并茂的文本以作为启动探究的素材，一直是一个有争议的话题。由李普曼创立的"儿童哲学促进机构"（IAPC）所研发的一系列教材，都是没有任何图片的，因为在李普曼看来，将图片插入到故事之中，就是代替儿童做他/她们本来应该做的事，即以创作者自己的想象来限制儿童的想象。① 而加雷斯·马修斯、汤姆斯·沃特伯格、罗伯特·费舍尔等人则极力主张绘本在哲学课堂上的应用，他们认为高质量的图画能够为故事文本增添新的意义；图画本身也需要意义的解释与重

---

*　本节内容原载于《教育导刊》2014 年 10 月下半月刊，原标题为《以绘本为载体的儿童哲学对话——基于上海市某幼儿园的案例分析》，此处有修改和调整。

① Robert Fisher. Stories for Thinking：Developing Critical Literacy Through the Use of Narrative［J］. The Journal of Analytic Teaching and Philosophical Praxis，1998，18（1）：21.

构，因此一样能锤炼儿童的思维能力。[1] 就我国幼儿园的教学情境而言，绘本无疑是最受幼儿欢迎、最易为幼儿理解，所以也最为常用的素材。因此是否能够以绘本来启动幼儿的哲学探究以及以何种方式操作最为有效等，便成为我国研究者首先需要解决的重大议题。为此，2012—2013 年，笔者与上海浦东新区 J 幼儿园开展合作，全力探索绘本应用于哲学课堂的实际困难及可能的化解策略。

二、研究方案的设计

（一）研究场域与对象

本研究的场域设于上海浦东新区 J 幼儿园，该幼儿园是于 2010 年 7 月成立、由冰厂田教育管理中心委托管理的公办一级幼儿园，拥有小班 4 个、中班 3 个、大班 1 个共 8 个班级，在园幼儿达 238 名。该幼儿园共拥有在编教师 17 名，在结构上呈现年轻化的格局，平均年龄为 25.5 岁，学历层次普遍较高，均为本科毕业或在读；大部分为新手教师，对接收外界新资讯并进行灵活创造的能力较强；亦有 5 名经验型教师，不断辅助新手教师在教学能力上的精进。园长则来自冰厂田示范幼儿园，拥有丰富的管理与教学经验，自上任以来，全力将幼儿园打造为区域内有特色、有品位的幼儿园，因此对儿童哲学怀有浓厚的兴趣，这成为与研究者合作的重要基础。

从 2012 年 5 月开始，研究者对全体教师进行了持久的集体培训，并以绘本、童话、民间传说等为核心素材，辅以游戏、制作等活动，对大、中、小班的孩子分别进行了试验性教学。从 2013 年 8 月开始，幼儿园的教学研究开始走精致化、系统化的道路，将注意力首先聚焦于幼儿更喜爱的绘本上，探索其哲学对话的可能情形，随后再开发以其他素材为载体的教学形态。截至目前，幼儿园已针对 5 本绘本进行了反复实践与深入研究，它们分别是《大卫，不可以》《重要书》《老鼠娶新娘》《我的名字克丽桑丝美美菊花》和《田鼠阿佛》。

（二）研究方法

本研究主要采用"课例研究"的方法。在开始研究前，中班和大班的教师、小班骨干教师、园长与研究者共同组成"爱智探究小组"，一起遴选出合适的绘

[1] Robert Fisher. Stories for Thinking：Developing Critical Literacy Through the Use of Narrative［J］. The Journal of Analytic Teaching and Philosophical Praxis，1998，18（1）：22.

本，遴选时主要参考李普曼所定的三条标准①，并根据海尼斯②、卡姆③所述要求进行修正和补充，最终形成如下三条标准：1. 文字表达上的可接受性，即易为幼儿所理解，没有繁杂的字词或句子；2. 心理上的可接受性，即符合特定年龄阶段或跨年段儿童的心理特性，特别是图画的设计风格及其象征意义、所讲故事与儿童生活的关联性等；3. 理智上的可接受性，即文本和图画要能呈现可探究的话题，其意义存在一定程度的模糊性、不可确定性，以便于幼儿进行意义的自主建构，而不是一味猜测所谓的"标准答案"。符合这三类标准的绘本，若按国际上通行的术语来讲，应属于"思考故事"的范畴，汤姆斯·沃特伯格已开发的绘本皆具有这些明显的特征。

在研究的程序上，首先由研究者参考沃特伯格及其学生所设计的教学指引，制订某个绘本的哲学探究大纲，并在相关议题上进行适当培训。接着经过集体讨论，确定首次教学的基本方案。随后由一名教师施教，其余成员分别进行多角度的课堂观察。然后由主讲教师汇报，小组其他成员进行点评，揭示亮点，并指出问题所在，随后再拟订新的教学方案，再由另一名教师针对另一个班级施教，结束后再进行反思，直到设计出一个相对满意的绘本教学单元。

在研究过程中，小组主要采用非参与式观察、教学反思札记、教师访谈、教学录像等方式来收集研究所需的数据。非参与式观察针对的是施教现场的观察及其记录；教学反思札记则是执教者和观察者针对哲学教学的课外反思；教师访谈则主要采用焦点团体访谈的形式，围绕施教过程中所产生的特定问题，对相关教师进行集中访谈；教学录像则有助于课堂教学情景的比较、师生对话的誊写与再现。

---

① Robert Fisher. Stories for Thinking：Developing Critical Literacy Through the Use of Narrative［J］. The Journal of Analytic Teaching and Philosophical Praxis，1998，18（1）：19.

② Joanna Haynes. Feeling the Pea Beneath the Mattresses：Philosophizing with Children as Imaginative，Critical Practice［R］. Presented at ESRC Seminar at Birkbeck College，University of London，21 October，2011：12.

③ Joyce K. Fields. Is It Really a Question of Preference？Philosophy Specific or Non-Philosophy Specific Teaching Materials［J］. The Journal of Analytic Teaching and Philosophical Praxis，1999，19（1）：58.

三、研究的发现与讨论

（一）以绘本为载体，能够有效激发幼儿进行哲学探究

传统的儿童文学作品（包括儿童哲学的教学文本），都是以文字为故事表现的主体，图片或者完全缺席，或者仅仅是为文字的表达提供补充、解释的功能，而不具备传达另一种故事的功能。而在绘本中，图片成为内容表现的真正主体，或者至少和文字居于同等重要的位置，因此发展幼儿的"视觉阅读能力"既构成绘本哲学教学的基本目标，也成为哲学探究得以推进的重要条件。这里的视觉阅读能力，就是指感知图画整体属性所提供的信息、把握图画动力学所传达之意义的能力。整体属性包括图画的版式、基调和风格；而图画动力学，按照佩里·诺德曼的定义，就是指图画内部各对象的关联方式。① 在我们的研究过程中，引导幼儿进行视觉阅读，以此导入对哲学议题的探索，是极为常见且有效的教学策略。譬如在《大卫，不可以》这个绘本的教学过程中，教师 YL 针对大卫站在椅子上去拿壁橱上最高层的曲奇饼干的画面，创设了如下学习任务："我现在有一个问题，想请小朋友们来说一说大卫在干什么。你们可以说说他在哪里，在做什么事情，他心里是怎么想的。"由于这幅画面本身在设计上营造了一种"危险氛围"（大卫身体倾斜的角度过大、椅子行将后退的趋势以及壁橱第三层的高不可及），幼儿们一见此画面，便能明确地意识到这种行为的不妥当以及妈妈说"不可以"的必要性。但是通过教师的启发，幼儿们又可以去设想各种方式（如慧慧小朋友的建议是"拿高高的椅子，把手扶得牢牢的"；吴昊和依依说要在下面铺上一张软软的床等）来淡化原图拿饼干的危险色彩，以此来提高这一行为的可接受度，这就为接下来探讨规则的合理性及其局限奠定了基础。

佩瑞·诺德曼认为"图画也同样是抽象的"②，它所传达的故事、所具有的艺术美感、所蕴含的隐藏细节与意识形态等，是与文字不同甚至不为后者所及的。基于图片的这种丰富价值及其在绘本中的独特地位，在以绘本为启动因子进行哲学探究时，文字和图片均应成为对话的起点所在，而不应使图片沦为文字的配角。而刘妮娜、闫国利、丁敏的研究则指出，儿童对文字的关注程度会随年岁增长而加深，特别在小班与中班之间变化最为明显；小班儿童对图画的

---

① 徐虹.符码分析理论视角下绘本阅读教学的理念及策略［J］.学前教育研究，2012
（3）：53.

② 同上，第 52 页。

探索更多，对隐藏细节的关注程度更高。① 因此在对小班的哲学教学中，图片似更应成为哲学对话的启动点，《大卫，不可以》便是其中一本典型的绘本。该绘本的文字表达极其简单，仅有"大卫""不可以""不要吵""玩食物""挖鼻孔"等较易理解且生活化的字词，所传达的意思也比较单一，而图片所包含的信息量及隐藏细节要丰富许多，可想象的空间更大，因此这类绘本中的图片更易成为课堂哲学探究的启动点。

譬如同样是上面提到的大卫拿饼干的画面，另一名教师 TX 便与幼儿进行了一段精彩的哲学对话，其过程在逻辑上层层推进，对加深幼儿在规则议题上的理解起到了重要的推动作用。首先，幼儿觉得大卫所做的这个事情是错误的，所以妈妈才会说不可以，至于为什么是错误的，有幼儿说："因为他站在椅子上，他会掉下去的。"就是怕大卫发生危险，这一点是家长们制定规则的重要依据。此后教师追问："可是如果他很厉害，爬上去他能够到这个饼干，而且吃到了，你们还觉得他做错了吗？"幼儿只好转换理由，即"因为快吃饭了，吃了零食就吃不下饭"来证明大卫仍然是错误的。孩子们认为，未经妈妈同意，即便自己饿了，也不能去拿来吃，因为"万一不认识数字，过期了，那怎么办？吃了就要拉肚子"，或者"万一不知道打开的地方在哪里"，甚至"有时候这上面有英语（原图的曲奇饼瓶子上写着英文），你不认识，里面是辣的东西，你吃了要辣死"。凡此种种都是要证明妈妈的决定或判断总是比小孩子更正确，所以当妈妈说不可以的时候，大卫就是不能去做。然而当进一步追问时，就会发现孩子们普遍缺乏对家长言行之正确性的必要反思，或因家长经年累月的"告诉"而造成精神的麻痹，或者怕自己的表现不好而损失其他利益，又或是觉得"我们还小，不能自己做主""我们小，还不知道什么是对的什么是错的"，抑或是"我们就要对父母好一点，要听父母的话"，从骨子里认为家长是为自己好，所以就要无条件听从家长的话。在随后的对话中，教师 TX 希望孩子们能举例说明家长也会犯错，所以家长的话未必需要全听的，部分孩子仍然顽固地认为家长是权威和专家，"大人总比小朋友懂得多"，因此身为小孩子不应该不听家长的话；而有部分孩子则开始意识到家长的不足，"就是年纪越大，你的记性就越不好，就像我爸爸，我告诉他一件事情，还没十秒钟他就忘了"，因此必须区分具体的事情，只能在某些方面听从父母的安排。

① 刘妮娜、闫国利、丁敏. 不同阅读方式下学前儿童在绘本阅读中对文字的关注 [J]. 学前教育研究，2012（5）：14.

（二）对立概念的应用有助于加深幼儿对故事文本的理解

艾根认为所有概念或情境均可用一组组对立的概念来呈现，而形成并理解这些对立的概念则是我们提升意义化能力的首要工具。他的研究指出，如果将抽象概念置于一组组对立的属性中，并结合故事的情境，就连四岁的小孩都能比较容易地理解这些概念。① 佩里、列维·施特劳斯等人的研究也显示出，对立结构是许多神话、故事的重要特点，而将幼儿置于这样的结构之中，则非常有助于他 / 她们做出合理的解释，并使自己的生活经验有意义化。② 由于哲学概念或观点的抽象性，J幼儿园的教师也经常结合绘本的文字或图片，引入一组组相对立的概念或属性，而事实证明这种方式的确有助于幼儿加深对这些概念或观点的理解，明晓生活中常见议题的复杂性、模糊性和相对性。大多数绘本在概念建构方面存在严重不足，它们往往只会强调对立概念的其中一个方面，如《大卫，不可以》中的"不可以"，《老鼠娶新娘》中的"强"，《重要书》中的"重要"等，这就需要教师顺势联想到对立的另一个方面，而后激励幼儿进行比较，并从比较中确立有关概念的真正妥适的内涵。此外，许多绘本所反映的对立概念是具有浓厚情感色彩的，如喜欢与讨厌等，而儿童哲学所关注的，则是那些可供理智探究的哲学概念，即便这些概念不在某绘本中占据主导地位，如形而上学领域的真实与虚假、原因与结果，道德哲学领域的诚实与撒谎，心灵哲学领域的害怕与勇敢，美学领域的美与丑，社会政治哲学领域的自由与规则等。

如在《老鼠娶新娘》这个绘本中，"强"与"弱"是贯穿始终的关键概念。老鼠村长为要给自己的女儿找一个世界上最强的人，于是分别拜访了太阳、乌云、风和墙，结果证明这些表面上看起来很强的人，都有其自身难以克服的弱点。于是在2013年10月12日的一次教学中，教师ZY首先引导幼儿分析太阳、乌云、风和墙究竟是强还是弱，得出结论：强和弱是比较出来的。接着结合小朋友自己的班级环境，指出哪些感觉是强的人，小朋友们起初无一例外地都将身体强壮、力气大、打架很厉害的人视为强者，经过教师一番点拨之后，才慢慢将本领高强、能力过人也视为强的方面，从而使强的内涵得到了拓展。随后教师ZY让孩子们指出这些所谓强的人在哪些方面是弱的，这些方面包括石

---

① Kieran Egan. The Educated Mind: How Cognitive Tools Shape Our Understanding [M]. Chicago: University of Chicago Press，1997: 37.

② Kendall F. Haven. Story Proof: The Science Behind the Startling Power of Story [M]. Libraries Unlimited，2007: 56.

头剪刀布的本领不行、上课不认真听讲、知识不够等。最后，教师 ZY 还将小朋友与其父母进行比较，并结合《你大我小》这本绘本，推动幼儿理解强与弱的相对性及其转化的可能性。体格高大的父母，毫无疑问应是居于强的方面的，因此幼儿在对话中总会不知不觉地流露出自己"想长大"的梦想，期望能从这种被"强者""压迫"的氛围中解放出来，他/她们还细述了自己所经历的"家暴"事件来表明自己在父母面前是何等弱小。如有一位小朋友这样叙述道："我家里有三个人，我也算一个。我把一个个排下去。第一个（强）是爸爸，第二个（强）是我妈妈，第三个（强）是我。因为第一个，爸爸老是打我屁股，然后妈妈老是打我手。"然而孩子们并没有因此觉得自己是完全地弱小，有些细小的方面，小孩子也可以比自己的父母强。有一位小朋友这样讲自己的强项："我在家里和爸爸一起玩游戏的时候，都是我打赢。因为他在发绝招的时候，我一跳躲开他的绝招，然后我打了他好几下，最后用一个必杀技就赢了。"很明显，在整本绘本的演绎过程中，以强和弱这对关键概念为核心，已使幼儿更准确地理解了绘本所传达的深刻思想，并推动了幼儿对自己的班级生活、家庭生活进行必要的反思，这些反思恰恰是我们常规的集体教学中所缺乏的重要方面。

（三）以课例研究的方式，可以弥补教师哲学素养的不足，提升哲学探究的品质

对以绘本为载体进行哲学对话的最大担忧，就是教师自身哲学素养的不足，导致课堂教学本身的"非哲学化"，减损乃至消解整个对话的真正功效。这里的不足，主要是指两方面知识的缺乏：一是哲学学科的内容知识，包括普通逻辑学的知识以及哲学史的知识，前者是教师借助哲学探究发展幼儿思维的基础，后者则是教师从文本中发现哲学观念，并以多种视角提高探究之深度与广度的命脉；二是儿童哲学特有的教学法知识，如探索团体的运作方式、经营原则与策略、教师的多重角色等，不具备这类知识，教师将难以适应或有效从事儿童哲学的教学。

J 幼儿园在开始推行儿童哲学之时，也普遍存在这类问题，因为师资队伍中的绝大多数成员几乎从未耳闻过儿童哲学这类课程，更谈不上积聚哲学素养了。但在项目实施之后，J 幼儿园采用了"课例研究"这种特殊的方法，一方面在教案形成与完善的过程中，大学研究者通过提供哲学讨论的问题指南、相关哲学议题的历史回顾等，对全体教师进行有针对性的培训与指引，加上教师对《苏菲的世界》《柏拉图对话集》《普通逻辑》等文献的研习，教学团队逐渐积累起了哲学学科的内容知识；另一方面，通过集体磨课、反思与多次授课的历练，特别是专家型教师的率先示范与引领，教师们逐步意识到了哲学教学的特殊要求，并根据幼儿的实际情况，不断克服课堂上产生的种种难题，发展、完善经营哲学教室的策略与技巧，从而积累了儿童哲学的教学法知识。

具体来说，在用绘本进行课堂哲学的对话之前，教师们已经对李普曼等人所开发的经典文本有了初步认识，但由于这个文本的学前教育版并未翻译为中文，所以教师未能在课堂上真正体验"正统"的哲学授课模式，只能以一课多研的方法，在过程中学会如何与幼儿进行有效的哲学互动。通过现场执教，教师们发现了教学上的诸多难点，这些难点是常规课堂中所隐藏或不具备的方面，因此需要发展额外的教学技能，如教师 ZF 就提到"对于刚接触哲学的我们来说，在确定议题时可能有些许难度，议题难确定，那活动的开展就显得没有方向感"。其他难点还包括："教师在何时以何方法"断""连""转"，切入中心议题"（教师 XT）；"哲学问题预设与生成的比例是多少"（教师 ZR）；"幼儿哲学活动时的规矩如何培养"（教师 YJ）；如何避免哲学对话的表层化，"捕捉孩子提出的有价值的观点进行深入讨论"（教师 RY）；"如何让每一个孩子参与哲学活动的讨论"（教师 TX）等。教师自身的驾驭能力也存在明显不足，如教师 XT 就注意到，"青年教师有一个通病，非常希望孩子能够表达理由，但是自身表述不清，使得孩子不知道要说什么理由、怎么说"；教师 HL 也自我反思道："在提问的设置上，可能还要斟酌，有些问题问下去，孩子不知如何回答，且会有答非所问的情况发生。"

但是通过课例研究，教师们加深了对儿童哲学的认识，找到了克服教学难点的法门，从而提高了哲学对话的品质。如教师 DP 的感慨颇有代表性，她说："非常感谢我的组员们，在活动前给予了我很大的帮助，大家一起研讨、一起磨课，设计出第一次的哲学课程方案。在开展活动之前，其实我自身对于儿童哲学课心中没有底，一直处于比较忐忑的心理状态。而当课程实施之后，通过大家一起交流、商榷，积聚大家的智慧，才真正了解这种课程应该如何开展。"在这个过程中，教师们积聚了哲学教学的经验，并创造性地发展出了提高教学成效的多种策略，如"同一本绘本有不同议题，教师要根据情况（进行）选择"（教师 ZF）；要"给孩子们自己思考及讨论的时间，这样能让孩子更加充分地表达自己的想法和观点"（教师 YL）；"在每一个哲学议题的探讨后，都设置一段小结语"（园长 ZY）；"绘本只是素材和工具，因此在有限的时间里必须裁剪好绘本这个'布料'，为我所用"（教师 XT）；阅读过程中加入小爱与小智的玩偶表演（教师 YJ 和园长 ZY）等。

四、结语

在儿童哲学的理论界，能否以绘本为载体激发幼儿的哲学探究，是一个颇具争议的话题。但在教育现场，学前以及小学的实务工作者们早已将之应用于课堂上，并且证明其功效丝毫不逊于传统的 IAPC 文本。我们在 J 幼儿园的探索也同样揭示了这个结论。事实上，绘本是 4—6 岁幼儿最喜闻乐见的书目之一，在以绘本为载体的哲学对话中，孩子们普遍表现出浓厚的兴趣，并能充分享受整个探究过程的乐趣，这一点与菲尔德、毛瑞斯的研究不谋而合。[①] 本研究还证明，图片本身所蕴含的丰富信息与隐藏细节，可以激发幼儿更大的想象空间，生成更多导入哲学探索的启动点。而引入一组组相互对立的概念，则有助于弥补绘本本身在概念建构上的不足，加深幼儿对绘本所涉哲学议题的理解，明确其复杂性、模糊性和相对性。此外，借助课例研究这种方法，先前不具备哲学课程开发与教学能力的教师，不断积聚起哲学学科的内容知识与儿童哲学的教学法知识，有力地提升了绘本教学的哲学品质，从而化解了国际学者们对教师素养的普遍担忧。由此可见，在幼儿园的教育情境下，以绘本为载体推动幼儿进行哲学探究，是一条切实可行且更为有效的途径，因此凡有志于开发哲学课程的幼教工作者们，不妨在自己的教学现场做一番尝试，必有更充实的收获。

第六节　儿童哲学的量化和质性评价

儿童哲学作为一门课程，理当有其自身的评价体系，这种体系可以从两个方面入手：一是针对结果或成效的评价，一般在儿童哲学教学结束之后进行，因此被称为总结性评价，主要考察儿童哲学对学生发展的效果，这是当前关于儿童哲学课程评价的主流；二是针对课堂教学的评价，关注的是课堂内的实际教学情境，评价发生在教学过程之中，可被称为形成性评价或过程评价，这方面还未引起相关研究者的重视，因此必须通过对儿童哲学目标的整理与细化，才能建立针对儿童哲学课堂教学的评价体系。本节拟从量化与质性两方面对儿童哲学对学生发展的成效进行详细考察。

---

① Joyce K. Fields. Is It Really a Question of Preference? Philosophy Specific or Non-Philosophy Specific Teaching Materials [J]. The Journal of Analytic Teaching and Philosophical Praxis，1999，19（1）：60.

一、儿童哲学的量化评价

自儿童哲学诞生开始，关于其对学生发展的评价就一直没有中断过，这种评价从美国开始，随着儿童哲学运动的世界化，而蔓延到其他国家或地区。为什么要进行评价？儿童哲学作为一场教育改革运动，它不是以自身为目的，总是要落实到具体的目标或能力上去，如果没有着陆点，那就如学院派的哲学一样，只能悬置高阁，难以在普罗大众中形成共鸣。教育是具体的，儿童哲学虽以哲学为其内容，志在倡导哲学的普及化、大众化，但若只是空洞抽象地谈哲学，而没有实际目标的达成，就只能将哲学与大众隔绝开来。实施者们可以冲着儿童哲学本身在理念上的魅力去经营哲学教室，抑或改进自己的教学，但学校领导和教育行政部门的官员更关心的是儿童哲学的具体效果，如它在哪些方面可以促进学生能力的提升，是否有利于学生成绩的提高及更好地融入社会，等等，如果没有这种类型的评价，或者儿童哲学的评价给出的都是无关乃至负面的结论，要想实现儿童哲学在地区乃至世界范围内的推广，纯属于浪漫的幻想。儿童哲学不断世界化的过程，也就是它不断经受各个国家或地区检验和评价的过程。

但问题是，儿童哲学作为一种哲学，其本身是否能够被评价？儿童哲学以哲学为其内容，训练的是学生的哲学思辨能力，这些要素如何可以被进一步明确化或规范化？怎样才算是哲学的进步？教育研究者们可以通过量化的、实验的方式去寻觅普遍的原则或规律，以此验证某一项教育计划是否可行，是否具有稳定的价值，但这仅仅限于有良好标准的项目，设若是哲学，则似乎无标准可言。正如著名的教育电影《死亡诗社》所揭示的那样，我们不能给诗歌打分数、定等级，我们也同样不能给哲学设定优劣好坏的坐标，以表明某些人的哲学思想或思维比另外一些人更强，因为哲学本身是一个大战场，没有绝对的胜利者，也没有绝对的失败者，即使是年代久远的苏格拉底、柏拉图的哲学思想抑或孔子、老子的思想，至今也仍为学者们所称道和研究，因此衡量哲学的进步在某些程度上似乎是不可能的。

因此，研究儿童哲学成效的学者们尝试避开具体的哲学内容，仅就李普曼等先行者所假设的、儿童哲学对学生技能提升或态度改变等方面的可能效果着手，展开量化质性的评价研究。这些变量包括各种思考技能（逻辑推理能力、审辩思考力、创造思考力等）、阅读能力、言语表达能力、人际交往能力、自尊自信等，研究者们认为这些变量可以独立于哲学内容而得到详细考证，只不过量化的研究主要通过标准测量工具、以前测后测的方式进行检验，而质性的研究则以问卷、访谈、观察等方式进行更详细的描述。在这方面，无论是在 IAPC 的官方网站上，还是在有关儿童哲学的文献中，都可见到大量研究，因此已经积累了难以尽数的研究成果。总体上来说，对儿童哲学的评价，以量化的实验研究居多，显示人们更关注儿童哲学的普遍效力，这对于推广儿童哲学无疑具有重要意义。但亦有不少研究者以细腻的笔触翔实地描述儿童哲学对学生及教师等所带来的变化，揭示了儿童哲学课堂教学的过程，他们以体验与探究作为考察的重点，并不理会精确的成效。这两种研究取向并不是水火不容的，也有研究者尝试将两者结合起来，使它们发挥互补效应，以更全面地了解儿童哲学的效果。

（一）量化评价的基本特点

1. 在测量对象上，现有的量化评价涵盖小学三、四、五、六年级以及初中一、二年级，其中又以小学五年级和六年级为绝大多数。加西亚·莫里扬（Garcia-Moriyбn）、雷博罗（Rebollo）和科罗姆（Colom）曾总结道，实验对象的平均年龄为 11.54 岁，与笔者的发现类似。在选择研究对象时，也考虑到其他多种元素，如种族、家庭社会经济背景、资质及所属地区等。[①] 其教学材料有 *Harry*，*Pixie*，*Lisa* 和 *Mark*，以 *Harry* 为主，这显示出儿童哲学的实验研究集中在小学中高年级阶段，对于小学低年级、幼儿园学生以及初高中学生的研究则普遍较缺乏。

2. 在测量时间上，现有的量化评价中相对较长的时间有两年甚至更久的，最短为 7 周，平均时间为 8 个月（这与加西亚·莫里扬、雷博罗和科罗姆的统计结果 7.33 个月是接近的），每周进行教学的次数（按每次 40—45 分钟计算），多可达 18 次，少则有 1 次。这充分显示了各实验在选取时间上存在较大差别。就理论上而言，因为哲学对人的影响具有后发性，即其成效往往不是短时间内就可测量出来的，故时间越长，就越可能考察到哲学带给学生的变化，或者说变化可能会更加显著。但就实际情况言，不是所有时间较长的研究就一定能显示儿童哲学对学生某些方面技能的提升有积极影响，实验的成效与时间的长短或许并不存在较强的相关性，主要还是取决于实验者对实验的设计和具体的实施过程。

3. 在所考察的学生能力方面，包括逻辑推理能力（形式推理和非形式推理）、阅读理解能力、数学能力、批判思考能力、创造思考能力（观念形成、概

---

① Garcia-Moriyбn，Rebollo & Colom.Evaluating Philosophy for Children：A Meta-Analysis［J］. Thinking：The Journal of Philosophy for Children，Volume 17. Number 4，2005：14—22.

念流畅性、变通性等）、语言表达能力等，其中又以逻辑推理能力为最多，其次是阅读理解能力。这与儿童哲学的教学目标有密切关系，就李普曼的观点言之，儿童哲学最主要的目的是提升儿童的逻辑推理能力，他把逻辑放在一个极为突出的地位，所以许多的研究都侧重考察学生的逻辑推理能力。但对于非遵循李普曼模式的国家或地区来说，逻辑推理能力的考察就不是那么重要，尤其是欧洲国家，重在继承悠久的哲学传统，不将哲学的基础局限于逻辑层面上，故与此相关的其他能力，如阅读理解能力、创造思考能力、批判思考能力等，反而成为实验研究的重点。

4. 在实验结果方面，由于实验设计上的差异、测验学生能力之工具的不同、实验者本人及实验对象等诸多因素，导致各个实验呈现较大的不同。总体来说，在考察推理能力上，绝大部分的实验皆表明儿童哲学的确有助于提升学生在此方面的能力。而在阅读理解能力上，不同的实验则有极为不同的差异，有的研究表明通过儿童哲学的教学，学生的阅读理解能力有明显改善；而另外一些研究则揭示出阅读理解能力未有明显提升。所以关于儿童哲学是否能够提升学生的阅读理解能力方面，尚不能下准确的定论。尽管儿童哲学的教材是哲学小说，有别于儿童所见的其他各种类型的读物，理论上可以在阅读能力的提升上有一番作为，但或许不是所有的儿童都喜欢此种小说。在审辩思考能力和创造思考能力方面，部分实验如对概念形成、观念的流畅或变通性、考察信息的可信度等方面进行的考察，表明儿童哲学对学生的确有积极的影响，但不是在所有的测验分数上皆能看出有明显的改善，这显示关于审辩思考能力和创造思考能力方面的评价，由于其涵盖的范围比较宽广，儿童哲学无法在所有的方面都能使学生有显著的改进，所以笼统地谈儿童哲学对学生在这两方面有影响可能不符合实际情况。其他方面，如数学能力、语言表达能力，乃至对话和讨论的能力等，也是一些实验所考察的对象，尤其是数学方面，其跟逻辑推理有密切的关系，往往是和逻辑推理能力的考察连在一起，而大多数的研究表明，儿童哲学对学生数学能力的提升有显著的影响。

（二）常见测量工具

1. New Jersey 推理能力测验

该项测验在 P4C 实验研究中应用最早也最为广泛。它创立于 1983 年，由弗吉尼亚·希普曼（Virginia Shipman）（一位心理学研究专家，且在普林斯顿从事教育测试服务）为新泽西州教育部所设计，由 IAPC 出版发行，专注于测量学生的基础推理及探究技能，避免考察词汇、计算等能力。其内容由 50 项选择题所构成，指向推理技能的 22（另一说为 23）个方面，包括：转化陈述、转译为逻辑形式、包含／排除、识别不恰当问题、避免跳至结论、模拟推理、发现隐含假设、消除替代、归纳推理、关系推理、鉴定含糊、洞悉因果关系、鉴别好的理由、识别对称关系、直言三段论推理、条件三段论推理、区分种类与程度的差别、识别传递关系、识别可疑权威、运用四种可能性矩阵进行推理①、矛盾陈述、部分—整体与整体—部分推理。此测验的阅读水平在 4.5—5.0 之间，故只适合小学四、五年级及以上的学生。由于其信度可达到 0.84，故为众多研究者所采用。

2. 加利福尼亚成就测验（California Achievement Tests，简称 CAT）

该测验应用范围亦非常广泛，主要用于测量基本学术技能（包括阅读、语言、拼写、数学、研究技能、科学、社会研习等），适用于从幼儿园到十二年级（即高三年级）的学生。它的数据一般为教育行政人员用以决定儿童是否足以准备好进入下一个更高的年级，或者为学校采纳以满足本州岛或本地的测验需求。CAT 是一种纸笔测验，包含六种不同形态的表格：（1）CAT 多重测量，使用多项选择题及开放型问题以测量阅读／语言技艺，数学、科学及社会研习能力；（2）CAT 基础多重测量，使用多项选择题及开放型问题以测量阅读／语言技艺和数学技能；（3）CAT 全面测验（CAT Complete Battery），使用多项选择题以测量阅读／语言技艺，数学、科学及社会研习能力；（4）CAT 基础测验（CAT Basic Battery），使用多项选择题以测量阅读／语言技艺和数学技能；（5）CAT 问卷调查，实为（3）的缩小版，使用多项选择题以测量阅读／语言技艺，数学、科学及社会研习能力；（6）CAT 附加测验，测量单词分析、词汇、语言技巧、拼写及数学计算技能等。

就内容而言，该测验包括以下七个方面。（1）阅读：包含五个子测验，即两项针对幼儿的前阅读测验，一项针对小一至小三的单词分析测验，一项针对十二年级生的单词测验和理解测验。（2）拼写：适用于二至十二年级的学生，测量三个领域的拼写技能，即元音发音、协调音（consonant sounds）、结构单位。（3）语言：语言技巧子测验及语言表达子测验共同测量广泛之语言与写作

① 任何两项都可以用四种逻辑方式放在一起，从而造成四种可能性，这些项目可以是椅子、桌子，也可以是抽象观念，如正义与真理，即 A 和 B，有 A 没有 B，有 B 没有 A，既没有 A 又没有 B，用符号表示也可以为 ++，+－，－+，－－；如果是三项事物，则可有八种可能性，依此类推。

技能，测量项目包括应用标准用法及写作惯例的能力、建立有效句子及段落的能力等。（4）数学：包含数学计算和数学概念及应用两个子测验，测量操作基本数学运算、应用数学概念、使用不同种类的问题解决策略等技能。（5）研究技能：测量学生应用跨领域信息处理技能开展独立研究的技能，适用于四至十二年级学生。（6）科学：测量关于自然世界的基础知识及探究技能，项目通常按相关年级的特点及需求设计，可包括动物与植物生命、物质与能量、地球与空间科学等。（7）社会科：测量对各种便于建立全球视野之学科的理解，包括地理、经济、历史、政治、公民、社会学及人类学等。

对于儿童哲学的研究者来说，阅读、语言、数学等方面的测量结果最常得到利用，以查验儿童哲学的多方面成效，其他方面则与儿童哲学关系不大，研究者似也无意于在这些方面做出努力。

3. 大都市成就测验（Metropolitan Achievement Test，简称 MAT）

MAT 是在美国广泛应用的一套成就测验，同样适用于幼儿园到十二年级的所有学生，测量领域共分为阅读、数学、语言、科学、社会等，与 CAT 相似。（1）阅读测验：测量许多重要的阅读元素，从识别发音到单词鉴定，从词汇技能到阅读理解，所有水平的阅读词汇测验考查学生特定年级所要求的词汇及词汇使用策略，从而帮助学生理解单词背后的深意而不仅仅是定义。（2）数学测验：该测验主要评估五种技能，即问题解决、证据与推理、交流、联系、表征，这些技能反映在问题解决过程、数学程序、语言与符号、数学联系、工具与模型等方面。其测验包括一个全面的算术运算测试、概念及问题解决测试、开放型数学测试等。（3）语言测验：主要评量学生的沟通技能，包括写作技巧测试、拼写测试、写作测试等。（4）科学测验：参照国家科学教育标准及科学素养基准，针对低年级儿童，测验的内容多为综合性的具体问题，包括类似动物、天气、健康、人体等日常概念；而对于中高年级学生，测验则偏向于特定学科及抽象问题，中年级学生（初中）的问题包括生物科学、物理科学及地球/空间科学，而高年级学生（高中）的问题更趋专业化，包括心理学、物理学、化学、生物学及地球/空间科学等。该测验不仅考察学生的信息再认能力，且考察他们应用科学知识进行推理以解决问题的技能。（5）社会科测验：考察与公民素养发展有关之重要概念，涵盖五门科目，即历史、地理、政治科学、经济及文化，年幼学生需要回答与实时情境有关的问题，而稍长的学生则需要联系更广泛的社会研习知识。

MAT 包括八个常模参照水平，基本型包括阅读理解、算术、语言测验，复杂型除包括这三个测验外，再加上社会研习和科学测验。表示方法有年级当量、百分位数、量表分数和标准九分等。该测验的信度、效度指标都较完备，故应用较广泛。MAT 并提供六项报告：（1）Lexile 测量，鉴定学生特定阅读水平，指出相应之参考书目；（2）操作范畴，提供有关各学科的具体诊断信息；（3）学习者能力报告，便于测试者将之作为本地测验的参照；（4）程序分数及内容分数，展示学生对每一特定学科所要求之技能、策略及知识的掌握程度；（5）进步途径报告（pathways to progress reports），提供有关学生完成任务之能力的深度信息，以九分制评量。

与 CAT 的情况类似，MAT 关于阅读、数学、语言方面的报告也常为儿童哲学研究者所用。

4. Torrance 创造思考测验

Torrance 创造思考测验是目前世界上普遍使用的创造力测验，儿童哲学研究者们亦通常使用该测验来衡量学生之创造思考能力有否提高。它是由美国明尼苏达州立大学教育心理系托兰斯（E. P. Torrance）创立并命名，主要包含三套分测验，即言语（或语文）分测验、图形分测验及声音语词分测验，适用于从幼儿园学生到研究生为止的广泛群体，各分测验皆有甲乙两套复本，以便实验者实施前后测。

言语分测验：包括七项活动，活动 1—3 以一幅图画为核心，要求被试者针对图片内容提出问题，猜测其可能原因并指出其可能后果；活动 4 即要求被试者就指定对象或产品提出改良意见；活动 5 要求被试者说出普通物品的不寻常用途；活动 6 要求对同一物品提出不一般的问题；活动 7 则要求被试者推断一件不可能发生的事如果发生会出现怎样的后果。

图形分测验：包括三项活动，要求被试者：（1）把一个边缘为曲线的、颜色鲜明的纸片贴在一张空白纸上，自由选择贴的地方，然后以此为出发点，画一个非同寻常的、能说明一段有趣故事的图片；（2）利用少量不规则线条构建有意义之草图；（3）利用题目上固定之并行线、圆圈或三角形尽可能画出不同的图像。

声音语词分测验：包含两项活动，要求被试者：（1）对熟悉程度不同的音乐刺激进行联想或想象；（2）对模仿自然声音的象声词刺激展开联想或想象。两项活动皆为口头反应，报出所联想之物或活动，并做好记录。

通过以上三项分测验，针对以下四个指标来评估个体的创造思考能力：流畅力（fluency）、变通力或灵活性（flexibility）、独创力（originality）、精进力或精确性（elaboration）。流畅力系指产生大量中肯反应之能力，即在规定时间内所有有关反应之总和，数量越多流畅力越高；变通力或灵活性系指思考反应变化的程度，即在规定时间内所有反应类别的总和，类别越多变通力越高；独创力系指想出罕见反应之能力，即在规定时间内罕见反应之总和，数量越多独创力越高；精进力或精确性系指思考的详细或精致化程度，即在规定时间内在反应基本条件以外之附加细节的总和，数量越多精进力越高。以上测验中，言语分测验可在流畅力、变通力及独创力方面计分；图形分测验可在所有四个方面计分；而声音语词分测验则只在独创力方面计分。测验结束后，个体能得到一个创造力指数，以反映其总体的创造力水平。

5. IAPC 探究群体测量表

这套量表是由 IAPC 自主研发的，可作为儿童哲学教师、学生和探究小组做自我评价及反思之用，有些问题可能需要多方合作才能完成。该量表包括四大维度，即认知功效、社会品德、探究结果以及探究教学，每个维度下面又包括 2—4 个分支问题，用常见的五分制方式进行统计。整个量表的体系如表 4.6 所示：

表 4.6　IAPC 探究群体测量表

评价维度	分支问题	具体解释	评分标准
认知功效	1. 我能否进行良好的推理？	·提出好的问题 ·理解注释是否相关 ·识别和运用正例及反例 ·制造差别或联系（部分与整体，手段与目的，动机与效果） ·察觉假设 ·得出暗示	1—2 分：我不能； 3—4 分：我经常能； 5 分：我几乎总能
	2. 我的创造思考力如何？	·设想出正例和反例 ·想出不同的看法或观点 ·进行假设推理	1—2 分：我不能； 3—4 分：我经常能； 5 分：我几乎总能
	3. 我能公正地去思考其他观点吗？	·考虑其他观点 ·改进其他观点 ·向其他观点发起挑战时，不会表现出不公正或对解决问题本身无益的行为 ·提出另类的观点	1—2 分：我不能； 3—4 分：我经常能； 5 分：我几乎总能
	4. 我能很好地进行自我纠正吗？	·认识到自己的错误 ·不认为其他观点很肤浅 ·如果对方理由充分，就会改变自己的想法 ·即便问题变得很复杂，也不会放弃 ·问一些能帮助自己理解的问题 ·在讨论中考察自己的理解能力	1—2 分：我不能； 3—4 分：我经常能； 5 分：我几乎总能

（续表）

评价维度	分支问题	具体解释	评分标准
社会品德	5. 我对别人（及其话语）的关心程度如何？	·别人说话时注意倾听 ·和别人交谈时，不会自顾自说话 ·对别人说的话做出有意义的反应 ·跟上讨论时的逻辑节奏	1—2分：我不关心；3—4分：我关心；5分：我非常关心
	6. 在对话中，我起到多大的作用？	·说话不多也不少 ·很好地表达自己 ·说话时加以思考	1—2分：我无法起到；3—4分：能起到；5分：能起到很大作用
	7. 我对推动对话的发展发挥了多大作用？	·能记住谁说了什么 ·跟上讨论的思路 ·在对问题的评价方面能帮上大忙 ·带动胆小的成员加入对话 ·在权威成员发言时也会插话	1—2分：我不能推动；3—4分：我能推动；5分：我能有效地推动
	8. 我在尊重他人、善解人意方面做得如何？	·保护和支持他人 ·同情他人 ·当讨论对别人有益的事情时也很感兴趣 ·有耐心	1—2分：通常不能做到；3—4分：我经常能做到；5分：我几乎都能做到
探究结果	9. 哲学探究取得的进步程度如何？	·概念更加清晰，更有助于理解 ·在回答重要问题时有所进步 ·有聚焦点 ·在探究中有收获	1—2分：探究没有进步；3—4分：探究有所进步；5分：探究有重大进步
	10. 对材料的理解程度如何？	·用自己的话重述一遍材料的意思 ·能解释材料 ·能严谨地分析材料 ·能对众多材料进行比较	1—2分：不能理解；3—4分：一定程度上能理解；5分：能很好理解
探究教学	11. 能否在民主的课堂实践中找出联系？	·知道我们一起分享的对话如何转化到课堂中去 ·知道我们以探究为基础的想法如何转化到课堂中去 ·知道我们不分等级的程序如何转化到课堂中去	1—2分：通常找不出联系；3—4分：经常能找出联系；5分：几乎总能找出联系
	12. 能否探究出种族、性别和阶层所暗含的意思？	·当讨论转移到有关种族、性别和阶层的问题时，不会感到不舒服 ·认为有关种族、性别和阶层的问题在我们的讨论中非常重要 ·愿意质疑自己对种族、性别和阶层的看法	1—2分：通常不能；3—4分：我经常能；5分：我几乎总能
	13. 对不同的学习风格和个人观点的敏感程度如何？	·不同的学习风格和个人观点在很大程度上与教学有关 ·能识别不同的学习风格和个人观点	1—2分：一点也不敏感；3—4：有点敏感；5分：非常敏感
	14. 我会和社会不公和教育改革问题进行对抗吗？	·当讨论到这些问题时，不会感觉不舒服 ·认为这些问题与教学有关 ·既能很好地理解这些问题，也能进行讨论	1—2分：几乎很少；3—4：经常；5分：几乎总是

6. 其他测量工具

除了以上几项主要测量工具外，研究者亦使用其他工具来评价儿童哲学的成效，这些工具有形式与非形式推理测验、概念流畅力及适应性测验（ideational fluency and flexibility，西切斯特大学版本）、质询任务测验、认知能力测试（cognitive abilities test，简称CAT）、SRA（science research associates）教育成就系列测验（sequential test of educational progress，简称STEP）等。其中STEP测量广泛的知识、技能及应用能力，于1978年正式出版，包含两个水平：初级水平包括阅读、算术测验（A、B、C、D水平）、语言艺术（C、D水平），适用于幼儿园到小学三年级的学生；高级水平则在以上内容之外，加上自然科学知识、社会科学知识及使用参考数据的能力（E、F、G、H水平），适用于四至十二年级，水平H还包括生活技能的测量。除此之外，尚有一教育能力系列测验（Educational Ability Series，简称EAS）可供选择。故整个测验时间为2—4小时不等。CAT是由罗曼（Lohman）、桑代克（Thorndike）与哈根（Hagen）研发，提供了儿童在言语表达能力、非言语表达能力及量化能力方面的标准分数，同时也包含了其他九个方面的原始分数，即言语分类、句子完成、言语类推、数量类推、数目级差、等式构建、图表归类、图表类推和图表分析。

二、儿童哲学的质性评价

对儿童哲学的质性评价，总体而言还不算多，尤其是与量化评价相比。这可能是由于测量强调的是普适性和规律性，其研究结果具有较强的迁移性，因而一个地区或国家在实施儿童哲学的起初阶段，往往会采用此种研究方法，以作为推广的凭借和依据，尤其出现在一些由国家主导、学校权力相对较小的地区等。但也有许多国家尽管实行了多年的儿童哲学，但对其进行的广泛的实验研究还是相对较少，有的国家如丹麦，甚至尚未有针对儿童哲学的科学调查或定量测试。不过，由于质性评价重在详细描述，对个体性和特殊性尤为强调，从而能为儿童哲学的推广提供丰富的案例，其他人士若欲实行儿童哲学，则可从质性评价中获取更多可借鉴的信息。量化的评价研究更适用于从上至下的模式，在作为政府行为或全校行为时比较合适；而质性的评价研究则比较个人化，凡是对儿童哲学有兴趣的人士皆可以尝试，灵活性较强。当然，鉴于量化和质性的评价各有优势，有一些研究采取两者相结合的策略，即在实验研究的同时，也会通过各种方式去搜集数据，详细描述学生在其他方面的变化。

（一）质性评价的基本特点

有关儿童哲学的质性评价，在内容上主要包括以下三类：一是描述教师在经营哲学教室时所遭遇的困难，自己在从事儿童哲学教学时的经验；二是描述研究者及学生在经历哲学探究之后所发生的变化，这种变化在学生方面可以是能力上的变化，如运用逻辑思维的能力、讨论哲学问题的能力、对话的能力等，也可以是态度和行为上的变化，如倾听和关心、自尊自信等，反映在教师方面可以是对师生关系的认识、对哲学问题的理解、个人的成长，等等；三是描述教师、学生及校长对儿童哲学课程的态度和意见，涉及评估的层面。

至于资料搜集的方式，由于质性评价重在描述，故有多种途径，常见的有：1.利用各种电子设备，对课堂讨论进行录音录像，以实时记录课堂动态；2.学生问卷调查，用于考查学生对儿童哲学的观点和经验；3.教师反馈，主要有两种方式，一种是实施儿童哲学的教师定期开展交流会谈，报告自己的经验，另一种是日常的教学日记；4.校长观察，记录对儿童哲学实施过程的意见；5.访谈，包括对学生的访谈和对教师的访谈，其目的可以是考察实施者的态度、评价或变化，也可以是考查学生在经历哲学探究后在能力或态度、行为上的变化，对学生的访谈往往是分散而无法集中的，因此常与观察相结合，而对教师则可进行专门集中的访谈；6.利用哲学练习本，让学生针对课堂讨论回答相关的问题，可以作为学生自评的一部分；7.实时评估，在 IAPC 教师手册的每一章背后都有相应的评估项目，以随时考察课堂讨论的效果。

由于质性评价的操控比较个人化，且其本身就重在强调个体性和特殊性，不似量化的实验研究欲建立普通的准则，因此各质性评价的具体成效在内容上往往有较大差异。大多数的评价描述都认为儿童哲学对儿童的许多方面都产生了积极的影响，学生的确发生了可喜的改变，这不仅体现在认知层面，也反映在态度和行为的层面。也有一些研究表明儿童哲学对教师也有正面的影响，许多哲学教室的经营者对此持有积极的评价，甚至有校长和家长也表示支持。但是也有许多研究指出，儿童哲学存在诸多的限制，经营者在具体教学时也遇到了不少困难，这些问题通常有：对 IAPC 教材的不适应；教师教学态度和手法之转变的困难；学生学习方式之转变的困难；可能带来的怀疑主义或相对论的威胁等，因此他们会提出一些可能的改进措施或建议。但质性评价的特点在于，无论最终的结果是正面的还是负面的，都对儿童哲学本身不会产生根本的影响，因为接下来的研究者完全可以借鉴先前研究的经验，吸取他们的教训，根据自己的情况摸索出一条可行的道路，去尽可能地扬长避短，从而获得更多良性的效果。

（二）质性评价的工具

质性评价不如量化评价那样有丰富科学的评价工具，它通常采用问卷调查、访谈及课堂评估表等文件为其分析的依据，而且这些工具本身因设计者的不同而呈现相当大的差异，因此其信效度便颇存疑问。质性评价亦常以深入及翔实的描述来展现师生进行哲学探究的情境，因此在论及成效方面，往往只是以深度描述为主要参考，得出的结论带有明显的主观色彩。尽管如此，有研究者发明三角互证的办法，尝试改善质性评价的信效度，即使用多种收集数据之办法，促使其互相佐证，以表明所提供的信息是相对客观的。在儿童哲学领域，质性评价的核心目的可能更在于运用丰富的语词敞现哲学探究的历程，揭示师生在此过程中所遭遇的困境、所发生的变化以及围绕此课程之相关人士的反应，因而力图呈现一幅全景（whole picture），尽管这里的变化只是表面的，譬如态度、思维习惯等，而无法深入到技能改善这个层次。在这个方面，质性评价可以完好地配合量化研究，促使针对儿童哲学的评价更为全面完整。

问卷调查可分为学生问卷和教师问卷，可以集中放在教学结束之后作为总结性评价的一部分，亦可执行"前测—后测"的办法，即附加教学开始前的问卷，以确定教师或学生在观念、态度等方面的转变。问卷本身可以带出较多的信息，是衡量儿童哲学教学成效之必不可少的工具，因此广泛地应用于儿童哲学的质性研究之中，但由于多是选择题，往往点到为止，故不及访谈来得更深入细致。兹介绍其中一些研究者所设计的问卷，以供参考。

陈勇铿（Chan Yoke Keng）、哈提亚·易卜拉欣（Khatijah B.M. Ibrahim）于新加坡两所小学实施儿童哲学，执行"前测—后测"策略，在教学开始前及三个月后对儿童进行了问卷调查，主要考察三个方面，即回答问题的次数是否增加、儿童是否在自己的回答中倾注了更多的思想、对问题的回答是否由简单（极少数的语词、短句）走向复杂（语词增加、使用长句），他们用百分比和条状图对问卷进行了简单分析。有趣的是，对这三个方面的考察除了依据课堂讨论之外，还来源于儿童对以下两大问题的思考：一是迄今为止，在你的生活中，什么是你学习到的最重要的事情？为什么它如此重要？二是什么促使你感到自己生活幸福或快乐？为什么？①

---

① Chan Yoke Keng，Khatijah Binte Mohamed Ibrahim. Philosophy for Children［R］. Proceedings of the Redesigning Pedagogy：Culture，Knowledge and Understanding Conference，Singapore，2007.

李军所设计的儿童问卷既有选择题（单项选择及多项选择），也有开放题，其中一些开放题是附加在选择题背后的，作为补充之用。其问题共计 16 项，主要分为两类：第一类是对儿童哲学的总体评价，如："1. 你觉得儿童哲学课怎样？""11. 你和家人谈起过儿童哲学吗？他们意见如何？你觉得他们的意见怎样？""12. 你觉得儿童哲学课对你学习别的课有帮助吗？""13. 你对上儿童哲学课的老师印象如何？""14. 你喜欢现在的教室布置吗？你想对教室布置做出改变吗？""15. 你喜欢儿童哲学课吗？""16. 你最喜欢的儿童哲学课是怎样的？"第二类是对课堂讨论的评价，包括："2. 课上讨论的问题是你平时遇到过的吗？是发生在你身边的事吗？""3. 你能理解课堂上讨论的问题吗？""4. 在确定讨论哪一个问题的时候，你的问题能够经常被讨论吗？""5. 在儿童哲学课上，你觉得你是重要的吗？你觉得你的想法和问题是重要的吗？""6. 在课堂上，你是很积极地去思考问题吗？""7. 在讨论过程中，你经常能够有机会说出自己的想法、提出自己的问题吗？""8. 你觉得课堂讨论能不能使问题更深入？讨论是不是有效的？""9. 课上讨论问题的结果让你满意吗？""10. 你在下课之后有没有继续想过课堂上讨论的问题呢？"该问卷的问题项较能贴近儿童，因而具有较高的参考价值，笔者在评价儿童哲学时也曾参考过这份问卷。①

邵燕楠则对教师进行了问卷调查。这个问卷是在儿童哲学被引入中国的开始阶段展开的，彼时，儿童哲学对于绝大多数教师而言几乎是完全陌生的，为此研究者提供一些材料，进行简短的培训，以让教师获得初步的认识，然后在 1999 年 12 月进行调查。但研究者没有明确指出这中间隔了多长时间，基于研究者所要调查的对象是永川区 8 所中小学及 330 位教师，故此种培训基本只能是理论意义上的，难以使教师对儿童哲学有明确的认知，因而这种调查绝非是对实践的考察或总结，而是理论的构想，故只能由此了解教师对儿童哲学可能的态度，从而决定是否正式推广。当然，研究者的更进一步意图是通过 SPSS 的分析，指出教师对儿童哲学之观念与其个人的背景资料变量如性别、学校类型、科目类别等的关系。该问卷共计 35 个问题，每个题目皆被划分为"是的""不确定""不是的"三个等级来表明教师的判断。②需要指出的是，研究者本人对儿童哲学的认识是存在偏差的，她把对话与儿童哲学分开，潜在地预设儿童哲学还有除了对话以外的其他方法，因此笔者将之进行了调整，将所有类似"使用对

① 李军. 儿童哲学课程的教学模式研究［D］. 西南大学课程与教学论硕士论文，2000.
② 邵燕楠. 儿童哲学对话教学法及其在中国推广的启示［D］. 西南大学硕士论文，2000.

话教学法的儿童哲学"一律替换为儿童哲学。原问卷设计比较零散，不成体系，为使其呈现得更为清晰，可将其归纳为以下三类：

第一类，考察教师对儿童哲学成效的判断，共涉及6项，分别为："3.思维不仅在对话中表现出来，还在对话中发展起来""4.儿童哲学能促进儿童思维发展""5.儿童哲学会改进儿童的语言运用能力""6.儿童哲学有利于儿童情感的发展""7.儿童哲学能促进儿童逻辑推理能力""22.儿童哲学能使儿童积极、主动地参与到课堂学习活动中"。除了第22项之外，其他5项的问卷调查基本可视为无效，因为这些成效不能借由教师的主观判断得出，何况这些教师对儿童哲学的认识还只是在一个非常粗浅的层次上，且又从未实施过儿童哲学。

第二类，对儿童哲学教学方式（即对话）的判断，涉及项最多，又可分为三类。一是对对话中师生关系的判断，包括："10.儿童哲学体现了师生相互学习的过程""13.对话是在儿童与儿童之间进行，教师只是适时做出指导，这种做法可行""15.教师对儿童对话的指导会阻碍对话的进行""25.体现了师生平等的关系""27.对话的话题应由教师决定""29.教师不对儿童对话内容进行指导，这种做法可取""31.师生之间的对话是以'提问—回答'的方式进行"等。二是对主题或内容的判断，如："11.对话的内容可包括任何方面""12.对话的主题应与儿童日常生活密切相关""26.有明确的教学内容""32.一堂课只能讨论一个主题"等。三是对对话的其他判断，如："14.儿童哲学课等同于让儿童玩耍或休息，或发泄情感的说话课""17.对话法与在其他课上所使用的讨论法是一致的""34.课堂组织形式和其他教学法是一样的""20.对话是儿童'做'哲学的最佳途径""21.对话是儿童探究世界的一种方式""23.对话过程是一个思维移动的过程""24.对话给了每个儿童平等发言的机会""28.对话有结构、有逻辑"等。

第三类是儿童哲学的其他方面。一是在教师方面，包括："16.儿童哲学对您目前的教学工作有帮助"。二是对儿童哲学之对话法是否可迁移的判断，包括："18.对话法适合于其他文科类课程的教学""35.儿童哲学中的对话适合于理科类课程"。三是对儿童哲学推广之必要性和如何推广的判断，涉及："8.有必要开设儿童哲学课""9.我会在将来采取儿童哲学中的对话法进行教学""19.把儿童哲学课安排在正规课时里，这种做法正确"等。

第五章

儿童哲学与教师专业发展

哲学是由我们的见解，即我们关于自身和世界的信念及态度所组成的。因此，做哲学首先是这样一种陈述活动，这种活动尽可能清晰和有力地把我们的所思所想表达出来。然后，这并不意味着哲学的全部工作就是去宣称自己赞成某些听起来顺耳的观念或字眼。哲学是对这些观念的发展，它试图发掘其中所蕴含的全部意义和结构关系，尝试发现他们与其他哲学家的观点——包括以往那些大哲学家的经典论述——之间的关联。此外，哲学还要尽力去评价一个人自己的观点同其他观点之间的区别，能够与那些持不同意见的人进行争论，并且尝试去解决他们可能留给你的一些困难……哲学也是尝试把若干各不相同的意见协调成一种观点，并且坚持用你自己的想法去回应那些反驳意见。的确，一种无法与其他想法相联系而且又经不起批评的想法，可能根本就不值得相信。

——罗伯特·所罗门《大问题：简明哲学导论》

　　哲学可能真的是由困惑所激发而产生的。但如果仅仅停留在这一点上的话，就会十分错误地认为哲学必然是非常严肃的东西。事实上，哲学常常是游戏，概念的游戏……（儿童）玩哲学游戏，即对一个人不假思索地说话，试图了解它是什么意思，或者可能表示什么意思，应该表示什么意思等，是十分有趣的，它可以令人有所启发……经常拒绝与儿童们玩这种游戏的家长和教师，会使自己的理智贫乏，与儿童的关系疏远，并且使儿童独立的智力探究精神受到打击。

——加雷斯·马修斯《哲学与幼童》

第一节　儿童哲学教师的知识结构及师资培育的优化策略 *

20 世纪 90 年代末以来，为了顺应中国新一轮基础教育改革的趋势，一批有革新精神的幼儿园（如云南民航儿童哲学实验幼儿园、杭州协和幼儿园等）和学校（如温州瓦市小学、杭州长江实验学校、合肥师范附小二小、西安曲江二小等）率先将儿童哲学课程（philosophy for children）引入中国并开展各具特色的探索。时至今日，儿童哲学的足迹已遍布全国，并且通过设计与实施多种教学方法，制作与编撰园本或校本教材，一个具有中国特色的儿童哲学模式正在形成之中。但是在中国的教育情境下，儿童哲学通常被视为一门可以提升儿童多种思维品质、有助于变革传统师生关系及教学方式的园本（或校本）课程，教育者往往过度关注儿童哲学的实用价值或方法论意义，却忽视哲学学科的内容元素、儿童自身的哲学观念以及在哲学探究过程中所形成的理智与情感体验。所以在大多数情况下，尽管幼儿园或学校声称引入了儿童哲学课程或活动，但事实上这些课程或者没有充分体现出儿童本位的特性，或者未能上升至哲学的高度。

这种尴尬局面的出现，虽然有多种原因，但最主要的仍与教育者对"儿童哲学教师究竟该具备哪些知识"的不准确认知有关。比如，不少教育者认为，开发儿童哲学课程，并不需要教师研习哲学学科知识，也不需要他们掌握儿童哲学所特有的学科教学法知识，只要符合本园或本校的实际情况与需要，依据教师已有的教学经验，即可开展儿童哲学活动，因此在有些学校或幼儿园的课堂教学中，仍可看到教师按照传统的讲授式方法来"教哲学"，或者课堂中虽然有了讨论的氛围，但只是停留在简单的"无分对错"的观点分享阶段。又比如，既然包括马修斯在内的国内外研究者广泛宣称儿童是天生的哲学家，那么教师似乎就无须具备任何专业的哲学知识，只须创设一个智力安全且井然有序的环境，就可以自动生成高质量的哲学对话，于是有些教师就完全放手让儿童自己主导对话，结果儿童之间的思想交流经常陷入僵局、疲惫或原地打转等境地，甚至因一些常见的逻辑谬误而走入迷途。

有鉴于此，为推动儿童哲学在中国幼儿园及学校的良性运转，本节拟以舒尔曼（Lee Shulman）的教师知识结构论为主要参考框架，并结合已有教师知识研究的其他成果，探索儿童哲学任课教师所应发展的知识类别及策略，并为同

---

* 本节内容原载于《教师发展研究》2019 年第 3 卷第 3 期，此处略有调整和补充。

步推进的师资培育提供必要的启示与建议。笔者以为，只有为儿童哲学打造出一支合格、称职的师资队伍，才能有效规避课程开发过程中所出现的种种不符合儿童哲学基本理念或儿童哲学课程无法落地的行为，为哲学教育的真正普及创造最有利的条件。

一、儿童哲学教师的知识结构

身为教师，应当具备怎样的知识结构，发展哪些必需的知识，才可以被准许进入教育现场实施教学，这是课程建设的最基本话题之一，也是师资培育的核心问题。长久以来，学科内容知识与教学法知识被认为是教师专业知识的主要部分甚至是唯一的部分。自19世纪末20世纪初以来，伴随儿童研究运动的推进，关于学习者的知识也逐渐进入教师知识的结构体系之内。及至20世纪80年代中期，舒尔曼更提出了"学科教学法知识"（PCK）这一新的知识范畴，并率先将教师知识扩展为包括学科内容知识、普通教学法知识、学科教学法知识、关于学习者的知识、课程知识、教育情境目的及价值观的知识、教育情境知识等七类知识在内的结构化体系。[1] 在参考舒尔曼教师知识结构体系的基础上，并结合其他学者关于教师知识的前沿研究成果，笔者认为，儿童哲学的任课教师须发展以下五个方面的专业知识，才能确保儿童哲学课程的高质量，并为学生思维及思想的发展奠定坚实的基础：

（一）哲学学科的内容知识

学科内容知识常被视为最重要的一类教师知识，主要是指那些具有某学科特色的概念、原理、方法、哲学基础及历史发展脉络等知识。这类知识基本上来源于作为高等教育学术体系一部分的对应学科，但两者并不完全等同。舍夫勒（Israel Scheffler）[2]、斯坦格尔（Barbara S. Stengel）[3]、邓忠义（ZongYi Deng）[4]

[1] Lee S. Shulman. Those Who Understand: Knowledge Growth in Teaching [J]. Educational Researcher, 1986, 15 (2): 9—10.

[2] Israel Scheffler. Basic Mathematical Skills [C]. In I. Scheffler (ed.), In Praise of the Cognitive: Emotions and Other Essays in the Philosophy of Education, New York: Routledge, 1991: 71—79.

[3] Barbara S. Stengel. Academic Discipline and School Subject: Contestable Curricular Concepts [J]. Journal of Curriculum Studies, 1997, 29 (5): 585—602.

[4] ZongYi Deng. Knowing the Subject Matter of a Secondary-school Science Subject [J]. Journal of Curriculum Studies, 2007, 39 (5): 503—535.

等学者指出，所谓学术科目，是指与大学某个相关的专业紧密联络的学习领域，其内容的构造与组织是以促进学科探究、培养职业性的学术专家为主旨，在层次上具有复杂、精深、前沿等特点；而学校科目则是指儿童及青少年所修习的课程，其内容的拣选及组织皆以教学为目的，受社会需求及政治取向所驱动，在层次上具有简单、易懂、基础等特点。因此学校及幼儿园教师所需掌握的学科内容知识理应是作为学校科目或幼儿园领域的内容知识，而非作为大学学术科目的内容知识，尽管两者之间的联系是无法割断的。

儿童哲学课程在本质上属于哲学教育的一部分，从理论上来讲，教师应当掌握必要的哲学学科内容知识，才有可能在课堂内缔造出真正的哲学对话，达成哲学探究的基本目标。从最基本的意义来说，掌握这类知识至少有助于教师识别儿童思想世界中哲学的部分，特别是儿童的哲学提问，并将哲学探究与其他类别的探究区别开来 ①，这实际上也是儿童哲学实践中最为人所关注的议题之一。但是基于以下三个方面的原因，大多数教师在没有掌握必要哲学学科内容知识的情况下，就承担起了儿童哲学的教学任务。其一，儿童哲学并非是一门既有课程体系内的必修课程，幼儿园或学校开设这门课程的原因，主要在于它特有的课程理念及形式，有助于推动本园（校）课程改革及幼儿园（学校）的改进；也有不少幼儿园或学校主要是考虑到这门课程的新颖性，想借此树立自己在地区以及全国课程改革中的独特品牌和影响力。无论基于何种实用目的，教育机构所看重的主要是这门课程的基本理念或教学形态，而非它的实质内容。其二，儿童哲学的师资培育本身存在缺陷，已有的培育模式主要是短期的集中式工作坊，这类方式也最容易为一线学校所接受，而其他培育方式如攻读哲学专业学位、长期的园（校）本培训等，由于时间、资金等成本过高，不易在学校教育的空间下实现，因此教师所能掌握的知识，就只能是诸如儿童哲学教学法等可以迅速接受并消化的知识，而非复杂、系统、全面的哲学内容知识。其三，从李普曼的最初尝试及世界各地的教育实践来看，儿童哲学主要被视为一项思维课程，在这门课程中，教师的主要目的是以哲学为工具，培养儿童高水平的思维能力及适宜的思维习惯，因此有许多教育人士认为，即便教师不知晓、不熟悉哲学学科知识及有关术语，也并不影响他们对儿童哲学课的开发及

---

① Wendy Turgeon. Teachers Bringing Philosophy into the Classroom [C]. In Sara Goering, Nicholas J. Shudak and Thomas E. Wartenberg (eds.). Philosophy in Schools: An Introduction for Philosophers and Teachers. Routledge, 2013: 14—15.

教学。① 在此，哲学仅仅被视为一种思维方式，哲学自身的内容反而显得无关紧要了。

然而，缺乏哲学内容支撑的儿童哲学教学，极易产生一系列不可忽视的问题，其中最为严重的问题便是课堂探究本身的无哲学性（non-philosophical）。教师在哲学课堂上所扮演的角色与苏格拉底最为类似，除了要有"无知"的精神和"助产术"的技巧，教师自己还必须熟悉哲学学科所特有的问题及多种解决思路，否则在面对儿童的探究时，教师将不能参考哲学史上已有的争论来合理引导对话过程，使儿童的思维建立在哲学牢固的根基上，从而无力使课堂讨论变成一种真正有效的哲学对话。② 同时，缺乏关于哲学内容的素养，教师将很难从各种材料（如学科教材、故事、新闻、两难问题、寓言、童话、传说等）及特定活动、游戏中敏锐地察觉出哲学元素，并制造哲学探究的启动点（starting point）。

人们常常将李普曼看作是将儿童哲学窄化为思维训练项目的始作俑者，因为李普曼发起儿童哲学运动的初衷及在许多论文中所强调的要点，皆是对儿童的思维训练，但他们忽略了李普曼本人也是将哲学内容与哲学思维方法完全隔绝的反对者。在《教室里的哲学》这一经典著作中，李普曼就曾提到在儿童哲学的教学中，情境是极其重要的，而这种情境必须是哲学的，因为哲学蕴含着人类历史上最珍贵的思想遗产。③ 在另一本著作中，李普曼再次提到，思维技能的传授并不需要教学环境或方法的根本变革，以传统的师生关系及纸笔测试的学习方式，仍然可以达到训练的目的。④ 因此，如果把儿童哲学单纯地看作一门思维发展课，那么就等于从根本上抹杀了儿童哲学的独特性。

基于上述讨论，笔者认为对于儿童哲学的教师而言，她（他）最好掌握哲学学科的内容知识，这部分知识在最基本的意义上，可由两部分内容构成：一是关于逻辑学的知识，包括形式逻辑、非形式逻辑和其他常见的逻辑形态，这是教师从事哲学探究、引导儿童发展思维能力的基础；二是哲学史的知识，除

① 吴岩. 李普曼的以对话为核心的儿童哲学课程观及启示［J］. 教育评论，2005（1）: 97—98.

② Karin Murris. The Role of the Facilitator in Philosophical Inquiry［J］. Thinking, 2000，15（2）: 40—46.

③ Matthew Lipman. Philosophy Goes to School［M］. Philadelphia: Temple University Press，1988: 40.

④ Matthew Lipman. Thinking in Education［M］. Cambridge（Mass）: Cambridge University Press，1991: 41—42.

了从古希腊以来的西方哲学史，还应包括中国哲学史的部分知识。在哲学史这一块，可以参考有关的哲学导论丛书，按照形而上学、知识论、道德哲学、社会政治哲学、心灵哲学、美学等分支，根据"范畴—问题—可能解答"的框架，整理出适合本班（本校、本园）教学的哲学内容体系。这其中，对苏格拉底和柏拉图的哲学对话尤须重视，它们与儿童哲学教学的关系最为密切。轴心时代（公元前 800—前 200 年）我国代表性的哲学作品（如《论语》《庄子》等）及流派，也常常以民众的生活语言表述，既通俗易懂，又不乏深刻，且有不少作品采用对话的形式或记载了不少生动的故事，这些都是对苏格拉底对话及西方哲学的有力补充，因此也须加以特别关注。

（二）教学法知识

长期以来，教学法知识一直被视为具有跨学科的普适意义，由心理学领域的研究成果应用到教育学领域，转化为教学及课堂管理的原则、技巧及方法。舒尔曼将前述知识统称为"一般教学法知识"，同时还提出了"学科教学法知识"（Pedagogical Content Knowledge，简称 PCK）这一新的知识，认为同一教学内容存在不同的展现形式，教师必须选用并发展适合的教学方法，才可使学生掌握特定教学内容。具体而言，所谓学科教学法知识，即指那些展示学科知识，使之为他人所理解的种种表征，如类比、案例、解释、演示和图解等，以及对这些具体知识之学习难易度的认识（如不同背景或年龄之学生在学习时及学习前的观念等）。[1] 而柯启然（Kathryn F. Cochran）等则认为舒尔曼的"学科教学法知识"过于静态、固定，且单单强调了教学知识与学科内容知识之间的联系，他们依据建构主义的原则，对 PCK 进行了修正，提出了"学科教学法认知"（Pedagogical Content Knowing，简称 PCKg）一词，突出教师对知识的主动建构过程，并将学校教育的其他维度也纳入考量范围，认为教师在教学法方面所积累的知识，必须与他们的学科内容知识、对学生及学习情境的知识等都联系起来，建立起一种综合理解。[2]

对于儿童哲学的教师而言，也须掌握两方面的教学法知识：一是普通教学

---

[1] Lee S. Shulman. Those Who Understand: Knowledge Growth in Teaching [J]. Educational Researcher, 1986, 15（2）: 9—10.

[2] Kathryn F. Cochran, James A. DeRuiter and Richard A. King. Pedagogical Content Knowing: An Integrative Model for Teacher Preparation [J]. Journal of Teacher Education, 1993, 44（4）: 265—268.

法知识；二是儿童哲学课程所特有的教学法知识。在一般教学法知识方面，由于儿童哲学的实践者基本上都是在职学校教师，似乎不存在单独强调这类知识的必要，但事实上，基于儿童哲学本身的特殊性，教师应在一般教学法知识中特别注意以下内容，这些内容恰恰是许多教师缺乏关注或了解不多的方面：（1）关于培养儿童思维能力及习惯的理论及方法论知识。儿童哲学在一定程度上属于提升儿童思维品质的课程，国外许多教育心理学的教科书也普遍把儿童哲学视为思维或问题解决大标题下的重要一节，所以教师了解发展儿童思维的一般理论及其他方法，对于认识并开发儿童哲学课程极有助益。（2）关于"探究本位学习"的理论及方法论知识。儿童哲学的授课方式在本质上具有探究本位学习的性质，因此教师了解探究本位学习的起源、各种模式及教学策略极为必要，特别是研究性教学和对话教学等。

儿童哲学所采用的教学法叫"哲学团体探究法"（CPI），在探究这一属性上和目前学校已有的学科是一致的，但是其运行的模式和师生互动的特点又与其他学科探究教学有明显不同，因此打算开设儿童哲学课的教师须特别熟悉团体探究及有关的知识。这类知识主要包括以下两个基本方面：（1）团体探究法的教学特点，其知识包括 CPI 的课堂组织形式及与常规班集体的融合，CPI 中的对话原则、文化氛围和基本走势，CPI 与传统的苏格拉底对话、孔子对话等之间的联系与区别，CPI 的一般程序及各种变式，CPI 的经营策略等。教师特别要注意将一般的探究团体提升为哲学团体探究法的策略，这是目前许多儿童哲学课堂没有着力或着力不够的方面，却是保证课堂对话具有哲学性的关键。（2）教师在 CPI 中所扮演的角色及实施干预的要点：教师在 CPI 中一般扮演着共同参与者、对话示范和促进者、能力训练师、有关怀心的倾听者等角色①，对儿童的哲学探究实施必要的干预，而在整个教学过程中，教师须谨记李普曼所言的"四项基本原则"，即拥有参与哲学探究的意愿、避免强硬灌输、尊重儿童意见、争取儿童信任②。

（三）关于儿童的知识

在 19 世纪末 20 世纪初儿童研究运动兴起之前，对儿童各个方面的了解还

---

① David Kennedy. The Philosopher as Teacher：The Role of a Facilitator in a Community of Philosophical Inquiry［J］. Metaphilosophy，2004，35（5）：752—754.

② Matthew Lipman，Ann M. Sharp and Frederick S. Oscanyan. Philosophy in the Classroom［M］. Philadelphia，PA：Temple University Press，1980：83—89.

未成为教师知识结构的基本组成部分，甚至整个社会对儿童也是所知甚少，"儿童学"（paidology）的先驱奥斯卡·克利斯曼（Oscar Chrisman）就曾提及过这种普遍的"无知"，他说："相比于任何其他事物，我们对儿童所知甚少，对他们的关心也远远不够。如果你怀疑此点，不妨去参观一下花农的基地，他肯定会向你展现他对于自己的花是如何细心照顾的，然后你再到学校去走走，看看那里的风气、温度等，你就会发现家长、教师和其他人对儿童的关心还不及花儿。"① 正是在对这种无知进行批判反省的基础上，欧、美、中各国才掀起了轰轰烈烈的儿童研究运动。在这场运动中，来自不同学科领域的学者从身体运动、神经、心理、卫生、历史、饮食、宗教等各个维度对儿童进行了深入的研究（尤以儿童身心方面的研究最为显著），并逐步建立起一整套知识体系；大批中小学及幼儿园也纷纷引入并应用儿童研究的成果，甚至设立儿童学专家岗位，专门负责指导学校儿童发展的有关事宜。也就是从这个时候开始，有关儿童的知识才正式成为教师培训的基本内容之一。

那么这种对儿童的知识究竟包括哪些方面的内容呢？柯启然等指出它应包括学生的能力、学习风格、年龄、发展阶段、态度、动机及新内容学习之前的观念等方面的知识，特别是学生在进行某项学习活动之前所具有的认知结构，尤其会对他们的学习过程产生重大影响，因此教师须特别注意这方面的知识。② 而我国近年来颁布的《教师教育课程标准（试行）》，则对这部分知识进行了更详细的建构，其具体内容包括：儿童发展的主要理论及儿童研究的最新成果，儿童身心发展的一般规律和影响因素，儿童各年龄阶段特征及个体发展的差异性，儿童的认知发展、学习方式的特点及影响因素，儿童建构知识、获得技能的过程，儿童情感、社会性发展的特点，儿童品德及行为习惯形成的过程和规律，儿童常见疾病、发展障碍、学习障碍的基础知识和应对方法，中国关于儿童权利的法律法规等。

就儿童哲学而言，既然它是一门面向3—18岁儿童的课程，那掌握关于儿童的知识就是每一个儿童哲学教师所必需的。在关于儿童的一般理论知识中，

① Oscar Chrisman. Child-study: A New Department of Education [J]. The Forum, 1894, February: 73.

② Kathryn F. Cochran, James A. DeRuiter and Richard A. King. Pedagogical Content Knowing: An Integrative Model for Teacher Preparation [J]. Journal of Teacher Education, 1993, 44 (4): 266.

卢梭、皮亚杰、维果茨基和杜威关于儿童的论述需要引起教师的深度关注，因为正是这些知识构成了儿童哲学的理论基础。有关儿童精神发展的其他理论知识（如霍华德·加德纳的多元智能理论等），教师也应予以积极关注，并做批判性的反思，由此才能了解儿童哲学在整个儿童研究中所处的特殊位置。

不过，对于儿童哲学的教师来说，最重要的莫过于了解儿童精彩的哲学观念，而这在一般的儿童学或儿童心理学著作中极少涉及，因此事实上我们对儿童的哲学世界究竟是怎样一幅精美的画卷毫无概念。所以对这部分知识的学习，目前主要应仰赖教师在自己的日常教育生活中多注意观察、记录和收集才能实现。但是学者之间围绕"儿童即哲学家"这个命题所展开的争论，却是教师可以了解的。其中，马修斯、刘晓东、戴月华、林德宏、周国平等人是提倡儿童天生就有哲学观念及做哲学能力的知名学者，也有其他大批学者以定性和定量的研究方法论证了这种能力在儿童群体中的普遍性。而安东尼·奥赫尔[1]、约翰·怀特[2]等人则是反对这个命题的典型代表，他们的观点也应仔细咀嚼。这样的争论在现实生活中也普遍存在，对儿童哲学的第一印象往往伴随着"儿童能够做哲学吗"这样的质疑声，因此教师须在了解哲学起源及哲学表述生活化的基础上，特别注意反方立论的根基及正方辩驳的种种理据，以便能说服周围的家长或同事，使他们一起加入到保护并发展儿童哲学天性的行列中来。

（四）课程知识

这一类知识很少受到研究者们的关注，但一些学者坚持将课程知识列为教师知识结构的一个独立部分。例如舒尔曼就指出教师必须掌握一定的课程知识，包括所有为特定年龄的孩子传授某学科内容的课程活动及教学材料，以及在特定情境下是否应该使用某个课程活动或某些教学材料的判断标准。他倾向于将课程视为教学的内容及资源，认为教师应当熟悉同一学科中有哪些主题和内容已经教过了，哪些则行将要教，并了解这些主题和内容所对应的相关材料。[3] 格拉斯曼（Pamela L. Grossman）则对舒尔曼的界定做了部分修订，认为

---

[1]　Anthony O'Hear. Philosophy and Knowledge［R］. Paper Presented at the International Conference on Philosophy for Children，King's College，London，1997，April 15.

[2]　John White. The Roots of Philosophy［J］. Royal Institute of Philosophy Supplement，1992（33）：73—88.

[3]　Lee S. Shulman. Those Who Understand：Knowledge Growth in Teaching［J］. Educational Researcher，1986，15（2）：9—10.

课程知识应包括两项知识：一是关于所教课程的总目标及分单元（或主题）的具体目标，也包括课程的纵向目标，即学生在过去学了什么，将来还要学习什么等；二是教授某学科内容时可以采用的各种课程活动及材料。但他认为课程知识应是 PCK 的一部分，因为它是区别内容专家（content specialist）与教学专家（pedagogue）的重要标志。超平（Jeffrey M. Choppin）也提出了自己的修订方案，他认为课程与情境是不可分离的，因此主张用课程情境知识（curriculum-context knowledge）来代替课程知识。这里的课程情境知识，主要是关于某套具体的课程材料如何在某个特定的情境中激发学生学习的知识。超平强调他所提出的 CCK 是教师对某一特定课程材料的理解，与舒尔曼要求教师建立起一种跨课程材料的综合理解是不同的。① 总而言之，上述学者对课程知识的界定包括了课程目标和课程资源两大部分，但由于这里的课程是在特定学科的具体教学环境下来谈的，因此可被称为"学科课程知识"，就其范围而言，基本可以被纳入 PCK 的范围之内。不过，提出"课程知识"这样的概念仍然是有必要的，只不过这里的知识应当是一般的课程理论知识及与所属学科相关的课程实践知识。在"教师即研究者""教师参与课程开发"这些呼声已取得国际共识的今天（特别是在教师具有发展校本课程之权的中国），教师理应掌握关于课程开发的哲学基础、历史演变和多种模式，课程编制的一般原则及程序（特别是关于课程评价的部分，是前述三类知识所缺乏的），特定学科课程开发的实践策略等知识，并使之成为师资培育的重要内容。

儿童哲学并不是儿童必须学习的国家课程，它虽有一整套基本的课程方案，但并未设定国际或国家通用的课程大纲，所以幼儿园或学校在引入这门课程之后，常常会根据本园或本校的特点进行自主开发，因此课程领导者与教师掌握关于课程开发的基础知识是十分必要的。除此之外，教师还须了解儿童哲学课程开发的具体知识，主要包括以下两项：

（1）儿童哲学的课程目标，在总体上可分为义理、技能、情意和践行四大维度。在义理维度，主要是指儿童需要对其生活或学习过程中的关键概念、现象建立起更加深入的理解；在技能维度，则主要包括批判思考力、创造思考力、关怀思考力、协作思考力和交往沟通力五个基本方面的发展；在情意维度，主

---

① Jeffrey M. Choppin. Curriculum-Context Knowledge: Teacher Learning From Successive Enactments of a Standards-Based Mathematics Curriculum [J]. Curriculum Inquiry，2009，39（2）：287—290.

要指"情商五力"以及充满好奇和探究的精神，养成独立思考的意识，对他人怀有倾听、同情、理解和宽容的态度，承认、尊重并分享差异，勇于检视自身信念，遵循并发扬民主的原则等；在践行维度，则是树立知行合一的态度，将课堂中所形成的合理观念转化为生活中、学习中的实际行动。

（2）儿童哲学的课程资源。由李普曼等人开发的哲学教材，是属于高度结构化的哲学小说，屡经各国实践的检验，因此是儿童哲学最值得也最便于使用的课程资源。其他资源如绘本、寓言、童话、音乐、戏剧、电视或录像、手工艺品等艺术作品、民间传说、神话、诗歌及其他儿童文学作品等，也开始在各国的哲学课堂上得以运用。另外，加拿大阿尔伯塔省的儿童哲学组织动用了科学实验设备、高性能计算机、艺术舞台及素材、橡皮泥、人类学实验室、动植物园等非常规课程资源，利用"杀人游戏"、角色扮演、戏剧表演、天文观测、科学实验、现场观察等多种方式，引导儿童进行哲学探究，大大拓展了哲学课程的资源空间，我国实践者也可据此效仿和开发。

（五）教育情境知识

这部分知识包含的内容比较多元，在柯启然等人眼中，主要指的是塑造教学过程的社会、政治、文化和物理情境，他们还特别提到了教育改革领域被广泛探讨的多元文化主义、不平等等社会议题。[1] 在舒尔曼那里，教育情境知识主要指班级环境、学校氛围、学区的管治和财务运行情况、社区和文化的特点等。[2] 因此综合起来看，教育情境知识应是指教师对所在班级、学校、学区、省市和国家的教育政策环境以及学生所在家庭和社区环境的知识。

对于儿童哲学教师来说，他们须特别了解所在地区或国家的哲学教育环境以及学生接受哲学教育的情况等。在中国，哲学所处的位置非常尴尬，哲学系往往是大学里最薄弱、发展资金最缺乏的专业，很少有学生会直接选报哲学专业；哲学课还没有普遍成为通识课程的一部分（只有少数知名大学例外）；教师培训项目中几乎不包含"哲学导论"或"教育哲学"这样的课程。但是我国目前对哲学及儿童哲学的关注度仍是存在的，并且在逐渐增强和扩散。譬如在中

---

① Kathryn F. Cochran，James A. DeRuiter and Richard A. King. Pedagogical Content Knowing：An Integrative Model for Teacher Preparation［J］. Journal of Teacher Education，1993，44（4）：267.

② Lee S. Shulman. Knowledge and Teaching：Foundations of the New Reform［J］. Harvard Educational Review，1987（57）：8.

国的书市上，已经涌现出越来越多的哲学普及读本以及供家长指引孩子进行哲学探索的丛书；有更多哲学系的专家（如周国平、赵汀阳等）及大学哲学系所（如厦门大学、浙江大学、复旦大学、四川大学等）致力于推动哲学教育的社会化和低龄化；近年来杭州师范大学教育学院、东北师范大学教育学部、东北师范大学附属小学等举办多场以儿童哲学为主题的国内国际会议，吸引了一大批教育工作者探讨儿童哲学的有关议题，许多媒体都进行了跟踪报道，从而扩大了儿童哲学在社会上的知名度等。所以，对于儿童哲学的教师来说，掌握这方面的情境知识，将有助于他们明确哲学教育在本国整个教育系统中所处的位置，树立儿童哲学课程开发的信心和决心，抓住获取各种课程资源的途径，并利用外在条件来提升自身的哲学素养。

二、儿童哲学师资培育的优化策略

既然儿童哲学的教师在原则上需要掌握以上五个方面的专业知识，那么整个师资培育体系就必须做出相应的调整，才可以锻造出一支更为优质的师资队伍。为此，笔者以为，在当前情势下，我国教育界可通过采取以下三条策略寻求突破：

（一）借助"互联网＋"的工具，开展哲学家驻园（驻校）项目

以上所言的五类知识中有许多是教师职前和在职培训中所没有触及或了解不多的，特别是哲学学科的内容知识。目前在师范类大学的培养方案中，与哲学相关的课程（如"教育哲学""儿童哲学"或"儿童教育哲学"等）相当缺乏甚至是缺位的，而马克思主义哲学系列的公共课对于学生了解部分哲学"知识"确有助益，但对学生掌握更多理论流派的哲学内容、提升学生的哲学思辨能力方面却着力不足。此外，与儿童相关的课程（如"儿童文学""儿童心理学""儿童历史学""儿童经济学""儿童社会学""儿童研究的方法与伦理"等）也存在涉及面过窄且不系统的情况，导致教师普遍缺乏关于儿童的多学科视野及知识。凡此种种，都在说明对儿童哲学教师所进行的系统培育不是一朝一夕所能实现的，再加上教师本身的工作性质，使得他们更难以挤出大量时间到某个地点进行长时间的集中培育。所以，可能的解决策略便是培育机构或专家开展"哲学家驻园（或驻校）"项目，结合幼儿园或学校的实际情况，灵活安排培育时间、内容及方式，进行1—2学期及至更长时间的在岗培育。在中国，儿童哲学在不同区域内的发展程度参差不齐，有些地区只有个位数的学校在探索，全国（甚至部分地区的）资源共享机制及平台尚未形成，这就更需要培育机构或专家提

供"私人订制"式的定点服务，才可能至少在局部培养出一批合格的儿童哲学
教师队伍。

但另一个问题是，目前国内精通儿童哲学理论与实践的专家或机构相对较
少，想要整合这些重要资源，使其共同用力于师资培育，则光是采用线下的培
育是远远不够的，这只能满足部分地区的实际需要，而在多数情况下，仍需要
借助于"互联网＋"的多种工具，充分发挥互联网在儿童哲学专家及知识资源配
置中的优化与集成作用，才能使更多的学校、幼儿园及其教师受惠，因此哲学
家的进驻完全可以是线上和线下相结合的。杭州师范大学儿童哲学研究中心是
最早将国内外儿童哲学专家资源进行整合的机构，也是目前国内唯一的一家儿
童哲学专业研究机构，早在 2016—2017 年时就致力于通过沪江网的线上平台，
开展从理论基础到实践操作的儿童哲学师资培育，并通过与线下的实际教学观
摩和研讨相结合，培育了一批高质量的儿童哲学教师队伍。目前中心还借助微
信、QQ、千聊、有赞、摩尔妈妈、浙江省高等学校在线开放课程等网络平台及
APP，开展更多类型的线上培育工作。

从国际范围来看，哲学家驻园（驻校）项目也普遍为儿童哲学地区组织及
跨国组织所采用，只不过周期并不一定这么长，聚焦点可能偏于教学技巧方面，
但他们也发展出一些有意义的值得借鉴的方式。例如 IAPC 就曾推行持续一学期
的师资培育活动，教师和导师每周会面一次，每次两小时，主要围绕某本 IAPC
教材进行成人探究团体的练习；同时，导师每学期有 4—6 次机会直接进入教
师所在教室，其中两次是导师的示范教学，其余则是观察教师的儿童哲学试教
过程。① 加拿大蒙特尔大学儿童哲学研究团队在 20 世纪 90 年代也曾积极推
行过校本培育项目，他们要求导师在第一年内做好两项事情：一是以亲身示范
的方式向全体教师介绍什么是儿童哲学，如何教儿童哲学，持续时间为一个
月；二是以教师追踪者的身份进入学校现场，主持校内会议，讨论探究团体及
儿童哲学其他事宜，并做好课堂教学的观察记录。在接下来几年，他们会要求
教师继续做好课堂教学的观察记录，并在每年 4—8 次的跟踪导师见面会或每月
一次的大学——学校全体员工大会上就教学问题进行深度讨论。与此同时，导
师团队还会安排全魁北克的儿童哲学教师在蒙特尔大学开展为期一天的研讨

---

① Ann Gazzard. Do You Need to Know Philosophy to Teach Philosophy to Children?
A Comparison of Two Approaches［J］. Analytic Teaching and Philosophical Praxis，
2012，33（1）：45—46.

活动。①

依据国外儿童哲学机构及笔者进行师资培育的经验，为使儿童哲学教师形成尽可能完整的知识结构体系，建议进行园本或校本培育时把握以下三大要点：

（1）教学法知识，这是教师最为关心也是最先开始培育的知识。目前儿童哲学的教学方法和技巧部分，国外已经形成了相对成熟的体系，国内有些幼儿园或学校即完全采用国外的体系（如英国 SAPERE）来进行师资培育；而国内在方法的实践与研究方面还略显薄弱，整个策略体系仍在形成过程中，但已经开发的策略也能帮助教师较快地了解儿童哲学的教学形态。对于这部分知识的学习，宜采用理论与实践相结合、以实践为主的方式进行，为此，培育机构可首先进行理论策略的背景讲解，而后给教师进行探索团体的示范，并以"课例研究"的方式，依托骨干教师，建立起儿童哲学精品教学案例；之后形成以培育导师、校 / 园长和骨干教师为核心的导师团，对其他教师进行课堂教学的跟踪指导，并定期举行交流会议。

（2）学科内容知识，可作为重点突破的基本点。儿童哲学教学方法的培育可以相对迅速地实现，特别是在那些已经熟悉探究式教学的学校或幼儿园，更难以及更基础的部分却是哲学学科内容这个部分。从实践的情况来看，如果教师未积聚必要的哲学学科内容知识，则他们在教学时即便了解大概的引导技巧，也无法带领孩子进入更高层次的思想殿堂，因为他们不能根据学生对话的实际情形来做出有针对性的引导，以使对话从闲聊发展至哲学思辨的高度。

基于园本或校本培训的长期性，建议培育导师可同步开设"逻辑学初步""西方哲学史导论""中国哲学史导论"以及伦理学、社会政治哲学、认识论、形而上学等分支哲学课程。逻辑学可以就形式逻辑和非形式逻辑的一些基本原理、规则，配合案例和练习进行讲解；而哲学史部分则可以《苏菲的世界》和冯友兰《中国哲学史》作为通俗读本，引导教师进行简要的历史回眸；主要哲学分支的导论，则须根据学校教师的兴趣及所教科目的内容等，围绕其中一些重要问题，拣选历史上及当代哲学家的解答思路，以揭示哲学探究的复杂性，开辟教师的思维空间。每次课具体讲哪些内容，如何统筹安排这些课程的讲述方式及频率，则可根据学校或幼儿园的日程安排灵活调度，但要注意培育的系

---

① Michael Schleifer，Pierre Lebuis，Anita Caron and Marie-France Daniel. Philosophy for Children Teachers as Collaborative Researchers［J］. Analytic Teaching and Philosophical Praxis，1996，16（1）：22.

统性和梯度性。这三大类课程，笔者都曾在幼儿园或学校试行过，从当时的情况来看，教师们还是普遍欢迎这些课程的，但对逻辑学和哲学史的接受度更大，最后一类课程则须结合成人探索团体或课堂教学才能有更深刻的体会及理解。为使学校教师能最大限度地接受哲学的"洗礼"，建议培育机构或个人灵活运用"互联网＋"的策略，将大部分培育内容移至社交网络空间或 APP 平台上进行。

（3）关于儿童的知识，可在全园或全校范围内推广"教师即儿童研究者""教学即精彩观念的诞生"等理念，鼓励教师抓住各种可能的教育瞬间，运用多种研究方法，对感兴趣或表现突出的学生进行长期研究，积累并描述他们的"哲学学习故事"，并相互分享研究心得，也可将此作为评价儿童发展的重要素材。同时，可联合家长，搜集、分享并比较儿童的哲学观念，以便获得对儿童哲学世界更加深入的理解。而课程知识和教育背景知识，是需要在培育最开始时着重介绍的，这有助于教师了解儿童哲学在本国推行的必要性与意义，建立对儿童哲学的认同感，也有助于他们树立起开发儿童哲学课程的信心。这部分知识须配合各地区课程开发的培育课程及实践案例进行深入学习。

（二）加强与国内外哲学系所及儿童哲学组织的紧密合作，倡导跨界融合

李普曼坚持认为培训师本人必须是资深的哲学家，至少应当获得博士级别的哲学学位，如此才能确保教师对哲学观念有足够的欣赏与认同度，减少各种思想灌输的可能性，并建立尊重和容忍多元观点的氛围。尽管这种观点未免过于理想，在那些学院派哲学家不愿意或较少介入儿童哲学的国度很难实现，但许多国家或地区在开发儿童哲学课程及开展师资培育方面，的确与本地的哲学系所有密切的合作，甚至在很大程度上就是由哲学专家直接推动的。例如在挪威，奥斯陆大学哲学研究所的同仁奥肖特和切杰德瑞普联合创立了"儿童和青少年哲学家"组织（Children and Youth Philosophers，简称 CYP），并策划了一系列儿童哲学师资培育活动。巴西的儿童哲学项目也主要是由布宜诺斯艾利斯大学哲学系教授（后任里约热内卢州立大学儿童研究系教育哲学教授）可汗和安娜·温施等人所推动的，并在 1997 年时设立"学校里的哲学计划"（Philosophy in Schools Project，简称 PSP），开展各种不同的师资培育活动。纽约州教育局与圣约瑟学院合作，请该学院的哲学专家为小学教育师范生们开设 30 个学分的哲学课程，包括西方哲学史及以某个主题为核心的其他哲学课程。

在我国，最早引入儿童哲学以及对此领域最感兴趣的人大都不是哲学系出身的学者，而是来自教育系统内，因此我国儿童哲学的研究成果也主要出自教育领域。由教育者或教育学者推动儿童哲学，有其得天独厚的优势与必然性，因为相对来说他们更加关注儿童、教育变革及质量提升，但也会出现聚焦点集中在方法维度而忽略其内容维度的情况。国内的哲学系所或学院，较少将儿童哲学视为一门新兴的哲学分支学科来加以研究，因此过去很长一段时间内几乎看不到"正统"哲学专家在这方面的系统论述，更不用说参与师资培育项目了。而在近期，来自浙江大学、厦门大学、复旦大学、华东师范大学以及四川大学等高等院校的哲学机构或专家，已经陆续关注儿童哲学，不仅积极参加儿童哲学的会议，建立与学校的哲学教育合作项目，甚至组织暑期学校进行系统的师资培育。这说明，与大学哲学机构的合作已经从一种可能变成现实。因此在未来，教育和哲学两大系统的研究者应进一步加强合作，共同开设适合于职前和在职教育的哲学课程乃至哲学学位项目，培育更多具有较高哲学素养的教师；如有可能，则直接从哲学系毕业生中引进师资（杭州、上海部分中小学已经开始引进这方面的专业师资），以显著提升儿童哲学课程的实施质量。另外，儿童文学、儿童艺术（如美术、音乐和戏剧等）、儿童心理学界等也有部分专家及有识之士关注儿童哲学，未来也应考虑跟这些学科领域的专家进行合作，以更好地推动儿童哲学的多元化发展，特别是可以使教师更有效地利用不同刺激物来引导哲学对话。

与此同时，许多国家或地区在推广儿童哲学时都重视跨地区乃至跨国界的合作，因此有条件开设更多类型的培育课程或活动，扩展教师的知识范围，夯实他们的知识基础。如巴西的 PSP 在 1998 年时曾邀请来自西班牙巴塞罗那大学的拉洛萨（Jorge Larrosa）教授，开设一门叫作"阅读体验中的自由与友谊"的课程；2001 年又设立了儿童哲学研究生课程，其任课教师中有多名来自巴西以外国家的知名教授。澳大利亚、新西兰和新加坡则共同成立了儿童哲学区域性组织（FAPSA），并合作开发了许多师资培育项目，如在两年一届的学校哲学会议中举办专场工作坊；创办了《批判及创造思维》杂志（*Critical & Creative Thinking*），及时出版哲学探究在学校层级的理论研究、实践报告、资源评论、课堂教学的建议或意见等文章，成为教师培育的重要方式；开设不同层级的儿童哲学教师专业证书课程等。

在我国，早在 20 世纪 90 年代中期最早引入儿童哲学之时，河南焦作地区就曾与美国夏威夷大学合作，共同研讨儿童哲学的落地与实践；早期的南站小学和六一小学也都曾积极参与乃至举办儿童哲学的国际会议。但在中间的十多年时间里，这样的国际交流一直都非常匮乏，从而影响了儿童哲学自身的发展。

如今，尽管杭州师范大学、东北师范大学教育学部及附属小学、上海协和教育集团等积极谋求与国外儿童哲学专家及国际组织的合作，甚至定期接受外方专家的培训，但是从总体来看，我国境内探索儿童哲学的幼儿园、小学及高校，还没有与国际儿童哲学网络连成一体，国外儿童哲学组织所积累的宝贵经验、有用资源（特别是专业书籍及教师指导手册）等，大都还未引入国内，这就增加了本土研发儿童哲学资源及教学策略的难度。所以在目前的情势下，积极开拓国际合作与交流的渠道，借助参与和举办儿童哲学国际会议、世界哲学大会以及美国教育研究协会年会等契机，与国外专家建立起更紧密的联系，甚至直接走出国门去参观国外的儿童哲学机构及建立正式的合作关系，是我国儿童哲学发展的当务之急。

（三）发挥儿童哲学研究机构及联盟的作用，开发多层级、理论与实践相结合的师资培育体系

世界上大多数国家和地区都成立有专门的儿童哲学组织，为感兴趣的学校或幼儿园提供各级各类培育服务，且这些服务大都具有系统性和全面性的特点，甚至可以为相关教师发学位或职业资格证书。尽管各个组织在开展培育活动时，对儿童哲学教师该掌握哪些知识会有不同的界定，但因为这些组织常常依托本地大学的研究系所，较能聚集起一批有着不同专业背景（哲学、教育学、心理学、文学等）却志同道合的专家，且占据着多种类型的课程资源，所以最有实力开发出有助儿童哲学教师形成完整知识结构体系的培育课程。在这个方面，美国的儿童哲学促进协会（IAPC）无疑为我们提供了最好的榜样。

IAPC为教师提供了三种类型的学位或证书类课程：一是"儿童哲学研究性证书"课程，教师须参加总计225小时的培训，所修习的科目包括批判思考、个人及社会发展、科学推理、数学和语言艺术、价值教育、哲学教学的理论与实践智慧等；二是教育学硕士课程（儿童哲学方向），所设科目包括教儿童学会思考、价值探究、教育中的实用主义、社会探究、批判思考共同体与自我、哲学推理教学、儿童哲学的基础等；三是教育学博士课程（儿童哲学方向），包括必修核心科目（民主与教育，走进知识，教学的艺术与科学，组织性变迁、政策与领导）、必修专业科目（哲学、儿童哲学与教育体验，当代社会政治哲学与儿童哲学，当今美国哲学与儿童哲学，心灵哲学、认知科学与儿童哲学，叙事型伦理探究）和选修科目（教室探究共同体，美国学校中的种族主义，儿童哲学在逻辑中的角色，哲学、宗教与儿童哲学，童年解释学，语言哲学与儿童哲学，形体哲学，儿童哲学与古希腊哲学，儿童哲学专题选，女性主义与儿童哲学，全球公民教育等）。这三大类课程主要致力于培养教师掌握哲学学科内容知识、一般教学法知识、儿童哲学学科教学法知识、关于学习者的知识、教育情境知识和教育哲学知识，特别是在哲学学科内容知识方面，所涉及的哲学分支领域尤为广泛，既贴近时代，又兼顾历史。

在我国，华北和华东地区已经成立了指向教学的儿童哲学校际联盟，但全国性的儿童哲学研究联盟、儿童哲学专业指导委员会等仍未建立，这对于全国儿童哲学师资力量的形成与壮大是不利的。杭州师范大学教育学院则率先在区域内成立了第一家儿童哲学研究中心，集合国内外儿童哲学理论与实践方面的专家，开发面向家长、教师、园长、校长的思考拉儿童哲学种子教师、领航教师和荣誉教师资格证书类课程，目前已连续举办多届活动，不仅面向浙江省及长三角区域，且向全国其他区域辐射，已能初步满足部分教师和社会人士开展儿童哲学教育的专业需求。在未来，其他区域的儿童哲学研究组织及儿童哲学校际联盟也将陆续成立，彼此深度合作，进而加速推动官方或民间成立全国性的儿童哲学研究与实践联盟。在此基础上，开发出更多层级、更加系统的师资培训课程，并逐步从证书类课程上升为学位类课程，以使教师具备更加丰裕、广泛的理论与实践知识，最终确保儿童哲学课程的质量始终保持在较高的水准。

第二节　教师即哲学家：理据、内涵与路径 *

在我国，教师教育之课程体系一直以学科专业课程及技术类、实践类课程为主，而教育哲学迄今未被明确纳入其间，在许多师范高校的培养方案中也常不见踪影，足见社会各界普遍视哲学为教师职业生涯以外之物。虽自20世纪初以来，我国学者已屡屡提及做哲学对教师之重要性，近来更兴起儿童哲学，从而对教师的哲学素养提出了更高的要求，但哲学家和教师仍被广泛视为两种不同身份者（哲学家是纯理论研究者，而教师则是实务工作者）。然而，正如辛普森（Douglas Simpson）、杰克逊（Michael Jackson）等所指出的，此种原型区分从根本上割裂了理论与实践的密切关系，且对于教师来说，哲学化

---

* 本节内容原载于《全球教育展望》2010 年第 39 卷第 7 期，为笔者和徐竞共同撰写并授权，此处有部分调整和修改。

（philosophizing）本身不可避免，唯一的问题乃是以开放审慎还是盲目独断的方式探究哲学。① 据此，本节拟提出"教师即哲学家"这一命题，从哲学与教育两个维度论证其合理性，揭示其深刻内涵，并提供可供实践运作的路径，以与儿童哲学和教育界的同仁切磋交流。

一、学理依据：教师与哲学家之姻缘

（一）哲学的变革

否认"教师即哲学家"者，存在对哲学家之原型的错误定位，这种定位又是基于对哲学的传统理解所致。传统哲学预设有绝对之真理存在，做哲学即不断趋近此客观真理，并建立普遍的哲学理论体系，因而素有"大写哲学"（big philosophy）的称谓，故历来只能是少数人的事业；而当代哲学则认为真理只是人们在对话过程中的相互满意②，主张脱离"宏大叙事"的幻象，转而主动关怀人自身的自由与福祉，全力解决人类生活中之具体问题，因此是每一个理智健全之人所竭力当为的事务。传统哲学认定哲学是一种高度抽象，旨在建立一套符合形式逻辑之规则，主要由一系列复杂的概念、语词、述句、原理等构成的理论体系，其拒斥具体问题，只关心那些具普遍意义的问题，故在中国素有"形而上学"之称，并一直以晦涩艰深之行文表达思想，难为教师所理解；而当代哲学则主张恢复古希腊哲学的原初形态，以文学化的语言表述，因而构建出诸如思考故事（thinking story）、IAPC 儿童哲学教材等叙事性的哲学文本，以供师生及亲子在任意场合进行哲学探索。

同时，作为哲学基础的逻辑自 20 世纪 60 年代始便兴起更加贴近人类日常生活、惯于使用日常语言的非形式逻辑，从而为教师增强哲学素养提供了适宜的舞台。由此可见，哲学绝非悬在空中楼阁之物，哲学家的头衔并不为少数职业哲学家所垄断，而可赐予每一位力图摆脱苏格拉底之讥讽（即"未经反省的生活是不值得过的"）的个体，做哲学（do philosophy）可谓每一个有理性的人消除加诸己身之不成熟状态而走向启蒙的必备条件。此外，周国平将哲学视为个人对人生的思考③；徐宗林亦认为"哲学的真正含义，就是应用思考的一种历

---

① Douglas J. Simpson，Michael J. B. Jackson. The Teacher as Philosopher：A Primer in Philosophy of Education［M］. Taylor & Francis，1984：1—7.

② 王鹤岩，李学丽. 罗蒂的后哲学文化观述评［J］. 教学与研究，2008（12）：80.

③ 周国平. 我们不需要哲学了吗［N］. 人民日报，2005-8-9.

程……将哲学视为哲学的思考（philosophizing），掌握了哲学的真谛"①；儿童哲学的先行者们如李普曼、马修斯、夏普等业已用大量实例表明即便是年幼的儿童亦常做哲学思考，这些皆可表明每个人其实均在生活中有意无意地进行哲学探索，仅有的差别只是程度上的强弱而已。

（二）教育哲学的转向

以上只是在哲学的整体框架下谈，而对教师来说，她／他首先是一名教育哲学家。由于教育哲学常被视为哲学在教育领域之应用，故个人对哲学的观念如何直接决定了其对教育哲学的定性。尽管我国学界对哲学的转型已确认无疑，并已在教育领域大力推动儿童哲学运动，但对教育哲学本身的界定仍大致依循传统哲学的逻辑，如崔相录认为教育哲学是一门以教育中基本的总括性问题为研究对象的学科②；王坤庆认为教育哲学是运用一般哲学原理去探讨教育的基本问题，或者将教育的基本问题上升到哲学高度而进行分析的一门学问等③，因而众学者往往单纯强调做哲学对教师之必要，却矢口否认或不提"教师即哲学家"。可见，在教育领域，哲学家旧有的刻板印象仍顽固地屹立其间。国外学者则不然，他们大都对该命题持肯定态度，且主要围绕分析哲学展开。

自20世纪中叶以来，哲学界发生了"语言学转向"，分析哲学异军突起，在该派看来，教育中的大多数问题，"不过是我们对很多重要概念的误解和混乱以及造成问题的错误方法所带来的结果"④，因此哲学家应利用分析的方法对教育理论中习以为常的概念、命题、口号等进行逻辑分析，对教育中似是而非、含糊不清的语言进行澄清，使教育观点和思想之表述建立在科学、清晰、准确的基础上。在此，教育哲学更多地被视为一种方法而非学问／学科，可以供任何教育工作者所掌握，不管教师是否意识到，他们本身即在教育生活中从事着这样的活动，只是未曾精熟而已。进一步来说，因任何教育语言均具有情境性，其必与特定的教育实践相连，只有依循实在的教育生活，才有望真正揭示教育概念的内涵及教育问题的真正所指，同时分析的目的不在达成理论的顺畅周延，而在更好地指导实践，故作为对教育语言之使用最频繁，且具有深刻实践关怀的教师，比诸一般理论工作者，更易将自己打造为"称职"的哲学家。

---

① 徐宗林.教育哲学探微［J］.国教世纪，1978，14（1）：3.

② 崔相录.二十世纪西方教育哲学［M］.哈尔滨：黑龙江教育出版社，1990：2.

③ 王坤庆.教育哲学新编［M］.武汉：华中师范大学出版社，2006：46.

④ （尼日利亚）杰·阿·阿基比鲁.教育哲学导论［M］.董占顺，王旭，译.北京：春秋出版社，1989：144.

二、作为哲学家的教师：三位一体

教师虽实质为一哲学家，哲学探究亦是其教育生活之必然部分，但他们中大多数尚未意识到此点，其观念总体上仍是零散、模糊、未经理性充分验证，因而存在诸多互不一致甚至矛盾之处，所以还只是一种弱哲学家（weak philosopher）。言"教师即哲学家"即在鼓励教师主动自觉地做哲学，将自己塑造成一强哲学家（strong philosopher）。然而，教师作为强哲学家与视哲学为学问的职业哲学家又不可混淆，其任务乃在批判且创造性地思考教育问题，理智地分析教育概念，综合相关信息，并做出有价值的决断，或提供充足理由以支持或反对学校 / 地区 / 国家之教育政策，从而成为健全的能思者（homo sapiens）[1]；它秉持草根（grass-root）化的路线，追求教师的平民化哲学思想和平民化自我人格，关注教师如何认识并完善自我、追求自由与解放的人生之路。[2]

美国教育哲学家康奈乐（George F.Kneller）曾指出，哲学之思一般可分为三种类型，即分析的（analytic）哲学、规范的（nomortive）哲学和思辨的（speculative）哲学，认为此三种形式彼此可互补，并共同蕴含于哲学探究之中[3]；弗兰克纳（William K.Frankena）亦将教育哲学区分为思辨教育哲学、分析教育哲学和规范教育哲学[4]；辛普森和杰克逊也提出教育工作者可有分析的、规范的及综合的（synoptic）哲学家三种身份，以综合为难度最高，此处的综合，即视事务为全体或同时关注一切，强调收集不同来源之数据以便获取对教育问题的全面理解[5]，与康奈乐、弗兰克纳之思辨（突出秩序与全体性）有异曲同工之妙。据此，本书以为教师意义上的哲学家，实质是三位一体者，分别扮演了分析、规范和综合三重角色，兹详述如下：

1. 教师即分析哲学家。教育作为一关乎全民的社会事业，历来是各种不同

---

① Douglas J. Simpson，Michael J. B. Jackson. The Teacher as Philosopher：A Primer in Philosophy of Education［M］. Taylor & Francis，1984：12.

② 唐松林. 从哲学家的哲学到我的哲学：教师哲学内涵理解［J］. 湖南师范大学教育科学学报，2008，7（5）：6—7.

③ （美）康奈乐. 教育哲学［M］. 陈臣，译. 高雄：复文图书出版社，1981：1—3.

④ 石中英. 20 世纪英国教育哲学的回顾和前瞻［J］. 比较教育研究，2001（11）：1.

⑤ Douglas J. Simpson，Michael J. B. Jackson. The Teacher as Philosopher：A Primer in Philosophy of Education［M］. Taylor & Francis，1984：130.

社群议论的场域，因而充斥着五花八门的教育口号、理念及方案，同时教育上诸多问题又在很大程度上来源于众人对同一教育基本概念或命题的争议，尤以教育、教学、学习、课程、知识、学校等为典型。身处如此复杂之境，教师极易迷失方向或陷入困顿，故须充分了解此番概念及相关命题的种种含义，鉴别教育争议的性质，深入分析各方持不同见解的内在原因，考辨各见解之有理无理之处，才可化被动为主动。此种分析并不需要教师掌握渊博的教育哲学史知识，但须教师能在遵循基本的形式逻辑规则（同一律、矛盾律、排中律、充足理由律等），避免触犯常见谬误（如个整不分、望文生义、循环论证等）的基础上，从论点本身的合理性而非论点提出者本人出发，利用各种可搜集的素材与资源，审慎地进行教育推断。分析的另一层含义，正如玛克辛·格林（Maxine Green）所言，旨在发挥哲学增强自我意识及唤起好奇心等的价值，教师须围绕与己相关之意义问题做哲学，以澄清这些问题背后之假设，形成自己的观点，并使自己对职业本身更富觉醒意识，更好地构建生活世界；同时唤起对教育事件及经验之被解释的好奇心，建立起专业发展之连贯性和整体性。①

2. 教师即规范哲学家。教育本身与价值规范休戚相关：一则教育实践及对教育的反思与教师个人的价值观密不可分；二则学校开设有特定的价值课程如德育、公民教育等；三则教育本身的意识形态特性无时无刻不在将儿童塑造为某种预设的有价值之人，因此教师须基于对教育概念的分析，做一规范哲学家，深化诸如教育应当为何、应培育儿童何种品性、如何以及由谁来培育、应当采取何种形式等规范性问题。一是采用价值澄清之法，探明诸种教育价值观之内涵及背后的合理规定性，清楚地陈述自己的价值观并与他人的价值观相比较；二是考察规范的原则，即以何种教育价值观为优先的问题，明确选择的标准和情境性；三是探究价值的本质及内在属性（如主客性、普遍与特殊性、必然与偶然性等）。

3. 教师即综合哲学家。教师之教育哲学观的建立有赖于形式哲学（以形而上学及认识论为核心，还包括其他应用哲学如心灵哲学、社会政治哲学等）的配合，故教师须在哲学的整体图景中考察教育诸问题，才可获得通盘彻底的理解，此点也正为国外众多学者所确认。如形而上学的问题（以"人从何处来，往何处去""世界从何而来"等为代表）是每一个人之为人所必然思虑的问题，

---

① Greene, M. Teacher as Stranger: Educational Philosophy for the Modern Age [M]. Wadsworth Pub. Co., 1973: 10—11.

它往往无法从事实上加以回答，却最有助于教师进行持续不断、不厌其烦的反省；而认识论的探究旨在引导教师对知识做根本性的思考，如知识的本质、知识的类型、知识的来源、知识与信念之关系、知识的确证等，均可协助教师对教育的目的与意义、学科教学内容的选择、学生学业成就考核等有更深刻之认识。由于其要求教师基于分析和规范的努力，充分整合来自教育内外及不同学科专家之意见，以便整体考核诸观念之内在联系与区隔，形成清晰、全面的思想网络，故难度最大，须在日常生活中逐步积累并实践。

三、构建探究团体：教师做哲学的路径

参照儿童哲学的模式，教师做哲学可依托哲学探究团体（community of philosophical inquiry，亦可称"哲学教室"）而进行。探究团体以对话为核心要素，这种传统可追溯至雅斯贝尔斯所言的东西方轴心时代，即公元前 800 至前 200 年之间，当时东西方哲学皆以对话体的方式呈现，孔子和苏格拉底都是哲学对话的杰出代表。[①] 此种哲学对话有三个基本特点：对话各方的地位皆均等，互相尊重；以获得更清晰合理之认识（但并非是真理）为基准，为此需要各方批判性地审视彼此的观点，勇于纠正谬误，拥有宽容之心，敢于接纳他人之指正；话题起源于生活，对话的过程是以日常语言展开，最终的目的乃是过上一种"经过省察的生活"。虽然通过静默沉思及阅读，教师亦可获得哲学之精进，但正如维果茨基、李普曼等学者所指出的，语言一旦产生之后，思维即按照语言所设定的路线行进，对话可以有效地促进个体思维之发展；且共同体本身可对探究造成有利的鹰架（scaffolding）支持，在频繁的思维碰撞中方能擦出绚烂的火花。因此，笔者以为，构建探究团体是教师做哲学的极好途径。

对于探究团体的构建，笔者以为，可从以下几项基本点着手：

1. 主持人。其任务乃在于确定本次对话的主题，激发、维持并推动对话的进展，及时提供反馈并最后总结。遵循苏格拉底对话的模式，此主持人最好是具有较高哲学素养的学校领导、学科专家或课程学者，也可以是一线教师。因对话过程中面临较多的不确定性，故主持人的素质至关重要。

2. 对话规则。对话不同于辩论，辩论是以获取言辞上的胜利为目的，而对话乃在于达成共识，不具有竞争的特性；对话也不同于谈话（conversation），谈

---

① （德）卡尔·雅斯贝尔斯.历史的起源与目标 [M].魏楚雄，俞新天，译.北京：华夏出版社，1989：7—8.

话围绕生活琐事展开，而对话乃由哲学困惑而起，因此建立适当的规则，以保证哲学教室内所进行的乃是对话，确乎是必要的。这种规则，可以包括以下三条：一是各方须在对话过程中加强思维的训练，特别是要养成提出充足理由的习惯，力图做到以理服人；二是各方须保持相当程度的尊重和宽容，勿以他人提出幼稚或批评意见而不愿直面；三是须始终维持一种倾听、谦逊的"气象"，勿以争强好胜为念。以上规则皆只是软限制，但要真正做到却也不易。

3. 主题。主题既可以在教育哲学范围内，也可以在一般哲学系统下。主题的产生可以有两种方式：一是主持人提前选定；二是根据对话开启前的民主咨议过程选出。要注意的是，某些主题的探讨未必在一两次活动中就能获得明确的解答，故须在可能的情况下反复研讨。对话最须避免的是，在对某主题不充分反思的情况下就匆忙跳过，造成浅尝辄止的景象，因主题的数量远不及质量本身重要。

4. 教师个人故事的介入。探究团体内的对话并非是就概念论概念的纯思辨运动，而是借由对主题的深入理解，造成对教师生活的直接影响，为此须鼓励教师主动带入自己的生活故事。故事本身就是一种例证，不仅便于教师参与其中，也可使教师意识到哲学与自身生活是紧密相连的。

总之，本文通过对哲学本身及教育哲学之转型的回顾，论证了教师即哲学家的内在根据，指出教师作为哲学家的内涵及三位一体的特性，并建议采用团体探究的模式为教师提升哲学素养创造条件，从而深化了关于教师做哲学的研究。然而，此处只是理论上之建构，有待实证研究加以检验；同时，做哲学对一线教师究竟能产生怎样的影响，教师如何在实践中有效地开展哲学思考，教师作为哲学家与教师作为研究者有何联系与区别等问题，也仍有待后续研究做进一步探索。

第三节　教师教育中的哲学 *

哲学家如何为学校教师的培育做出贡献呢？面向职前教师的教育哲学或社

---

* 本节内容授权选自列奥纳德·沃克斯教授所撰写的英文论文"Philosophy in Teacher Education"，原文篇幅较长，此处只用了开头和结尾最相关的部分段落并做了翻译。此翻译由笔者和谢悦共同完成。

会基础课程能够为实现这一目标做出重大贡献吗？如果不能，那么哲学家在教师教育中还有哪些作用呢？为了从这些问题入手，我首先构建了一个关于教师教育及其目标的操作性概念，这也是接下来主要探讨的内容。以下我将指出哲学探究能发挥作用的几个方面并在最后部分直接转向这些问题。

一、教学与教师教育的目的

（一）作为实践训练的教师教育

学校教学是在复杂的、制度化的环境中进行的实践工作，它塑造、限制并赋予行动以意义。虽然教师是在各自独立的教室里工作，但他们同时也在实践共同体（一群拥有相同技能或职业的人）内采取行动，并学会有效行动。一个教师既工作于当地学校或学区的实践共同体中，也工作于拥有专业协会、会议和出版物的更大型学校教师共同体内。通过在实践共同体中分享信息和经验，教师可以互相学习实践知识，从而实现个人和专业的双重发展。①

教师教育本身就是一个实践共同体，拥有自己的地方、国家和全球性组织、专业期刊和（有争议的）标准。教师教育共同体与学校教师共同体之间存在显著的角色重叠；教师教育中的许多角色（如督导教师、兼职教授）就是学校教师。在许多教师教育项目中，具有学校教师的经验是获得教席的先决条件，尽管这一要求对从事教育研究的教师而言有所放宽。

教师教育与医学、法律教育一样，是一种专业培训。而"专业"一词作为一种隐喻承载了相当的分量。②我在使用这个词时，仅仅是指学校教学是有组织的，就像医学和法律一样，由政府机构在正规教育、指导实践和证书考试的基础上颁发资格证书。

"培训"一词引发了人们对将学校教学简化为机械性规则的深层担忧。"教师教育"这个当代词汇反映了人们呼吁将学校教师看作是高于技术工人的职业，因为他们需要高度专业化的学术知识，而不仅仅是接受"培训"。1960年以后，"教师教育"一词成为人们关注的焦点，而当时学校教师的职前培养工作基本是由大学所主导的。彼时的领导者呼吁建立一个新的"知识库"，以应用于作为大学学科的教育学，并提供与教师资格证相关的正规课程。但正如布尔（Deborah

---

① Jean Lave and Etienne Wenger. Situated Learning：Legitimate Peripheral Participation
［M］. Cambridge：Cambridge University Press，1991.

② B. Maxwell. "Teacher as Professional" as Metaphor：What it Highlights and What it
Hides［J］. Journal of Philosophy of Education，2015，49（1）：86—106.

Ball）和福兹尼（Francesca Forzini）所言，无论其专业地位如何：

　　不同学科领域的学者，从历史学家到数学家，在提及他们在"训练"中发展起来的技能、思维习惯、提问和回答问题的方式时，没有人会对"医疗式培训"望而却步，也没有人会对此眨眼睛犹疑。这种"系统的指导和锻炼"，不是把领域中的实践还原到无须动脑的例行之事，而是遵从于专业实践的高技能本质的。①

　　教师教育的主要目的就是发展这些技能与思维习惯——使师范生在进入课堂成为正式教师之前能做好准备，提高实践效能。其他目的可能也会有，比如使教师准备好成为社会变革的主体②或转化型公共知识分子③，但是所有上述目的都是以成功入职为前提，无论师范生还是学校领导都会首先关注这一点。

（二）新手教师与专家型教师

　　与教师教育有关的文献对新手教师与专家型教师的区别做了非常频繁的论述。新手教师是"新入伍者"，他们仍处在学习基本方法的阶段。相比有经验的教师，他们更加低效，但也会在开始的几年时间里快速成长。一个最新的综述性研究指出，在教师的职业生涯中，教学经验会对学生学业成就产生显著影响，尽管在头五年时间里这种影响就达到了最高点，但即便在数十年之后，后续的经验依然会继续提升教学的效能。在更有经验的教师教导之下，学生于标准考试测验中的成绩更佳，也更有可能在其他方面（如出勤率）有更优秀的表现。特别是在支持性的、同伴合作的工作环境之中，这种影响最大。④

---

① Deborah Loewenberg Ball and Francesca M. Forzani.The Work of Teaching and the Challenge for Teacher Education［J］. Journal of Teacher Education，2009，60（5）：497—511.

② Michael G. Fullan.Why Teachers Must Become Change Agents［J］. Educational Leadership，1993，50（6）.

③ Henry Giroux. Teachers as Transformative Intellectuals［J］. Social Education，1985，49（5）：376—379.

④ T. Kini & A.Podolsky. Does Teaching Experience Increase Teacher Effectiveness？A Review of the Research. Palo Alto：Learning Policy Institute，2016，https://learningpolicyinstitute.org/our-work/publications-resources/does-teaching-experience-increase-teacher-effectiveness-review-research.

最初的教师教育指向新手教师的效能；只有在教师实践共同体范围内取得多年的实践经验，才能发展出专业能力。专家通过经验所获得的能力到底是什么呢？早期关于新手教师和专家型教师的研究调查了围棋选手的思维。它指出，专业棋手会观察棋盘上的棋局并做出解释，并以有序的方式移动棋子。对游戏持续多年的观察和研究会让专业棋手保持对棋局模式的敏感性，并熟知不同走法所产生的效果。[①] 对这些关于新手和专业选手的比较研究也迅速延伸至许多别的领域如教育学。对教学的分析指出，专家型教师就如同专业棋手一样，也依赖于观察及解释的技巧——观察课堂学习模式并使之更有意义。

对有效课堂管理及教学而言，观察和理解课堂学习事件的意义是至关重要的……更有效的教师，相比于那些效能不足的同事而言，能解释课堂学习事件的意义，并根据自己的理解采取更有生产力的行动以稳定秩序，并帮助学生学好课程。[②]

专家型教师拥有许多默会知识，这些知识源自长期的观察和反思，并逐步转化为一种习惯。他们会对未曾料到的情境做出直觉的回应——并不需要过多深入的思考。用唐纳德·舍恩（Donald Schon）的话来说，专家型教师在开展"行动中的反思"之时推动情势向前发展。[③] 相对而言，新手教师更多地依赖于外显知识及规则——这些知识和规则是在他们职前学习和监督实习期间所习得的，会让他们缺乏灵活性，并更容易失败。

（三）从职前教师到新手教师

教师教育项目的目标不止于掌握技能，好的项目能帮助教师从职前成功地过渡到新手的行列，它能改进职前教师的实践效能，使他们在进入职业领域之后就能满足教学的基本需要，而不是屈从于失败并进而离开岗位。通过整合正

① A. D. de Groot. Thought and Choice in Chess [M]. The Hague: Mouton Publishers, 1965.

② T. Kini & A.Podolsky. Does Teaching Experience Increase Teacher Effectiveness? A Review of the Research. Palo Alto: Learning Policy Institute, 2016, https://learningpolicyinstitute.org/our-work/publications-resources/does-teaching-experience-increase-teacher- effectiveness-review-research.

③ Donald Schon.The Reflective Practitioner. How Professionals Think in Action [M]. New York: Basic Books, 1983.

规学习、观察和监督实习，这些教师教育项目能有效支持过渡，从而使职前教师能掌握与实践操作相关的教学技能，比如让他们学习不同类型的问题、等待时间、探究教学、合作学习、独立项目等内容。他们基于经验法则（往往是由研究支持的）将上述理念运用于课堂教学之中。他们学会如何使用上述词汇来描述和评判他们所观察到的教育现象以及如何充分利用外显的知识构想和规则。这些语言会成为他们可以悬挂的"钩"来推进后面的经验及反思，其出发点就在于在岗的体验性学习。

……

二、哲学家对教师效能的贡献

（一）哲学家与哲学

现在是该转向哲学家及其贡献的时候了。这里所说的哲学家，是指那些受过哲学或教育哲学研究训练的专业哲学家。这种训练提供了哲学史的广博知识以及哲学思维的技能——包括建构和批判概念、观点的技能。从这个意义上说，哲学家具有高度专业化的知识，且其中多数人熟悉逻辑、伦理学、认识论、社会哲学和美学等分支领域的知识。教育中的哲学问题跨越所有这些子领域，所以掌握这些子领域对于教育学院的哲学家成为优秀的通才来说尤为重要，无论他们所专注的专业领域是什么。

（二）教育哲学课程

教育哲学职前课程对新手教师的教学效能难以产生直接影响。他们不是基于这个原因而被放入教师教育项目体系中的。1960 年以后，当教师教育被高等院校所主导时，教育哲学才被引入。领导者要求为大学的教育学位建立适当的学术知识基础。来自"母体"学术科目的学者——他们对一线学校几乎没有经验或无任何兴趣——被招募进教育学院，以确保新的知识基础符合当代学术的标准。

从一开始，有些教师教育者就质疑这些课程存在的价值。一位备受尊敬的评论家在 1970 年的一篇文章中这样写道：

（我）对学生"无意识的误解和错误的解释、大量不合格的概括、重复呈现未经消化的缺乏活力的想法、草率和未经批判地使用语言等"行为感到沮丧……每一个理解彼得斯、皮亚杰、伯恩斯坦或布卢姆等名家的学生，势必会记得他们用下划线画着的名字下面 10 条甚至是 20 条笔记，但却完全没有将这些专家的理念记到心里。①

　　职前教师对学科研究的要点缺乏关注，这或许是由于这些要点与职前教师所关心之事几无交集。正如某位职前教师在1970年的一次采访中所说的：

　　不，我对历史从来不感兴趣，甚至在学校读书的时候也不感兴趣。哲学？我几乎不知道那是什么东西。我知道承认这一点是一件可怕的事……但我就是不明白……我没有任何兴趣……好吧，我只是坐在那里听心理学讲座，那些知识点不断地从我脑海里闪过。我根本不知道别人在说什么……没有任何兴趣。（Crook，2010，p. 66）

　　说实话，我们每个课程中都有这样的学生，当我们阅读他们的学期论文和试卷时，我们都会愁眉不展。如果哲学家们想要帮助教师提高教学效能，他们需要找到比传统的学术课程更好的工具，因为这些传统课程充满了需要阅读和消化的哲学文本。哲学家们需要设计新的干预方案——尤其是在监督实习期间——既要了解新手教师所关注的，又要了解他们从职前教师转变为有效新手教师的过程。

（三）哲学干预的"挂钩"

　　这些（哲学）干预措施可以挂在什么钩子上呢？让我们复习一下我们已经学过的功课。职前教师基于他们先前的教育经历，带来了自己支持的教学理论以及正在应用过程中的教学理论。他们所拥护的理论往往倾向于进步的、以学习者为中心的，而正在使用的理论则更加传统。职前教师的学习理念是建立在他们自己的学习经历基础上的；他们对将要遇到的真正学习者所知甚少，常常对学生的表现感到沮丧。

　　职前教师和新手教师必须学会如何组织课堂环境、活动和课程，了解如何进行流畅的理智交流——以维持学习秩序为前提。他们的最初尝试往往是无效的。他们通过反思、对话和研究，与惯习的行为模式保持距离，然后"基于自己的理解"尝试新的行为，最终实现自我生长。

　　哲学提供了无穷无尽的资源。反思、对话思维和从研究中获得实际应用的

---

① D.Crook. Educational Studies and Teacher Education［J］. British Journal of Educational Studies，2002，50（1）: 65.

知识，这一切不是自然而然的——它们是不同的实践，各自有着自己的规范。它们都必须从外部习得，而有谁能比哲学家更合适呢？教育结构化会运用设计思维和实践美学。反思和对话思维建基于非形式逻辑、审辩式思维以及对伦理和社会哲学的批判性反思。认识论和科学哲学、数学、文学和历史——都与知识学科中有效推理的模式密切相关，并直接推动个体对学校学科进行自觉的、逻辑清晰的推理。哲学文献中塞满了相关的研究性文章和书籍，尽管这些文章和书籍可能不会以一种容易被新手教师消化和接受的形式出现。

哲学干预在监督实习期间影响最大，尤其是当初任教师将注意力从生存转向实际问题的时候——当他们的问题从"我如何让我的学生去咖啡馆"转向"何时以及如何开展以学习者为中心的活动"或者"我怎样才能更清楚地解释这个或那个概念"。但将哲学干预置于实践阶段，并不能确保它们必是有用的。为了促进实践，这些干预措施必须帮助新手教师通过对那些与他们所在学校和课堂情境相关的事件进行反思、对话和研究，使自己远离惯习——那些他们正在课堂中应用的理论。当职前教师认识到其中的自我，并从"基于他们自己的理解中"获得实践经验时，哲学文本才会发挥重要的作用。

三、两种哲学干预方案

我的论点指向两种哲学干预方案：一种是以儿童哲学为模式的"教师哲学"实践；另一种则是作为教师教育"压顶石"的个体教学哲学陈述。

（一）教师哲学

所谓"教师哲学"，指的是专门针对教师所关心的问题而设计的哲学实践形态。据我所知，第一次明确提出"教师哲学"实践的文献是加西亚-帕迪拉（Garcia-Padilla）在哈佛大学的博士论文［此论文是由以色列·谢夫勒（Israel Scheffler）所指导］。她指出，做与教育相关的哲学，就是对概念、信仰和假设提出质疑和问题，以此开拓出思和行的新可能性。在她看来，这是一种消融理论与实践鸿沟的哲学活动。

教师哲学最近又被欧查德（Janet Orchard）、何博朗（Ruth Heilbronn）和温斯坦利（Carrie Winstanley）等人所写的论文所发展，他们的研究为阐述教师哲学提供了一个新的起点。①他们的灵感来自2011年与"研究伦理与伦理审议中

---

① Janet Orchard，Ruth Heilbronn & Carrie Winstanley. Philosophy for Teachers（P4T）: Developing New Teachers' Applied Ethical Decision-making［J］. Ethics and Education，2016，11（1）：42—54.

心"（CREED）联合举办的工作坊，这次工作坊旨在解决如何培训教师形成伦理思维的问题。① 在那次工作坊中，他们以角色扮演的经验作为讨论的起点，但当结果不像预期那样出现时，他们就针对教师所关心的问题进行接续讨论。在2013 年由英国教育哲学协会（PESGB）在查尼庄园（牛津郡一个乡村贵格会静修中心）为职前教师和新任教师举办的驻地研讨会上，他们借鉴了儿童哲学（P4C）的某些元素来进行对话教学。这些元素包括以刺激物开启讨论，让与会者提出各种问题，并选择一个或多个问题进行深度检视，在一位训练有素的领导者引导下建立一个包容和民主的"探究团体"。

教师哲学工作坊的目的是创造空间和时间，让教师从学校的繁忙事务中抽身出来进行批判性反思；创建一个共同分享的"实践团体"，公开谈论隐秘的问题；发展独立思考的意识以及处理伦理上复杂、具有潜在挑战性的课堂情境；解决初任教师在处理学生问题行为时通常会遇到的议题；训练对话教学和对话学习的方法来发展其专业素养。

教师哲学工作坊的参与者报告说，在他们的职前课程中，探究和审议的经验非常少，因为相应的时间总是非常有限。教师哲学能使他们有机会分享各自工作上所关心的议题，这些议题总是聚焦在那些消耗太多时间的任务上。作者们说："我们花了很多时间来建立联系，阐明意义，深入探讨他们所提出的问题。他们讨论价值观，分享彼此的洞察和思想，形成新的视角、不同的方向和更深度的理解。"② 请注意我们是如何将最初的技术性问题（"我们如何能够在这么短的时间内完成这么多事情"）转化为实践性问题（"所有这些耗时的要求都有意义吗"）和伦理性问题（"当要求不合理时，我们是否应该直接说'不'"）的。

作者们补充道：

对哲学理论的持续思考使我们的工作坊有别于那些校本儿童哲学活动。这

---

① B. Maxwell & M. Schwimmer.Professional Ethics Education for Future Teachers：A Narrative Review of the Scholarly Writings［J］. Journal of Moral Education，2016，45（3）：354—371.

② Janet Orchard，Ruth Heilbronn & Carrie Winstanley. Philosophy for Teachers（P4T）：Developing New Teachers' Applied Ethical Decision-making［J］. Ethics and Education，2016，11（1）：49.

一点得到了参与每一场工作坊的政治和道德哲学家、教育哲学家们的证实，他们以哲学的方式参与讨论，探索、澄清和帮助参与者发展已经争论过的观点或立场。①

　　这些作者所推荐的教师哲学实践似与加西亚–帕迪拉所提议的实践有异曲同工之妙。然而作者们指出，教师哲学驻地工作坊的一个缺点是成本太高，需要大量外部资金。但是为什么教师哲学必须依赖于驻地工作坊或特别资助呢？教师哲学不太可能成为一种持续性的实践，除非它被纳入常规的教师教育项目之中，正如儿童哲学现在已被纳入很多中小学一样。在监督实习期间，每周一次的教师哲学研讨会可能比任何一门职前教育哲学课程都更能有助于提升教师效能。毫无疑问，在教师教育中为教师哲学提供行政和官僚支持将是一项非常艰巨的任务。但想想儿童哲学创始人在 20 世纪 70 年代所面临的困境吧！当时为幼儿开设哲学课程的想法几乎让所有人都觉得荒谬。

　　但是我的担心在于作者们过于狭隘地关注伦理问题。对于新手教师而言，技术的、实践的问题可能更加紧迫和重要。哲学可以从许多分支领域中汲取资源，如美学、逻辑学、认识论等。作者们是基于对伦理思维的兴趣开始对教师哲学的探索之路的，而我非常确信他们会乐于接受我的友好建议，即将教师哲学不限定于伦理学。

　　我的另一个担忧在于他们的教师哲学工作坊缺乏从理论到实践的显性过渡。教师们从工作坊中获得了新的、经过澄清的观念，也"发展了经过论证的立场"，但是教师哲学工作坊并没有为参与者们提供机会让他们实践"基于自身理解"的新行为。尽管这种形式的教师哲学指向新手教师所迫切关注的问题——相对于标准的教育哲学课程而言是有显著优势的——但它的目的并非是用另类的理论来代替那些正在使用的理论，以更好地解决上述问题。为了让教师哲学更有效，哲学家或许需要与其他哲学家、教师教育者、指导教师紧密团结起来，为教师们尝试新的理念提供支持和反馈。

　　最后，现有的发表于学术期刊的哲学文献，对新手教师而言可能未必合适或有用。我们需要一种新的哲学文献，与那些儿童哲学的特定出版物并行不悖。

---

① Janet Orchard，Ruth Heilbronn & Carrie Winstanley. Philosophy for Teachers（P4T）: Developing New Teachers' Applied Ethical Decision-making［J］. Ethics and Education，2016，11（1）: 51.

（二）个体哲学陈述

学校通常需要新职位的应聘者提交关于"个体教学哲学"的陈述。随后，为了获得终身教席或晋升，教师有义务修订他们的哲学陈述。如大学的申请论文一样，个体哲学陈述也是非常重要的！然而，职前教师很少能理解如何去准备这些陈述。他们的职前培训课程中没有一门课程能帮助他们做好这方面的准备工作。他们经常从自己的简历中拼凑一些内容并把它们包装成微不足道的小事。哲学家深知"个体教学哲学"这个概念，了解撰写关于教学的哲学论文是教师教育项目的新毕业生们能做的最后一件事。

但是重思个体教学哲学陈述是有意义的。玛丽·鲍恩（Mary Bowne）提出了一个有用的定义：

教学哲学是一篇叙述性论文，主要反映个体关于教与学的信念及价值观，通常包括个体践行那些信念的具体实例。它尤其关注个体如何教育他人的"教育者"身份。这种哲学建基于个体对经验的反思，由此形成个体关于教与学的核心信念。①

鲍恩定义中的关键词是教师"践行"信念的"具体实例"和"基于个体对经验的反思"的价值观。新手职前教师没有任何教学经验。他们只能通过自己在实习期间的观察来形成"正在使用的理论"，但是还未能真正"践行"它。他们没有这样的"具体实例"。他们没法对任何事情进行反思——正如汤姆·罗素（Tom Russell）所强调的。他们可以准备"个体哲学陈述"：建基于他们所支持的理论，但是对"正在使用的理论"或潜在的惯习视而不见。处于这个阶段的个体教学哲学陈述可能是有说服力的，但是不能就他们"将要如何教"这个议题提供一丁点儿的证据。

但是在监督实习期行将结束之时，情形就会截然不同（特别是在开展教师哲学的活动之后）。处于这个阶段的新手职前教师已经拥有了许多实践经验：没有按预定计划实施的具体实例，产生无效回应的具体实例，自我反思的具体实例，以及从对话和研究（包括哲学研究）中所获取的教训（无论多么难用都会带入实践之中）。将这些经验收集起来形成一本笔记本或日记本，就能提供撰写

---

① Mary Bowne. Developing a Teaching Philosophy [J]. Journal of Effective Teaching, v.17（3）: 59.

哲学论文的足够素材，并构成教师哲学课程的"压顶石"。

在以这样的方式实践的过程中，我们或可将个体教学哲学陈述纳入儿童哲学研讨课程之中。

1. 告知每位职前教师在课程结束之时，都需要撰写一份呈给未来雇主的哲学陈述，以作为最后的课程作业。

2. 要求每位职前教师在开始的时候就准备一份写好的教学哲学陈述，表明自己在组织、教学、管理和评价学生四大方面的信念及价值观，教师需要以回答调查问卷的方式或以"我相信"的方式进行陈述。[①] 在监督教学期间，可以定期查阅和修改这些陈述。这些陈述可以在实习期创造"观念冲突"以推动个体生长。

3. 在教师哲学的每周活动之中，新手教师都会讨论他们所关注的议题，"探寻、澄清和发展有争论的立场"，形成新的观点并进行尝试。教师哲学的指导者可通过让教师阅读部分精选的哲学文献或其他精心准备的材料来强化讨论。教师哲学可以从行动研究中获得有益的启发，将这些"尝试"放置于小型的实验之中，以搜集信息并做出推断。如今，行动研究已被广泛应用于教师教育项目之中而不仅仅作为一门分离的课程。[②] 因此，我们也可以发展出新形式的哲学行动研究。

4. 新手教师在"基于自身的理解进行尝试"时，也会在反思札记中做好记录。每周的教师哲学研讨活动可以先讨论前一周反思札记中所记录的内容，而后再讨论本周大家所关注的议题。

5. 在教师哲学课程行将结束之时，职前教师需要以叙述性论文的方式撰写一份教学哲学陈述。他们需要充分利用反思性记录、与指导教师的对话、教师哲学以及需要阅读的哲学文本中的具体经验。基于这些论文，他们准备了两页或三页的"执行性概要"（executive summaries）作为专业用途，还为最后的海报展示环节（可以是向大众开放的，有些学校领导者也会借此招募新的教师）

---

① Nancy G. Caukin and Thomas M.Brinthaupt. Using a Teaching Philosophy Statement as a Professional Development Tool for Teacher Candidates［J］. International Journal for the Scholarship of Teaching and Learning，2017，11（2）：1—8.

② M.Vaughan & G. Burnaford. Action Research in Graduate Teacher Education：A Review of the Literature 2000—2015［J］. Educational Action Research，2016，24（2）：280—299.

准备了海报。^① 通过撰写文章并发表于教学杂志上以及举办专业发展工作坊，可以有效提升教师的专业素养。

在教师培训阶段，我们很难想象一种比"让新手教师通过全面的陈述来积累经验"更好的方式了。在他们面对学校领导者的时候，他们手上还能有什么比教学哲学陈述更好的材料呢？显然只有这些材料才能让领导者看到他们可以为学校及教师实践团体带来什么。

---

① Nancy G. Caukin and Thomas M.Brinthaupt. Using a Teaching Philosophy Statement as a Professional Development Tool for Teacher Candidates［J］. International Journal for the Scholarship of Teaching and Learning，2017，11（2）: 1—8.

附　录

附录一　基于动画片的大班儿童哲学教学实例 *

一、动画片介绍

《小猪佩奇》(又名《粉红猪小妹》《粉红猪》,英文名为 *Peppa Pig*),是由英国人阿斯特利·贝加·戴维斯(Astley Baker Davis)针对英国学前儿童创作的一部动画片,之后逐渐发展成为国内外最受孩子们欢迎的系列动画片之一。故事主要以佩奇及其家人为中心,展示了一个又一个幽默有趣的场景,借此宣扬传统家庭观念与友情,鼓励小朋友们体验生活的方方面面。《小猪佩奇》每集长度约 5 分钟,故事围绕一只名叫佩奇的女孩小猪以及她的家庭和朋友展开。主人公佩奇是一只可爱的小猪,她已经四岁了,与她的妈妈、爸爸和弟弟乔治生活在一起。佩奇最喜欢做的事情是玩游戏,把自己打扮得漂漂亮亮的,度假,在泥坑里快乐地跳上跳下,与小羊苏西(她最好的朋友)、乔治(她的弟弟)一起玩儿,拜访她的姥姥(猪妈妈的妈妈)、姥爷(猪妈妈的爸爸)、伯父、伯母。目前《小猪佩奇》在国内已经播出了七季,第一季和第二季各有 52 集,此后每季基本在 26—27 集,七季总计有 235 集。每一集都有相对固定的主题,生活味较浓,其中不乏可用于儿童哲学讨论的主题,如友谊(《最好的朋友》)、上学(《乔治第一天上幼儿园》)、时间(《时间胶囊》)、环保(《快乐环保》)、秘密(《秘密俱乐部》),等等。

二、实施片段剪录及课堂讨论

---

* 此案例来自笔者指导的硕士研究生范灏洁所撰写的硕士学位论文《以动画片为载体的大班儿童哲学实践研究》,选入本书时略有修改和补充。

第三季 第47集 欢迎来坐猪爷爷的船

25″:小猪佩奇和乔治的爷爷奶奶带着他们坐船，船一发动猪爷爷就说："我现在是船长，如果船长爷爷让你们做什么事情的话，你们都得照做。"但猪奶奶觉得这样不妥，悄悄地说："万一船长爷爷做出了不太明智的事呢？"爷爷很自信地说："船长爷爷当然不会做不明智的事。"

师生之间的对话实录：

师：船长爷爷会做不明智的事情吗？如果船长爷爷做了不明智的事，我们要不要听呢？

琦琦：船长爷爷也会做不对的事，人总有犯错误的时候。

亮亮：就算船长爷爷做了错误的决定，也要听的。要不然的话，大家就会吵起来。

美美：不对不对，错了也要听吗？那万一大家都掉海里了，怎么办？

亮亮：船长不会让其他人掉海里的，不然怎么当船长呀！

灏灏：我觉得船长爷爷要和大家商量，这样就不会错了。就像上次我当班长的时候一样，我和大家商量，大家都同意了，就不会错了。（孩子们有了当班长的经验）

孙：对，不管是谁都要商量的。

倪：只要大家商量过做的决定，就不会不明智了。

佳佳：就算当了船长，也要听大家的意见，这样就不会错了。

师：那如果大家的意见也是不对的，该怎么办呢？

美美：一个人可能会不对，大家的意见肯定是对的，不会不对的。

倪：就是就是。

……

这一小段的讨论后，孩子们似乎达成了共识，其实这就是一个"权威"的概念，孩子们迁移了自己当班长的经验，辩证地看待"权威"，认为权威并不一定是对的，只有集合了大家的力量才会更加强大。在讨论的过程中孩子们只是涉及了权威的人，比如船长、班长等，其实权威的东西还有很多，如书本、法律等。孩子们还认为权威的人并不是至高无上、不可挑战的，而是有可能会犯错的。孩子们这些精彩的观念让教师频频感到惊讶。

2'11"：后来，他们碰到了狗爷爷，发生了一些口角，猪爷爷和狗爷爷要比赛，猪奶奶说："猪爷爷，你们两个怎么表现得和孩子一样呢？"

师生之间的对话实录：

师：大人和小孩一样吗？为什么？

玲玲：大人就是大人，小孩就是小孩，肯定不一样。

孙：小孩长大了就是大人，可是大人就变不成小孩了。

倪：我觉得有时候大人也会和小孩一样，但是小孩就不会跟大人一样。

师：大人什么时候会像小孩一样呢？

倪：大人不懂事的时候，妈妈经常说爸爸跟小孩一样。

佳佳：猪爷爷跟狗爷爷吵架就是小孩，只有小孩才会吵架。

亮亮：大人也吵架，上次我听见我们楼下有人吵架，还打架咧，后来都送医院了。

可可：大人赚钱给我们用，小孩就不行了。

妙妙：我上次在嘟嘟城里也赚了好多钱，我还换了很多东西给爸爸妈妈。

琦琦：我的姐姐有时候跟大人一样照顾我，但是她也是小孩。（小孩也可以变成大人呢）

……

对于大人和小孩的话题，孩子们讨论得非常激烈，看得出孩子们很喜欢这个话题。在孩子们的眼里，大人和小孩没有明显的界限，大人可以有小孩的时候，而小孩也可以和大人一样。在孩子们的心目中，大人是琢磨不透的，有时候非常好，有时候又非常严厉；有时候说话，前半句还好好的，后半句就生气了，翻脸比翻书还快。关于小孩和大人相互间的关系谁也理不清，小孩希望快点长大，可以不用再被大人烦，但大人又想回到小时候，无忧无虑地生活。而大人眼中的小孩，时而可爱，时而顽皮，时而麻烦，然而他们无邪、纯真的笑脸会让所有的父母感觉一切付出都是值得的。天真的孩子思考问题简单，不会像大人般全面，他们用那双好奇的眼睛看世界，并能从中发现神奇的地方。只不过，当小孩长成了大人，他们儿时所具有的活泼、天真也会随之变为稳重与成熟。大人虽然希望回到无忧无虑、充满乐趣的童年，忘却所有工作与生活上的不快，然而他们也知道时光是无法倒流的，便希冀自己的孩子在童年时期能够快乐成长。

2′45″：最后猪爷爷和狗爷爷还是决定要比赛，谁先到下座桥就算赢。狗爷爷说数到三就开始，但在猪爷爷说"一、二"的时候，狗爷爷就迫不及待地开始了。

师生之间的对话实录：

师：他们比赛的规则是什么？有人犯规吗？这样对吗？

小西瓜：规则是"一、二、三，开始"，但是狗爷爷犯规了，"三"没出来就开始了。

妙妙：犯规了就要取消玩的资格，比赛就不算了。

可可：对对，犯规就不算。

琦琦：犯规了就要暂停一次，我们玩区域活动都是这样。

孙：狗爷爷这样就是要赖了。

范：要赖就不能再参加比赛，要取消资格。

……

在这段对话中，孩子们的共识度更加明显，可见"规则"的理念已经扎根在孩子们的心中。幼儿园的规则，也就是我们老师口中常说的"常规"。在实际教学过程中，该用什么规则对幼儿进行约束，使其个性得以保持的同时，活动又能有序开展，这是每个幼儿老师都必须深入思考的。

"没有规矩不成方圆"，成人社会有的规则是约定俗成的社会道德规范，目的是保证社会的有序进行，而国家的法律法规以及公共场所的规章制度等，则为人民的生命财产安全提供了保障。所以说，生活在社会环境中的个人，必须遵守相关规则，以保障自己的合法利益不受侵害的同时，也不会对他人造成损害。一旦违背相关规则，就会引起周围人的反感与疏离，而得不到大家认可的人通常也不会感到快乐。因此，从小对幼儿的行为进行规范，不仅有助于他们和周围人建立良好的关系，还有助于他们赢得他人的信赖与尊重，这对他们今后的生活与发展都是极为重要的，所以有必要对幼儿进行规则意识培养。规则应成为开展一切活动（包括儿童哲学活动）的必备条件，但值得注意的是，不能让规则成为制约儿童主动性、积极性与创造性发展的"绊脚石"，所以在制定规则的过程中，需要儿童一起参与。

附录二　基于表演游戏的小学儿童哲学教学实例 *

一、课前准备

勇气或勇敢是一种重要的价值观，它表明一种积极的生活态度，会给人以力量，也会提升成功的概率。但是，"勇敢"究竟是什么意思呢？我们真的清楚它的内涵和外延吗？它和"害怕"是什么关系？如何区分两者？其实，"勇敢"可以通过多种方式进行定义，也可以通过多种情境和联结进行思考，而这些思考均有助于我们更好地了解自己的内心，了解人性本身，因此这个话题既可归属于心灵哲学，也可在道德哲学的领域内来谈论。

《恶龙与巨人》这个绘本讲述了青蛙和蟾蜍发生的一次探险经历。他们阅读了一本关于恶龙与巨人做斗争的故事，为了看看自己是否勇敢，青蛙和蟾蜍开始爬山。在他们的攀登的过程中遇到了许多危险：一条把他们视作午餐的蛇，

---

* 此案例来自笔者指导的硕士研究生侯佳敏所撰写的硕士论文《基于游戏的小学儿童哲学教学策略研究》，选入本书时略有修改和补充。

一只不想吃他们的鹰，以及一场威胁要使他们变得平坦的雪崩。当他们跑回蟾蜍的家时，一直说他们并不害怕。那么他们是勇敢的还是害怕的呢？会害怕意味着他们不勇敢吗？这个令人愉快的故事可以引发孩子们的种种思考。

教师预估本次讨论的话题及问题如下：

1. 勇敢的表现

当你勇敢的时候，你看上去是什么样子？

你有什么特别的表情吗？

你有什么特别的姿势吗？

有人会一直看起来很勇敢吗？

有人会有时候看起来很勇敢吗？

做一些可怕的事情才会看起来很勇敢吗？

青蛙和蟾蜍是怎样看出来他们勇敢的？

2. 勇敢的本质

做什么事情会让你看起来一点儿也不勇敢？

还有什么办法会让你看起来很勇敢？

做危险的事会让你看起来很勇敢吗？

如果有人逼你这么做呢？

如果你做的事情很危险，但是你并不知道，那你还勇敢吗？

3. 对勇敢的感知

蟾蜍是怎么知道他很勇敢的？

当你勇敢的时候，你怎么知道？

别人一定要告诉你"你很勇敢"，你才知道吗？

当你勇敢的时候，别人会跟你说什么？

有没有可能你认为自己很勇敢，但别人不这么认为呢？

别人认为你不勇敢，你就真的不勇敢吗？

4. 勇敢与害怕

青蛙和蟾蜍遇到蛇跑开了，他们还勇敢吗？

他们除了跑开还能做什么？

逃离危险算勇敢吗？

蟾蜍虽然吓得发抖，但还是勇敢的吗？

当面对危险的时候你很害怕，是不是代表你就不勇敢？

勇敢和害怕有没有可能同时发生？

5. **勇敢与时间**

躲在被子里或者壁橱里是不是代表不勇敢呢？

勇敢的人是天生的吗？

勇敢可以练习吗？

勇敢的人必须一直都很勇敢吗？

二、教学实施过程

（一）自选角色

本次表演游戏，教师鼓励孩子们自荐参与表演。孩子们积极性很高，在教师的协调下，主人公"蟾蜍"由小旭担任，辰辰担任"青蛙"角色，老鹰和巨蟒则由其余自愿学生共同参演。在强调了表演规则（边演边思考、鼓励创编、尊重他人）和观众规则（尊重表演、认真倾听、积极思考）后，教师留出 10 分钟给孩子们制作道具（头饰）和了解剧本。教师帮学生戴好头饰，并向学生确认各自角色后，表演开始。

（二）正式表演与团体探究

1. 肌肉不代表勇敢

亚里士多德认为勇敢的品质分为五类：其一为血气的勇敢，他称这种勇敢是勇气最自然的来源，却不算真正意义上的勇敢，因为血气的位置相对含混，它既可能上升服从理智，也可能下降被欲望征服。[1] 伴随着时代的演变，对勇敢的定义和理解也相应地发生变化，对血气之勇的崇拜逐渐让位于理性之勇，文明时代的勇敢强调基于主体判断做出正确的选择的能力和倾向，能够冷静地观察和判断多元的立场和观点，坚定地遵循个体的原则，能够站在新时代和新环境的视野下看待事物变化。正如黑格尔所讲，近代以来，时代精神发生了如此的巨变——"它放弃了那灵明的世界，现在直接观看它的当前世界、它的此岸……个人发挥其积极性于工商业方面；他本人就是自己的证实者和创造者。于是人们就来到了这样一个阶段，自己知道自己是自由的，并争取他们的自由得到承认，并且具有充分的力量为了自己的利益和目的而活动。"[2]

---

[1] 王江涛. 试论古典政治哲学中的勇敢美德 [J]. 海南大学学报（人文社会科学版），2014（1）：24—31.

[2] （德）黑格尔. 哲学史讲演录 [M]. 贺麟，王太庆，译. 北京：商务印书馆，1959：334.

小旭和辰辰两个人是无话不谈的好朋友，平日里上学和课间也总在一起玩耍，他们来担任蟾蜍和青蛙的角色具有很好的经验基础，故表演前的精神状态比较轻松。

小旭：……不知道我们俩勇敢不勇敢。

（小旭和辰辰走到道具镜子面前）

辰辰：我们俩看起来挺勇敢的嘛。

小旭：是啊，可是我们真的勇敢吗？

筱筱：勇敢怎么可以看出来呢？

均均：我妈妈就夸我很勇敢。

教师：妈妈为什么说你很勇敢呢？

均均：上次晚上家里没人，我一个人上床睡觉，妈妈就夸我很勇敢。

教师：看来是这件事让妈妈觉得你很勇敢，那勇敢的人会有什么特点吗？

林灵：看起来很厉害！

教师：那怎样才算厉害呢？

（林灵想要回答，可是不知道说什么才好，于是慢慢地坐下了）

小艺：我爸爸说有钱人很厉害。

（听到小艺的回答，孩子们忍不住笑出了声）

均均：有钱人不一定厉害，他们有的也长得很矮的，还没我厉害呢！

小艺：可是你赚钱没有人家厉害呀，而且长得高大、有肌肉不算厉害。

小成：有肌肉不算厉害，那你没有肌肉，你厉害吗？

教师：没有肌肉就不算厉害，那没有肌肉的人勇敢吗？

均均：老师，我有肌肉，我也很勇敢。

（这时大家都朝均均看去，一边笑着一边还发出小声的议论）

小娴：你有肌肉吗？我才不信呢，是肥肉吧，哈哈！

均均：不信你看！（说完他就挽起袖子，胳膊拼命用劲向大家展示他的"肌肉"，两三个孩子看到后甚至跑到均均面前捏了捏）

林灵：有肌肉只能说明你的力量很大，但是力量大的人不一定就是勇敢的人。

均均：大力水手的力气很大，他也很勇敢呀！

小娴：可是猪八戒的力量也很大，他不就是个胆小鬼吗？

（孩子们再次哄堂大笑起来）

教师：确实是这样，肌肉或者高大仅仅代表一个人的身体条件好，却不能说明他是勇敢的，比如小娴刚才说的猪八戒；而长得矮小也不一定就胆小，比如说小兵张嘎、小司马光。

孩子们听完后喜忧参半，均均皱起了眉头，帆帆却显得很开心的样子。

2. 冒险不等于勇敢

格拉斯·沃尔顿（Douglas N. Walton）继承亚里士多德的思想观点，使"勇敢"具有当代的价值与意义。美德伦理学认为，一个勇敢的行为是指行为主体，为了有价值、有意义的目的，通过克服困难、危险以及难对付的障碍等，理性思考并付诸行动。一个勇敢的行为必须具备三个要素：困难、危险的境遇或难对付的障碍，有价值、有意义的目的，理性的思考并付诸行动。[①] 即勇敢与善紧密相关，出于善意的行动通过个体的行为表现出来，这种行为会使群体或他人获益。

而冒险与勇敢的区别在于是否经过理智的判断，勇敢的人是经过深思熟虑、衡量各方利弊下做出的选择，这包括主体对情境、自身能力、行为结果等各方面要素进行综合判断以做出选择。缺乏理性思考的勇敢与蛮干、冒险和疯狂无甚差别。勇敢是一种美德，它具有实践性，我们需要认清其本质并传承和发展下去。

表演继续进行。辰辰很快投入角色并说道："我们来爬这座山试试，看我们到底勇敢不勇敢。"这时三个同学扮演的蛇群出现，他们一边学着蛇的样子爬行，一边还不时地发出"吱吱"的声音，由于时间有限，他们的配合度不太好，三个人本该同时说出的台词由于不够整齐也失去了气势，这引得大家嬉笑不已，淘气的小旭甚至还不时地动动趴在地上的"大蛇"。看到这个场景，我说："如果这真的是一条大蛇，你们说他们是勇敢的吗？"

筱筱：老师，他们不是勇敢，他们这不是找死吗，谁遇到蛇还敢上去弄它呀，那蛇不会咬死他吗？

小娴：就是，我记得妈妈跟我说姥姥家在农村，村子的田里就有大蛇，它们还会抓母鸡来吃，有一次蛇还咬了一个大人，那个大人马上就被送去医院了。

均均：那个人死了吗？

小娴：不知道，但我觉得被蛇咬一口肯定就没命了。

---

① 乔芳，丁道勇.何种勇气——小学德育教科书中勇气概念的错位［J］.上海教育科研，2013（10）：33—37.

辰辰：有的蛇没毒的，有人还养蛇当宠物呢！

教师：你看见过吗？

辰辰：我在电视上看过，那个蛇还在你的身上爬来爬去，而且还有人抱着它睡觉呢！

刚说完，孩子们的议论声不断，不时地发出感叹声，讨论的声音也越来越大。为了调控讨论进程，我及时进行了干预和引导，再次强调了讨论规则以便让表演继续进行下去。

3. 他们是胆小鬼

亚里士多德在《尼各马科伦理学》中指出勇敢是一种伦理德行，在古希腊时期，德行被认为是武士英勇善战的标志，因此德行与勇敢同义。随着希腊生活的安定，后来的德行也用来指城邦公民的优良品质和良好行为，包括智慧、勇敢、节制和正义等，这些美好的德行也应该是每一个雅典人都应该不断追求的。在阐述"勇敢"的定义时，亚里士多德特意将"勇敢"和"胆怯""鲁莽"做了区分，指出坏名声、贫穷、疾病、孤独和死亡等都会让人有恶的预感而胆怯，但勇敢则意味着不怕，而如果一个人信心过度，什么都不惧怕，则是鲁莽。勇敢的状态处于胆怯与鲁莽之间，行为的本意为正义，它捍卫社会（群体）或个人的利益，勇敢者表现为既能克服害怕又能避免鲁莽。勇敢处于鲁莽和胆怯之间，通过理性判断各方利弊得失做出自己的选择，但平衡点的把握需要依靠不同的情境、主体和客观条件来确定。动态的勇敢是人们用逻各斯（logos）来控制、调节自己的感情和行为，使之既无过度，也无不及。一个勇敢的人，以应该的方式，在应该的时间，怕他所应该怕的，坚持他应有的目的，把握有利时机，做勇敢的事情。①

为了表演蟾蜍和青蛙去爬山，辰辰和小旭爬到了课桌上并且不时地伴有喘息声，孩子们看到他们笨拙的样子开心地大笑起来。这时我示意一旁的孩子用教室里的瑜伽球来模仿击中蟾蜍的落石，可没想到孩子们用力过猛竟把刚刚爬到课桌上的小旭给砸了下来，一时间课堂的气氛顿时紧张起来，孩子们都跑到表演区域观察小旭的情况。我赶紧上去维持秩序，检查了小旭的状态，好在小旭并无受伤，将小旭扶起来后，我们把道具及时调整，把瑜伽球换为重量较轻

---

① 雷震.亚里士多德论勇敢［N］.中国社会科学报，2016-4-26.

的纸球，为了防止表演意外的发生，我对表演安全问题进行了强调。

安抚好学生的情绪后，表演继续进行。"山崩了！"蟾蜍（小旭）大叫道。辰辰和小旭灵活地躲开了四散而来的纸球，接着青蛙（辰辰）大喊一声："我不怕！"他刚说完，均均就站了出来说："不对，你应该一边发抖一边说，而且不应该说这么大声，因为他发抖的声音肯定是很小的呀！"辰辰回应道："可是他不害怕呀，他明明就是这么说的。"这时均均站了起来更加大声地说道："他肯定在说谎，他明明在发抖呀。"听到孩子们的意见分歧很大，我问道："青蛙究竟是害怕呢还是不害怕呢？"我刚说完，孩子们就炸开了锅，讨论的声音越来越大，在班级干部和我的约束下课堂才又恢复平静。

昊天：蟾蜍明明在发抖，他却说自己不害怕，这不是自欺欺人吗？他是个胆小鬼。

小娴：可是他明明说自己不害怕呀，难道动物也会撒谎？

均均：当然了，变色龙不就经常骗别的动物吗。

教师：那是不是呢？

昊天：肯定是呀，勇敢的人面对危险肯定不会害怕，就像孙悟空天不怕地不怕。

均均：他怕唐僧的紧箍咒呀！

教师：那孙悟空究竟是不是一个勇敢的人呢？

（"当然是啦！""肯定是的！"孩子们纷纷表示）

林灵：要是没有孙悟空，估计就取不到真经了，每次唐僧被抓走，孙悟空都是最先去救他的，他还有火眼金睛、筋斗云和金箍棒，他最厉害了。

小成：孙悟空天不怕地不怕，但是他怕唐僧的紧箍咒呀，唐僧比孙悟空还厉害。

教师：那是不是唐僧比孙悟空还要勇敢？

小成：唐僧也不太勇敢，因为他不会武功，总是需要孙悟空保护。

林灵：我觉得唐僧很勇敢，他不会武功还要去取经，而且一路上有那么多妖怪，他也没有放弃。

小艺：要是没有唐僧，其他人是取不到真经的。

林灵：嗯嗯，他面对妖怪也没有害怕，而且当他被救出来以后，他让孙悟空放了妖怪，他是一个很善良的人。

教师：当唐僧被抓住的时候，他肯定也是害怕的，但是面对生命危险他还要继续坚持，这种精神就叫"勇敢"，而胆小鬼面对危险会选择逃跑和放弃，老师不希望你们成为这样的人。

听了我的话，孩子们纷纷点头，小娴突然说："老师，那我们女孩子也可以比男子更勇敢，我们也可以比大人更勇敢，对吗？""当然。"我说道。"哈哈哈！"孩子们听后捧腹大笑，伴随着孩子们的欢笑声，表演游戏结束了。

三、教学反思和总结

在本轮讨论中，转化了很多概念和形式，比如"勇敢""冒险"和"胆怯"等，孩子们对"勇敢"的本质做了深入细致的讨论，他们对"勇敢"的认知体现出他们的直接经验，儿童开始关心什么样的行为是好的、是对的，而且关注到自由意志与客观存在的复杂关系，例如"勇敢"的表现可能并不"勇敢"，或者"勇敢"也是需要付出努力的。儿童逐渐认识到在他们的生活中确实存在某些不受自我控制的事件，同时也认识到有些事情是他们有能力施加影响的，尽管他们对"勇敢"概念还是一个相对粗略的理解，但是经过一段时间的努力定能充分认识"勇敢"的复杂含义。

教师再次回想讨论过程，当均均说"变色龙不就经常骗别的动物吗"时，教师强行扔出准备话题："表现出害怕的样子就不勇敢了吗？"孩子们当时是否真的对这个话题感兴趣呢？儿童的思维连贯性是否被教师强行打断了呢？当时教师意识到孩子在谈论"变色龙"的时候稍有跑题，就有意识地引回教师预设，如果顺由儿童的思维进行一次观点冒险会不会得出更有意义的结论呢？想到这里，教师不由得十分惋惜。反思时，教师意识到自身会不停地引导孩子朝着教师的思维路线行走，这样的教学惯习究竟是何种原因导致的？是出于教师的不安，还是对儿童的轻视？这种"顺理成章"的立足点究竟基于何处？教师想在未来教学中尝试摆脱这种心理暗示，然后更加诚恳地倾听孩子们的分享。

附录三　小学高年级儿童哲学教学实例：《先有鸡还是先有蛋》*

一、背景介绍

此案例描述的是笔者于 2007 年在澳门一家小学实施儿童哲学课程时的其中

---

* 此案例选自笔者就读澳门大学时的硕士论文《儿童哲学应用于小学高年级之行动研究》，选入本书时略有修改和补充。

一节课堂。笔者所采用的模式是预先选择话题及与此有关的问题，并按照从简单到复杂、从具体到抽象的逻辑顺序排列，以此逐步引导儿童走向哲学探究的高度，这能够在很大程度上确保课堂讨论的质量，避免为其他无关问题的争吵而空耗时间。其间，笔者用三种不同的素材即 IAPC 教材、《献给儿童的哲学启蒙书》及常见哲学问题开启哲学探究的旅程，而以下展示的个案乃是借由"先有鸡，还是先有蛋"这个极具争议性的哲学问题所引发的讨论，虽则如此，就基本的程序而言，三者是相似的（只不过前二者还有阅读故事的环节）。以下是详细的教学记录。

二、教学前奏

本次讨论是以单一问题进行直接教学的典型。"先有鸡，还是先有蛋"的答案一直引起人们的争议，可以从多个角度理解，而且正反双方各执一词，谁也不能说服谁，因此特别适合在儿童哲学的框架下，吸引同学们养成探究无固定答案之问题的习惯。教师事先制作了详细的幻灯片，就这个问题进行了深入的分析，并且摆出正反双方的论题，打算让同学们自己去评议其中的对与错。在没有故事的条件下，同学们可以把全部的心思集中到讨论中来，一堂课对话的空间就会比较大。教师相信，这个问题既可以往较深的古生物学以及逻辑学角度讲，也可以学生所能理解的方式进行朴素的分析。一定程度上，教师也把这次教学视为某种思维游戏活动。

三、哲学探究的过程

讨论过程分为四个部分：先是热身运动，让学生先行提出解决这个问题的方案，但不进行深入的分析；然后分别针对鸡是什么以及蛋是什么的考虑，厘清该问题的所指；最后再分别摆出两种回答的论据，进行较详细的探讨。笔者认为只有这样，学生们才能对该问题有比较清晰的认识。

（一）热身运动

教师把这个问题的两种解决方案摆出来，让同学们进行选择，并说明其理由。教师不打算针对同学们的意见进行深入的探究，只是想先试探一下他们对这个问题的可能看法。以下是教师与学生之间的对话片断：

T：为什么先有鸡？为什么先有蛋？
源：因为如果没有鸡，就不会生出蛋来。

伟：因为如果没有鸡，就不会有蛋。

苑：没有蛋，也会没有鸡嘛！

苑：那两个都是对的嘛！因为如果没有蛋，就没有鸡；如果没有鸡，就没有蛋。

T：那总有个先后啊。

源：应该是先有鸡吧。要有鸡才能孵蛋啊！

聪：那鸡又是从哪里来的？鸡怎么来的？

T：鸡是从天上掉下来的吗？

源：通过进化而来的。

源：像我们人类，也是从猿人进化而来的。

……

（聪发表了他对鸡蛋问题的看法，他认为是先有小鸡，然后再生蛋，生成第二只鸡）

……

源：两个一起出来。

由此对话可见，同学们的回答明显倾向于认定先有鸡，而后有蛋，其一般的理由就是蛋是由鸡生出来的，而鸡则是由其他生物进化而来，源在这里以人作为例子予以模拟。在对话的其余部分，同学们还提出了人是由恐龙进化而来的论断，此点为教师所未知；也提出现在的鸟类是由恐龙进化而来，而鸡就属于鸟这一类，以此补充对"先有鸡，而后有蛋"这一观点的论证。因此，同学们基本上是用进化论的观点来解读这个问题的，正如大多数成人的解读一样。苑表示两种回答其实都有道理。最后源也指出鸡和蛋可能是同时出现的。这证明部分同学已经逐渐摆脱了二元对立的模式，倾向于以更全面的视野重新审视这个貌似简单实则复杂的问题。

（二）鸡是什么

这个问题的形式是简单的，却掩盖了许多深层次的内容，因此有必要对问题本身中所指的鸡和蛋这两个关键词做出界定，同时也可以训练学生下定义的能力。

1. 澄清问题中的"鸡"

T：问题里的鸡是公鸡，还是母鸡？

（毅说是母鸡，源说两种都是，并解释问题并没有说明）

T：问题的确没有说明，但你们觉得它是母鸡还是公鸡？

（源补充道小鸡也可以，苑摇摇头说两个都是，毅很确定地说是小鸡）

T：那小鸡也有公、母的嘛。

（毅伸开手臂，说是大鸡）

T：他（源）说既不是公鸡，也不是母鸡，你们赞同他的看法吗？

（源说是半公半母）

T：没有这样的鸡。

T：能生蛋的鸡，当然是母鸡，公鸡不可能生蛋，对不对？

T：但是没有公鸡，哪里来的鸡蛋？

源：是啊，所以既不是公鸡，也不是母鸡啊。

T：所以这里的鸡其实既包括公鸡，也包括母鸡，对不对？也就是一般的鸡。

　　从这段对话中可知，对于问题中的鸡究竟指的是什么鸡，同学们有不同的看法。毅提出了三个答案：母鸡、小鸡和大鸡，显然只有母鸡比较具有合理性；源开始认为题目中未说明，但在教师的提示下认定它既不是公鸡，也不是母鸡，其实已经接近于教师所要谈的"一般鸡"；苑一早就指出了它既可以指公鸡，也可以指母鸡，正如教师自己所设计的答案。澄清问题的过程本身是很简单的，在短时间内就能实现，同学们也未有理解上的困难。

2. 一般的公鸡与一般的母鸡

　　进行这个部分的目的是要训练学生概括一般特征及寻找不同概念之间的精密区别，其实已经牵扯到为概念下定义的问题。教师先是让他们根据自己的理解判断分别得出公鸡和母鸡的特征，再试图引导他们寻找出公鸡和母鸡各自的独特特征，譬如形体、食物、功能等。然后教师再结合四组图片，帮助同学们反思刚才的归纳，并进一步形成对公鸡之所以为公鸡和母鸡之所以为母鸡的认识，最后再讨论公鸡和母鸡的共同特征，从而得出一般鸡的特征。以下是其中的一个对话片断：

T：一般的公鸡是什么？

（有同学说有鸡冠，珈则说很不干净）

T：那是不是所有的鸡都不爱干净？

（珈摇摇头，说不是）

T：那公鸡特别不爱干净吗？

（珈又说公鸡有嘴）

T：母鸡没有嘴吗？

珈：它不会生蛋。

源：公鸡不会孵蛋。

毅：公鸡有冠。

T：母鸡没有冠吗？

毅：对啊。

源：母鸡多毛。

T：你怎么知道的？

（源没有回答）

T：你们见过公鸡母鸡吗？

毅：是不是公鸡和母鸡都有鸡冠？

T：母鸡有没有冠？

（聪说没有。苑说她看到母鸡下面有个长长的东西）

T：公鸡是不是长得很胖？

聪：不是，是很瘦。公鸡很瘦。

毅：母鸡很肥，公鸡就很瘦。

T：为什么一定是母鸡肥？

毅：母鸡是要下蛋的。

T：下蛋就一定肥？

苑：那下蛋以后就瘦了嘛！

T：母鸡是不是天天都要下蛋呢？

毅：不是。

师生得出公鸡的特征是：有两条腿，有羽毛，不会下蛋，有翅膀，喜欢吃虫子，身材高大威猛，鸡冠比母鸡的大，有点会飞；母鸡的一般特征是：有两条腿，有羽毛，会下蛋，有翅膀，喜欢吃虫子，有点会飞；最后得出一般鸡的特征为：有两条腿，有羽毛，有翅膀，是由鸡蛋变来的，喜欢吃虫子，有鸡冠，有点会飞。这个讨论过程其实并不充分，有不少概括乃是建立在教师的意志上，不是集体讨论的结果，但是教师仍然觉得在这个问题上花费了超过预想的时间。

（三）蛋是什么

这个问题中还涉及蛋是什么的问题，不过有了前面鸡的铺垫，这个问题就比较好回答了，而教师侧重的乃是考查学生对蛋概念的恒常性或者同一性的认识，主要提出四种特殊情况：a.如果这个蛋臭了，还能不能叫鸡蛋；b.如果这个蛋被人类吃了，或者发生其他什么变故，而最终不能长成鸡，可不可以叫鸡蛋；c.如果这个蛋不是由鸡孵出来，而是由鸭、鹅等其他动物孵出来，是否仍可以叫鸡蛋；d.如果这个蛋不是由鸡生出来，而是由科学家在实验室里培养出来，还能不能被叫作鸡蛋。在这四个方面，大部分同学都不存在理解上的困难，认为无论怎么变，它仍旧是鸡蛋，证明他们基本掌握了概念的同一性原理。

（四）深入分析"先有鸡，还是先有蛋"

经过对何谓鸡与何谓蛋的讨论之后，我们又重新回到了主题上来。这个时候，教师再一次把正反双方的观点摆出来，同时详细列出了各个观点的理据，希望借此让同学们更加全面地考察正反观点，认识到它们的合理性以及存在的问题。

1. 先有鸡，后有蛋

首先，教师让同学们观察鸡和鸟在体型上有什么差别，同学们体察到的差别主要是双方的脚，认为鸟的脚比较细，而鸡的脚比较粗壮，不过似乎只有苑才意识到差异的原因，她认为是鸟类飞行的需要，可惜没有提到鸡脚粗壮的原因。另外，鸡和鸟的翅膀也有比较大的差别，同学们都没有观察到这一点，而教师竟也没有从旁指点。之后，教师让同学们根据该观点之理据，指出其可能存在的问题。以下是教师与学生之间的对话：

毅：一只鸡不可以生出一个蛋。

T：那怎么样才能生出一个蛋？

（毅说必须有两只。源说是一只公鸡，一只母鸡）

T：如果两只鸟同时变成鸡呢，有没有可能？

聪：有可能。

……

T：首先有公鸡，还是首先有母鸡？公鸡先，还是母鸡先？

珈：母鸡先。

源：两只都有。

（霖也认为先有母鸡，而伟和毅则都认为两只都是）

伟：因为有两只鸡，才能生出鸡蛋来。

珈：有母鸡就能生蛋。

源：那公鸡出来先，然后母鸡继续出来，生蛋也可以啊。

T：鸡有没有可能与鸟结合，然后生出一只鸡来？他刚才就说，先有第一只鸡，然后与鸟结合，生出第二只鸡来。不可能吗？

源：有可能。

T：那生出来的鸡还叫鸡吗？

T：既非鸡，也非鸟。

源：变种鸡。

教师提出的这个理据没有提出第一只鸡的性别问题，这一点同学们很快就察觉到了。然后教师引导学生讨论先有公鸡还是先有母鸡的有趣问题，其实如果有同学联想到人的话，或许更有意义。一开始同学们的意见分成两派：一派是认为母鸡先出来，另一派认为两只同时出来。前一派的理由是只有母鸡才能生蛋，但这只是一个必要条件，只有配备公鸡，才能产生生蛋的结果，这点为另外一些同学所察觉。源更提出，不管是谁先出来，都是可以生下鸡蛋的，实际上等于消解了该问题的合法性。之后教师又假设只有一只鸡产下蛋的情境，前提是必须与异性的鸟结合，但那样产下的蛋很难被称为鸡蛋，由这种蛋长出来的鸡也很难被称为是鸡，所以这种假设是不成立的。

2. 先有蛋，后有鸡

教师同样先展示了两幅图片：一幅是鸡蛋，一幅是鸟蛋，让同学们观察两者有何差别。然而除了在颜色及斑纹上可能有细微的差别外，两者实际颇为相似。因此，教师就很自然地提出了基因突变的说法，作为"先有蛋，后有鸡"的理据。不过细心的同学很快就发现了这个理据存在的问题："要有两颗怪蛋才行啊，最多弄出一只公的或母的。"的确，除非基因突变发生在不同性别的蛋身上，否则很难生出一个鸡蛋来。这里涉及一个逻辑上的问题，教师以人为例子加以说明，指出无论我们生出了怎样一个怪胎，那都只能叫作人，而不能被命名为其他生物，将此点运用到鸡蛋问题上，即由鸟生出的蛋，无论怎么突变，那都只能叫鸟蛋，而不能被命名为鸡蛋。所以在逻辑上，凭此推断"先有蛋，后有鸡"乃是不成立的（很显然，这里的蛋仅仅指的是鸡蛋，这在前面已经分析过了）。可是同学们没有明显的反应，可能他们无法理解这个比较抽象的逻辑解释。其实，教师还想跟同学们谈一谈宗教在这个问题上的看法，这明显会牵扯到人的起源问题，只可惜因时间的关系而被迫搁置。

四、教学总结和反思

本次活动突破儿童哲学的固定教材，直接以问题为导向，没有任何故事的陪伴，教学过程的推进基本上是由教师主导完成的，学生在此期间发言的机会并没有上次活动那样多。这个问题虽然具有较大的争议性，容易引发人们的讨论，但问题解决方法在以适合儿童的方式呈现出来的时候，却比较简单，很难提供比较多的探究机会，也很少需要同学们以自己的生活体验来解释说明，因此总体显得单调了些。日后如果再要使用此种体裁进行教学，必须选择那些让学生有更多发言机会、可以联系生活实际的主题。

利用"先有鸡，还是先有蛋"的命题启动哲学探究，并非为笔者首创，世界上许多国家和地区（包括中国台湾地区）都曾有实务工作者展开类似的探究活动。这个问题由于具有较大的争议性，因而尤能引起同学们的讨论，若是经营得好，则其复杂性会得到充分的体现，这是其积极的方面。但学生的思路往往在短时间内无法自动打开，所以这种讨论极可能在持续时间及深度上受到较大限制，为此教师必须设计较多相关的问题，或者分析问题本身，或者引入诸多不同的视野，或者进行逻辑培训等，以使学生对问题有更多更深更广的认识与理解，才能使讨论产生较深刻的影响力。本个案中，笔者就通过分析该命题本身，指出其中两个关键词的内涵所在，以更清晰地理解命题，而事实上，质疑句中的关键词汇，确定其准确的含义，正是培育批判思考力的关键环节。笔者也顺带训练学生从具体中概括出抽象的能力，以此确定究竟何谓"鸡"，何谓"蛋"。像"鸡"和"蛋"这样的词汇，虽然我们习以为常，但要对它们下精确的定义，或者确定其本质的内核，并非是容易之事。在此命题中，"鸡"与"鸟"，"鸡蛋"和"鸟蛋"就极易混淆，指出两者的区别对于进一步分析问题是相当必要的，而这种区别过程的困难，正揭示了鸡之来源于鸟的进化论观点。

"先有鸡，还是先有蛋"的命题蕴含着多种探究的可能性，教师若局限于命题本身的是非，讨论的丰富性必会受到折损，所以围绕此种命题的探究势必要求教师在事先有充分的准备，查阅尽可能多的数据，打开多种可能的思路，并以适宜的结构重组这些思路，循序推进。针对该命题，笔者所经营的共同体成员主要在鸡的性别上发生争论，没有在进化论框架（如物种演化、基因突变等）及宗教范围内引发更多的讨论，更没有机会把问题扩散到人类的层面，这是令人遗憾之处。细究其原因，即在于笔者花费了过多的时间以强调对"鸡"和"蛋"这两个关键词的定义，以至于在详细探讨原始命题时，因时间有限而无法充分展开。所以教师在经营哲学教室的过程中，应当有一个侧重点，将来若要再讨论此命题，则可在自己的教学中于进化论和其他方面做更多的探究。

参考文献

一、中文著作

［美］约翰·杜威.学校与社会·明日之学校［M］.赵祥麟，任钟印，吴志宏，译，北京：人民教育出版社，2004.

［美］马修·李普曼.教室里的哲学［M］.张爱琳，张爱维，译.太原：山西教育出版社，1997.

［美］加雷斯·马修斯.哲学与幼童［M］.陈国容，译.北京：三联书店，1989.

［美］加雷斯·马修斯.童年哲学［M］.王灵康，译.台北：毛毛虫儿童哲学基金会，2001.

［美］加雷斯·马修斯.与小孩对谈［M］.陈鸿鸣，译.台北：毛毛虫儿童哲学基金会，1998.

［美］高普尼克.宝宝也是哲学家［M］.杨彦捷，译.杭州：浙江人民出版社，2014.

［美］乔治·奈乐.教育哲学［M］.陈臣，译.高雄：复文图书出版社，1981.

［美］皮尔斯.皮尔斯文选［M］.涂纪亮，周兆平，译.北京：社会科学文献出版社，2006.

［美］詹姆斯.实用主义［M］.陈羽纶，孙瑞禾，译.北京：商务印书馆，1997.

［德］黑格尔.哲学史讲演录［M］.北京：商务印书馆，1959.

［德］黑格尔.美学（第一卷）［M］.朱光潜，译.北京：商务印书馆，1996.

［德］卡尔·雅斯贝尔斯.历史的起源与目标［M］.魏楚雄，俞新天，译.北京：华夏出版社，1989.

［德］卡尔·雅斯贝尔斯.大哲学家［M］.北京：社会科学文献出版社，2005.

［德］康德.纯粹理性批判［M］.邓晓芒，译.北京：人民出版社，2004.

［英］罗伯特·费舍尔.创造性对话——课堂里的思维交流［M］.刘亚敏，译.北京：社会科学文献出版社，2014.

［英］罗伯特·费舍尔.教儿童学会思考［M］.蒋立珠，译.北京：北京师范大学出版社，2007.

［德］里夏德·普雷希特.哲学家与儿童对话［M］.王泰智，沈惠珠，译.北京：三联书店，2013.

［英］罗伯特·费舍尔.教儿童学会思考［M］.蒋立珠，译.北京：北京师范大学出版社，2007.

［英］彼得·沃利.哲学商店：培养哲学思维的138道思考题［M］.王亦兵，译.北京：新华出版社，2016.

［英］彼得·沃利，安德鲁·戴伊.7岁开始的哲学思维启蒙［M］.王亦兵，译.北京：

新华出版社，2016.

　　［尼日利亚］杰·阿·阿基比鲁.教育哲学导论［M］.董占顺，王旭，译.北京：春秋出版社，1989.

　　北京大学哲学系外国哲学史教研室编译.古希腊罗马哲学［M］.北京：商务印书馆，1982.

　　陈孟麟，郑功伦.逻辑新教程［M］.西安：陕西人民出版社，1990.

　　崔相录.二十世纪西方教育哲学［M］.哈尔滨：黑龙江教育出版社，1990.

　　范锜.哲学概论［M］.台北：商务印书馆，1981.

　　高振宇.儿童哲学论［M］.济南：山东教育出版社，2011.

　　胡军.哲学是什么［M］.台北：杨智出版社，2002.

　　华东师范大学哲学系逻辑学教研室.形式逻辑［M］.上海：华东师范大学出版社，1997.

　　黄宗羲.明儒学案（卷三十四）［M］.沈芝盈，点校.北京：中华书局，1985.

　　金岳霖.形式逻辑［M］.北京：人民出版社，1979.

　　劳思光.存在主义哲学新编［M］.香港：香港中文大学出版社，2001.

　　刘仲容，林韩信，柯倩华，等.儿童哲学［M］.芦洲：空中大学出版社，2003.

　　刘福增.基本逻辑［M］.台北：心理出版社，2003.

　　李贽.李贽文集（第一册）·焚书·续焚书［M］.北京：北京燕山出版社，1998.

　　林砺儒.教育哲学［M］.上海：开明书店，1946.

　　林静，王凯旋.儿童哲学智慧读本［M］.北京：清华大学出版社，2013.

　　吕俊华.艺术与癫狂：艺术变态心理学研究［M］.北京：作家出版社，2009.

　　王坤庆.教育哲学新编［M］.武汉：华中师范大学出版社，2006.

　　王梅.中国儿童哲学校本课程实验教材（小学·中段）［M］.昆明：云南人民出版社，2016.

　　汪子嵩，范明生，陈村富，姚介厚.希腊哲学史（第一卷）［M］.北京：人民出版社，1988.

　　吴国平.让学校成为培育学生智慧的地方——上海六一小学儿童哲学活动的探索与研究［M］.上海：上海古籍出版社，2004.

　　徐复观.中国思想史论集续编［M］.上海：上海书店出版社，2005.

　　杨茂秀.谁说没人用筷子喝汤［M］.台北：远流出版社，2006.

　　詹栋梁.儿童哲学［M］.广州：广东教育出版社，2005.

　　周国平.女儿四岁了，我们开始聊哲学［M］.北京：电子工业出版社，2016.

　　周国平.宝贝，宝贝［M］.杭州：浙江文艺出版社，2014.

　　葛荣晋."孔颜乐处"及其现代诠释——中国的儒生精神［C］.《中国儒学》（第六辑），北京：中国社会科学出版社，2011.

　　高振宇.建设童年哲学的必要性及初步构想［C］.中国儿童文化（第九辑），杭州：浙江少年儿童出版社，2015.

　　二、中文论文

　　编辑部.访儿童哲学的祖师爷——李普曼（Matthew Lipman）［J］.哲学与文化，1990，17（7）.

陈荟.儿童哲学本土化困境及其对我国教育研究的启示［J］.四川民族学院学报，2013，22（2）.

陈红.我们是这样开发校本课程的——《儿童哲学》教材开发的实践研究的十年历程［J］.上海教育科研，2009（7）.

蔡桂如.论儿童哲学教育开展中的三个问题［J］.中国校外教育（理论），2007（1）.

蔡桂如，刘春林.试论儿童哲学教育中的启发式教学［J］.科教文汇，2006（9）.

戴月华.苏格拉底对话的哲学价值［J］.江南大学学报（人文社会科学版），2005，4（4）.

戴月华.儿童哲学的思想魅力及其发生方式［J］.兰州学刊，2008（4）.

邓迪.李普曼的儿童哲学计划在中国小学课程中的应用［J］.河南教育，2009（4）.

邓晓芒.苏格拉底与孔子的言说方式比较［J］.开放时代，2000（3）.

冯周卓.在美国的"儿童哲学与思维发展中心"［J］.湖南教育，1992（10）.

高振宇.以绘本为载体的儿童哲学对话——基于上海市某幼儿园的案例分析［J］.教育导刊，2014（10）.

高振宇.儿童哲学诞生的哲学基础［J］.学前教育研究，2008（7）.

高振宇.童年哲学的内涵、条件与意义［J］.北京教育学院学报，2017（6）.

高振宇.基于核心素养的儿童哲学课程体系建构［J］.上海教育科研，2018（1）.

高振宇.儿童哲学 IAPC 版教材及多元文本的分析［J］.浙江师范大学学报（社会科学版），2010（2）.

高伟.浪漫主义儿童哲学批判：儿童哲学的法权分析［J］.全球教育展望，2017（12）.

高振宇.孔子对话教学视野下儿童哲学探究团体的重构与创新［J］.教育发展研究，2018（15）.

古秀蓉.论儿童哲学探究活动的主题特征［J］.北京教育学院学报（社会科学版），2017（6）.

古秀蓉，冷璐.儿童哲学探究活动的教育评价研究［J］.上海教育科研，2018（1）.

黄俊杰.先秦儒家身体观中的两个功能性概念［J］.文史哲，2009（4）.

黄彬，魏桂军.儿童哲学教育中国化进程的思考［J］.科教文汇（上半月），2006（9）.

胡也.儿童哲学教育在素质教育中的作用和意义［J］.学术研究，2002（12）.

江卫社.在儿童哲学启蒙教育中弘扬中华民族文化精神［J］.四川教育学院学报，2004（8）.

金海英.韩：儿童哲学促进"儿童的再发现"［J］.上海教育·环球教育资讯，2019（1）.

金玲.基于儿童哲学的幼儿教育［J］.教育导刊，2009（10）.

冷璐.美国：夏威夷儿童哲学的团体探究式教学［J］.上海教育·环球教育资讯，2019（1）.

冷璐.夏威夷儿童哲学的实践模式［J］.陕西学前师范学院学报，2018（10）.

李红岩.文学化的哲学和哲学化的文学——论萨特的存在主义文学［J］.语文学刊，1999（2）.

李普曼.儿童哲学与批判性思维［J］.廖伯琴，译.教育评论，1989（6）.

林静.儿童哲学教育理念及实践方法综述［J］.山东理工大学学报（社会科学版），2010，26（2）.

林德宏.儿童的哲学世界［J］.南京大学学报（哲学·人文·社会科学），1999（4）.

李怡然，赵霞，李梦茹.基于 P4C 模式的大学本科英语口语课堂教学探究［J］.海外英语，2016（10）.

刘晓东.儿童哲学初探［J］.江西教育科研，1991（3）.

刘晓东.美国哲学家加雷斯·皮·马修斯的儿童哲学研究［J］.外国教育研究，1995（5）.

刘晓东.童心乃哲学之根——兼评一堂儿童哲学课［J］.上海教育科研，2018（1）.

刘晓东.论儿童的哲学与儿童哲学课［J］.苏州大学学报（教育科学版），2019（3）.

刘晓东.论儿童哲学启蒙［J］.上海教育科研，1998（9）.

刘晓东.儿童哲学：外延和内涵［J］.浙江师范大学学报（社会科学版），2008（3）.

刘晓东.童心哲学史论——古代中国人对儿童的发现［J］.南京师范大学学报（社会科学版），2015（6）.

刘晓东.李贽童心哲学论略［J］.西北师范大学学报（社会科学版），2016，53（4）.

刘晶，杨娟.澳大利亚儿童哲学发展对我国的启示——以西澳哲学伦理课程为例［J］.课程教育研究：学法教法研究，2014（16）.

刘绪源.论儿童的两个关键期及与之对应的文学——"前运算阶段"与"分裂时期"［J］.文化学刊，2015（1）.

刘妮娜，闫国利，丁敏.不同阅读方式下学前儿童在绘本阅读中对文字的关注［J］.学前教育研究，2012（5）.

刘耘华.作为意义生成方式的"问与答"：孔子与苏格拉底［J］.中国比较文学，2001（3）.

马巧茸，高振宇.关怀性思维与儿童哲学［J］.现代教育科学，2017（12）.

潘小慧."儿童读经"与"儿童哲学"大不同——从伦理教育理念看儿童读经与儿童哲学［J］.陕西学前师范学院学报，2018（10）.

乔寿宁.美国儿童哲学教育评介［J］.山西大学学报（哲学社会科学版），1987（3）.

乔芳，丁道勇.何种勇气——小学德育教科书中勇气概念的错位［J］.上海教育科研，2013（10）.

屈凯.论儿童哲学与逻辑心理教育——兼论科学哲学的人类生态学化［J］.江西教育学院学报，1994（1）.

石中英.20 世纪英国教育哲学的回顾和前瞻［J］.比较教育研究，2001（11）.

孙丽丽.儿童哲学探究的戏剧游戏教学模式与策略［J］.陕西学前师范学院学报，2018（10）.

四川省成都市第五幼儿园.基于儿童哲学的幼儿园教育活动实践探索［J］.学前教育研究，2008（11）.

唐松林.从哲学家的哲学到我的哲学：教师哲学内涵理解［J］.湖南师范大学教育科学学报，2008，7（5）.

谭斌.论李普曼的儿童哲学教育［J］.兰州大学学报（社会科学版），2000（4）.

唐桂丽."爱智"说刍议［J］.江汉大学学报（人文社会科学版），2002，21（2）.

陶华燕.引领孩子走向智慧人生——浅谈在品德课程中渗透儿童哲学教育的策略［J］.小学德育，2005（21）.

王凌，曹能秀.从"儿童中心"到"探究群体"——李普曼儿童哲学对杜威教学理论的新发展［J］.比较教育研究，2003（6）.

王文静.儿童哲学课研究[J].天津师范大学学报（基础教育版），2002（3）.

王江涛.试论古典政治哲学中的勇敢美德[J].海南大学学报（人文社会科学版），2014（1）.

王振德.儿童哲学课程的理念与做法——兼论资优儿童的思考教学[J].小学特殊教育，1991（11）.

王洪琛.荒诞体验中的现代人——解读《西西弗神话》[J].吉首大学学报（社会科学版），2006，27（5）.

王鹤岩，李学丽.罗蒂的后哲学文化观述评[J].教学与研究，2008（12）.

王梅."儿童哲学"课程：照亮孩子的心灵[J].中小学管理，2015（6）.

吴岩.李普曼的以对话为核心的儿童哲学课程观及启示[J].教育评论，2005（5）.

徐圣超.小学推动生命教育的新思维——儿童哲学的观点[J].国民教育，2015，55（1）.

徐虹.符码分析理论视角下绘本阅读教学的理念及策略[J].学前教育研究，2012（3）.

徐宗林.教育哲学探微[J].国教世纪，1978，14（1）.

夏素敏.逻辑学视角下的儿童哲学[J].重庆理工大学学报（社会科学版），2017（12）.

杨妍璐.儿童哲学：一种基于"关心"的教育[J].北京教育学院学报（社会科学版），2017（6）.

杨妍璐.儿童哲学：为不确定性辩护的教育[J].苏州大学学报（教育科学版），2019（3）.

杨玉英.关于儿童能否进行逻辑推理[J].外国心理学，1982（4）.

杨春燕，张庆林.幼儿思维发展潜力的新估价[J].学前教育研究，1996（1）.

杨落娃.英国：哲学讨论能提高儿童的数学和阅读能力[J].上海教育·环球教育资讯，2019（1）.

姚玉琴，李应刚.基于儿童哲学的小学品德课堂教学[J].教学与管理，2016（2）.

易强文.基于绘本的儿童哲学教学探究[J].科学大众：科学教育，2016（12）.

于伟."率性教育"：建构与探索[J].教育研究，2017（5）.

于忠海.知性缺失与儿童哲学教育反思[J].幼儿教育（教育科学版），2008（4）.

袁宗金.儿童提问中的朴素哲学思维[J].学前教育研究，2007（5）.

赵秀红.加缪《鼠疫》中的悲剧意识[J].上海师范大学学报（哲学社会科学版），2006，35（3）.

郑敏希.儿童哲学的后哲学之思[J].上海教育科研，2018（1）.

郑敏希.诗意人世中栖居的儿童哲学[J].苏州大学学报（教育科学版），2019（3）.

张诗亚.李普曼的儿童哲学观概说[J].教育评论，1989（10）.

张再林.作为"身体哲学"的中国哲学的历史[J].西北大学学报（哲学社会科学版），2007，37（3）.

张再林.走向"身体哲学"——中国传统哲学研究范式的变革[J].江苏社会科学，2008（3）.

张建鲲，庞学光.论儿童哲学课程在中国的普及[J].全球教育展望，2009（1）.

张丽芳.儿童哲学课程开发与教师专业成长[J].上海教育科研，2004（8）.

朱长超.儿童哲学思维训练研究综合报告[J].思维科学通讯，2005（1）.

朱京.非形式逻辑的兴起与发展［J］.哲学动态，2003（10）.

周庆行.李普曼的儿童哲学计划述介［J］.哲学动态，1992（9）.

鲍梦玲.促进批判性思维的儿童哲学课程——基于 IAPC 文本的分析［D］.华东师范大学教育学原理硕士论文，2015.

陈锦莲.小学儿童哲学方案——批判思考教学之实验研究［D］.台北市立师范学院初等教育研究所硕士论文，1995.

柯倩华.李普曼（Matthew Lipman）的儿童哲学计划研究［D］.台湾辅仁大学哲学研究所硕士论文，1988.

林师宇.教室中的故事与叙事智慧［D］.台东大学儿童文学研究所硕士论文，2004.

李军.儿童哲学课程的教学模式研究［D］.西南大学课程与教学论硕士论文，2000.

邵燕楠.儿童哲学对话教学法及其在中国推广的启示［D］.西南大学硕士论文，2000.

徐淑委.儿童哲学进教室——以《灵灵》进行思考讨论教学之研究［D］.台东大学儿童文学研究所硕士论文，2008.

张晓蕾.以绘本为载体的大班幼儿哲学启蒙教育实践研究［D］.山东师范大学硕士论文，2016.

郑圣敏.儿童哲学方案对小学资优学生批判思考能力及创造思考能力之影响［D］.台湾师范大学特殊教育研究所，1998.

周俊良.儿童哲学与教育关系之研究［D］.高雄师范大学教育学系硕士论文，1995.

朱珮吟.儿童哲学研究——绘本中的哲学概念分析［D］.辅仁大学哲学研究所硕士论文，2009.

三、英文文献

Ann M. Sharp. The Other Dimension of Caring Thinking［J］. Critical & Creative Thinking，2004，12（1）.

Ann Gazzard. Do You Need to Know Philosophy to Teach Philosophy to Children? A Comparison of Two Approaches［J］. Analytic Teaching and Philosophical Praxis，2012，33（1）.

Antonio Damasio. The Feeling of What Happens［M］. New York：Harcourt，1999.

Anthony O'Hear. Philosophy and Knowledge［R］. Paper Presented at the International Conference on Philosophy for Children，King's College，London，1997.

Barbara S. Stengel. Academic Discipline and School Subject：Contestable Curricular Concepts［J］. Journal of Curriculum Studies，1997，29（5）.

B. Maxwell & M. Schwimmer. Professional Ethics Education for Future Teachers：A Narrative Review of the Scholarly Writings［J］. Journal of Moral Education，2016，45（3）.

B. Maxwell. "Teacher as Professional" as Metaphor：What it Highlights and What it Hides［J］. Journal of Philosophy of Education，2015，49（1）.

Caren M. Walker，Thomas E. Wartenberg & Ellen Winner. Examining the Effects of Philosophy Classes on the Early Development of Argumentation Skills［C］. In Sara Goering，Nicholas J. Shudak & Thomas E. Wartenberg（eds.）. Philosophy in Schools: An Introduction for Philosophers and Teachers（pp.277—287）. Routledge，2013.

David Kennedy. Lipman，Dewey，and the Community of Philosophical Inquiry［J］. Education & Culture，2012，28（2）.

David L. Hall and Roger T. Ames. Thinking Through Confucius [M]. SUNY Series in Systematic Philosophy. New York: State University of New York Press, 1987.

D. Crook. Educational Studies and Teacher Education [J]. British Journal of Educational Studies, 2002, 50 (1).

Deborah Loewenberg Ball and Francesca M. Forzani. The Work of Teaching and the Challenge for Teacher Education [J]. Journal of Teacher Education, 2009, 60 (5).

David A. Granger. John Dewey, Robert Pirsig, and the Art of Living: Revisioning Aesthetic Education [M]. New York: Palgrave MacMillan, 2006.

David Lewis. Reading Comtemporary Picturebooks: Picturing Text [M]. London: Routledge, 2001.

David Kennedy. The Philosopher as Teacher: The Role of a Facilitator in a Community of Philosophical Inquiry [J]. Metaphilosophy, 2004, 35 (5).

Donald Schon. The Reflective Practitioner. How Professionals Think in Action [M]. New York: Basic Books, 1983.

Douglas J. Simpson, Michael J. B. Jackson. The Teacher as Philosopher: A Primer in Philosophy of Education [M]. Taylor& Francis, 1984.

Gareth Matthews. The Philosophy of Childhood [M]. Cambridge: Harvard University Press, 1994.

Gareth B. Matthews. A Philosophy of Childhood [C]. In The Ethics and Politics of Childhood. Presented at the meeting of The Poynter Center for the Study of Ethics and American Institutions, Indiana University, 2006.

Ghiraldelli (eds.). Pragmatism, Education, and Children: International Philosophical Perspectives [M]. Rodopi, 2008.

Fern-Chantele Carter. Developing Communities of Inquiry in the Secondary School Creative Arts Classroom [J]. Thinking: The Journal of Philosophy for Children, 2006, 18 (1).

George Ghanotakis. Encounter with Philosophers in the Classroom: The WRATEC Model of Community of Inquiry in Action [J]. Childhood & Philosophy, 2005, 1 (1).

Gerrrard Vallone. A Practical Guide to Fostering Critical Thinking in First Grade Through Graduate School: Using Children's Literature, in Particular Picture Books [J]. The Journal of Analytic Teaching and Philosophical Praxis. 2004, 24 (2).

Garcia-Moriy6n, Rebollo & Colom.Evaluating Philosophy for Children: A Meta-Analysis [J]. Thinking: The Journal of Philosophy for Children, 2005, 17 (4).

Henry Giroux. Teachers as Transformative Intellectuals [J]. Social Education, 1985, 49 (5).

Irving M.Copi, Carl Cohen.Introduction to Logic (Ninth Edition)[M]. Macmillan Publishing Company, 1994.

Israel Scheffler. Basic Mathematical Skills [C]. In I. Scheffler (ed.), In Praise of the Cognitive, Emotions and Other Essays in the Philosophy of Education. New York: Routledge, 1991.

John Dewey. Human Nature and Conduct: An Introduction to Social Psychology [M]. New Republic, 1922.

John Dewey. Experience and Nature [M]. London: George Allen & Unwin, Ltd., 1929.

John Dewey. Experience in Education [M]. New York: Collier Books, 1967.

John Dewey. Democracy and Education [M]. New York: Free Press, 1966.

John Dewey. How We Think [M]. New York: Prometheus Books, 1991.

John White. The Roots of Philosophy [J]. Royal Institute of Philosophy Supplement, 1992 (33).

John Elliott & Ching-tien Tsai. What Might Confucius Have to Say About Action Research ? [M]. Educational Action Research, 2008, 16 (4).

Janet Orchard, Ruth Heilbronn & Carrie Winstanley. Philosophy for Teachers (P4T): Developing New Teachers' Applied Ethical Decision-making [J]. Ethics and Education, 2016, 11 (1).

Jean Lave and Etienne Wenger. Situated Learning: Legitimate Peripheral Participation [M]. Cambridge: Cambridge University Press, 1991.

Jeffrey M. Choppin. Curriculum-Context Knowledge: Teacher Learning From Successive Enactments of a Standards-Based Mathematics Curriculum [J]. Curriculum Inquiry, 2009, 39 (2).

Joyce K. Fields. Is it Really a Question of Preference? Philosophy Specific or Non-philosophy Specific Teaching Materials [J]. The Journal of Analytic Teaching and Philosophical Praxis, 1999, 19 (1).

Joanna Haynes. Feeling the Pea Beneath the Mattresses: Philosophizing with Children as Imaginative, Critical Practice [R]. Presented at ESRC Seminar at Birkbeck College, University of London, 21 October, 2011.

Joanna Haynes and Karin Murris. Picturebooks, Pedagogy and Philosophy [M]. Routledge, 2012.

Karin Murris. Philosophy with Children: The Stingray and the Educative Value of Disequilibrium. [J] Journal of Philosophy of Education, 2008, 42 (3—4).

Kumiko Aoki. Confucius vs. Socrates: The Impact of Educational Traditions of East and West in a Global Age [J]. The International Journal of learning, 2008, 14 (11).

Kathryn F. Cochran, James A. DeRuiter and Richard A. King. Pedagogical Content Knowing: An Integrative Model for Teacher Preparation [J]. Journal of Teacher Education, 1993, 44 (4).

Karin Murris. The Role of the Facilitator in Philosophical Inquiry [J]. Thinking: The Journal of Philosophy for Children, 2000, 15 (2).

Kieran Egan. The Educated Mind: How Cognitive Tools Shape Our Understanding [M]. Chicago: University of Chicago Press, 1997.

Kendall F. Haven. Story Proof: The Science Behind the Startling Power of Story [M]. Libraries Unlimited, 2007.

Kristina Calvert. Creative Philosophizing with Children. [J] Theory and Research in Education, 2007, 5 (3).

Lee S. Shulman. Those Who Understand: Knowledge Growth in Teaching [J]. Educational Researcher, 1986, 15 (2).

Lee S. Shulman. Knowledge and Teaching: Foundations of the New Reform [J]. Harvard

Educational Review，1987（57）.

Laura D'Olimpio & Christoph Teschers.Drama，Gestures and Philosophy in the Classroom：Playing with Philosophy to Support an Education for Life［C］. In Maughn R. Gregory，Joanna Haynes and Karin Murris（eds.）. The Routledge International Handbook of Philosophy for Children（145—152）. Routledge，2017.

Marie-France Daniel.Learning to Philosophize：Positive Impacts and Conditions for Implementation：A Synthesis of 10 Years of Research（1995—2005）［J］. Thinking: The Journal of Philosophy for Children，2007，18（4）.

Matthew Lipman. Philosophy in the Classroom（2nd）［M］. Temple University Press，1980.

Matthew Lipman. Thinking in Education［M］.Cambridge University Press，1991.

Matthew Lipman. Thinking in education（2nd edition）［M］. Cambridge University Press，2003.

Matthew Lipman. Caring as Thinking［J］. Inquiry：Critical Thinking Across the Discipline，Autumn，1995，15（1）.

Matthew Lipman. Philosophy Goes to School［M］. Philadelphia：Temple University Press，1988.

Matthew Lipman，Ann M. Sharp and Frederick S. Oscanyan. Philosophy in the Classroom［M］. Philadelphia，PA：Temple University Press，1980.

Maughn Gregory，David Granger. Introduction：John Dewey on Philosophy and Childhood［J］. Education & Culture，2012，28（2）.

May Sim. Dewey and Confucius：On Moral Education［J］. Journal of Chinese Philosophy，2009，36（1）.

Michael A. Peters. Socrates and Confucius：The Cultural Foundations and Ethics of learning［J］. Educational Philosophy and Theory，2015，47（5）.

M. Vaughan & G. Burnaford. Action Research in Graduate Teacher Education：A Review of the Literature 2000—2015［J］. Educational Action Research，2016，24（2）.

Michael G. Fullan. Why Teachers Must Become Change Agents［J］. Educational Leadership，1993，50（6）.

M. Greene. Teacher as Stranger：Educational Philosophy for the Modern Age［M］. Wadsworth Pub. Co.，1973.

Michael Schleifer，Pierre Lebuis，Anita Caron and Marie-France Daniel. Philosophy for Children Teachers as Collaborative Researchers［J］. Analytic Teaching and Philosophical Praxis，1996，16（1）.

May Leckey. Guernica Comes to School：Art，Philosophy and Life［C］. In Maughn R. Gregory，Joanna Haynes and Karin Murris（eds.）. The Routledge International Handbook of Philosophy for Children（137—144）. Routledge，2017.

Marie-France Daniel & Emmanuelle Auriac.Philosophy，Critical Thinking and Philosophy for Children［J］. Educational Philosophy and Theory，2011，43（5）.

Moomala Othman & Rosnani Hashim.Critical Thinking & Reading Skills：A Comparative Study of the Reader Response & Philosophy for Children Approaches［J］. Lakartidningen，

2006，91（46）.

Nancy Vansieleghem. Philosophy for Children as the Wind of Thinking [M]. Oxford: Inter-Disciplinary Press，2005.

Nancy G. Caukin and Thomas M.Brinthaupt. Using a Teaching Philosophy Statement as a Professional Development Tool for Teacher Candidates [J]. International Journal for the Scholarship of Teaching and Learning，2017，11（2）.

Oscar Chrisman. Child-study: A New Department of Education [J]. The Forum，1894; February Robert Fisher. Stories for Thinking: Developing Critical Literacy Through The Use of Narrative [J]. Analytic Teaching，1998，18（1）.

Richard Kitchener. Do Children Think Philosophically? [J]. Metaphilosophy，1990，21（4）.

Richard Bailey（Ed.）. The Philosophy of Education: An Introduction [C]. Continuum，2010.

Rosie Scholl.Student Questions: Developing Critical and Creative Thinkers [J]. Thinking: The Journal of Philosophy for Children，2005，17（4）.

Roger T. Ames.Confucinism and Deweyan Pragmatism: A Dialogue [J]. Journal of Chinese Philosophy，30（3&4）.

Sarah D. Chesters. Creative，Critical and Caring Engagement: Philosophy Through Inquiry [R]. Proceedings of Creative Engagements with Children Conference. Oxford，2004，35—40.

Sara Stanley & Sue Lyle. Philosophical Play in the Early Years Classroom [C]. In Maughn R. Gregory，Joanna Haynes，Karin Murris（eds.）. The Routledge International Handbook of Philosophy for Children. Routledge，2017.

Steven Trickey and Keith Topping. Assessing the Outcomes of Philosophical Thinking with Children [C]. In Sara Goering，Nicholas J.Shudak & Thomas E. Wartenberg（eds.）. Philosophy in Schools: An Introduction for Philosophers and Teachers. Routledge，2013.

Steven Trickey and Keith Topping. Collaborative Philosophical Enquiry for School Children: Participant Evaluation at Eleven Years [J]. Thinking: The Journal of Philosophy for Children，2007，18（3）.

Shiauping Tian. Philosophy for Children with learners of English as a Foreign Language [J]. Journal of Philosophy in Schools，2016，3（1）.

Susan Gardner. Inquiry is No Mere Conversation [J]. Analytic Teaching，1996，16（2）.

Sara Liptai. What is the Meaning of This Cup and That Dead Shark: Philosophical Inquiry with Objects and Works of Art and craft [J]. Childhood & Philosophy，2005，1（2）.

Turner Susan M，Matthews Gareth B. The Philosopher's Child: Critical Essays in the Western Tradition [M]. University of Rochester Press，1998.

Walter Kohan. What Can Philosophy and Children Offer Each Other? [J]. Thinking，1999，14（4）.

Wendy Turgeon. Teachers Bringing Philosophy into the Classroom [C]. In Sara Goering，Nicholas J. Shudak and Thomas E. Wartenberg（eds.）. Philosophy in Schools: An Introduction for Philosophers and Teachers. Routledge，2013.

ZongYi Deng. Knowing the Subject Matter of a Secondary-school Science Subject [J]. Journal of Curriculum Studies，2007，39（5）.